Le Avventure di Garibaldi

Le Avventure di Garibaldi

Anthony Di Perno

Traduzione italiana di
Italo Ciampoli

Full Court Press
Englewood Cliffs, New Jersey

Prima edizione

Copyright © 2014 da Anthony Di Perno

❧

Traduzione italiana di Italo Ciampoli

Tutti i diritti riservati. Nessuna parte di questo libro può essere riprodotta o trasmessa in qualsiasi forma o con qualsiasi mezzo elettronico o meccanico, di fotocopiatura, di registrazione, o di qualsiasi informazione archiviazione e sistema di recupero, senza i'esplicita authorizzazione dell'autore ed editore, tranne ove consentito dalla legge.

Pubblicato negli Stati Uniti d'America
da Full Court Press, 601 Palisade Avenue,
Englewood Cliffs, NJ 07632
www.fullcourtpressnj.com

ISBN 978-1-938812-13-2
Library of Congress Control No. 2013952614

*Editing e libro design di Barry Sheinkopf
per Bookshapers (www.bookshapers.com)*

Colophone di Liz Sedlack

Foto dell'autore da Mark Dian

Copertura: colorazione a mano albumina stampa da John Clarck, 1861, cortesia National Portrait Gallery, Londra

Dedica

*A tutti gl'italiani
che nutrono un grande orgoglio
del loro patrimonio culturale*

Nota dell'autore

Tra i grandi uomini del 19° secolo, nessuno è stato tanto sfolgorante quanto lo è stato il rivoluzionario spadaccino Giuseppe Garibaldi. Le sue gesta eroiche per la causa della libertà, sia in Europa che in Sud America lo hanno reso "l'eroe dei due mondi".

Conosciuto principalmente come soldato e avventuriero, Garibaldi fu anche capitano marittimo e, come tale, è stato a volte coinvolto nel ruolo di spadaccino corsaro con una taglia sulla sua testa. Le sue imprese incredibili su terra ed in mare hanno catturato l'immaginazione del popolo e lo fecero apparire invincibile in un mondo desideroso di eroi romantici. I giornalisti lo hanno descritto come un "grande liberatore" e "campione degli oppressi" nella lotta contro la tirannia.

Venendo da umili origini, Garibaldi capiva bene la gente comune e questo spiega il perchè era seguito dalle grandi masse. Le sue vittorie sui campi di battaglia del Sud America hanno reso lui e le sue "camicie rosse" legenderi, e la sua conquista del sud Italia, ha spinto un diplomatico americano a descriverlo come "Hercules, George Washington, e Robin Hood tutto arrotolato in uno".

Durante la sua vita, Garibaldi ha saputo attirare una devozione quasi fanatica che non conosceva confini nazionali. Praticamente ovunque egli andava creava euforia. Il tumultuoso accoglimento ricevuto dal popolo d'Inghilterra durante la sua visita nel 1864 sciocò la regina Vittoria e mandò tremori in tutto l'ambiente reale europeo.

Anche le avversità contribuirono alla popolarità di Garibaldi, continuando a creare un alone di invincibilità su di lui. Nel 1834, il suo coinvolgimento nell'attività rivoluzionaria lo portò in un tribunale piemontese dove lo condannarono a morte in contumacia. Considerato un "nemico dello Stato", fu costretto a fuggire dalla patria sotto falso nome. Vagò per il mondo per circa diciotto anni: nel Nord Africa, Sud America, New York, e in Estremo Oriente. Fu imprigionato tre volte e una volta brutalmente torturato. Fu ferito molte volte e subì gravi ristrettezze fisiche. Fu trattato male dai reali e tradito dai politici. Tuttavia, egli rimase un nemico determinato della tirannia e dell'oppressione.

Da giovane, Garibaldi immaginò una Italia unita con Roma come capitale. Poi passò la vita cercando di rendere quella visione una realtà. Dimostrò che il coraggio e la determinazione esemplare avrebbero potuto superare tutti gli ostacoli nella lotta per creare una Italia unita. Egli raggiunse il suo obiettivo nel 1860 quando liberò l'Italia meridionale dai Borboni e consegnò i territori conquistati al re Vittorio Emanuele di Savoia. Prendendo nulla per se stesso, Poi egli si ritirò nella sua fattoria sull'isola desolata di Caprera.

Anche in pensione, Garibaldi fu una forza da non sottovalutare. Due volte tornò a guidare le spedizioni: una per la liberazione di Roma, e l'altra per la liberazione del Veneto. Nella guerra franco-prussiana, gli fu affidato il comando di un esercito francese e, ancora una volta, si distinse in battaglia. Durante la guerra civile americana, il presidente Abraham Lincoln gli offrì un comando nell'esercito federale con il grado di generale di divisione. A Garibaldi gli fu detto che, se era propenso di accettare la posizione, il nome di La Fayette non avrebbe superato quello suo negli annali della storia americana. Garibaldi cortesemente rifiutò l'offerta, citando altri doveri incombenti.

Oggi, a più di 120 anni dalla sua morte, Garibaldi resta una splendida figura ed i suoi atti eroici rimarranno per sempre sanciti nella leggenda e nel folklore. Egli è riconosciuto come un eroe nazionale in Italia e in Uruguai. La Chiesa cattolica ha anche perdonato i suoi attacchi contro il papato. Letteralmente migliaia di strade, piazze, ed edifici sono stati chiamati col suo nome nei comuni innumerevoli in tutto il mondo. Elite unità dell'esercito portano il suo nome, e il cosiddetto "segno di Garibaldi" con il solo indice esteso verso l'alto è diventato sinonimo di "numero uno". Ed è stato riportato più di una volta il fatto che Garibaldi in realtà diede ad una persona bisognosa "la sua camicia che si tolse di dosso".

Il legame di Garibaldi è stato quello d'avere la determinazione disinteressata per la causa dell'unificazione italiana. Egli è stato la forza trainante del Risorgimento, la spada che unificò l'Italia. Tuttavia, va detto di Garibaldi che, nel corso della storia moderna, nessun altro uomo ha mai fatto tanto per il proprio paese e ricevuto così poco in cambio.

—*A. DiPerno*

Ringraziamenti

Desidererei ringraziare Italo Ciampoli per la sua traduzione del libro *Le Avventure di Garíbaldi* in lingua italiana. Senza il suo lavoro sarebbe stato difficile per me avere il mio manoscritto pubblicato entro il periodo di tempo che si è impiegato per il completameno di esso. Il mio riconoscimento è esteso anche a Vanda Neri di Pinerolo (Torino), Italia, per aver contribuito nella cura della traduzione di Ciampoli.

Inoltre vorrei esprimere la mia gratitudine per l'ottimo lavoro a Barry Sheinkopf, Direttore del Centro di Scrittura a Englewood Cliffs, New Jersey, ed editore di Full Court Press, che ha meticolosamente curato e disegnato il libro. Barry si è reso strumentale anche nella selezione di molte fotografie ed illustrazioni.

Un ringraziamento particolare va ai miei cari amici Giuseppe e Diane Jesuele per l'uso delle loro foto della casa di Garibaldi e della Chiesa di San Francisco de Asis a Montevideo, Uruguai.

Esprimo i miei ringraziamenti sinceri anche al personale del Museo Garibaldi-Meucci a Staten Island, New York, di proprietà della Fondazione dei Figli d'Italia, Inc., amministrato dalla Gran Loggia di New York Collegio dei Commissari, OSIA, per avermi assistito gentilmente nel rendermi in grado di accedere ai documenti esemplari e rari: principalmente lettere e pubblicazioni sul Risorgimento italiano. La biblioteca del Museo contiene anche una preziosa collezione di libri su Garibaldi. Importantissime sono le biografie di Theodore Dwight, Alexandre Dumas, Elpis Melena, Jessie White Mario, e George Trevelyan. Inoltre, a portata di mano ci sono innumerevoli libri ed altre pubblicazioni dai quali si possono attingere informazioni su ogni aspetto della vita di Garibaldi. La disponibilità di questo meraviglioso ripostiglio d'informazioni mi ha consentito di raccogliere e mettere insieme gli intricati dettagli della vita tumultuosa del mio soggetto.

Questo libro contiene una serie cronologica di discorsi e narrazioni che si occupano dei vari aspetti della vita di Garibaldi, tra cui: le relazioni familiari, le scappatelle capricciose, i coinvolgimenti politici e le imprese militari, tutto impreziosito da una collezione di storie d'amore e racconti popolari riguardo l'eroe sgargiante e spadaccino.

Infine, desidererei estendere la mia gratitudine a tutti quei cari amici che mi hanno dato incoraggiamento costante e la spinta necessaria perchè io completassi quest'opera monumentale.

Le fotografie non altrimenti identificati sono dell'autore, che altresì intende esprimere la sua riconoscenza ai seguenti enti per avermi concesso i loro permessi di accludere le varie immagini ed illustrazioni:

- National Portrait Gallery, London, for the hand-tinted albumin print by John Clarck (1861) which appears on the cover.
- New York Public Library Digital Galley, for "Engraving of Garibaldi from a photograph presented by

him to T. White," following dedication page; "Garibaldi after the Battle of Salto" (by Gaetano Gallino); the portrait of Sarah Margaret Fuller; "Garibaldi disembarks with Anita at Magnavacca" (by Emilio Paggioaro); "General Garibaldi," from a portrait by Orsini; "Count Cavour"; "Departure of Garibaldi and his followers on the night of May 5, 1860"; "General Giuseppe Garibaldi" on the cover of *Harper's Weekly,* June 9, 1860; "Garibaldi welcoming Victor Emmanuel II as King of Italy"; "King Victor Emmanuel visits the dying Cavour"; "Garibaldi lands in Southampton"; "Garibaldi greeted by Alfred, Lord Tennyson, at Farringford Hall" (from the *Illustrated London News,* April 23, 1864); and "King Victor Emmanuel II".

- cronologia@cronologia.it (Franco Gonzato), Giuseppe Mazzini.
- promobrasil@ciliberti.191.it (Attilio Ciliberti), Statue of Anita in front of the Old Town Hall in Laguna; Salon where La Republica Juliana was proclaimed on July 29, 1839; Anita's cottage in Laguna.
- info@pmnews.it (Giuseppe and Claudia Campana), The Royal Palace at Caserta.
- Wikipedia, the free encyclopedia, Bento Gonçalves; Anna Maria Ribeiro de Jesus; Juan Manuel de Rosas; Napoleon III of France; Pope Pius IX.

—*Anthony Di Perno*
March 2014

Premessa

Ho frequentato Iona College in New Rochelle, New York, e dallo Stato di New York, ho ricevuto il conferimento di Master in Pedagogìa.

L'autore che ha scritto in inglese questo libro, Anthony Di Perno, ha voluto affidare a me il compito di tradurre il suo libro in italiano. Conoscendo abbastanza bene le due lingue e pensando fosse cosa facile tradurre, ho acconsentito alla richiesta. Ma ahimè, dopo breve tempo dall'inizio del lavoro, mi sono accorto che tradurre non è affatto facile! Non si può tradurre letteralmente parola per parola, e per trasmettere al lettore il giusto significato, ho concentrato la mia attenzione nel ristrutturare i periodi nel mio miglior modo possibile. Il libro è interessante e ricco di episodi raccontati dettagliatamente.

In Italia Garibaldi è conosciuto come "l'eroe dei due mondi": l'Italia ed il Sud America. Tutti sanno del contributo che Garibaldi ha dato—insieme a Giuseppe Mazzini, Camillo Benso conte di Cavour e re Vittorio Emanuele—per l'unificazione d'Italia. Tuttavia, pochi sono i conoscitori delle vicende e le lotte di Garibaldi per la libertà dei popoli in Sud America.

Leggendo questo libro, il lettore sicuramente arricchirà in maniera completa la sua nozione sul nostro grande ed indimenticabile eroe. Oltre al livello personale del lettore comune, raccomanderei questo libro anche per lo studio nelle scuole superiori italiane.

Desidererei ringraziare sentitamente l'autore (ed amico) Anthony Di Perno per avermi dato questa grande opportunità e per aver avuto tanta fiducia in me. Calorosi ringraziamenti anche alla signora Vanda Neri ed al signor Giuseppe Fiore per il loro contributo nel fare le letture di prova e le necessarie correzioni.

—*Italo Rocco Ciampoli*

Elenco delle Mappe

La costa orientale dell'America del sud, p. 83
Assedio di Montevideo, 1843-1852, p. 105
L'Italia nel 1848, p. 145
La Battaglia di Roma, 1849, p. 172
La Ritirata di Garibaldi, 1849, p. 205
La Guerra con l'Austria, 1859, p. 255
La Spedizione dei Mille, 1860, p. 320
La Battaglia del Volturno, 1-2 Ottobre 1860, p. 332
La Battaglia dei Vosgi, 1870-1871, p. 394

Indice

Il giovane Peppino, *1*

Il Marinaio Mercantile: 1825–1833, *6*

Il Rivoluzionario, *10*

L'Esilio, *18*

Il Corsaro, *22*

Gualeguay, *29*

Rio Grande do Sul, *35*

La Marina di Rio Grande, *40*

Santa Catarina, *46*

Anna Maria Ribeiro de Jesus, *54*

La Ritirata dal Paradiso, *63*

La Marcia nella Regione Selvaggia: Novembre 1840–Gennaio 1841, *68*

La Via per Montevideo, *72*

L'Uruguai e la Guerra Civile, *78*

Juan Manuel de Rosas, *84*

La Spedizione del Paraná, 1842, *88*

Costa Brava, *95*

Da Costa Brava a Montevideo, *100*

La Guerra Arriva a Montevideo, *104*

Le Camicie Rosse, *112*

La Spedizione sul Fiume Uruguai, 1845, *117*

La Battaglia di Sant'Antonio, 1846, *126*

Politica ed Intrighi, 1846–47, *132*
Il Ritorno in Italia: 1848, *140*
La Campagna nel Distretto dei Laghi, 1848, *147*
La Repubblica Romana, 1848–1849, *152*
La Battaglia di Roma, 1849, *160*
La Caduta della Repubblica Romana, *175*
La Ritirata a San Marino, *182*
Il Decesso di Anita, *192*
L'Odissea della Fuga, *198*
L'Esilio a New York, *209*
L'Odissea all'estremo Oriente, 1851–1853, *222*
Da New York a Nizza, 1854, *229*
Storie D'Amore Private, *235*
Baronessa Maria Esperanza von Schwartz, *243*
La guerra con L'Austria, 1859, *249*
L'Armistizio di Villafranca, *260*
Intrighi di Comando, *263*
Giuseppina Raimondi, *269*
Nizza e Savoia, *274*
La Spedizione dei Mille, *281*
Lo Sbarco a Marsala, 11 Maggio 1860, *289*
La Liberazione della Sicilia, *293*
Il Dittatore, *301*
La Battaglia di Milazzo, *308*

La Via per Napoli, *313*

La Disfatta dei Borboni, *324*

La Battaglia del Volturno: Autunno 1860, *329*

La Fine della Dittatura, *337*

Garibaldi a Caprera, 1860–1861, *347*

Il Ritorno di Garibaldi, Primavera 1861, *355*

La Marcia su Roma: Estate 1862, *363*

Garibaldi visita l'Inghilterra, 1864, *369*

Venezia si unisce all'Italia, 1866, *380*

La Disfatta a Mentana, 1867, *385*

L'esercito dei Vosgi, 1870, *396*

Ritiro a Caprera, 1871, *403*

La Morte di Garibaldi, *408*

Epilogo, *412*

Bibliografia, *417*

*Garibaldi, l'incisione è stata fatta da una fotografia
presentata da egli a T. White*

1

Il giovane Peppino

Giuseppe Garibaldi è nato il 4 luglio del 1807 a Nizza che, in quel tempo, faceva parte dell'Impero di Napoleone Bonaparte. Il suo certificato di nascita attesta che originariamente gli venne dato il nome cristiano in francese, Joseph Marie Garibaldi. Tuttavia, dopo la disfatta di Napoleone nel 1814, Nizza tornò a far parte del Regno di Sardegna ed il giovane diventò ufficialmente Giuseppe Garibaldi. La lingua che si parlava dove Garibaldi crebbe era il dialetto locale della Liguria, il *nizzardo*. Il francese fu la sua seconda lingua. Non fu prima degli anni della sua adolescenza ch'egli apprese cognizione della lingua Italiana, ma quando la parlava, il suo accento rivelava che l'italiano non era la sua lingua naturale.

Nizza è situata nella costa Mediterranea, e Garibaldi nacque nella vecchia zona del porto della città. Suo padre, Domenico Garibaldi, era un marinaio trasferitosi lì dalla città di Chiavari, parte dell'allora Repubblica di Genova. Nel 1794 Domenico sposò Rosa Raimondi, una ragazza appartenente ad una famiglia proveniente dal territorio genovese e stabilizzatasi anch'essa a Nizza. La coppia ebbe sei figli: Maria Elisabetta, che morì all'età di due anni, Angelo, Giuseppe, Michele, Felice e Teresa. La famiglia di Garibaldi abitò in una casa dirimpetto alla parte nord del vecchio porto. Tutti i figli di Garibaldi, ad eccezione di Teresa, nacquero in questa casa che ora non esiste più. Essa fu demolita allorché il porto venne ingrandito nel 1897. L'area dove una volta c'era la casa, oggi è ricoperta d'acqua.

Nel 1816, la famiglia di Garibaldi si traslocò in una casa più grande in Quai Lunel, la strada che va lungo la parte occidentale del porto. In questa casa nacque Teresa e fu quì che Giuseppe ed i suoi fratelli trascorsero gli anni della loro fanciullezza. La modesta casa a tre piani al No. 3 di Quai Lunel è tuttora lì. Tuttavia essa rimane quasi sconosciuta, e non si noterebbe neppure se non fosse per una piccola targa di bronzo posta sotto il davanzale di una finestra. La placca che commemora Giuseppe Garibaldi fu messa al muro da una società di carità italiana nel 50/mo anniversario della sua morte. Oltre questa semplice placca, non c'è nient'altro che commemori il leggendario eroe che una volta visse colà: non un museo, non un *souvenir shop,* non un ufficio d'informazioni. Bisogna pur dire, però, che quella zona era allora francese e non italiana.

Oggigiorno, la stessa casa si trova di fronte ad un porto gremito di lussuosi *yachts* ed altre imbarcazioni; dopotutto, al giorno d'oggi, questa è riviera! Ma, tornando ai tempi di Garibaldi, questo stesso porto era pieno di barche a vela e pescherecci. Così era la zona portuale dove il giovane Giuseppe, o "Peppino" (come veniva chiamato), passava il suo tempo gironzolando e parlando con marinai e pescatori del luogo. Egli ascoltava le loro storie d'avventura sul mare

Il porto di Nizza

La casa della famiglia Garibaldi al n. 3 Quai Lunel, Nizza

mentre imparava ad allacciare nodi, rifilare vele oppure tessere reti. A volte i pescatori se lo portavano con loro quando andavano a pesca di crostacei.

Sin da ragazzo Peppino dimostrò d'essere molto coraggioso, incurante del pericolo, temerario ed altruista. Queste caratteristiche le conservò per tutta la vita. Quando aveva solo otto anni salvò una donna che stava affogando. La storia racconta che una donna, mentre lavava la biancheria, ad un certo punto perse l'equilibrio e cadde a testa in giù nelle acque profonde. Senza esitare Peppino si tuffò in acqua e trasse la donna in salvo! Questo audace salvataggio lo rese eroico, un ruolo che conservò per sempre. All'età di dodici anni di nuovo salvò tre ragazzi che stavano annegando poiché la loro barca si capovolse. Ci sono altre numerose occasioni in cui Peppino Garibaldi salva sempre qualcuno dall'annegamento. Garibaldi stesso diceva di non aver mai preso lezioni di nuoto; sembrava che questa abilità fosse un dono di natura.

Nei giorni in cui non andava lungo il porto, egli se ne andava a camminare sui colli nelle vicinanze di Nizza. Per ore ed ore camminava da solo gustando ed apprezzando la solitudine ed imparando ad amare la natura. Gli piaceva anche andare a caccia per i boschi: con gli anni divenne un eccellente tiratore scelto. Da ragazzo Peppino andava in chiesa regolarmente e, per un periodo di tempo, i suoi genitori volevano ch'egli diventasse prete, ma, l'amore che aveva per il mare bastò a convincere i suoi che diventare sacerdote non era la sua vocazione. Infatti, più tardi sviluppò un senso di avversità verso i preti, perchè considerava la Chiesa un ostacolo all'unificazione d'Italia.

In gran parte, la fanciullezza di Peppino fu serena. I suoi genitori erano gentili ed amabili e, nonostante il desiderio di Peppino fosse quello di diventare marinaio, loro fecero del tutto per dargli una buona istruzione scolastica. Essi assunsero un istitutore privato affinchè il loro figlio imparasse l'italiano perfettamente, bene e così pure la matematica, la geografia e l'astronomia. Più tardi lo mandarono a scuola a Genova, ma la mancanza d'interesse per le materie accademiche causò l'abbandono degli studi. Così Peppino scelse la sua strada e diventò marinaio come suo padre e i suoi tre fratelli. Aveva sedici anni quando, in qualità di ragazzo di cabina, salpò per Odessa, in Russia, su una nave chiamata *Costanza*. L'anno seguente salpò, con l'imbarcazione di suo padre la *Santa Reparata,* alla volta di Roma con un carico di vino. Era l'anno 1825 e fu la prima volta che Peppino giunse nella Città Eterna.

Roma è chiamata la Città Eterna perchè è una delle più antiche del mondo. Secondo la leggenda, la città venne fondata nel 753 A.C. dai leggendari gemelli—Romolo e Remo. Essa si espanse fino a diventare la capitale del possente Impero Romano. Anche se nella storia l'Impero ebbe fine; la città ancora oggi rimane l'immortale simbolo della gloria passata che ebbe l'antica Roma. A Roma c'è la Città del Vaticano dove risiede il Papa, la sede del Papa. Da secoli la città è la capitale del mondo cattolico e centro della spiritualità Cristiana. Là dove Domenico Garibaldi, padre di Giuseppe, vide Roma come la città Santa, il figlio Peppino la immaginò come futura capitale dell'Italia unificata. Ciò che avvenne 46 anni dopo.

2

Il Marinaio Mercantile: 1825—1833

Il PERIODO FORMATIVO DELLA vita di Garibaldi avvenne durante il suo apprendistato come marinaio della marina mercantile. Fu proprio in quel tempo che egli acquisì la saggezza e la competenza che lo resero condottiero inestimabile negli anni successivi. Dal 1825 al 1833, Garibaldi conseguì una carriera che lo condusse in molte terre lontane ed alla conoscenza di culture diverse. Questi viaggi attraverso le acque pericolose del Mediterraneo lo esposero a tanti pericoli che a volte lo indussero a sopportare con forza le avversità.

Garibaldi ebbe la sua prima esperienza da combattente quando la sua nave, *Cortese,* venne assalita dai pirati. Gli assalti alle navi da parte dei pirati erano frequenti in quel tempo ed in quella zona del mondo, e più di una volta Garibaldi riuscì a salvarsi miracolosamente. Dopo uno di questi assalti, nel quale la *Cortese* fu costretta ad arrendersi, i pirati saccheggiarono la nave prendendo tutto ciò che c'era di valore, fin'anche le scarpe e gl'indumenti personali dell'equipaggio! Garibaldi e gli altri furono costretti a cucirsi dei pantaloni col materiale delle vele per coprirsi. Al primo sbarco, essi dovettero andare a terra a piedi nudi in cerca di approvvigionamenti. In un altro assalto, i pirati s'impossessarono fin'anche degli strumenti di navigazione, lasciando l'equipaggio senza neppure una bussola per seguire la rotta. Questi incontri con i pirati fecero sì che Garibaldi disse: "È sempre meglio combattere anziché arrendersi senza difendersi".

Durante un viaggio a Costantinopoli, Garibaldi si ammalò e fu costretto a rimanere in città. Egli restò a Costantinopoli per molti mesi, guadagnandosi da vivere dando ripetizioni ai giovani della piccola comunità italiana della città. Insegnò italiano, francese e matematica, facendo così buon uso dell'istruzione accademica che aveva ricevuto da giovane quand'era a Nizza. I membri della comunità italiana lo aiutarono molto, ed ebbe l'opportunità di ottenere un passaggio su un veliero che lo riportò a Nizza nella primavera del 1831.

Tutte queste esperienze servirono ad inculcare in Garibaldi quel senso di fiducia in sé che lo rese capace di resistere alle più grandi avversità. Da questi viaggi per mare, egli sviluppò anche tanta passione per una vita avventurosa che gli durò per il resto della vita. Finalmente, egli diventò marinaio esperto, al punto da meritarsi non solo il rispetto degli ufficiali, ma anche quello da parte di tutti gli altri marinai dell'equipaggio.

Tornato a Nizza da Costantinopoli nel 1831, Garibaldi si affrettò ad andare a casa della sua ragazza, Francesca Roux, dove apprese che questa si era sposata con un altro uomo durante la sua lunga assenza. Dopo più di due anni d'attesa, la ragazza credette che il suo

Peppino non sarebbe più tornato. Con poche parole, Garibaldi le augurò tanta felicità e se ne andò via. Fu la triste fine di una vera storia d'amore, ed anche se Garibaldi riuscì a sopportare il dolore del suo cuore infranto, non si dimenticò mai di lei.

Garibaldi si potè godere un altro amore: quello per il mare. Nel 1832, conseguì il certificato di maestro provetto; divenne così capitano marittimo e gli fu assegnato il primo comando d'una nave chiamata *Our Lady of Grace*. Con essa, egli fece parecchi viaggi, generalmente non lunghi, nel Mediterraneo. Poi, per ragioni sconosciute, egli firmò un contratto come primo aiutante sulla *Clorinda,* una nave diretta in un porto russo, il porto di Tagonrog sul Mar Nero.

In questo viaggio egli conobbe un rivoluzionario francese esiliato, Emile Barrault, un socialista san simoniano che credeva in una fratellanza universale ed alla eliminazione delle classi sociali. Questo ideale si sarebbe raggiunto attraverso la ridistribuzione delle ricchezze e la padronanza dei beni in comune, concetti ideati per la prima volta dal Conte di Saint Simon, un nobiluomo francese che riuscì a scamparsela miracolosamente dalla ghigliottina durante la Rivoluzione Francese nel 1789. Come il suo mentore, Barrault era un idealista che prevedeva una società di uguaglianza vivendo pacificamente in un ambiente comunale. Garibaldi rimase meravigliato della sincerità di Barrault ed accettò la dottrina di Saint Simon, quella sulla fratellanza universale. Tuttavia egli non accolse le teorie economiche e socialistiche di Saint Simon e per tutta la sua vita restò fermo credente nelle imprese private.

Nel frattempo, mentre Garibaldi salpava nel Mediterraneo alla ricerca di valenti cause, la corrente del nazionalismo cresceva sempre più e si sentiva in tutte le regioni d'Italia. L'identità nazionale italiana incominciò a manifestarsi dopo d'essere rimasta assopita per secoli. Il risveglio del fervore nazionalistico italiano si chiamava

Risorgimento che culminò con l'unificazione d'Italia. Garibaldi non conosceva molto bene tale movimento fino a quando giunse a Tagonrog, nella Russia, nel 1833 navigando sulla *Clorinda*.

Fu colà che per la prima volta incontrò Giovanni Cuneo, un marinaio italiano che gli parlò del *Risorgimento* e della dottrina di una società segreta chiamata *La Giovane Italia*. Lo scopo principale della società era quella di formare la Repubblica Italiana Unificata. L'ardimentoso Garibaldi immediatamente espresse il desiderio d'iscriversi a tale società ed ebbe da Cuneo nomi ed indirizzi di persone con le quali egli avrebbe potuto mettersi in contatto a Marsiglia, in Francia. Questi contatti avrebbero portato Garibaldi alla conoscenza del fondatore della *Giovane Italia* — Giuseppe Mazzini. Senza che ne avesse la minima idea, Cuneo aveva appena reclutato "la Sciabola" che eventualmente avrebbe unificato l'Italia.

3

Il Rivoluzionario

Dai tempi del Rinascimento, i dotti di quel periodo pensarono che esistesse un qualcosa che univa i popoli dei vari comuni della penisola italiana. Tutti parlavano i dialetti ch'erano uniti da similitudini perchè derivanti dal latino, e nei tempi antichi questa regione era il centro dell'Impero Romano. Potrebbe essere che questi popoli fossero i discendenti degli antichi romani? Nel XVI secolo un diplomatico fiorentino, Niccolò Macchiavelli così credette. Nel 1523 egli pubblicò *Il Principe*, un libro sul potere politico. Col suo libro Macchiavelli faceva capire ch'era necessario cacciare gli invasori stranieri dalla terra italiana e che la nazione avrebbe dovuto unificarsi sotto un famoso condottiero del quale continua a parlare nel suo libro. Oggi Macchiavelli è ritenuto di essere stato uno dei primi nella schiera dei nazionalisti italiani.

Effettivamente, l'unificazione d'Italia si presentava un lavoro difficilissimo e quasi impossibile da portare a compimento. I popoli d'allora non si consideravano italiani, ma pensavano di essere piemontesi, lombardi, veneziani, genovesi, toscani, romani, napoletani, ecc. Una storiella del 1764 racconta che ad un uomo entrato in un bar di Milano gli fu chiesto se era milanese oppure straniero. L'uomo rispose di non essere né milanese né straniero. Egli disse di essere italiano, e che un italiano non doveva essere trattato da straniero in nessuna parte d'Italia! Il movimento che stabilì l'identità nazionale italiana ebbe inizio allorchè le truppe di Napoleone Bonaparte invasero l'Italia nel 1802. Egli liberò l'Italia del nord dagli austriaci e scacciò i Borboni da Napoli. Napoleone, che nacque da genitori italiani, mise in carica suo fratello, Giuseppe Bonaparte come Re di Napoli e dichiarò se stesso Re d'Italia. La creazione del Regno d'Italia fece sì che per la prima volta, in tempi moderni, lo Stato si chiamasse Italia.

Il breve Governo di Napoleone in Italia fu molto popolare. Egli abolì molte leggi antiquate del vecchio regime, incoraggiò l'istruzione pubblica e lascio' professare le religioni. Fece costruire strade e ponti, e rese semplici le misure del vecchio sistema. Ma la cosa più importante, fu che egli diede al popolo italiano il senso dell'identità nazionale.

Il regime napoleonico divenne meno popolare allorchè egli soppresse il movimento repubblicano e quello radicale ed incominciò a tassare il popolo italiano a beneficio della Francia. Nonostante ciò gli italiani non si misero mai contro Napoleone. I reggimenti italiani ch'erano nei suoi eserciti combatterono sempre con tale valore ch'egli disegnò uno stendardo speciale per essi — il tricolore bianco, rosso e verde. Era simile al tricolore francese, soltanto che Napoleone sostituì il blù col verde, suo colore preferito. Oggi quello stesso stendardo è la bandiera della Repubblica d'Italia.

Dopo la sconfitta di Napoleone a Waterloo nel 1815, il Congresso di Vienna ridisegnò la carta geografica dell'Europa e ristabilì il vecchio regime. I monarchici reazionari tornarono al potere ed i rivoluzionari radicali vennero imprigionati. Quasi tutte le riforme di Napoleone furono revocate. La stampa venne censurata ed una elaborata rete di spionaggio fu creata per informare le autorità su tutte le attività sovversive. Una forza poderosa di militari multinazionali era sempre pronta a sopprimere qualsiasi rivolta fosse sorta per minacciare lo "status quo". Seguì un periodo di severa repressione.

Durante questo periodo, la penisola d'Italia rimase divisa in numerosi piccoli stati— alcuni indipendenti, altri governati dall'autorità papale ed alcuni controllati dall'Austria. Il Regno di Sardegna, nel nord, era il più forte di tutti gli altri stati indipendenti. Lo stato Pontificio del Centro Italia era governato dal Papa con sede a Roma, ed il resto degli stati, nell'Italia del sud, erano governati dalla Dinastia dei Borboni di Napoli. Quasi tutti gli altri stati erano sotto il dominio dell'Austria, o direttamente o attraverso governatori pupazzi. La carta geografica dell'intera penisola sembrava fosse tagliata in tanti pezzi di varie forme. Questa era l'Italia che i nazionalisti italiani avrebbero dovuto riordinare per unificare la nazione.

I vittoriosi monarchici che andarono al Congresso di Vienna nel 1815 credettero che gl'ideali della Rivoluzione Francese fossero svaniti con la disfatta di Napoleone. A dispetto di ciò, invece, una nuova e più gagliarda forza di opposizione sorse per portare avanti la lotta contro l'oppressione. I nuovi rivoluzionari ricorsero ad un tipo di guerra clandestina. Essi formarono delle società segrete per organizzare rivolte e per assassinare i politici. Al contrario della *Mafia* siciliana e della *Camorra* napoletana, queste società segrete avevano intenti politici.

La prima di queste società segrete con obiettivi politici fu quella dei *Carbonari,* che significa "bruciatori di legna". Essa ebbe la base centrale nel nord-Italia, ma con delle succursali anche in Francia e

Giuseppe Mazzini

Spagna. Lo scopo principale era quello di abbattere i governi autocratici e d'istituire repubbliche egualitarie. Un socio importante di tale società era un giovane idealista di Genova, Giuseppe Mazzini.

Mazzini era un brillante pensatore e scrittore politico. Per di più, non era capace di appartenere ad un gruppo nel quale non si sentisse il capo. Presto lasciò i Carbonari, ma fu tradito e venne arrestato dalla polizia perchè faceva parte delle attività sovversive. Lo imprigionarono per tre mesi, ed al suo rilascio lo mandarono in esilio. Andò a vivere a Marsiglia, in Francia, dove nel 1832 fondò la società segreta "La Giovane Italia". Stampò anche un giornale propagandistico che portava lo stesso nome della società segreta e che, di contrabbando, attraversava i confini per essere diffuso in Italia. Il giornale spronava gl'italiani ad abbattere il governo straniero e ad unificare l'Italia come repubblica. Tanti patrioti italiani vennero attratti dalla causa dell'unificazione e s'iscrissero alle società di Mazzini, "La Giovane Italia".

Garibaldi venne a conoscenza di ciò, ebbe il nome di qualche iscritto, si mise in contatto a Marsiglia per un incontro personale con Mazzini, e divenne uno di questi patrioti. Tornato a Marsiglia nel tardi 1833, Garibaldi incontrò l'uomo che lo condusse a casa di un radicale francese dal nome Demosthenes Oliver. Oliver lo presentò a Mazzini. Garibaldi fu così attratto da Mazzini che decise d'unirsi alla Giovane Italia. Egli giurò "nel nome di Dio e dei Martiri d'Italia di lottare contro l'ingiustizia e la tirannia e per la libertà e l'unificazione d'Italia." Gli venne dato il nome di codice Borel, con il quale egli avrebbe potuto mettersi in contatto con gli altri membri della Società. Fu il principio della sua carriera da rivoluzionario.

Come membro della Giovane Italia, Garibaldi ricevette il temerario compito di arruolarsi nella Marina Reale di Sardegna allo scopo d'istigare ammutinamenti. Lo assegnarono alla fregata Euridice e fu elencato nel registro di vascello come marinaio di terza classe. Il registro di bordo conteneva anche una delle poche autentiche descrizioni sull'apparenza fisica di Garibaldi. Egli veniva descritto: altezza m. 1,64, capelli rossastri, naso aquilino ed occhi castani.

Garibaldi ed un altro marinaio dell'equipaggio dal nome Edoardo Mutru incominciarono ad agitare i compagni per l'ammutinamento che doveva coincidere con l'insurrezione di Genova. La rivolta ebbe luogo come programmata il 4 febbraio del 1834, ma venne presto soppressa dalle autorità. Garibaldi, che lasciò il vascello per unirsi all'insurrezione in città, presto apprese che la rivolta non ebbe successo e che gli organizzatori venivano arrestati. Nonostante egli fosse complice del tentato ammutinamento, riuscì ad eludere la polizia con l'aiuto di una bella negoziante che si chiamava Teresina Forzano. La donna lo fece nascondere nel retrobottega e gli diede un vestito di suo marito. Il giorno seguente, vestito con abito borghese, Garibaldi si fece strada per andare a casa di una donna che già conosceva e che si chiamava Caterina. Questa gli diede da mangiare e da bere e lo fece restare a casa sua fino a notte inoltrata. Nel buio della notte egli uscì di nuovo e seguendo una serie di tortuosi vicoletti, giunse in città. Le notizie sulla fuga di Garibaldi da Genova sono alquanto confuse, però, prima di partire dalla città, sembra che sia stato rifugiato in parecchie case presso donne diverse, comprese quelle di Teresina, Caterina e Natalie. Più in là Garibaldi commentò: "le donne sono angeli in certe situazioni," e quando si ritirò a Caprera, ricevette lettere da queste donne che lo aiutarono a fuggire. In risposta, egli scrisse lettere di ringraziamenti ad ognuno di questi "angeli".

Garibaldi passò i prossimi dieci anni camminando a piedi attraverso i solitari sentieri di montagne. Egli camminava di notte e dormiva di giorno nelle boscaglie. Dopo un lungo tragitto di circa 300 Km., finalmente raggiunse Nizza. Lì raccontò ai suoi genitori del tentato ammutinamento. I genitori rimasero perplessi nel sentire tutto ciò che egli aveva fatto. E questo era il figlio per il quale loro speravano diventasse prete! Decisero che la miglior cosa da fare per lui era quella di fuggire in Francia. Due amici lo accompagnarono fino al confine da dove, nuotando attraverso il Fiume Var, entrò in Francia. Giunto all'altra sponda del fiume, con un gesto della mano, salutò gli amici e scomparve nella macchia. Non fece ritorno per 14 anni, né rivide più suo padre.

Arrivato in Francia, Garibaldi fu preso e detenuto dalla polizia nella città di Draguignan, riuscì ad evadere dalla caserma saltando fuori da una finestra e nascondendosi nei campi vicini. Fermatosi in una locanda, riuscì ad evitare di essere nuovamente, grazie alla sua abilità di saper parlare correntemente il francese e di saper cantare le canzoni popolari provenzali durante la baldoria nella locanda. La raffinata voce da tenore di Garibaldi piacque così tanto ai presenti che i padroni della locanda non gli chiesero neppure se avesse la carta d'identità. Egli si fermò per una notte ed il giorno seguente proseguì per Marsiglia.

Giunto a Marsiglia, Garibaldi si mise in contatto con i soci della Giovane Italia i quali gli trovarono un posto dove alloggiare vicino al vecchio porto. Essendo un immigrante clandestino, egli aveva bisogno di una nuova identità. Fortunatamente incontrò un marinaio inglese che si chiamava Giuseppe Pane che molto volentieri gli vendette la sua carta d'identità. Questo fatto fece sí che Garibaldi riprendesse la sua carriera da marinaio mercantile sotto il nome di Giuseppe Pane. Fu un periodo di paurosa esistenza. Egli visse costantemente sotto la paura d'essere catturato dalle autorità per poi essere rimandato a Genova. Nel frattempo, Garibaldi apprese d'essere stato accusato e trovato colpevole di alto tradimento dalla corte navale di Genova e che sopra di lui pendeva la condanna a morte. Il suo amico Mutru venne arrestato, e siccome lo trovarono colpevole della rivolta, lo misero in prigione.

Nel periodo in cui soggiornava a Marsiglia Garibaldi salvò uno studente francese che stava affogando nel porto. Il giovane, Giuseppe Rambound, giocava saltellando da una barca all'altra quando, tutto d'un tratto, scivolò in acqua. Garibaldi che vide la disgrazia, subito si tuffò, e dopo tre tentativi, riuscì a liberare il ragazzo rimasto incastrato sotto una barca ed a portarlo in salvo sul molo. Il temerario eroe ricevette grandi applausi, sia dalla folla lì presente che dall'ansiosa Madame Rambound. Il ragazzo e sua madre ringraziarono di tutto cuore il loro eroe che si presentò col nome di Giuseppe Pane, il marinaio. Nessuno dei due sapeva chi veramente egli fosse.

In quel tempo non sarebbe stato prudente per Garibaldi rivelare la vera e propria identità perchè ogni governo in Europa mostrava molta severità per gli esiliati politici coinvolti nelle attività rivoluzionarie. La Francia non era un'eccezione. Con la crescente sorveglianza della polizia, la vita divenne molto difficile a Marsiglia per i rifugiati clandestini, e per questo motivo, Garibaldi decise d'andare nel Sud-America. Nel settembre del 1835, ebbe un passaggio su una nave francese chiamata *Nautonier* che andava a Rio de Janeiro, in Brasile. Egli si firmò Giuseppe Pane e fece parte dell'equipaggio durante il lungo viaggio attraverso l'Atlantico. Non tornò in Europa fino al 1848.

4

L'Esilio

Dal tempo dei Conquistatori fino ai primi del 1800, quasi tutto il Sud-America era stato colonizzato da due Imperi: quello spagnolo e quello portoghese. Solamente tre piccole parti nel nord-est della costa continentale ed alcune isole dei Caraibi appartenevano alla Britannia, all'Olanda ed alla Francia. Il vasto territorio della costa orientale, il Brasile, apparteneva al Regno del Portogallo. Il resto del continente faceva parte dell'Impero spagnolo.

La disfatta di Napoleone alla Spagna diede motivo per ad una serie di rivoluzioni nell'America del Sud le quali portarono nel 1821 alla formazione di nove Stati indipendent: Venezuela, Colombia, Equador, Perù, Bolivia, Cile, Paraguai, Argentina ed Uruguai. Il condottiero della rivoluzione contro i governatori spagnoli fu Simone Bolivar il quale venne riconosciuto nelle Americhe come il

Grande Liberatore.

Mentre le colonie spagnole conquistavano la loro indipendenza, gli eventi nella colonia portoghese, il Brasile, presero forme diverse. Durante le guerre napoleoniche il Re del Portogallo, Giovanni VI, trasferì la Corte Reale da Lisbona, Portogallo, a Rio de Janeiro, dove rimase fino alla fine del conflitto in Europa. Il Re tornò in Portogallo nel 1821, lasciando suo figlio, Don Pedro, come Governatore reggente del Brasile. Quando la rivolta liberale proruppe un anno dopo, Don Pedro si unì inaspettatamente ai rivoluzionari e proclamò l'indipendenza del Brasile. Tre mesi dopo egli fu incoronato Pedro I Imperatore del Brasile. La politica liberale di Pedro inevitabilmente lo condusse al conflitto con gli elementi conservativi della nazione e fu costretto ad abdicare nel 1832. Gli successe il figlio di cinque anni, Pedro II, che governò con il nome del reggente, Antonio de Feijo.

La politica dell'ultra conservatore reggente fu gradevole alla classe dei ricchi, ma il suo nobile comportamento con il Parlamento brasiliano, causò molto risentimento fobilira gli elementi liberali della nazione. Alcuni brasiliani rimasero colpiti quando, nell'estremo sud, la provincia di Rio Grande do Sul si ribellò nel 1835. La rivolta venne capeggiata dal Generale Bento Gonçalves, un ricco proprietario di una tenuta, che credeva che la sua provincia sarebbe stata meglio governata come repubblica indipendente. Il Governo brasiliano rifiutò di riconoscere questo ideale e la guerra civile ebbe luogo. Fu su questo sfondo di eventi che Garibaldi giunse a Rio de Janeiro nel tardo 1835.

La Montagna Sugar Loaf fu il primo luogo a colpire lo sguardo di Garibaldi mentre egli giungeva nel porto di Rio con una nave su cui remavano da schiavi africani. In quel tempo, la città aveva una popolazione poco meno di 200.000 abitanti; più della metà erano schiavi. Rio era la classica città della colonia portoghese, con case pitturate di colori vivi e spiagge con sabbie dorate. La città era dotata di piazze spaziose con fontane che spruzzavano acqua nell'aria profumata. La lussureggiante vegetazione tropicale con palme aggiungeva all'esotica città un'atsmosfera tale da farla sembrare la città dei sogni. L'andatura delle persone era placido ed alquanto riposante.

Nei primi del 1800 molti stranieri si trasferirono per vivere a Rio de Janeiro. Alcuni di essi erano italiani che andarono lì nella speranza d'incominciare una vita nuova in un mondo nuovo. Arrivato in terra straniera e senza saper parlare la lingua, Garibaldi ebbe un senso di solitudine e di disperazione e quindi, sentì il bisogno di tornare a casa. Tuttavia finì col perseverare e fece nuove amicizie. Un giorno, mentre camminava per la piazza principale della città, incontrò un giovane giornalista italiano, Luigi Rossetti. Quell'incontro fu l'inizio d'una grande amicizia.

Garibaldi e Rossetti divennero soci nella vendita di generi alimentari, principalmente pasta, ai tanti ristoranti italiani che sorsero a Rio e nella vicina città lungo la costa, Cabo Frio. I due si fecero prestare dei soldi e comprarono un veliero che chiamarono *Mazzini*. Usando la sua esperienza da capitano marittimo, Garibaldi andava avanti e indietro tra Rio e Cabo Frio, e distribuiva rifornimenti ai ristoranti. Il veliero sventolava il tricolore bianco, rosso e verde che *La Giovane Italia* adottò come stendardo. Questo fatto annoiò a tal punto il Console di Sardegna a Rio che fece rapporto al suo Governo. Egli disse al suo Governo che un ricercato fuggitivo chiamato Garibaldi salpava su un veliero dentro e fuori il porto di Rio innalzando il tricolore italiano. Il Console riferì il fatto alle autorità locali, ma senza avere alcun esito.

Quando l'avventura di questo negozio non fu più proficua,

Rossetti e Garibaldi decisero di lasciare. Ma anche se ci fu un fallimento, Garibaldi ebbe successo nel fare conoscenza con altri patrioti italiani espatriati a Rio. Alcuni di questi appartenevano alla *Giovane Italia*. Egli s'iscrisse anche nell'associazione dei *Liberi Massoni* con sede a Rio. I *Liberi Massoni* nell'America del sud erano un'organizzazione associata con i movimenti rivoluzionari, mentre in Europa essa era un'organizzazione principalmente di ricchi affaristi. La Chiesa Cattolica ritenne l'associazione dei *Massoni* come una società anti-Cattolica perchè i suoi soci facevano dei riti e seguivono delle dottrine che erano in conflitto con i dogmi della Chiesa. Altre critiche accusarono i *Massoni* d'essere un'organizzazione frontale dei gruppi rivoluzionari. Conseguentemente, molti monarchi europei guardarono alla Massoneria come ad una sediziosa e rivoluzionaria organizzazione.

Quando era a Rio, Garibaldi meritò famarinomanza per aver salvato un uomo che stava per annegare, questa volta un negro. Una domenica mentre egli si trovava al porto, uno schiavo africano cadde in acqua e stava per affogare. Alla presenza di tante persone che guardavano, Garibaldi, che indossava vestito e cravatta, si tuffò e trasse in salvo lo schiavo. Questo salvataggio suscitò una grande emozione perchè una tale bravura era raro che accadesse nel Brasile del 1836. Per Garibaldi questo fu semplicemente un'altra via per manifestare il suo desiderio d'aiutare gli altri.

5

Il Corsaro

Dopo essere vissuto a Rio de Janeiro per più di un anno Garibaldi cominciò a sentirsi alquanto irrequieto e cercò di partecipare a qualche attività rivoluzionaria per aiutare la causa dell'unificazione d'Italia. Egli considerò anche l'idea di diventare corsaro per assalire le navi sarde ed austriache lungo la costa del Brasile. Alla fine respinse quest'idea ed accolse quella di unirsi alla lotta per l'indipendenza della provincia di Rio Grande do Sul del Brasile.

Quando l'insurrezione proppupe colà nella prima parte del 1835, il Governo brasiliano diede l'ordine alle forze dell'Esercito e della Marina di sopprimere la sommossa. I capi rivoluzionari, incluso Bento Gonçalves ed il suo segretario, Tito Zambecarri, vennero catturati ed imprigionati. Il resto dei ribelli riograndesi si ritirarono nell'interno e continuarono a lottare per l'indipendenza. Poco tempo dopo il suo imprigionamento, Gonçalves riuscì a fuggire raggiungendo a nuoto una barca che aspettava per riportarlo a Rio Grande do Sul. Zambecarri non riuscì ad evadere e restò imprigionato a Rio de Janeiro.

L'amico di Garibaldi, Rossetti, conosceva con Zambecarri da quando vivevano in Italia. I due lo andarono a visitare nella prigione. Durante la visita, Zambecarri suggerì di usare la loro imbarcazione nella lotta contro le forze Imperiali. Garibaldi, che simpatizzava in favore della causa dei riograndesi, si offrì di combattere da corsaro sotto lo stendardo di Rio Grande do Sul. L'offerta di Garibaldi fu segretamente relazionata alle autorità del governo ribelle, quello che desiderava l'indipendenza.

In quel tempo, le spedizioni a scopo di pirateria erano permesse dalla legge internazionale e alcuni governi le consideravano pirateria legalizzata. Il sistema dell'epoca permetteva al cittadino corsaro l'assalto ed il saccheggio alle navi, purchè queste appartenessero alle nazioni avversarie. Per questo genere d'impresa, speciali permessi dovevano essere rilasciati dal Governo in vigore, che in questo caso era Rio Grande do Sul. Queste concessioni autorizzavano il cittadino corsaro, qual'era Garibaldi, ad attrezzare ed equipaggiare la propria imbarcazione allo scopo di assalire e saccheggiare le navi nemiche. I permessi di autorizzazione furono firmati dal Generale Lima dell'Esercito riograndese il 14 novembre 1836. Passarono sei mesi prima che i documenti giungessero a Garibaldi a Rio de Janeiro.

Nel frattempo, durante il periodo dell'aspettativa, Garibaldi si mise ad armare ed equipaggiare la sua imbarcazione per la guerra, Il lavoro veniva eseguito vicino al mercato del pesce nel porto di Rio, proprio sotto il naso delle autorità portuali. Egli arruolò un equipaggio di otto uomini, la maggior parte di essi erano italiani. Fra questi c'erano Luigi Carniglia, Maurizio Garibaldi (nessuna parentela con Giuseppe) ed il suo ex co-cospiratore Edoardo Mutru, recentemente rilasciato da una prigione genovese. Il giornalista Luigi Rossetti salì a bordo in qualità di normale passeggero. Essi caricarono il veliero con pesci, carni secche e farina. Al di sotto di questi rifornimenti, erano nascosti armi e munizioni.

Garibaldi ricevette la carta d'autorizzazione da Rio Grande do Sul il 4 maggio del 1837. Tre giorni dopo, la *Mazzini*, avendo ricevuto il permesso anche dalle autorità portuali, salpò dal porto di Rio. Al fine di ottenere il permesso dalle autorit locali, Garibaldi fece domanda firmandosi col nome di Cipriano Alves e dichiarò falsamente di trasportare il carico di carni lungo la costa alla volta della città di Campos. Così Garibaldi diede inizio alla sua carriera da corsaro avventuriero. Prendendo la rotta del sud verso il rivoltoso stato Rio Grande do Sul, si sentì travolto da un intenso senso di libertà. Egli era in quel momento il maestro del suo destino e si trovava nel suo miglior ambiente — il mare.

Poco dopo d'essere partito da Rio, Garibaldi attaccò e catturò la sua prima nave. La nave si chiamava *Luisa,* era una nave brasiliana di sessanta tonnellate diretta in Europa. Essa portava pochi passeggeri ed un grande carico di caffè. Anche se *Luisa* era una nave molto più grande di quella di Garibaldi, era disarmata e non fece alcuna resistenza. Garibaldi prese possesso sia della nave che del carico a nome del Governo di Rio Grande. Al vedere le facce cattive dell'equipaggio della Mazzini, un passeggero pieno di paura offrì a Garibaldi una scatola contenente tre diamanti in cambio della sua vita. Garibaldi, che non aveva nessuna intenzione di derubare I passeggeri, gli restituì la scatola assicurandolo che la sua vita non era affatto in pericolo. Gli disse di tenere I diamanti per qualche migliore circostanza. Egli prese comunque dei gioielli appartenenti al proprietario della nave.

Dal momento che *Luisa* era una nave più grande e migliore della sua, Garibaldi trasferì gli armamenti e l'equipaggio su di essa ed affondò la sua. Pur non essendo chiaro fra gli scrittori il nome della nave Farroupilha, dopo la cattura, fu ribattezzata col nome *Mazzini*.

Salpando verso sud lungo la costa brasiliana, Garibaldi diede il permesso all'equipaggio catturato di prendere tutto ciò che era di loro proprietà e di remare a riva usando la barca di bordo. Quest'atto deprivò l'equipaggio di Garibaldi dell'unica barca di salvataggio. Egli concesse libertà anche agli schiavi africani che si trovavano a bordo della nave *Luisa*. Nel fare ciò, egli diede chiara dimostrazione d'avere idee opposte alla schiavitù o a qualsiasi altro genere di sottomissione umana. I catturati che Garibaldi lasciò andar via liberi riportarono immediatamente l'accaduto alle autorità brasiliane che a loro volta ritennero il fatto come un atto di pirateria. Così, a Garibaldi gli attribuirono la reputazione di essere un "pirata"; una reputazione che gli rimase per tutto il tempo ch'egli visse nel Sud-America.

Anche se a Garibaldi piaceva molto il ruolo di corsaro millantatore, in effetti egli non era affatto un pirata nel puro senso della parola. Egli era troppo idealista per essere un marinaio in cerca di fortune che avrebbero gratificato soltanto se stesso. Garibaldi credeva con sincerità e fervore di lottare per una causa — quella della libertà. Anche se assaliva indiscriminatamente le navi, egli trattava i prigionieri umanamente e si accertava fin'anche che avessero un sicuro passaggio a riva. Secondo le leggi internazionali di quel tempo, gli assalti da parte dei corsari di Garibaldi alle navi nelle acque del Sud-America rientravano nella legalità ed erano atti contro i belligeranti nemici.

Continuando la sua rotta verso il sud, Garibaldi pensò che sarebbe stato troppo rischioso attraccare la sua nave in uno dei porti lungo la costa di Rio Grande do Sul. Egli sapeva che le forze dell'Impero brasiliano controllavano la maggior parte delle città situate lungo la costa e che le squadre navali, sotto il comando del Capitano John Grenfell, perlustravano le acque costiere.* Egli decise di salpare ancora più giù lungo la costa fino all'Uruguai, alla ricerca di approvvigionamenti. Garibaldi sapeva benissimo che il Governo dell'Uruguai, essendo neutrale nei riguardi della guerra civile brasiliana, avrebbe permesso alle navi di ambo le parti di attaccare ai suoi porti. Essendo andato intorno all'estrema punta del sud dell'Uruguai, Garibaldi entrò nel porto di Maldonado. Maldonado oggi è conosciuto col nome di Punta del Este ed è una città di villeggiatura marittima molto popolare.

La permanenza di Garibaldi a Maldonado fu piena di eventi. Egli acquistò approvvigionamenti per la sua nave e vendette il carico del caffè ed alcuni gioielli ad un mercante locale dichiarando che era roba appartenente all'ex proprietario della nave. Il mercante promise di pagare fra qualche giorno. Dal momento che Garibaldi ed il suo equipaggio non nascosero le loro identità, non passò molto tempo prima che il Console brasiliano a Maldonado apprendesse che i corsari erano in città. Immediatamente il Console chiese al Governo uruguaiano di arrestare i corsari e di sequestrare la *Luisa* che Garibaldi aveva ribattezzata *Mazzini*. Il presidente dell'Uruguai, Manuel Oribe, ordinò l'arresto.

Tuttavia, prima che l'ordine venisse portato a compimento, Garibaldi, essendo venuto a conoscenza della decisione del Governo, ordinò all'equipaggio di preparare a salpare. Rimaneva un'ultima cosa da risolvere — egli non aveva ancora ricevuto il pagamento del carico di caffè e dei gioielli! Sembra che il mercante che

---

*Il capitano John Grenfell era un inglese al servizio del Brasile che divenne Comandante Capo della Marina Reale brasiliana.

aveva fatto l'acquisto, stesse sperando nell'arresto di Garibaldi, così non avrebbe dovuto pagare niente. Ma Garibaldi, bisognoso di denaro, decise d'andare a fargli un'ultima visita. Egli si presentò a casa del mercante con due pistole, e con una pistola puntata, forzò lo scaltro uomo a pagare il conto. Con i soldi in tasca, tornò velocemente sulla sua nave ed insieme all'equipaggio salpò in alto mare. Subito dopo, una nave da guerra brasiliana giunse a Maldonado, ma giunse troppo tardi per catturare la nave corsara ed i suoi "pirati".

Un uragano proibì a Garibaldi di salpare verso l'est dell'Oceano Atlantico, così decise di dirigersi verso occidente nell'estuario del Fiume La Plata. Dal momento che la frettolosa partenza da Montevideo non gli diede tempo sufficiente per un adeguato rifornimento di cibi, si rendeva necessario fare un'altra fermata. Non essendo possibile attaccare in un altro porto dell'Uruguai, Garibaldi seguì la rotta lungo la desolata costa in cerca di qualche posto sicuro per andare a terra e rifornirsi di provviste. Egli vide in lontananza una fattoria agricola, isolata, e decise di sbarcare. Purtroppo, era un vero problema andare a riva perchè l'unica scialuppa di bordo era stata usata per trasportare a terra l'equipaggio originario della Louisa. Garibaldi non provvide a sostituire la scialuppa durante il suo soggiorno a Maldonado e così ora si trovava costretto a risolvere la situazione improvvisando qualcosa. Infatti, usando un tavolo della nave come battello, insieme ad un uomo dell'equipaggio, che si chiamava Maurizio, raggiunsero la riva. Qui giunti, essi andarono alla casa agricola dove furono accolti gentilmente da un gaucho e sua moglie. Dopo parecchie ore, essi tornarono alla nave con un vitello macellato, e trasportato sul tavolo-battello. Il vitello fu dato dal generoso gaucho che letteralmente mise il cibo sul tavolo!

Durante la fermata, la nave di Garibaldi fu avvistata da terra, e le autorità uruguaiane immediatamente mandarono una nave cannoniera per intercettarla. La nave cannoniera raggiunse la *Mazzini* ed immediatamente ordinò la resa. Allorchè Garibaldi rifiutò di obbedire, la cannoniera aprì il fuoco e seguì una feroce e spietata lotta. Ci fu uno scambio di scariche dai ponti delle due imbarcazioni mentre la nave cannoniera si posizionava a fianco della Mazzini e l'equipaggio si preparava all'abbordaggio.

Garibaldi ed i suoi uomini riuscirono a far retrocedere gli abbordatori che subirono pesanti perdite. Durante la violenta azione, venne ucciso il timoniere di Garibaldi, e lui stesso venne colpito al collo; il proiettile rimase dietro l'orecchio. Perse i sensi e cadde sul ponte mentre i suoi uomini continuavano a lottare valorosamente. La cannoniera uruguaiana terminò l'azione e la *Mazzini* se la svignò verso l'occidente. Con Garibaldi seriamente ferito Luigi Carniglia prese posto al timone per portare la *Mazzini* al sicuro nel porto di Gualeguai in Argentina, dopo 12 giorni dalla lotta nel mare. Le navi da guerra uruguaiane cessarono l'inseguimento perchè l'imbarcazione di Garibaldi era ormai entrata nel dominio politico di Juan Manuel de Rosas.

6

Gualeguay

IL 27 GIUGNO DEL 1837, la *Mazzini* attraccò nel porto di Gualeguay, un piccolo paese di 2.000 abitanti situata nella provincia di Entre-Rios in Argentina. Colà, Garibaldi e gli uomini dell'equipaggio chiesero asilo politico. All'epoca, tuttavia, la relazione diplomatica tra l'Argentina ed il Brasile era già tesa, e per far sì che la richiesta venisse approvata in favore dei corsari, fu necessario dichiarare il motivo della richiesta al Governo dell'Argentina in Buenos Aires. Nel frattempo, durante l'aspettativa per la risposta, Garibaldi ed il suo equipaggio furono trattati come prigionieri di guerra e fu dato loro l'ordine di rimanere a Gualeguay fino a quando il Governo non avesse preso delle decisioni riguardo la richiesta di asilo politico.

Era necessario trovare un medico che potesse prender cura di Garibaldi che, essendo ferito, si trovava tra la vita e la morte. Il Governatore Pascual Echaque di Entre-Rios intervenne in aiuto del ferito. Egli accompagnò il dottor Ramon del Arco perchè operasse Garibaldi. L'intervento chirurgico venne eseguito in casa di un mercante spagnolo che si chiamava Jacinto Abreu. Il dottor del Arco rimosse il proiettile dal collo di Garibaldi e lo salvò dalla morte. L'operazione venne effettuata senza l'uso di anestesia, cosa che fece soffrire molto Garibaldi. Per la convalescenza egli rimase a casa di Abreu, assistito dalla signora Abreu e dal suo amico, Luigi Carniglia.

La guarigione fu lenta, ma dopo tre mesi Garibaldi guarì completamente. Fu messo in libertà provvisoria dal Governatore Echaque e gli fu concesso il permesso di rimanere in casa di Abreu. Fu anche autorizzato ad uscire liberamente, ma ad una sola condizione — quella di dare la sua parola d'onore di non cercare di fuggire. Garibaldi acconsentì a tale condizione. Ciò che Garibaldi non sapeva però, era il fatto che il dittatore dell'Argentina, Juan Manuel de Rosas, aveva preso le sue decisioni circa la nave *Luisa* ed i suoi corsari. Rosas decise che la nave doveva essere restituita ai padroni brasiliani e che i corsari potevano essere lasciati liberi — ad eccezione di Garibaldi. Egli sarebbe dovuto rimanere detenuto indefinitivamente a Gualeguay. Immediatamente gli uomini dell'equipaggio, ormai liberi, andarono a bordo di una nave diretta a Montevideo. Essi raggiunsero Montevideo senza avere alcun problema, e poi si unirono ai ribelli di Rio Grande do Sul.

Garibaldi, invece, rimase a Gualeguay in casa di Abreu. Egli fece amicizia con parecchie famiglie del paese e conobbe la maggior parte degli abitanti. In quel tempo, Gualeguay assomigliava ad un villaggio di cowboys della parte occidentale degli Stati Uniti. Si trovava situato in una zona di scarsa popolazione nella Provincia di Entre-Rios dove la principale occupazione era l'allevamento di bovini. Molti proprietari di fattorie coinvolti nell'allevamento di mandrie di buoi erano immigrati dalla Spagna, Francia, Italia e dalle

Isole Britanniche. Di tanto in tanto questa gente andava a Gualeguay per vendere bovini e pellame e comprare provviste. Responsabile di mantenere l'ordine pubblico era il comandante militare del luogo, Maggiore Leonardo Millan. Anche se raramente si videro l'un l'altro, Millan teneva d'occhio ogni passo di Garibaldi. Millan ricevette l'ordine dal Governatore Echaque di avere "ogni considerazione" per Garibaldi, purchè egli non tentasse di fuggire.

Durante la sua permanenza a Gualeguay, Garibaldi imparò due cose che gli furono molto utili nel futuro: imparò a parlare lo spagnolo ed a cavalcare. Nella terra dei "gauchos" saper cavalcare era essenziale. Egli passava del tempo anche leggendo vecchi giornali nel tentativo di apprendere cosa stesse accadendo nel resto del mondo. Se Garibaldi non fosse stato l'irresistibile rivoluzionario, avrebbe potuto fare una bella vita nelle bellissime vicinanze di Gualeguay. Il problema era che non sopportava di essere sotto sorveglianza e di non poter unirsi ai ribelli di Rio Grande do Sul nella lotta per l'indipendenza dall'Impero del Brasile.

Dopo d'essere stato in Gualeguay per sei mesi, Garibaldi apprese da certi amici che le autorità stavano programmando di trasferirlo nel distretto di Paranà, un posto molto più isolato da dove, dubitò, non si sarebbe più mosso. Gli amici gli dissero che questa sarebbe stata la sua ultima occasione per fuggire. Così Garibaldi decise di venir meno alla sua parola d'onore e di tentare la fuga. Tuttavia era pienamente consapevole che non avrebbe potuto far nulla senza che qualcuno lo aiutasse.

Secondo le voci locali, ad aiutarlo ad evadere fu Jacinto Abreu il quale gli diede un cavallo ed una pistola. Un altro amico gli diede un uomo che di professione faceva la guida e che si chiamava Juan Perez. Perez l'avrebbe dovuto accompagnare nella tenuta di un colono inglese vicino al Fiume Paranà dove Garibaldi sarebbe rimasto fino a quando non avrebbe trovato un passaggio su qualche altra imbarcazione che lo avrebbe portato a Montevideo nell'Uruguai.

Gli eventi che seguirono sono abbastanza oscuri e misteriosi, e su ciò che accadde c'è una certa confusione. Ad ogni modo, secondo la storia raccontata dalla gente locale, Garibaldi e la sua guida partirono da Gualeguay in una notte di pioggia cavalcando verso il Fiume Paranà. Dopo aver cavalcato per tutta la notte sotto una pioggia a dirotto, arrivarono nei pressi di una tenuta isolata. La guida disse allora a Garibaldi d'attendere fra gli alberi mentre egli sarebbe andato avanti ad accertarsi se era sicuro o meno entrare nella casa del colono. Garibaldi, esausto di cavalcare per tutta la notte, smontò dal cavallo e dopo averlo legato ad un albero, si stese per terra e si addormentò. Tre ore più tardi, al suo risveglio, scoprì che la sua guida non era ancora tornata! Recatosi verso i confini del bosco per vedere se poteva scorgerla, tutto d'un tratto si ritrovò circondato da soldati a cavallo con sciabole sguainate. Siccome i soldati si trovavano proprio in mezzo, fra egli ed il posto dove aveva legato il suo cavallo, la possibilità di fuggire non c'era. Garibaldi fu costretto ad arrendersi.

Questi eventi, purtroppo, lasciano molte domande senza risposte. Cosa accadde alla guida di Garibaldi? Da dove arrivarono i soldati e come sapevano dove trovare Garibaldi? Si trattava di un colpo preparato dalle autorità di Gualeguay oppure Garibaldi era stato tradito da qualche amico? Garibaldi stesso non ha mai saputo dare delle spiegazioni in merito, comunque, egli ha sempre creduto di non essere mai stato tradito dalla sua guida. Tuttavia, le circostanze della sua cattura sono ignote, lasciando così diverse ipotesi su ciò che in realtà accadde in quel fatidico mattino.

La gente del luogo ha tentato di dare qualche risposta. Si dice che la guida, invece d'accompagnare Garibaldi sulle sponde del Fiume

Paranà, gli fece fare un giro molto largo per dirigerlo nelle vicinanze di un campo militare. Poi, con la scusa d'andare a vedere se era sicuro entrare nella casa del colono, la guida sarebbe andata al campo militare per informarli sui programmi di Garibaldi.

Garibaldi venne riportato a Gualeguay. I soldati lo fecero cavalcare con mani e piedi legati mentre i moscerini lo pizzicavano senza alcuna misericordia. Il suo corpo era virtualmente ricoperto di punture. Allorchè giunsero a Gualeguay, Garibaldi venne frustato e brutalmente torturato dal comandante militare, Maggiore Millan. Nel tentativo di far rivelare i nomi dei suoi complici, Garibaldi fu legato ai polsi ed appeso ad una trave del soffitto. Mentre era in questa posizione, con i piedi un metro e più sollevati da terra, Millan gli chiedeva di rivelare i nomi dei suoi complici. Dal momento che Millan si trovava posizionato direttamente sotto di lui, Garibaldi non esitò a sputargli in faccia. Tutto d'un tratto Millan se ne andò lasciando Garibaldi appeso a soffrire dure pene. Dopo due ore egli svenne e quando riprese i sensi si ritrovò imprigionato, incatenato ad un altro prigioniero.

Il brutale trattamento di Millan verso Garibaldi non passò inosservato in Gualeguay. Tante persone del paese espressero pubblicamente il loro sdegno, ed una donna ardita, signora Rosa Sanabria de Aleman, portò del cibo ed altre cose necessarie a Garibaldi in prigione. Questa dimostrazione di simpatia per un prigioniero che non aveva mantenuto la parola d'onore indignò maggiormente Millan, che divenne ancora più severo. Abreu ed altri furono arrestati sotto il sospetto di avere aiutato Garibaldi nella sua tentata fuga. Comunque, per mancanza di prove, essi furono subito messi in libertà.

Non molto tempo dopo, Garibaldi venne trasferito in una prigione in Paranà dove egli guarì dall'effetto della tortura, anche se continuò ad avere ogni tanto dolori ai suoi polsi per il resto della sua vita. Dopo d'avere trascorso altri due mesi in prigione in una cella sotterranea, Garibaldi fu messo in libertà dietro ordine del Governatore Echaque. Con un battello egli si fece strada per raggiungere Montevideo dove si riunì con i suoi amici, Rossetti e Carniglia. Un mese dopo, i tre a cavallo raggiunsero la frontiera di Rio Grande do Sul, una distanza di circa 300 miglia. Appena giunti a Rio Grande, si recarono nella città dei Piratini dove incontrarono il Presidente di Rio Grande — Generale Bento Gonçalves.

7

Rio Grande do Sul

Dopo il loro lungo viaggio da Montevideo, Uruguay, a Rio Grande do Sul, Garibaldi ed i suoi compagni, Rossetti e Carniglia, finalmente incontrarono il Presidente Bento Gonçalves nel suo quartiere generale a Piratini. I tre furono sorpresi dall'aspetto alto ed aitante del Presidente che li salutò cordialmente. Sapeva benissimo che i tre avevano lottato da corsari sotto la bandiera rossa, gialla e verde di Rio Grande do Sul.

Bento Gonçalves da Silva Pilho era discendente di una famiglia aristocratica portoghese e servì con onore l'esercito brasiliano. La gente di Rio Grande lo considerava come valente condottiero e lo incoraggiava a lottare per ottenere l'indipendenza dall'Impero del Brasile. Figlio di un gaucho, Gonçalves era un buon cavaliere e tiratore scelto. Era alto di statura e pittoresco nel vestire. In qualità di Generale dell'Esercito era valoroso nelle battaglie e magnanimo nelle vittorie. Egli condivideva il cibo con i suoi soldati durante le campagne di guerra e trattava la gente sempre con cortesia e rispetto. A sua volta veniva rispettato dai suoi soldati ed amato dalle donne. Gonçalves simboleggiava la libertà e l'indipendenza per la gente di Rio Grande do Sul. Era tutto ciò che lo stesso Garibaldi avrebbe voluto essere.... e magari anche più!

In quel tempo le forze repubblicane sotto il comando di Gonçalves erano di circa 9.500 uomini, più della metà erano gauchos in riserva che sarebbero stati richiamati per servire nella cavalleria in caso di necessità. L'esercito dell'Impero brasiliano totalizza-

Bento Gonçalves

va circa 24.000 uomini, 7.000 dei quali erano in riserva.* Secondo il criterio degli Europei, questi eserciti erano piccoli ed il territorio su cui essi operavano era molto vasto. Questo significava meno casualità e più grandi intervalli tra una battaglia e l'altra. Tuttavia, quando gli eserciti avversari si scontravano, le battaglie erano violente. Non si risparmiavano vite, né si chiedeva di essere risparmiati. In queste remote e selvagge regioni dove le condizioni rendevano impossibile l'attenzione ai prigionieri, le regole di guerra venivano dettate dalle convenienze militari. I prigionieri catturati venivano uccisi insieme, ed i soldati seriamente feriti venivano annientati dai loro stessi camerati pur di non lasciarli catturare dal nemico.

Durante questo periodo, la maggior parte dell'America del Sud era un territorio incolto e selvaggio, una terra in cui la gente immigrata lottava duramente per sopravvivere in un clima di fuorilegge e crudeltà. La vita umana non aveva valore ed i rischi erano alti contro i rivali che volevano il controllo delle ricchezze che i vasti territori potevano offrire. Tutta la scena potrebbe essere descritta come *scuola di guerra*. Era in questo genere d'ambiente che Garibaldi era destinato a passare i suoi prossimi dodici anni della sua giovinezza. Ma questo periodo di tempo servì indubbiamente a forgiare formidabilmente il suo carattere.

Con un territorio di 100,150 miglia quadrati, Rio Grande do Sul era pressappoco della stessa grandezza dello Stato del Colorado in America. Un vasto territorio tropicale cosparso d'erba e boschi si estendeva dalle coste del Sud-Atlantico alle montagne dell'interno. Nel 1830, Rio Grande do Sul aveva una popolazione di 150.000 persone, la maggior parte delle quali era dedita all'agricoltura o all'allevamento del bestiame. C'erano alcune cittadelle sparse quà e

---

Questi dati sono riportati nelle pp 71-72 del libro Garibaldi *di Jasper Ridley.*

là, tra cui le più importanti erano Porto Alegre, San Josè do Norte ed il porto di Rio Grande. Tutte queste cittadelle erano situate vicino al Lagoa dos Patos (Laguna delle Papere), una larga laguna separata dall'Oceano Atlantico da una lunga e stretta fascia di terra. L'unica entrata nella laguna era all'estremo sud attraverso uno stretto largo meno di un miglio. In quel tempo, i tre porti sopra citati erano occupati dalle truppe imperiali e lo stretto era sorvegliato dalla Marina brasiliana. Questo bloccava efficacemente i ribelli che controllavano la maggior parte interna della provincia ed una stretta striscia di terra sulla costa della laguna vicino alla cittadella di Camagua.

La sconfitta delle forze imperiali brasiliane nella Battaglia di Rio Pardo lasciò Bento Gonçalves ed i ribelli assumere il controllo di quasi tutta la provincia. Le forze imperiali continuarono a dominare la zona costiera della provincia, ma ciò non minacciava il Governo di Gonçalves. Il problema era invece proprio nel suo territorio, dove Gonçalves dovette affrontare un pericolo molto grande – quello di un uomo dal nome Moringue!

Moringue era uno scaltro condottiero di guerriglie che terrorizzava le popolazioni locali con la sua banda di saccheggiatori a cavallo. I suoi micidiali assalti terrorizzavano la popolazione delle campagne. La gente veniva uccisa, il bestiame macellato e le *estancias* (tenute) bruciate. Moringue aveva la fama di essere uno spietato guerriero ed un gran cavaliere. Gli uomini sotto il suo comando erano mercenari ed avventurieri che avevano poco riguardo per la vita umana. Il vero nome di Moringue era Francisco de Abreu, e fu colonnello nell'esercito brasiliano. Più tardi gli fu dato il titolo di Barone di Jacuhy dal governo Imperiale del Brasile. Secondo l'opinione comune egli meritò il nomignolo *Moringue* da suo padre che era stato chiamato così perchè aveva le orecchie larghe ed a punta come quelle di un marziano. Era inevitabile che, prima o poi, Moringue e Garibaldi avrebbero dovuto incrociare le loro sciabole!

8

La Marina di Rio Grande

Il Presidente Gonçalves, ansioso di rompere il blocco imposto dalla Marina brasiliana su Rio Grande, nominò Garibaldi comandante della Marina di Rio Grande, e gli chiese di organizzare una flotta a Lagoa dos Patos (nella laguna di Patos). Lì, nella piccola base navale vicino alla città di Camagua, c'era il capitano John Grigg, un americano che già stava armando due navi da guerra per la nuova flotta. Grigg era un newyorchese proveniente da una famiglia benestante e aspettava di ereditare le fortune della famiglia. Intanto, decise di salpare nel Sud America in cerca di avventure. Ne trovò una a Rio Grande do Sul e si unì volontariamente nella lotta per l'indipendenza. Qu conobbe un altro avventuriero che si preparava a lottare per la stessa causa - Garibaldi. I due divennero immediatamente amici.

Garibaldi era desideroso d'attaccare le navi brasiliane nello stesso modo che aveva fatto da corsaro. Ora, affiancato da Grigg, avrebbe potuto operare dalla base in territorio amichevole. L'unico problema era il fatto che la flotta brasiliana bloccava lo stretto che dava il passaggio dalla città di Laguna di Patos all'Oceano Atlantico. Garibaldi e Grigg avrebbero risolto la questione in futuro.

A quel tempo, la Marina di Rio Grande era formata da 60 uomini circa e due bastimenti adeguatamente preparati al combattimento: il *Repubblicano* ed il *Farroupilha* (nome derivante da un termine brasiliano che significa "raccoglitore di strofinacci"). Grigg era il comandante del *Repubblicano* e Garibaldi comandava quello un pò più grande Farroupilha. In ognuna delle navi c'erano due cannoni ed un equipaggio di trenta uomini. Dell'equipaggio di Garibaldi facevano parte anche sette italiani: Carniglia, Mutru e gli altri cinque ch'erano già stati con lui sulla *Mazzini*. Appena completato l'armamento delle due navi, Garibaldi e Grigg incominciarono a far guerra alla flotta brasiliana, la più grande flotta del Sud America. Ambedue gli uomini dimostrarono una non comune audacia negli attacchi alle navi più grandi delle loro. Più tardi a Grigg fu affidato il comando di una nave più nuova chiamata *Seival*. La nave di Garibaldi, la *Farroupilha*, fu ribattezzata *Rio Pardo*.

Partendo dalla base navale sulla riva occidentale di Lagoa dos Patos, le due navi assalivano i mercantili brasiliani che salpavano attraverso la laguna lunga duecento miglia. Il loro scopo era quello di spezzare la linea di rifornimenti con la guarnigione imperiale di Porto Alegre. Tutti i beni catturati venivano dati alla Repubblica di Rio Grande che a sua volta restituiva una parte del bottino a Garibaldi, a Grigg ed ai loro equipaggi come ricompensa. Ancora una volta Garibaldi ebbe la reputazione di essere "pirata" con l'offerta di ricompense per le sue catture. Se gli ufficiali brasiliani lo avessero preso prigioniero o ucciso avrebbero senza dubbio avuto delle promozioni. Garibaldi, quindi, diventò una buona preda per Moringue.

Un mattino d'aprile del 1839, Garibaldi e 14 dei suoi uomini stavano facendo colazione vicino ad un magazzino fortificato della loro base navale sulla sponda occidentale della laguna. Essi avevano lasciato le loro armi dentro il magazzino perchè si sentivano sicuri e non avrebbero mai pensato che ci potesse essere un imminente pericolo. Senza alcun preavviso, Moringue, con 150 uomini a cavallo, emerse dalla foresta e caricò contro di loro. Garibaldi ed I suoi uomini cercarono di raggiungere l'interno del magazzino e stava quasi per entrarci dentro quando venne sfiorato dalla lancia di un cavaliere che riuscì appena a strappargli il poncho. Una volta dentro il magazzino Garibaldi prese la sua carabina e sparò uccidendo parecchi saccheggiatori. Undici dei suoi uomini riuscirono a raggiungere e a rifugiarsi nel magazzino, invece quei pochi che fuggirono nel bosco vennero presi e uccisi. Uno soltanto riuscì a scamparsela: Mutru. Garibaldi ed i suoi uomini riuscirono a proteggere il deposito malgrado la forza superiore del nemico. Moringue stesso tentò di dare fuoco al magazzino, ma fu colpito da un proiettile della carabina di uno degli uomini di Garibaldi – uno schiavo africano messo in libertà di nome Procopio. Gravemente ferito, Moringue cessò il combattimento, e così finì il primo scontro tra i due avversari valorosi.

Nel frattempo, il Presidente Gonçalves diede l'incarico a Luigi Rossetti di pubblicare un giornale chiamato O *Povo* (Il Popolo), ch'era la voce delle forze repubblicane in Rio Grande. Rossetti sapeva praticare il giornalismo con grande maestria. Lo scopo di questa pubblicazione era quello di sostenere con forza la guerra contro l'Impero del Brasile. In qualità di editore, Rossetti diede prova d'essere molto abile nell'enfatizzare i successi della

Repubblica e minimizzare le proprie sconfitte. Con molta accortezza, Rossetti seppe scrivere le notizie ch'erano decisamente in favore delle azioni di Garibaldi contro Moringue.

Ci fu un momento di tregua nella guerra durante l'estate del 1839, tale da far provare il gusto della vita sociale alle classi più elevate dei riograndesi. Il Presidente Gonçalves aveva due sorelle, Donna Antonia e Donna Anna che possedevano grandi appezzamenti di terreni nei pressi della sponda occidentale di Patos Lagoon. Le due sorelle sostenevano la causa repubblicana organizzando festeggiamenti di gala per gli amici e gli ufficiali del fratello. Garibaldi di solito veniva invitato a queste feste ed era totalmente affascinato dalle belle donne presenti. Ovviamente, Garibaldi si sentiva a suo agio in questo aristocratico ambiente.

Fu in una festa organizzata da Donna Anna che Garibaldi conobbe e s'innamorò di una bella ragazza dal nome Manuela Ferreira. Era la figlia di un ricco proprietario di terreni che era anche amico intimo del Presidente Gonçalves. Credendo di essere riamato, Garibaldi privatamente dichiarò il suo amore alla ragazza ma Manuela aveva già un fidanzato, il figlio del Presidente Gonçalves! Mettendo a tacere il suo sentimento, Garibaldi decise di non rubare il cuore della ragazza al findanzato poiché stimava molto il presidente. Bisogna pur dire però che Garibaldi non dimenticò mai quelle belle serate, né la bella Manuela.

Nel tardi 1839, il presidente Gonçalves decise di attaccare invadendo la vicina provincia di Santa Caterina. Insieme con Rio Grande do Sul, Santa Caterina è una delle due province che racchiude un grande territorio conosciuto con il nomigliolo "Il manico della padella del Brasile". Nel 1839 la provincia aveva una popolazione di 70.000 abitanti, e la maggior parte di essa era dedita all'allevamento del bestiame. Al contrario dei riograndesi, la maggior parte dei catarinesi era rimasta fedele all'imperatore Don Pedro II. Nonostante ciò, c'erano ancora degli elementi rivoluzionari nelle città costiere di Laguna e Florianapolis che intendevano costituire Santa Catarina come Repubblica indipendente. Attraverso dei contatti segreti con Bento Gonçalves, venne escogitato un piano in cui l'invasione di Santa Catarina da parte dei riograndesi doveva coincidere con l'insurrezione dei repubblicani nelle città sopracitate.

Nell'apprendere l'ambiziosa strategia d'invasione, Garibaldi si rese conto che la Marina di Rio Grande sarebbe stata di estrema importanza per l'invasione - purchè fosse riuscito a portare le sue navi fuori da Laguna di Patos, libere nel mare aperto. Una lunga striscia di terra sabbiosa separa la laguna dall'Atlantico e l'unica via d'accesso (o d'uscita) era bloccata dalla Marina brasiliana. Non potendo salpare fuori in mare aperto Garibaldi pensò di trasportare le navi via terra, come fecero i Turchi Ottomani nel lontano 1453 durante l'assedio di Costantinopoli. Egli avrebbe trasportato le navi via terra fino a raggiungere la sponda dell'Atlantico!

Garibaldi propose a Grigg di salpare con le navi fino alla costa orientale della laguna per poi trainarle in qualche modo via terra, attraverso la stretta striscia, fino alla costa dell'Oceano Atlantico. Egli scelse una strada da percorrere dove la terra non era molto soffice, né sabbiosa. La strada attraverso la penisola copriva una distanza di circa 50 miglia.

Con questi audaci intenti, Garibaldi e Grigg attraversarono le acque da Laguna de Patos fino alla Baia di Capibari. Lì consultarono un ingegnere della zona, Gioacchino de Abreu, per farsi consigliare il modo migliore per trasportare le due navi attraverso la stretta penisola. Abreu (da non confondersi con il Colonnello Francisco de Abreu), consigliò di effettuare il trasporto su enormi carri di legno. Con il consenso di Garibaldi Abreu costruì due enormi veicoli di legno montati su ruote che misuravano oltre 3 metri di diametro e vennero fatti scivolare nelle acque e posizionati sotto le navi. Ogni nave venne montata sul proprio carro, e poi, trascinate su terra ferma. Furono impiegati duecento buoi per aiutare gli uomini di Garibaldi a tirare per tre giorni gli enormi carri, con sopra il carico delle navi, attraverso le 50 miglia della striscia di terra. Per l'ingegnoso disegno, che prevedeva la sistemazione delle quattro ruote sotto la parte frontale dei veicoli, i buoi ebbero la forza di trascinare il peso senza tanta difficoltà.

Il 14 luglio del 1839, la missione fu completata con successo e le due navi galleggiarono nuovamente nell'Oceano Atlantico. Il risultato finale di questo avventuroso ed intraprendente lavoro rimase tra i più famosi nella storia brasiliana, ed il merito è stato attribuito all'audacia di Garibaldi ed al genio di un oscuro ingegnere chiamato Gioacchino de Abreu. Le due strutture di legno che trasportarono le navi sono rimaste le più famose nel mondo, dopo il Cavallo di Troia. Ora sono esposte in un museo nella città di Porto Alegre.

9

Santa Catarina

Dopo aver trasportato le loro navi via terra da Laguna di Patos all'Oceano Atlantico, Garibaldi e Grigg salparono lungo la costa dirigendosi verso il nord. Il giorno seguente s'imbatterono in una terribile tempesta, uno di quegli uragani che di solito arrivano inaspettatamente lungo la costa del Sud-America. Garibaldi si trovava su un pennone e stava esplorando il litorale alla ricerca di un posto sicuro dove poter approdare quando, improvvisamente, la nave venne capovolta da un'enorme e violenta ondata. Garibaldi venne scaraventato in mare come da una fionda, però riuscì a salvarsi nuotando fino a riva. Tuttavia, i sette compagni italiani, più alcuni altri dell'equipaggio, annegarono nel mare burrascoso. Fra quelli che perirono c'era anche Procopio, l'ex schiavo che ferì Moringue nella scaramuccia di alcune settimane prima. Il destino volle privare in tal modo Garibaldi dei suoi più intimi amici. Con altri sopravvissuti si fecero strada camminando in terra ferma per poi unirsi alle forze riograndesi che avanzavano in direzione nord nel territorio di Santa Catarina. Nel frattempo, il capitano Grigg riuscì a portare a riva la sua nave senza perdere neppure uno dei suoi uomini. Questa prodezza potrebbe essere attribuita alla sua abilità di Capitano marittimo, ma anche alla volontà di Dio.

A dispetto del naufragio Garibaldi ed i pochi sopravvissuti ebbero l'opportunità di partecipare all'attaco alla città costiera di Laguna. A Garibaldi fu assegnato il comando di una nave cannoniera catturata che si chiamava *Itaparica,* la quale presto si unì alla *Seival* di John Grigg per attaccare insieme. Il 22 luglio del 1839, soltanto una settimana dopo il naufragio Garibaldi e Grigg si fecero strada a suon di cannoni nella baia di Laguna, mentre le truppe riograndesi, sotto il comando del Colonnello Canabarro attaccavano la città dalla parte della terra ferma. Le forze delle guarnigioni brasiliane cercarono di resistere duramente per la maggior parte della giornata, ma allorchè si resero conto che non c'era nessuna speranza di vincita, finalmente si arresero. I riograndesi s'impatronirono di sedici cannoni e oltre 400 carabine. Catturarono settantasette prigionieri e requisirono le 18 navi che erano nella baia.* Fu una grande vittoria per la causa repubblicana. Tanti cittadini salutarono con entusiasmo i liberatori. Molti decorarono balconi e finestre con nastri rossi, verdi e gialli: i colori della bandiera di Riograde. Le campane delle chiese scampanellarono alti rintocchi ed il *Te Deum* fu cantato nella chiesa di Sant Antonio dos Anjos. Alcuni giorni più tardi, l'alto comando dei riograndesi emise degli encomi solenni per cinque ufficiali che parteciparono alla battaglia.

---

* *Questi dati sono riportati nelle pp 21-22 del libro* Anita Garibaldi *di Anthony Valerio.*

Uno di questi ufficiali era il Capitano José Garibaldi.

Uno scrittore del diciannovesimo secolo descrisse Laguna come "romanticamente remota" in un "buio e selvaggio continente". L'inquadratura e la descrizione di questo posto come un idilliaco rifugio in una sconosciuta zona del mondo ebbe la tendenza a rendere romantico il misterioso ed il proibito. Fino alla conquista da parte dei riograndesi nel luglio del 1839, l'esistenza di Laguna era sconosciuta nel resto del mondo. Ultimamente, fu merito di Garibaldi e della donna ch'egli conobbe colà di rendere famosa la città.

Situata in una insenatura di color azzurro vivo e attorniata da montagne di un verde lussureggiante, Laguna appariva assolutamente spettacolare! Le barche a vela nella baia, le azzurre acque che scivolavano sulle pietrose spiagge, i caseggiati dai vivi colori con lo sfondo di una vegetazione tropicale, contribuivano a creare un paesaggio sorprendente. A questa cornice simile ad un sogno, ci si aggiungeva il profumo dei fiori campestri filtrato dall'aria fragrante. Tutto era un perfetto scenario per una storia d'amore!

Anche se erano molte le persone che desideravano ardentemente l'indipendenza, altre erano abbastanza soddisfatte delle condizioni di vita sotto l'Imperatore del Brasile. Naturalmente, era nell'interesse dei riograndesi liberati incoraggiare l'indipendenza dei catarinesi. Così, il 26 luglio del 1839, il Colonnello Canabarro emise uno statuto che proclamava l'indipendenza della Repubblica di Santa Catarina e, dal quel momento, doveva essere chiamata Repubblica Juliana perchè la rivolta ebbe luogo in luglio (July in inglese). La proclamazione fu firmata su una grande scrivania di legno di quercia nel municipio di Laguna e Garibaldi era presente alla cerimonia. Venne formato così un governo provvisorio composto principalmente da politici locali. Il nuovo governo promosse

Canabarro al grado di generale e lo nominò Comandante Capo delle Forze Armate di Santa Catarina. L'amico di Garibaldi, Luigi Rossetti, fu nominato Segretario di Stato. Molti catarinesi videro questo fatto più come una conquista da parte di Rio Grande anzichè una liberazione dall'Impero del Brasile. Essi incominciarono a guardare i riograndesi come "invasori".

La conquista di Laguna segnò l'apice del movimento per l'indipendenza nel sud del Brasile. L'insurrezione repubblicana nella città di Desterro, ora chiamata Florianapolis, venne soppressa dalle truppe imperiali ostacolando in tal modo l'avanzata di Canabarro. In breve tempo le forze riograndesi trovarono opposizioni e passive resistenze in zone che controllavano. Sembrò che le vicende della guerra tornassero in favore delle forze imperiali. Dederminato a rimprendere il controllo di Santa Catarina e Rio Grande do Sul, il governo imperiale del Brasile mandò un esercito sotto il comando del Generale Soares de Andreia per riconquistare le due province perdute. De Andreia aveva appena soppresso una rivolta di mulatti nella parte nord dello stato di Parà. Egli ora avanzava verso sud sapendo di trovare l'adesione da parte di tanti catarinesi che erano contro gli "invasori" provenienti da Rio Grande do Sul.

Una sommossa in aiuto delle forze imperiali ebbe luogo nella città costiera di Imarui, situata a circa dieci miglia a nord di Laguna. Il governo provvisorio di Santa Catarina, che considerò gli abitanti di Imarui come ribelli, inviò una forza navale sotto il comando di Garibaldi per riprendere il controllo della città. A Garibaldi fu dato l'ordine di punire i ribelli e di saccheggiare la città. Quello che accadde fu l'evento che procurò a Garibaldi il più grande rimorso mai avuto nel suo animo durante tutta l'esperienza vissuta nel Sud-America.

Temendo d'essere attaccati dalla parte del mare, i ribelli di

Statua di Anita davanti al vecchio municipio di Laguna

Salone dove è stata proclamata La Repubblica Juliana il 29 luglio, 1839

Imarui fortificarono la zona della baia. Garibaldi, comunque, condusse i suoi uomini per via terra lungo la costa, attaccò Imarui e conquistò la città facilmente. Poi eseguì gli ordini del Governo e comandò ai suoi uomini di saccheggiarla. L'angosciosa scena che fece seguito rimase nella mente di Garibaldi per il resto della sua vita. Egli inorridì fortemente nel vedere i suoi uomini che saccheggiavano e brutalmente uccidevano. Adirato, impose ai suoi uomini di tornare a bordo delle navi, ma era troppo tardi! La città era totalmente distrutta! Più tardi, Garibaldi scrisse che "I suoi uomini si comportarono come animali selvaggi scatenati" e che "le preoccupazioni e fatiche ch'egli ebbe in quel giorno miserabile nel tentativo di fermarli furono indescrivibili." La notizia della distruzione di Imarui sbalordì i catarinesi e servì a rinforzare ancor più l'immagine di Garibaldi che appariva come quella di un "pirata assetato di sangue".

Durante questo periodo, Garibaldi fece l'esperienza che i portoghesi chiamano *saudade* – la tristezza che uno sente dopo la perdita d'un amico o d'una persona amata. Egli perse i suoi migliori amici, Luigi Carniglia e Edoardo Matru nel naufragio; ora, anche se aveva un gruppo di bravi uomini, non li conosceva ancora tanto bene. Per di più, aveva la sua mente assillata dalla strage di Imarui. Tutto incominciò ad apparirgli senza senso, e fu il momento in cui soffriva anche di solitudine e disperazione. Incominciava ad accorgersi che aveva bisogno di una donna, una donna che avrebbe potuto dargli l'amore e l'affetto di cui egli sentiva ora il bisogno. Decise di mettersi alla ricerca della "donna del suo cuore".

Il porto di Laguna offriva a Garibaldi una base eccellente per assalire le navi brasiliane lungo la costa dell'Atlantico fino all'altezza di Santos nel nord. Egli e Grigg fecero parecchi assalti con successo durante la seconda parte dell'estate del 1839, tornando a Laguna con grande quantità di bottino. Accadde durante il ritorno da questi assalti ch'egli, per la prima volta, vide "la donna del suo cuore". Garibaldi si trovava sul ponte della sua nave scrutando la costa con il cannocchiale quando vide una bella ragazza con i capelli lunghi e neri che camminava fra le casette che sorgevano sulle colline vicino la baia. Camminando, di tanto in tanto, la ragazza dava delle occhiate all'imbarcazione, sembrava quasi gli volesse far cenno di venire a riva. Poi, improvvisamente la ragazza si dileguò dalla vista. Garibaldi continuò a scrutare la collina, ma non riuscì più a vederla. Incominciò a pensare fra se, e non riusciva a spiegarsi se quella era stata una visione o era realtà. Gli apparve tutto come un sogno: la ragazza dai capelli lunghi e neri, il paradisiaco panorama ed il solitario marinaio in cerca d'amore.

Sentendosi come se stesse vivendo un sogno, Garibaldi subito andò a riva con una barca a remi e si mise in cerca della ragazza. Ma la ragazza dai capelli lunghi e neri non si trovava in nessuna parte. Sembrava fosse svanita! Garibaldi si perse d'animo. Poi vide un uomo che conosceva e che stava fermo davanti ad una delle casette. L'uomo salutò ed invitò Garibaldi ad entrare in casa per prendere un caffè. L'aroma del caffè presto invase l'atmosfera della stanza dove i due s'erano seduti a chiacchierare. Garibaldi rimase stupefatto nel vedere che la ragazza uscita dalla cucina per servire il caffè era quella che egli cercava! Incantato dalla sua bellezza, disse in lingua italiana: "Tu sarai la mia donna!" Con queste parole ebbe inizio una storia d'amore fra le più importanti di tutti i tempi. La ragazza che parlava soltanto il portoghese fece cenno di accettare.

Quello che accadde dopo è tuttora avvolto nel mistero perchè Garibaldi non ne ha mai parlato nelle sue *Memorie*. Rimane il fatto che, alcuni giorni dopo, la nave di Garibaldi salpò da Laguna e la ragazza era a bordo, al suo fianco.

Si chiamava Anna Maria Ribeiro de Jesus, ma tutte le sue amiche la chiamavano "Anita". Il suo destino era quello di diventare parte integrante della vita di Garibaldi.

Garibaldi rimase silenzioso sulle circostanze della loro fuga. Tuttavia, anni più tardi, nelle sue *Memorie* scrisse: "Trovai un tesoro proibito, ma un tesoro di grande valore! Se ci fu una colpa, essa fu soltanto mia. Ed una colpa ci fu. Due cuori si unirono in un amore infinito, ma un'esistenza innocente venne sacrificata... Io feci un gran peccato, e fui il solo a peccare". Queste sono le parole più famose scritte nelle Memoirs e probabilmente anche le più difficili ad interpretare.

Ci sono varie e diverse edizioni del libro di Garibaldi *Memoirs* pubblicate da diversi editori. In ognuna di esse il primo incontro di Garibaldi con Anita è descritto in maniera un po' diversa. Alessandro Dumas, nel suo libro, dice che l'incontro di Garibaldi con Anita è "avvolto in un velo di oscurità". Dumas riferisce che a Garibaldi fu chiesto di chiarire questo primo incontro, al che egli rispose: "lasciate stare le cose come stanno".

Garibaldi non spiegò mai cosa intendesse dire con quelle parole. Infatti, nelle sue *Memoirs* questo primo incontro con Anita restò nel vago e lasciò molte domande senza risposte: Chi era l'uomo che invitò Garibaldi nella sua casetta sulle colline di Laguna a prendere un caffè? Cosa accadde a quell'uomo? E finalmente, chi era Anita e qual'era il suo stato coniugale? Queste domande alle quali non si può dare chiara risposta ed il suo silenzio di Garibaldi su di Anita fanno pensare che la donna fosse già sposata.

10

Anna Maria Ribeiro de Jesus

Anna Maria Ribeiro de Jesus era una bellezza dagli occhi scuri, capelli neri e morbidi ed una faccia lentigginosa. Il suo esotico sembiante insieme alla sua vivace personalità la rendevano una tra le più desiderabili giovani donne della zona di Laguna. Alcuni scrittori l'hanno descritta come creola, ma ci sono delle notizie che assicurano che lei era di puro sangue portoghese. I suoi avi emigrarono nel sud del Brasile dalle Azorre. Suo padre, Bento Ribeiro de Jesus era un contadino della provincia di San Paulo che nel 1815 si trasferì a Santa Catarina. Qui, si sistemò in un paese chiamato Morrinhos, vicino alla città di Tubarao. Il nome Morrinhos fu più tardi sostituito con quello di "Anita Garibaldi".

Bento e sua moglie, Maria Antonia de Jesus, ebbero altri figli oltre ad Anita, però non si sà con precisione quanti, né si conoscono i loro nomi. Nelle selvagge frontiere del Brasile, spesso le nascite dei bimbi non venivano registrate, e a volte i registri venivano smarriti oppure distrutti. Tuttavia, si pensa che Anita abbia avuto due fratelli e due sorelle. Si è trovato soltanto il registro dei battesimi di un fratello ed una sorella: Manoel (1822) e Sicilia (1824). Non si conosce l'esatta data di nascita di Anita, ma ci sono delle indicazioni che fanno credere sia stata nel 1821. La casetta dove ella nacque in Morrinhos era fatta di legno su una palafitta sopra ad un ruscello chiamato Tubarao. Da ragazza Anita giocava nei boschi con i suoi

Anna María Ribeiro de Jesus

fratelli e sorelle, correndo scalza fra i cespugli, arrampicandosi sugli alberi e nuotando nei luoghi più profondi del ruscello. Crescendo, aiutava suo padre a pulire le erbacce della giungla per creare dei pascoli, e cavalcava fra le piante di banane sul suo cavallo preferito, Pinha. Si potrebbe dire che la fanciullezza di Anita fu simile a quella di Jane, la ragazza di Tarzan, nella giungla.

Il padre di Anita era un allevatore di bovini, un *tropeiro*, e come tale cavalcava con altri *tropeiros* alla ricerca di bovini e cavalli selvaggi. I bovini li usavano per la carne, pelli e il sego; i cavalli erano usati per trasporti futuri. Essendo un cavaliere eccellente, egli insegnò ad Anita come domare il cavallo. All'età di dieci anni ella sapeva già sellare, montare a cavallo e cavalcare.

Quando aveva soltanto dodici anni, suo padre morì in un tragico incidente. Salito sul tetto di un magazzino per fare delle riparazioni, tutto d'un tratto, una trave si ruppe sotto i suoi piedi ed egli cadde morto. La famiglia fu devastata da questa improvvisa perdita. La madre di Anita, rimasta vedova, fu costretta a vendere il bestiame per pagare i debiti, e poi anche per trasferire la famiglia nella città costiera, Laguna, dove i figli sarebbero cresciuti vicino al padrino, Joago Braga.

Anita crebbe in una povera comunità di pescatori dove l'evento più elettrizzante era quello dell'arrivo di qualche veliero straniero nella baia. Oltre alle imbarcazioni, l'altro mezzo di trasporto in quella selvaggia zona tropicale, era sulla groppa dei cavalli. Perciò, quasi tutti gli abitanti del posto erano dei bravi cavalieri. Anita non era un'eccezione. Come le altre ragazze di Laguna, imparò a cavalcare quand'era bambina. Per di più sapeva cavalcare bene e senza essere scortata. Col passar del tempo, sviluppò il suo fisico a tal punto da apparire una signorinella vivace ed attraente. Attraeva giovani corteggiatori che non solo erano belli ma anche bravi cavalieri. Per questo motivo i suoi genitori non vedevano l'ora che lei si sposasse.

Laguna è un posto dove fatti e fantasticherie tendono a congiungersi in folklore, ed il folklore, a sua volta, a diventare dottrina. Ci sono tante storie sulla fanciullezza di Anita e la sua fuga con

Casetta di Anita a Laguna

Garibaldi che non possono essere verificate, ma che nondimeno vennero raccolte dal novellista brasiliano Virgilio Varzea, e stampate nel suo libro intitolato "Garibaldi in America". Il libro venne tradotto in italiano da Clemente Pitt e pubblicato nel 1902. Dalla sua pubblicazione, il libro è rimasto la fonte più importante donde attingere le più veritiere informazioni sulla tenera età di Anita.

I racconti su Anita indicano che lei aveva una predisposizione ad una vita avventurosa. La sua intima amica, Maria Fortunata, una volta raccontò che Anita fu aggredita in un zona boscosa da un corteggiatore da lei respinto. Il corteggiatore, smontato da cavallo, tentò di sedurla ma Anita, impossessatasi della frusta dell'aggressore lo frustò ben bene. Poi, saltata sulla groppa del cavallo, giunse fino alla caserma della polizia per denunciarlo. Anche se il respinto corteggiatore più tarti la denunciò, Anita fu assolta da ogni accusa.

Dopo questo incidente, la famiglia di Anita, secondo l'opinione pubblica, fece tanta pressione sulla donna fino a farla sposare con uno dei pescatori locali dal nome Manoel Duarte. Anita riluttantemente acconsentì di sposare Duarte. Anita seppur riluttante acconsentì a sposare Duarte, e confidò alla sua amica Maria, che in verità non lo amava. Ciò che accadde in seguito e per un lungo periodo di tempo, rimane avvolto in un velo di oscurità. Molte persone credono che Anita non fosse stata sposata prima dell'incontro con Garibaldi. D'altro canto, i documenti scoperti nel 1932, dalle ricerche fatte negli archivi di una chiesa dallo studioso brasiliano J.A. Boiteux, danno prova di un suo precedente matrimonio. I documenti dimostrano che Anna Maria de Jesus sposò Manoel Duarte di Aguiar il 30 agosto del 1835. Lei aveva quindici anni e Duarte ne aveva venticinque. Il matrimonio venne celebrato nella chiesa di Santo Antonio dos Anjos in Laguna e venne doverosamente scritto nel registro della chiesa. Boiteux prova, quindi, ciò che la gente di Laguna ha sempre saputo da più di un secolo — e cioè che Anita era già sposata allorchè incontrò per la prima volta Garibaldi!

Oltre al dramma dello sposalizio c'è una vecchia leggenda che descrive lo sfortunato presagio avvenuto prima della cerimonia nuziale. Secondo la leggenda, entrando in chiesa Anita inciampò e perse una scarpetta di raso. Questo fu valutato come un presagio secondo il quale in futuro avrebbe abbandonato il marito.

Anita rimase sposa a Duarte per quattro anni prima di conoscere Garibaldi. Il matrimonio non ebbe figli. Duarte continuò a guadagnarsi la vita facendo il pescatore fino al tempo dell'invasione dei riograndesi a Santa Catarina. Poi, probabilmente si unì alle forze imperiali del Brasile per combattere contro i riograndesi. Il seguito rimane nel mistero. Duarte sembra scomparire nel nulla dopo che Garibaldi ed Anita fuggirono insieme nell'ottobre del 1839.

Nessuno è stato mai capace di scoprire cosa accadde a Duarte. Non si sá se egli lottò nella battaglia di Laguna o venne mandato in qualche altro posto. Rimangono soltanto alcune notizie contraddittorie; si dice che lui morì in ospedale perchè ferito nel 1839; che venne ucciso nella Battaglia di Laguna o forse in una disputa con Garibaldi; ch'egli si arruolò nelle forze imperiali lasciando Anita perchè lei non lo amava. L'ultima sembra la più credibile, anche perchè in quel tempo nel Sud America le mogli seguivano i mariti nelle campagne militari. Anita, invece, rimase ad abitare a Laguna.

L'incognita rebus potrebbe essere stata risolta se qualcuno fosse riuscito a trovare il certificato di morte di Duarte. Le numerose ricerche finora intraprese per attestare la sua morte, hanno portato sempre a conclusioni elusive. Rimane quindi da pensare che il certificato di morte di Duarte non si potrà trovare, né mai si riuscirà a risolvere il mistero che circondò il suo destino.

Per quanto riguarda Anita, quando s'imbarcò con Garibaldi a Laguna, lo fece ben volentieri e la sua unica ragione era quella d'accompagnare nelle battaglie l'uomo del quale s'era innamorata. Infatti, partecipò a numerose battaglie, e ci sono tante storie sul suo eccezionale coraggio e forza d'animo. In uno scontro, venne catturata dalle forze imperiali. Dopo breve tempo riuscì a fuggire tra boschi selvaggi cercando di riunirsi a Garibaldi. Per quattro giorni girovagò senza meta attraverso i boschi resistendo a patimenti e privazioni – fame, sete, esaurimento fisico, esposizione agli elementi della natura ed al pericolo d'essere aggredita e ripresa dal nemico. Finalmente riuscì ad ottenere cibo ed un cavallo da un amico contadino. Garibaldi stesso più tardi raccontò il modo in cui Anita continuò la sua fuga cavalcando e reggendosi per la coda del cavallo per attraversare il fiume Canoas. Arrivata all'altra sponda del fiume, due soldati armati, vedendo una donna con capelli lunghi uscire fuori dalle acque scure del fiume, si spaventarono e scapparono via in preda al panico. Riferirono ai loro superiori d'aver visto un "essere soprannaturale" che voleva aggredirli.

Mostrando una forza d'animo incredibile, Anita continuò la ricerca di Garibaldi. Si fermò nella città di Lages soltanto per bere un caffè e per chiedere informazioni su Garibaldi. Finalmente riuscì riunirsi a lui in un posto chiamato Vacaria, dopo un'infaticabile ricerca durata otto giorni e otto notti. Tale era l'amore che lei sentiva per quest'uomo!

L'amore genera gelosia, ed era risaputo che Anita era molto gelosa. Diventava furiosa al solo pensiero ch'egli potesse fare il galante con qualche altra donna. Da Montevideo si racconta che una volta lei si presentò a Garibaldi con due pistole cariche e gli disse che una sarebbe stata per lui e l'altra per la sua sospettata rivale! Senza alcun dubbio, lei sapeva dimostrare quali erano le sue intenzioni. Alcune volte gli fece tagliare i capelli lunghi che gli arrivavano fino alle spalle, solo perchè pensava che lo rendessero più attraente verso altre donne.

Il 16 settembre del 1840 Anita partorì un figlio che chiamarono Menotti. Diedero tale nome al bambino per rinnovare il nome di un rivoluzionario italiano che venne giustiziato dagli austriaci per aver organizzato una sommossa nella città di Modena dieci anni prima. Alcuni giorni dopo la nascita di Menotti, i saccheggiatori brasiliani capeggiati da Moringue assalirono la casa dove abitava Anita. Garibaldi non c'era perchè si trovava in missione in quel momento. L'assalto ebbe luogo durante la notte ed Anita, che si trovava in camicia da notte, fuggì su un cavallo tenendo il bambino in braccio e stretto al suo petto. Cavalcando con foga nella foresta li eluse Moringue e rimase nascosta fino al giorno seguente, quando Garibaldi tornò.

Nel 1841 Garibaldi ed Anita ottennero il permesso dal presidente Gonçalves di Rio Grande do Sul di trasferirsi a Montevideo nell'Uruguai. Lì i due si sposarono in una chiesa cattolica il 26 marzo del 1842. Abitarono in un appartamento con una camera da letto e condividendo la cucina con altre tre famiglie. Rimasero a Montevideo per sette anni e presero parte nella lotta dell'Uruguai per mantenere l'indipendenza dall'Argentina. Garibaldi si fece molto onore sia in qualità di comandante della flotta navale che in qualità di comandante della Legione Italiana in terraferma. Durante questo periodo, la famiglia di Garibaldi s'ingrandì. Anita diede alla luce altri tre figli: Rosita (1841), Teresita (1845) e Ricciotti (1847). Rosita morì all'età di quattro anni a causa della scarlattina.

A differenza dei suoi atti eroici nei combattimenti, lo stato matrimoniale di Garibaldi fu soggetto a controversie sia nel Sud America che in Europa. Cominciarono a circolare chiacchiere sul fatto che Anita era già sposata con un altro quando fuggì con Garibaldi. Da principio si pensava che Garibaldi ed Anita non avessero mai celebrato il matrimonio, ma quando fu scoperto e reso pubblico il certificato di matrimonio, molti dissero che si trattava di bigamia. Garibaldi stesso non fece nulla per chiarire la situazione e così la disputa sulla relazione con Anita continuò ad esistere.

Nella prima parte del 1848, le notizie della rivoluzione in Italia fecero decidere Garibaldi a tornare nella sua terra natia. Arrivato a Nizza, Garibaldi lasciò i figli alle cure della madre. Con Anita andò a Roma per unirsi alla lotta di difesa della nuova Repubblica Romana appena creata e che veniva attaccata dalle forze di spedizioni francesi. Le dieci settimane di battaglia per Roma si risolsero nella vittoria dei francesi, ma Garibaldi ed Anita capeggiarono la spettacolare ritirata da Roma a San Marino dove egli disperse i suoi soldati. Durante la lunga e faticosa marcia, Anita si ammalò gravemente con febbre alta. Garibaldi avrebbe voluto lasciarla al sicuro a San Marino mentre lui avrebbe proseguito la sua fuga a Venezia, ma Anita insistette nell'accompagnarlo. Fu contro la sua volontà che Garibaldi autorizzò sua moglie a seguirlo. Durante questa fuga, Anita morì di febbre alta in una casa isolata di campagna mentre si marciava nelle vicinanze del delta del fiume Po. Aveva soltanto ventotto anni. Col nemico alle spalle, ci fu soltanto il tempo per un frettoloso funerale ed una fredda sepoltura. Così morì e fu sepolta la leggendaria Anita. L'addolorato Garibaldi, travestito da contadino, si fece strada sfuggendo tutti i pericoli fino ad arrivare a Nizza.

Anni più tardi Garibaldi scrisse nelle sue *Memorie* un brano nel quale sembra rimproverarsi il modo in cui portò via Anita dalla sua casa in Brasile per poi lasciarla morire tragicamente in Italia. Nella descrizione del suo primo incontro con Anita, egli cita anche il fatto di aver commesso un torto ai danni di una persona innocente. Egli finisce il brano con queste parole: "Ella è morta! Io sono triste! Ma la vendicherò, sì, la vendicherò!"

Questo interessante brano sembra indicare che Garibaldi fece un grande torto a qualcuno nel portar via Anita con sé e che la sua tragica morte arrivò come una punizione per il suo peccato. Anche se Garibaldi non riferisce nessun nome nel brano, uno può concludere che si trattava di Manoel Duarte!

11

La Ritirata dal Paradiso

Verso la fine di novembre del 1839, le forze imperiali brasiliane si preparavano rapidamente all'accerchiamento della città di Laguna. Lo scopo era quello di distruggere la base d'operazione di Garibaldi. Una flotta di 23 navi da guerra del Brasile si dirigeva verso il porto e nello stesso tempo un esercito comandato dal Generale Andreia avanzava verso la città dal nord. Nel momento in cui l'esercito di Rio Grande si preparava ad evacuare Laguna, il Generale Canabarro ordinò a Garibaldi di portare a riva tutti i rifornimenti e i materiali necessari per la ritirata sulla terraferma.

Garibaldi obbedì ma, mentre i suoi uomini erano affaccendati a portare vettovaglie e munizioni a riva, le navi brasiliane entrarono nel porto ed aprirono il fuoco. Soltanto pochi uomini si trovavano con Garibaldi a bordo della sua nave Rio Pardo. Anita, che si trovava anche lei a bordo, prontamente fece partire dei colpi di cannone diretti alle navi nemiche. Ebbe luogo un violento scambio di cannonate fra gli avversari. Sapendo che la sua posizione era insostenibile, Garibaldi ordinò a lei ed agli altri d'andarsene a riva, ed egli rimase a bordo per coprire l'evacuazione. Poi diede fuoco alla nave e remò a riva sotto il pesante fuoco del nemico. Il Capitano Grigg non fu altrettanto fortunato. Egli affondò insieme alla sua nave sotto una pioggia di proiettili del nemico. Il porto assomigliava ad un inferno fiammeggiante. Quello che prima sembrava essere un paradiso terrestre era ora diventato un vero inferno. Garibaldi, insieme ad Anita e ad altri marinai, si riunì all'esercito di Rio Grande che già batteva in ritirata da Laguna.

La ritirata doveva continuare per 450 miglia attraverso un vasto territorio selvaggio, inseguita dalle truppe imperiali e perseguitata anche da guerriglieri locali. Fu durante questa ritirata che uno scontro con gli inseguitori doveva rendere famosa una delle più belle storie su Anita. In una schermaglia vicino alla città di Curitibanos, un attacco da parte delle truppe di Garibaldi venne ribattuto ferocemente dalle forze imperiali. Nella battaglia, il cavallo di Anita ricevette una fucilata e lei fu catturata. I soldati che la catturarono si beffeggiarono per la causa repubblicana e le dissero che anche Garibaldi era morto. Non riuscirono però a mostrare il corpo di Garibaldi, e Anita si rese conto che si trattava di una menzogna perciò decise di mettersi a ricercarlo. Quella notte, mentre i nemici erano ubriachi, ella fuggì nella foresta. L'incredibile viaggio che fece attraverso un selvaggio percorso, ancora oggi rimane un enorme prova di resistenza fisica da parte di Anita. Per quattro giorni e quattro notti cavalcò e, dopo un pericoloso viaggio di 100 miglia e più, finalmente riuscì a riunirsi con Garibaldi. Naturalmente, fu un evento estremamente gioioso poichè Garibaldi aveva pensato che Anita fosse stata uccisa a Curitibanos!

A questo punto, sia Garibaldi che i suoi collaboratori incominciarono a rendersi conto che la gente della provincia di Santa Catarina non era più favorevole ai "liberatori". Garibaldi stesso pensò che l'atteggiamento arrogante ed il pesante gioco dei riograndesi costò loro sia l'opportunità di far cadere un impero e sia quello di portare il trionfo del sistema repubblicano attraverso il Sud-America. Nel frattempo Garibaldi si era già adattato nel suo nuovo ruolo di soldato, tanto è vero che, più tardi, egli stesso riferì che questo periodo di tempo era stato il più memorabile di tutta la sua vita. Nelle *Memoirs* annota dei felicissimi momenti: "quando a capo di alcuni uomini, superstiti di tante battaglie che onestamente si guadagnarono il nome di eroi, io cavalcavo a fianco della donna del mio cuore e mi prodigavo in una carriera che ancora più del mare ebbe un'immensa attrazione su di me".

Il 3 maggio del 1840, Garibaldi partecipò alla più grande battaglia combattuta in terra ferma: La Battaglia di Taquari. Qui, una forza imperiale di 7.000 uomini fu sconfitta dall'Esercito di Rio Grande. Tuttavia il Presidente Gonçalves mancò di portare a compimento la sconfitta del nemico, facendosi così sfuggire la completa vittoria. Garibaldi criticò Gonçalves per non aver completamente annientato il nemico, e più tardi scrisse che una debolezza del Generale era proprio la mancanza di perseverare nel portare a compimento le vittorie.

L'estate del 1840 vide le truppe imperiali di Rio Grande do Sul ridotte al patrocinio di alcuni porti della Laguna di Patos ed al sovvenzionamento della guerrilla di Moringue. La stagione, comunque, non fu priva di eventi. Garibaldi era uno dei tre comandanti selezionati a far parte di un attacco al porto di San Josè do Norte all'entrata della Laguna di Patos. L'attacco alla città fu una sconfitta, nonostante ciò i riograndesi catturarono 20 prigionieri che dovevano essere giustiziati, ma l'intervento di Garibaldi ne salvò 16. Quattro erano già stati giustiziati prima che Garibaldi arrivasse sul posto dell'esecuzione. Al suo arrivo egli sospese l'esecuzione di un giovane soldato dicendo che avrebbe potuto rendere un buon servizio alla comunità. Ordinò di sospendere le esecuzioni salvando così la vita ad altri quindici soldati. Novant'anni dopo, il figlio di quel giovane soldato andò in Italia ad offrire onore alla famiglia di Garibaldi; fu allora che, arrivato dal Brasile, raccontò come Garibaldi salvò la vita di suo padre.

Dopo aver partecipato all'attacco di San Josè do Norte, Garibaldi fu mandato da San Simon a Laguna di Patos per dirigere la costruzione di alcune navi da guerra per la prossima campagna navale. Durante questo periodo egli ed Anita, che si trovava in stato di gravidanza, si trasferirono in una casa colonica nelle vicinanze del paese di Mustarda. Fu lì che Anita diede alla luce suo figlio il 16 settembre del 1840. Lo chiamarono Menotti per rinnovare il nome del patriota italiano martire nel 1831.

Dopo breve tempo dalla nascita di Menotti, il paese Mustarda venne d'improvviso attaccato da Moringue ed i suoi saccheggiatori. Garibaldi non si trovava in casa in quel momento perchè era in missione. Gli uomini di Moringue circondarono la casa colonica credendo di avere intrappolato la preda, ma Anita, che si trovava in camicia da notte, con il bambino stretto al petto saltò sul cavallo e svanì nel buio. Riuscì ad eludere Moringue nascondendosi nella foresta fino al ritorno del suo uomo, che il giorno seguente andò a cercarla nel bosco. Moringue se ne andò via a mani vuote e la famiglia si riunì ancora una volta, grazie al coraggio ed al valore che Anita dimostrò in un momento tanto pericoloso.

Verso la fine del 1840, la sorte della guerra cominciò ad essere favorevole alle forze imperiali brasiliane. Una rivoluzione ebbe luogo Rio de Janeiro che depose il Reggente Araujo Lima proclamando Don Pedro II Imperatore del Brasile. Un nuovo governo costituzionale venne al potere e offrì l'amnistia ai ribelli riograndesi, purchè ponessero fine alla guerra d'indipendenza. L'offerta venne respinta dal Presidente Gonçalves. Da quel momento un grande esercito brasiliano, sotto il comando del Generale Caixas, si mise in marcia contro Gonçalves e costrinse l'esercito di Rio Grande a riparare nell'interno verso le alte colline. A questo punto continuando la sua avanzata nel territorio della provincia, Caixas rinnovò l'offerta dell'amnistia.

I riograndesi non propensi ad accettare, insieme alle mogli e alle famiglie dei soldati, si unirono alla ritirata dell'esercito. I campeggi di questi che seguivano la ritirata erano diventati numerosi, causando difficoltà nel ripiegamento. Durante la pericolosa marcia, Garibaldi, Anita ed il piccolo Menotti dovettero affrontare dei pericoli maggiori di quelli che sopportarono i pionieri americani viaggiando verso l'occidente.

12

La Marcia nella Regione Selvaggia: Novembre 1840 – Gennaio 1841

VERSO LA FINE DEL 1840, l'entusiasmo per la causa repubblicana di Rio Grande do Sul incominciò a diminuire. La gente della regione era stanca della guerra civile che durava da sei anni, e tanti ribelli incominciavano ad essere propensi ad accettare l'amnistia che il governo brasiliano offriva loro. L'esercito di Rio Grande, che già vacillava per i colpi ricevuti dal Brasile, continuava ad indebolirsi poichè tanti soldati disertavano. Man mano che le forze imperiali avanzavano, le posizioni dei ribelli vicino alla costa diventavano sempre più indifendibili.

Per salvare quello che rimaneva delle sue forze militari, il presidente Gonçalves ordinò all'esercito di ritirarsi nell'interno. Al seguito dell'esercito dei ribelli s'era unito un gran numero di simpatizzanti repubblicani che rifiutarono l'offerta dell'amnistia da parte del governo brasiliano. A far parte di questo gruppo c'erano anche mogli e figli dei soldati. Anche Anita ed il piccolo Menotti erano fra questi.

Nel Sud-America, a quel tempo, c'era l'usanza che il soldato aveva il diritto d'essere accompagnato dalla famiglia durante le sue campagne di guerra. Anche se questo causava il rallentamento della colonna, le donne facevano del loro meglio aiutando negli accampamenti. Esse svolgevano le tende dalle bisacce e le innalzavano, andavano a prendere l'acqua nei ruscelli e la legna nei boschi, mentre gli uomini andavano alla ricerca di cibo. A volte bovini randagi venivano presi, portati negli accampamenti, macellati, dissanguati e scuoiati come facevano i gauchos. La carne veniva squartata ed arrostita appesa verticalmente su rami verdi in modo tale da far scorrere il succo verso il basso. La carne arrostita veniva poi tagliata a porzioni e tutti la mangiavano. Quando non c'erano i bovini, si soffriva la fame.

La colonna in ritirata era lunga un miglio, e camminava faticosamente tra i boschi sul sentiero che conduceva verso le colline occidentali di Rio Grande do Sul. La lunghezza della colonna rendeva i soldati molto vulnerabili agli attacchi e dei guerriglieri appartenenti alle tribù dei nativi indiani. A capo della colonna c'era la divisione comandata dal Generale Canabarro. Garibaldi e le altre truppe che lottarono a Laguna facevano parte di questa divisione. Il centro della colonna era protetto avendo ai lati cordoni di soldati a cavallo comandati da vari comandanti, mentre la divisione del Presidente Gonçalves formava la retroguardia, il punto più vulnerabile agli attacchi. Fu proprio in questa parte che la colonna venne colpita.

Nelle vicinanze di una località chiamata Villa Settembrina, la colonna venne improvvisamente attaccata da Moringue che si lanciò sulla retroguardia con una forza di 450 uomini a cavallo. Durante la battaglia, Luigi Rossetti venne ucciso. Nonostante il suo cavallo fosse colpito da una fucilata, Rossetti continuò a lottare da terra finchè venne colpito a morte. Moringue fu costretto a fuggire, ma Garibaldi perse un altro caro amico: "un uomo che egli considerava come fratello".

Il cibo continuava a scarseggiare sempre più mentre camminiavano attraverso le fitte foreste di Las Antas. La colonna in ritirata aveva già consumato le ultime razioni di cibo ed i soldati erano costretti a nutrirsi con dei piccoli animali cacciati o con more di siepi. Tanti morirono d'inedia, altri caddero per strada esausti e troppo deboli per continuare la marcia. I bambini che si ammalavano spesso venivano abbandonati lungo il ciglio della strada. In alcuni casi, anche le madri che rimanevono con i loro bimbi si perdevano. C'era poco tempo per seppellire i morti, molti venivano lasciati lì dove cadevano. Questo fatto lasciava alle truppe brasiliane una traccia molto facile da seguire.

Le avverse condizioni atmosferiche contribuivano ad aggravare miserabilmente la marcia dei soldati. In quel periodo dell'anno, faceva un freddo eccezionale e le temperature spesso raggiungevano i gradi sotto zero durante la notte. Le piogge a dirotto rendevano la strada piena di fango ed alzavano i livelli delle acque dei fiumi e dei ruscelli. Tutto questo rallentava la marcia e facilitava l'inseguimento da parte delle forze brasiliane che cercavano di spezzare la ritirata. Nonostante le avversità, la colonna continuò ad andare avanti ed i brasiliani venivano sconfitti da quelli che erano in testa alla colonna capeggiati da Canabarro e Garibaldi.

Garibaldi ed Anita erano terrorizzati al pensiero di quello che sarebbe potuto accadere al piccolo Menotti in caso di morte di uno di loro. Anita riusciva a portare il piccoletto in braccio; aveva soltanto pochi mesi. A volte lo portava in un fazzolettone legato intorno al collo per mantenerlo caldo col calore del suo corpo. In una occasione, mentre andavano per una ripida scarpata, Garibaldi dovette portare suo figlio nel fazzolettone appeso al collo. La strada era rocciosa e piena di sassi, ma Garibaldi riuscì a percorrerla mentre cercava di dare calore al bimbo alitandogli sul viso. Alcuni soldati l'aiutarono coprendo il piccoletto con i loro cappotti onde evitare il congelamento. Tutti pensarono che si trattasse di un miracolo per come Menotti riuscì a superare quella dura prova.

L'esercito in ritirata ebbe la fortuna di non venire mai attaccato dalle tribù degli indiani selvaggi che vivevano nella regione, anche se questi probabilmente non apprezzavano la presenza della colonna nella loro zona. Non si sa per quale ragione, ma gl'indiani preferirono attaccare e respingere le truppe inseguitrici brasiliane, favorendo, in un certo qual modo, la ritirata dei riograndesi che cercavano di ingannare i loro inseguitori. Un giorno i riograndesi incontrarono una donna bianca tenuta per molti anni prigioniera dalla tribù indiana "Bugrés". A questa donna le venne permesso d'inserirsi nella colonna per liberarsi dai suoi sequestratori.

Finalmente, tutti i sopravvissuti dell'esercito di Rio Grande giunsero in una località chiamata Cruz Alta, dove trovarono cibo in quantità e calde acque sorgive. Da lì essi marciarono verso sud diretti alla città di San Gabriel dove la ritirata ebbe fine, dopo un orrenda tappa di 400 miglia attraverso terre selvagge.

13

La Via per Montevideo

Dopo la marcia con terribili sofferenze e privazioni, i sopravvissuti dell'Esercito di Rio Grande giunsero nella città di San Gabriel nell'interno. Lì ebbe termine la lunga ritirata. A coloro che marciarono venne dato il compito di costruire capanne di legno come baracche temporanee. Terminato il lavoro, ognuno prese possesso della propria capanna in modo da riposare e recuperare le forze dopo la travagliata esperienza.

Fu in San Gabriel che Garibaldi sentì parlare per la prima volta di un italiano esiliato chiamato Francesco Anzani, ufficiale dell'esercito di Rio Grande, descritto come uomo di grande forza e coraggio. Egli ottenne popolarità allorchè si confrontò e vinse un capo indiano che aveva terrorizzato la città di San Gabriel. Ansioso d'incontrare un altro espatriato, Garibaldi si mise a cavallo per andare in cerca di Anzani. Ad un certo punto lungo la via vide un uomo a dorso nudo che lavava la sua camicia in un ruscello. Garibaldi s'avvicinò e gli disse: "Tu devi essere Anzani". L'uomo guardò i capelli rossi e sorridendo rispose: "E tu devi essere Garibaldi". Così ebbe inizio una grande amicizia.

Garibaldi rimase a San Gabriel per parecchi mesi, e in quel periodo, incominciò a credere che la causa della repubblica di Rio Grande do Sul era persa. Le forze imperiali avanzavano ovunque e molti ribelli erano propensi ad accettare l'amnistia offerta dal governo brasiliano. Sembrava che la guerra civile fosse finalmente giunta alla sua fine. Il suo interesse si volse ora verso la sua famiglia. Passò cinque anni battendosi inutilmente per la causa dell'indipendenza di Rio Grande do Sul senza ricevere neppure un centesimo come di retribuzione.

Nell'aprile del 1841, Garibaldi domandò al Presidente Gonçalves il permesso d'emigrare a Montevideo, nell'Uruguai. Gli disse che aveva bisogno di riposo dopo cinque anni di servizio militare e che desiderava vivere con la sua famiglia in una residenza permanente anzichè seguire campagne militari. Gonçalves gli espresse la sua gratitudine e gli diede il permesso di partire. Dal momento che il governo dei ribelli non aveva soldi per pagare Garibaldi, il Presidente lo autorizzò a radunare una mandria di bestiame come forma di pagamento per gli anni di servizio nell'esercito della Repubblica. In tre settimane Garibaldi radunò 900 capi di bovini e diede lavoro a parecchi vaqueros per controllare e far camminare le bestie. In tal modo s'incamminò per Montevideo con Anita, Menotti ed il bestiame.

Il viaggio alla volta di Montevideo, oltre ad essere lungo 400 miglia, fu anche molto pericoloso. Ci furono piogge torrenziali e circa una metà del bestiame affogò nell'attraversare la piena di Rio Negro. La mancanza di foraggio causò la morte di altri bovini lungo la strada. A peggiorare le cose i *vaqueros* vendevano segretamente alcuni capi di bestiame e si prendevano il denaro. Sospettando di essere defraudato dai *vaqueros*, Garibaldi, aiutato dai contadini, fece macellare il resto dei trecento bovini per ricavare le pelli che a loro volta venivano impacchettate e legate sul dorso dei cavalli. Giunto finalmente a Montevideo il 17 giugno del 1841 Garibaldi scoprì che il valore del pellame era misero. Così, "la marcia della mandria" che a principio aveva dato tante buone speranze, si concluse con un fallimento finanziario. Le pelli vennero vendute a prezzi bassi e Garibaldi guadagnò soltanto pochi soldi.

All'inizio, Garibaldi, Anita ed il piccolo Menotti vissero in casa di un italiano che si chiamava Napoleone Castellini. Poi andarono ad abitare in un appartamento in una strada chiamata Calle del Portón. La strada fu dopo rinominata Calle de 25 de Mayo per commemorare l'anniversario dell'insurrezione contro le autorità spagnole del 25 maggio 1810. Lì Garibaldi visse in un appartamentino con una camera da letto e condivise la stessa cucina con altre tre famiglie che vivevano nello stesso caseggiato. Oggi quel caseggiato è un museo.

Per mantenere la famiglia, Garibaldi si mise a fare l'insegnante, come già aveva fatto precedentemente a Costantinopoli. Egli insegnò matematica in una scuola nella quale il direttore era un emigrante corso che si chiamava Pietro Semidei. Garibaldi rimase a fare quel lavoro fino a quando scoppiò la guerra tra l'Uruguai e l'Argentina. Egli allora diede le dimissioni per unirsi, in qualità di ufficiale, nella Marina uruguaiana.

Il 26 marzo del 1842 Garibaldi ed Anita finalmente si unirono in matrimonio. La cerimonia religiosa ebbe luogo nella locale chiesa di San Francesco d'Assisi. Anita indossava un abito da sposa di varie tonalità di verde, e questa volta una delle sue scarpette se ne uscì dal

Chiesa di San Francisco de Asis, a Montevideo (foto di Diane Jesuele)

La casa di Garibaldi nella Calle 25 de Mayo a Montevideo (foto di Joseph Jesuele)

piede sulla soglia della chiesa. Nel certificato di matrimonio nell'archivio della chiesa è registrato che Padre Zenón Asperiazu unì in matrimonio: "Don José Garibaldi, nato in Italia, legittimo figlio di Don Domingo Garibaldi e di Doña Rosa Raimondi, con Doña Anna Maria de Jesus, nata a Laguna in Brazil, legittima figlia di Don Benito Ribeiro de Silva e di Doña Maria Antonia de Jesus". I testimoni furono Don Pietro Semidei e Doña Feliciana García Villagran.

A questo punto vien fuori la domanda: perchè Garibaldi ed Anita, dopo essere stati insieme per circa trenta mesi, tutto d'un tratto decidono di contrarre matrimonio in chiesa? Alcuni scrittori pensano che sia stato a causa della pressione esercitata dalle autorità scolastiche o da quelle navali. Dopotutto, essi avevano un figlio nato al difuori del vincolo coniugale, e l'Uruguai era una nazione cattolica. Inoltre, c'era anche una seconda spiegazione secondo la quale Anita ricevette notizia della morte di Manoel Duarte da un marinaio che prestava servizio su una nave brasiliana che attraccò al porto di Montevideo. Tuttavia non ci sono fatti che supportino queste congetture e tutto ciò ancora oggi rimane misterioso.

Alcuni anni più tardi, a causa della persistente controversia riguardante la posizione coniugale della coppia, una copia del certificato di matrimonio venne largamente pubblicata in Europa. La ragione della pubblicazione era quella di dimostrare con i fatti che Garibaldi ed Anita erano uniti in matrimonio. Lo stato coniugale di Anita prima di sposa Garibaldi, rimane tutt'ora sconosciuto. Ci sono anche quelli che si domandano come mai Garibaldi, un anticlericale, abbia voluto sposarsi in una chiesa cattolica. La risposta è semplice. In quel tempo in Uruguai, l'unico posto in cui ci si poteva legalmente sposare era in chiesa. Il matrimonio civile non era legalmente riconosciuto in quella nazione. Infine, non c'è da stupirsi se

Garibaldi contrasse matrimonio in una chiesa cattolica. Dopotutto egli venne battezzato in chiesa, ed anche se le sue idee non erano in armonia con quelle dei prelati, rimase sempre un cattolico.

Nel frattempo in Rio Grande do Sul, la resistenza repubblicana contro il governo brasiliano non era ancora finita. Sporadiche battaglie continuarono per altri quattro anni fino a quando la resistenza repubblicana venne finalmente vinta nel 1845. Bento Gonçalves accettò l'offerta dell'Imperatore brasiliano che lo fece Governatore dello Stato di Rio Grande do Sul dopo che tutte le forze armate della resistenza scomparsero. Così i dieci anni di lotta per stabilire Rio Grande do Sul come Repubblica indipendente finirono con un pieno fallimento.

14

L'Uruguai e la Guerra Civile

Simile alla maggior parte del Sud-America, l'Uruguai faceva parte dell'impero spagnolo fino a quando un movimento per l'indipendenza insorse nel 1811. Il movimento era capeggiato da José Gervasio Artigas. Seguirono una serie di guerre nelle quali gli uruguaiani combatterono la Spagna ed il Portogallo, e più tardi, il Brasile e l'Argentina. La lunga lotta per il controllo dell'Uruguai durò fino al 1828 quando, per un intervento britannico, sia il Brasile che l'Argentina dovettero riconoscere l'indipendenza della repubblica dell'Uruguai. In quel tempo, la Gran Bretagna era ansiosa di porre fine al conflitto in quanto aveva un ampio commercio nella regione. I britannici credevano che l'Uruguai indipendente potesse servire da elemento stabilizzatore fra il Brasile e l'Argentina.

Durante la lunga lotta per l'indipendenza dell'Uruguai, due grandi figure emersero — Fructuoso Rivera e Manuel Oribe.

Sfortunatamente questi due avevano filosofie politiche molto divergenti, di conseguenza ci fu una lotta interna per il controllo del nuovo governo. Rivera era il capo degli *unitariani* che erano favorevoli ad un governo fortemente centralizzato, mentre Oribe capeggiava i federalisti che volevano una federazione sparsa di province. Gli *unitariani*, conosciuti come Colorados, tendevano di essere più liberali e si concentravano nelle città; i federalisti, oppure Blancos, erano più conservatori e tradizionalmente rappresentavano i proprietari di fattorie ed i gauchos delle zone rurali.

Nel 1830 l'Uruguai adottò la sua prima costituzione e Rivera fu scelto come primo Presidente della Repubblica. Nelle successive elezioni (1835), il rivale di Rivera, Manuel Oribe venne eletto presidente. Ambedue intensificarono la lotta fra loro. Appena preso l'incarico, Oribe accusò di corruzione l'amministrazione precedente al che i sostenitori di Rivera deposero Oribe, forzandolo a fuggire in Argentina. Lì egli diventò il pupillo del dittatore dell'Argentina Juan Manuel de Rosas. Nel 1839, Rosas mise a disposizione di Oribe un esercito per far liberare l'Uruguai. Ciò indusse Rivera a dichiarare guerra all'Argentina. Questo diede inizio alla Grande Guerra che durò dal 1839 al 1851. Durante la lunga e sanguinosa lotta, il conflitto tra i Colorados ed i Blancos si riversò in Argentina che chiese, l'intervento Anglo-Francese nella regione. Garibaldi che in precedenza non ebbe nessun interesse in questa rivalità, ora sentì il dovere di difenfere l'Uruguai contro l'imminente invasione da parte dell'Argentina. Egli si arruolò per combattere in favore di Rivera contro Oribe.

Il conflitto in Uruguai era anche una lotta tra la Bretagna e la Francia per i privilegi del commercio sul Fiume La Plata. La Francia, per timore che la Bretagna potesse monopolizzare il commercio nella regione favoreggiava Rivera ed i Colorados contro Oribe e gli argentini; i britannici, sospettosi che la Francia volesse stabilire una sfera d'influenza in Uruguai, favoreggiavano l'Argentina, Oribe ed i Blancos in Uruguai.

Iniziata l'ostilità ci fu una rivolta contro Rosas nella provincia di Corrientes, nel nord dell'Argentina. Lì il governatore Ferrè dichiarò l'indipendenza di Corrientes dall'Argentina e scelse di unirsi all'Uruguai. La Marina francese diede supporto ai ribelli bloccando la flotta argentina nel porto di Buenos Aires. Più tardi, comunque, l'Argentina fece un accordo con la Francia ed il porto venne sbloccato. Nel frattempo i britannici aspettavano con ansia sostenendo moralmente il presidente Rosas dell'Argentina.

La flotta argentina, sotto il comando dell'Ammiraglio William Brown, si diresse attraverso l'estuario di La Plata per inserirsi nella lotta contro la flotta uruguaiana. Brown, nato nel 1777 in County Mayo, in Irlanda, originalmente emigrò negli Stati Uniti insieme ai suoi genitori nel 1786. Si arruolò nella Marina Mercantile statunitense, ma venne catturato dai britannici e costretto a servire nella Marina britannica sotto il comando dell'ammiraglio Nelson. Per più di dieci anni egli fu a servizio dei britannici e divenne un ufficiale navale. Dopo aver lasciato la Marina britannica nel 1809, Brown andò in Argentina dove aiutò il paese ad ottenere l'indipendenza dalla Spagna. Egli divenne Comandante Capo della Marina dell'Argentina e si distinse in parecchie guerre tanto da diventare eroe nazionale dell'Argentina, classificandosi secondo dopo José de San Martin. Ora Brown ricevette l'ordine di Rosas di distruggere la flotta uruguaiana che era sotto il comando di un ex ufficiale navale americano chiamato Colonnello John Coe residente a Montevideo. Le due flotte si scontrarono nell'estuario di La Plata nel novembre del 1841 e la flotta di Brown vinse decisivamente la battaglia. La maggior parte della flotta di Coe venne distrutta.

Malgrado questa grande perdita navale, il presidente Fructuoso Rivera ordinò che la flotta uruguaiana venisse ricostruita ed attrezzata adeguatamente per una spedizione navale lungo il Fiume Paraná, uno dei più grandi tributari del Rio de la Plata. La ragione della spedizione sarebbe stata quella di portare sollievo alla provincia di Corrientes ch'era indipendente dall'Argentina. Il capo dei ribelli di Corrientes si affiancò all'Uruguai nella lotta contro l'Argentina. Tuttavia la distanza della provincia rese praticamente impossibile ai ribelli ricevere aiuti dall'esterno. Corrientes era situata all'angolo nord-est dell'Argentina, vicino ai ribelli brasiliani dello stato di Rio Grande do Sul. L'unico accesso al mare era attraverso due fiumi: il Paraná, che confinava ad occidente; e l'Uruguai, che confinava ad est col Brasile. Ambedue i fiumi scorrevano verso sud passando per il territorio dell'Argentina fino a La Plata. Il governo uruguaiano considerava quest'impresa una rischiosa operazione navale.

Il programma era quello di infiltrarsi con il convoglio navale attraverso il blocco della flotta argentina nel Fiume La Plata per poi proseguire lungo il Fiume Paraná fino a Corrientes. Oltre al tentativo di uscire indenni passando il blocco, l'operazione comportava anche il passaggio sotto I cannoni delle fortezze argentine di Martín García, per poi continuare una rotta di cinquecento miglia in territorio controllato dal nemico. A complicare ancora più l'impresa, la spedizione doveva aver luogo nel tempo in cui le acque dei fiumi erano basse per mancanza di piogge. Sulle prime, il progetto appariva come un suicidio – non s'era provveduto neppure a programmare l'itinerario che la flotta avrebbe dovuto seguire per tornare nella sua base a Montevideo. Il comando dell'intera operazione venne affidato all'unico uomo capace d'intraprendere tale avventura — l'ex pirata, capitano José Garibaldi!

I preparativi per l'audace spedizione vennero effettuate con la massima segretezza. Le tre navi che avrebbero preso parte a questo avvenimento non furono ancorate insieme. Esse vennero sparse tra le tante navi mercantili ancorate nel bacino di Montevideo. Garibaldi agì in modo tale da ingannare finanche le migliori spie. Egli arruolò i timonieri che fecero carriera pilotando le navi lungo il Fiume Uruguai. Fece questo con lo scopo d'ingannare le spie argentine nel far loro pensare che si trattasse di una solita spedizione lungo il fiume. L'intento di Garibaldi era quello di celare la vera destinazione, e quando la sua squadra salpò da Montevideo, soltanto alcuni ufficiali uruguaiani sapevano che la rotta sarebbe stata quella del Fiume Paraná alla volta di Corrientes.

Il convoglio navale uruguaiano era formato da tre navi — *la Constitución, la Pereyra e la Procída.* Sulle navi c'erano un totale di 20 cannoni ed un contingente di 510 uomini, alcuni dei quali già combatterono con Garibaldi in Rio Grande do Sul. Altri combatterono nelle guerre contro la Spagna ed il Brasile, e gli altri uomini, per la maggior parte, erano condannati criminali oppure disertori da altri eserciti. Con questa masnada di assassini, Garibaldi ricevette il difficile compito di eludere la flotta argentina e salpare le 500 miglia lungo i fiumi La Plata ed il Paraná. Così facendo, Garibaldi sarebbe dovuto rientrare nel pericoloso dominio di Juan Manuel de Rosas.

L'Uruguai e la Guerra Civile ❧ 83

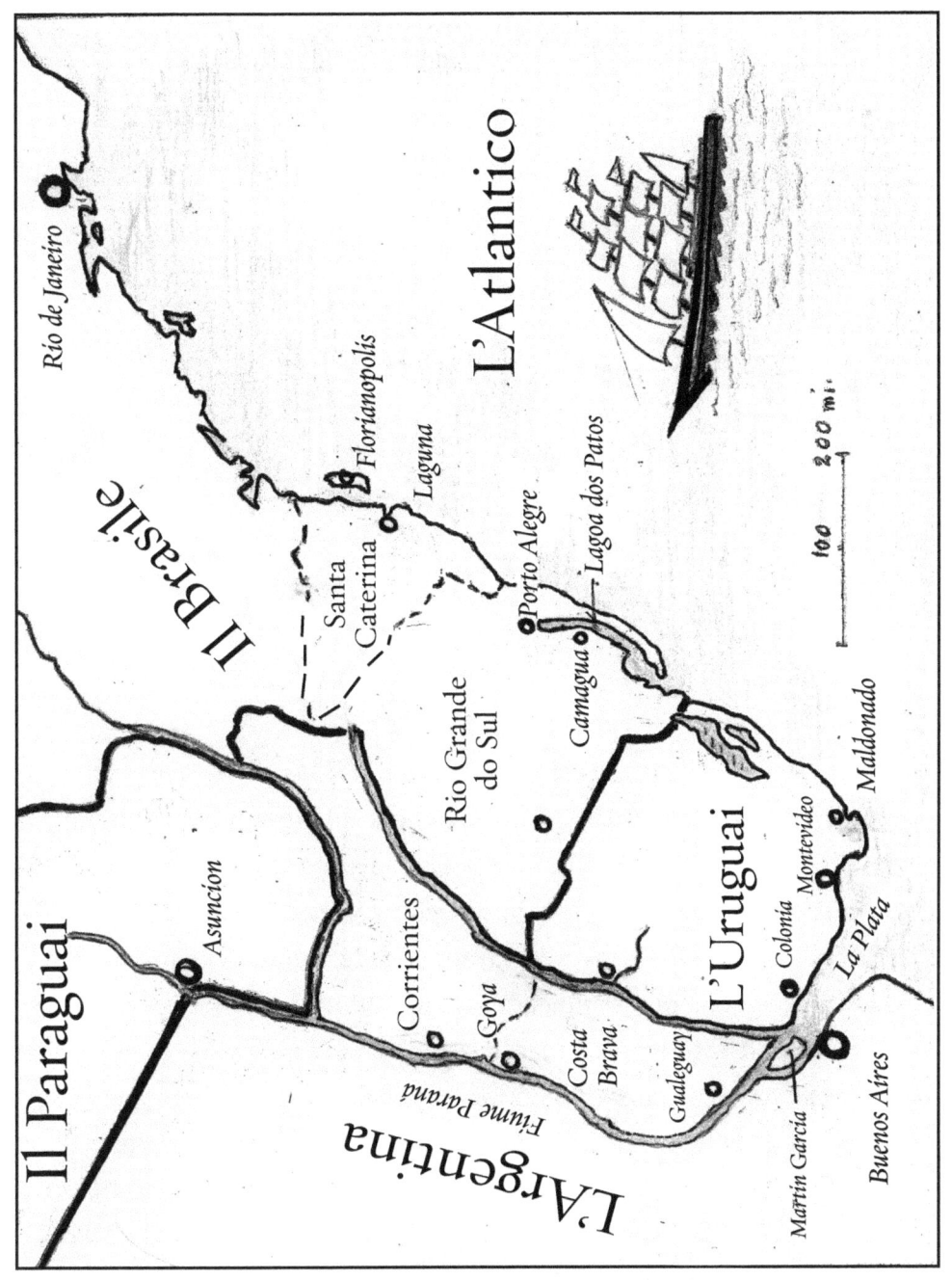

La costa orientale dell'America del sud

15

Juan Manuel de Rosas

Quando l'Argentina divenne indipendente dalla Spagna nel 1816, due partiti emersero dal dibattito sulla forma di governo da adottare per la nuova nazione: gli Unitariani, i quali volevano un forte governo centralizzato con sede a Buenos Aires, ed i Federalisti, i quali favoreggiavano le federazioni delle province, dando ad ognuna di esse una gran parte di autonomia. Il disaccordo tra i due partiti indusse alla violenza ed alla guerra civile.

Nella lotta gli unitariani erano appoggiati dalla gente appartenente alla classe alta e dai cittadini della classe media di Buenos Aires (Buenos Aires allora aveva una popolazione di oltre 80.000 abitanti). I federalisti, invece, erano favoriti dai capi locali delle province e dai grandi proprietari terrieri della Pampas, il vasto e famoso territorio degli allevatori di bestiame, i *gauchos*. I *gauchos* erano conosciuti per la loro abilità di cavalcare e per l'uso del lazo nel catturare il bestiame. Il loro unico divertimento era quello di bere, fare giochi d'azzardo nelle cantine locali, oppure intraprendere guerre contro il nemico—in questo caso, il nemico era il partito degli unitariani. Un esercito composto interamente da *los gauchos* venne organizzato per combattere in favore della causa dei federalisti. Il capo dell'esercito era Juan Manuel de Rosas. I suoi seguaci erano chiamati *Rositas*.

Manuel de Rosas era discendente di una facoltosa famiglia della

Juan Manuel de Rosas

colonia spagnola. Egli nacque il 30 marzo del 1793 in Buenos Aires, ma visse la maggior parte della sua vita nella Pampas. Lì egli apprese lo stile di vita de *los gauchos* e divenne un buon cavaliere ed un eccellente tiratore. Sapeva parlare il linguaggio dei gauchos e divenne il loro portavoce, difendendo e supportando i loro interessi. In cambio ottenne da essi fedeltà e aiuto. In qualità di condottiero locale, o *caudillo*, egli organizzò una milizia locale composta di gauchos pronta a far parte della mischia dei federalisti, non appena questi avessero richiesto il loro aiuto.

Nel 1827, a seguito del crollo del regime degli unitariani di Bernardino Rivadavia, Rosas emerse condottiero dei federalisti e fu insediato Governatore di Buenos Aires. Nel 1829, capeggiò i gauchos in una battaglia contro gl'indiani nella frontiera del nord ed ebbe successo nel sopprimere parecchie insurrezioni. Rosas tornò a Buenos Aires dove la Legistratura gli affidò il "supremo ed assoluto" potere. Nel 1835 questo fatto fu convalidato da una votazione di 9.000 sì contro 4 no. Egli governò l'Argentina per il successivi diciassette anni.

Alleato con i vari capi provinciali, Rosas ebbe la capacità di esercitare un governo ferreo su tutta la nazione. Soppresse tutte le opposizioni politiche e causò la fuga di tanti unitariani argentini al di là del Fiume La Plata, nell'Uruguai. Nonostante egli professasse d'essere il campione della bassa classe, arricchì gli aristocratici vendendo loro dei terreni pubblici a prezzi bassi. Ufficialmente Rosas era solamente il Governatore della Provincia di Buenos Aires, però i capi delle altre province lo invitarono ad essere il "protettore" degl'interessi dell'intera Confederazione Argentina. In altre parole, Rosas era il dittatore dell'Argentina! Il suo esercito privato, i *Mashorcas*, terrorizzavano tutti gli abitanti della città, finanche assasinavano, nelle proprie case, chi criticava il regime. Portando in testa i loro cappeli rossi, i *Mashorcas* perlustravano le strade ed intimidivano qualunque donna non portasse il nastro rosso legato ai capelli. Durante il regime di Rosas, indossare il rosso, come il cappello per gli uomini ed il nastro per le donne, significava essere Rosita.

Rosas ci teneva ad osservare le formalità del governo federale e faceva sempre del suo meglio per dare una buona impressione ai diplomatici stranieri. Per meglio creare un fronte di civiltà e legalità del suo regime Rosas usava la stampa argentina come veicolo propagandistico per influenzare favorevolmente l'opinione pubblica. Nonostante uscisse molto raramente dal suo palazzo nel distretto di Palermo di Buenos Aires, Rosas aveva la sua bellissima figlia Manuelita, che svolgeva il compito di direttrice ufficiale delle feste di gala ed a ricevere tutti gli ospiti e dignitari stranieri. Manuelita era riconosciuta anche come capo della società della moda di Buenos Aires e promotrice di tante organizzazioni di carità. Un secolo dopo, lo stile di Manuelita venne imitato da Evita Perón, la moglie del dittatore argentino Juan Perón.

Gli argentini che fuggirono nell'Uruguai si unirono ai *Colorados* nella lotta contro i Blancos. Rosas favoreggiava apertamente i *Blancos*, tant'è che dette loro l'esiliato Manuel Oribe, come capo, ed un esercito per rientrare nell'Uruguai e affrontare Rivera. La guerra che fece seguito durò tredici anni; Rosas subì la disfatta con la Battaglia di Caserón nel 1852, che dette fine al suo potere in Argentina. Andò in esilio in Inghilterra, lasciando gli unitariani a controllare la nazione. I vittoriosi unitariani erano capeggiati da Bartolomé Mitre, un ufficiale argentino che servì sotto Garibaldi a Montevideo. Oggi, Juan Manuel de Rosas è generalmente riconosciuto dagli storici come un ardente nazionalista argentino che spesso ha rappresentato il prototipo del dittatore sud-americano.

16

La Spedizione del Paraná, 1842

Il 23 giugno del 1842 la flotta di Garibaldi, costituita da tre navi, salpò dal porto di Montevideo sfuggendo alle navi argentine che perlustravano il fiume La Plata. Dopo una breve fermata al porto uruguaiano di Colonia, Garibaldi alzò le vele per dirigersi verso l'occidente dove doveva affrontare il più formidabile ostacolo della sua rotta per andare a Corrientes—la massiva fortezza di Martín García in Argentina.

L'Ammiraglio Brown, che aveva perlustrato il fiume La Plata, non sapeva niente della spedizione di Garibaldi. Le spie di Rosas a Montevideo mancarono d'informarlo su questo operato. Comunque, appena sentito dire che la flotta uruguaiana era partita, immediatamente partì con una flotta di sette navi con l'intento di intercettare gli uruguaiani. Egli credeva che lo scopo delle navi nemiche fosse quello di salpare lungo il fiume Uruguai per catturare le navi argentine, e decise di intercettarle nelle vicinanze di Martín García.

Conosciuta come "la Gibilterra del Rio de la Plata", la fortezza dell'isola di Martín García costituiva il più grande ostacolo per qualsiasi nemico in incursione nelle aqcue argentine. La sua strategica località, proprio al congiungersi dei due fiumi, Uruguai e Paraná, per formare il fiume La Plata, dava possibilità a chi volesse entrare nei due fiumi. Fu appunto qui che Garibaldi dovrà affrontare la sua più dura prova in qualità di comandante di una flotta navale.

Avvicinandosi cautamente, ed innalzando la bandiera argentina, le navi di Garibaldi entrarono nel canale nella parte nord di Martín García. Il programma era quello di oltrepassare la fortezza fingendo di essere una squadra navale argentina che perlustrava la zona. Il giuoco non ebbe buon esito, e quando le navi raggiunsero la giusta distanza, i cannoni della fortezza aprirono il fuoco. Le navi risposero anch'esse al fuoco ed ebbe luogo un tremendo duello d'artiglieria, che durò per tutto il tempo del passaggio. Miracolosamente Garibaldi riuscì a sfuggire alle cannonate subendo un minimo danno alle navi. Passò così la sua prima prova da comandante di una flotta, ma restavano altri duri ostacoli da superare in appresso.

Dopo d'aver salpato alcune miglia oltre la fortezza di Martín García, la nave di Garibaldi, *la Constitución*, si arenò in un banco di sabbia e l'alta marea si stava ritirando. Ad aggravare la situazione la flotta dell'Ammiraglio Brown non era molto distante. Quando l'equipaggio non riuscì a disincagliare la nave, per alleggerirla, Garibaldi decise di trasferire i 18 cannoni dalla *Constitución* sulla *Prócida*. Questa operazione fu molto rischiosa poichè i cannoni non avrebbero funzionato fino al ripristino della *Constitución* con il riarmamento. Nel frattempo, la Constitución sarebbe rimasta lì come una oca seduta nel caso fosse arrivata la flotta dell'Ammiraglio Brown.

Orbene, la *Constitución* era ancora ferma sulla sabbia con i cannoni smontati quando la flotta di Brown apparve improvvisamente in lontananza. Era una situazione spaventosa! Gli uomini di Garibaldi lavoravano freneticamente per far rigalleggiare la nave. Poi, accadde un incredibile colpo di fortuna! La nave bandiera di Brown, la Belgrano, si arenò in maniera tale da bloccare il canale e da non permettere alle altri navi argentine il passaggio. Approfittando di questa opportunità, gli uomini di Garibaldi raddoppiarono gli sforzi riuscendo così a liberare la nave dal banco di sabbia ed a rimontare i 18 cannoni. Fatto questo la flotta di Garibaldi se la svignò nella fitta nebbia che copriva il fiume La Plata, mentre le navi di Brown rimanevano ancora incastrate nel canale. Tornando al programma originale, Garibaldi oltrepassò il luogo di congiunzione del fiume Uruguai, ed incominciò la sua rotta sul fiume Paranà all'insaputa di Brown e degli argentini.

Una volta disincagliata la nave, Brown continuò l'inseguimento, pensando che Garibaldi avesse seguito la rotta del fiume Uruguai. Egli sapeva che il Paraná scorreva interamente nel territorio argentino e che sarebbe stato impossibile fuggire per tornare in Uruguai. Il Fiume Uruguai, comunque, segnava il confine tra le due nazioni, e la sponda di sinistra poteva dare a Garibaldi un'alternativa di evasione d'emergenza. Logicamente, Garibaldi avrebbe dovuto scegliere il Fiume Uruguai come rotta per la sua spedizione, ma come Brown dopo scoprí, ciò che non avvenne.

L'azione che seguì attrasse l'attenzione di tutto il mondo. Con sorpresa la flotta di Brown se ne andò su per il fiume sbagliato. Poi, nella fretta di raggiungere l'avversario, non pensò neppure lontanamente che Garibaldi avesse potuto salpare nelle acque del Paraná. Per quattro giorni e quattro notti l'ammiraglio continuò lungo l'Uruguai senza vedere alcun segno né di Garibaldi né delle sue navi. Nel mattino del quinto giorno finalmente si accorse che Garibaldi aveva preso la rotta del proibito Paraná. Nella sua delusione, secondo l'opinione pubblica, Brown commentò: "Soltanto Garibaldi poteva essere capace di una tale follia!"

Brown con la sua flotta, a questo punto, aveva bisogno di molto tempo prima di riprendere l'inseguimento nel Paraná. La sua flotta si trovava ora alla distanza di otto giorni dietro a quella di Garibaldi! Nel frattempo, questi, viaggiando lungo il fiume Paraná, di tanto in tanto si recava a terra per catturare del bestiame e procurare altre provviste. In un paese Garibaldi prese con sè, con la forza, un esperto timoniere per farsi aiutare a navigare le pericolose correnti del fiume. Il riluttante argentino dovette ubbidire sotto la minaccia della sciabola. (Il lettore ricorderà a questo punto che a Montevideo, per ingannare le spie di Rosas, Garibaldi assunse timonieri conoscitori del Fiume Uruguai. Quella mossa astuta, per ingannare Brown ebbe un buon esito. Ora però gli eventi cominciavano ad andare male per Garibaldi. La sua mancata conoscenza delle correnti del fiume e la dipendenza da un timoniere argentino poco volenteroso lo costringevano a proseguire su per il fiume con molta cautela.)

La spedizione doveva affrontare anche altri problemi. Ad eccezione della città di Rosario, gli abitanti che vivevano lungo il fiume erano ostili a Garibaldi. Essi si riufiutavano di collaborare e spesso sparavano contro la flotta. A volte egli era obbligato ad usare la violenza per ottenere da loro delle provviste ed informazioni in aiuto della spedizione. Questi atti tendevano a rinforzare l'immagine di Garibaldi come pirata.

A metà luglio Garibaldi giunse a La Bajada del Paraná dove, quattro anni prima, egli trascorse due mesi in prigione. In quel luogo, una fortezza proibita ed una squadra navale argentina di sei navi cercarono di ostruirgli il passaggio nel fiume. Senza perdere tempo Garibaldi prese l'offensiva per proseguire sulla formazione nel tirare dritto tra la formazione argentina che bloccava la via. Dopo una violenta battaglia che ebbe la durata di due ore, le navi di Garibaldi si fecero strada attraverso la flotta argentina e sotto le sferzanti cannonate che provenivano dalla fortezza. Le sue navi soffrirono solamente un minimo danno.

La stessa storia accadde in un posto chiamato El Cerrito, ma quì Garibaldi catturò parecchie imbarcazioni. Fra queste imbarcazioni c'era anche la *Joven Esteban*, uno yacht privato appartenente ad un ricco mercante che si trovava lì in vacanza con la famiglia. La stampa argentina più tardi accusò Garibaldi d'aver commesso un "atto contro l'umanità" per aver messo il padrone e la sua famiglia in una barca a remi, senza cibo ed altre cose necessarie. La tattica di Garibaldi causò molto risentimento in Argentina. Tuttavia la stampa non lo accusò mai d'avere ammazzato gente civile o prigionieri – anche se gli argentini spesso uccisero i loro connazionali. Garibaldi permetteva ai suoi "soldati" di saccheggiare i paesi conquistare, ma mai permise di uccidere gli abitanti oppure violentare le donne.

Nel frattempo l'ammiraglio Brown e la flotta argentina ripresero la loro caccia. Andando su per il fiume Paraná, egli vide le rovine causate dal "pirata Garibaldi" e si convinse allora che aveva a che fare con un avversario che non teneva conto delle logiche militari, ma che era solito alle improvvisazioni e sorprese. Questa considerazione lo fece procedere su per il fiume con molta cautela.

Mentre Garibaldi procedeva verso il nord del fiume, ci furono parecchi scontri con le popolazioni locali, ed a volte i suoi uomini dovevano combattere contro la cavalleria argentina, che continuava a proteggere la flotta lungo le rive del fiume. Fare rifornimenti di cibo ed acqua diventava sempre più difficile mentre la spedizione avanzava nel profondo del territorio argentino. Anche la navigazione rallentava e si rendeva difficile a causa delle acque poco profonde al di là di El Cerrito. Nei primi d'agosto, le navi navigavano ad una media di meno di cinque miglia al giorno. Con il nemico che controllava ambo le sponde del fiume e la flotta di Brown che avanzava non molto distante, sembrava che Garibaldi andasse su per il fiume, senza poter fare mai ritorno. Egli cominciò a pensare che i politici di Montevideo avevano programmato questa spedizione con lo scopo di annintarlo.

Il 6 agosto la flotta di Garibaldi giunse nella città di Caballú Cuatiá, che da quel tempo venne rinominata La Paz. Qui venne raggiunto da una flotta di quattro piccole navi che arrivarono giù da Corrientes per unirsi a lui. C'era un mondo di gioia fra i membri degli equipaggi delle due flotte (uruguaiana e correntina) mentre le loro forze si univano per la prima volta. La gioia, tuttavia, non durò lungo tempo. Garibaldi scoprì che a trenta miglia più a nord, a Costa Brava, le acque del fiume Paraná erano troppo basse per la navigazione della sua nave bandiera, la *Constitución*. I politici dell'Uruguai omisero d'informare Garibaldi su questo fatto, mettendo così a rischio il successo dell'intera operazione. Sapendo che la flotta di Brown si stava avvicinando, Garibaldi si rese conto di dover prendere una decisione: rimanere a Costa Brava e lottare oppure abbandonare la nave bandiera e procedere verso il nord con le navi più piccole. Con i suoi ufficiali decisero insieme di rimanere a Costa Brava a lottare contro Brown.

La città di Corrientes si trovava a 250 miglia più a nord, così i rifornimenti portati per i correntini vennero mandati avanti con le imbarcazioni più piccole catturate da Garibaldi. Le navi rimanenti vennero raggruppate lungo la riva orientale del fiume, allineate contro la sponda in modo da non permettere a Brown di fare l'accerchiamento. Garibaldi piazzò davanti a tutte la *Constitución* con i suoi 18 cannoni. A fianco ad essa, ad angolo retto, mise la *Pereyra* con i suoi due cannoni, e poi lo yacht che aveva catturato, la *Joven Esteban*, alla quale aveva fatto montare quattro cannoni. Dietro queste Garibaldi fece piazzare la nave con i rifornimenti *Prócida*, e le tre navi da guerra della flotta Correntina sotto il comando del sottotenente Alberto Villegas. La formazione sembrava una fortezza galleggiante.

Garibaldi diede ordine a tutti gli altri membri di bordo che non servivano da cannonieri, d'andare a riva e prendere posizione di difesa nel caso d'un attacco dalla parte della terra. Ora si misero in attesa dell'arrivo della flotta di Brown. La scena era pronta per la decisiva lotta della campagna del Paraná — la Battaglia della Costa Brava!

17

Costa Brava

La flotta Argentina comandata dall'Ammiraglio William Brown, giunse a Costa Brava il 14 agosto, ma non attaccò la flotta di Garibaldi in quel giorno. Egli fece ancorare le navi sulla sponda occidentale del fiume, alla distanza giusta dove non sarebbero arrivate le cannonate di Garibaldi e si mise a studiare la situazione.

La flotta di Brown era formata da dieci navi da guerra con un totale di sessantatrè cannoni ed un equipaggio di circa settecento uomini. Schierata contro questa formidabile armata c'era la flotta di Garibaldi con un totale di ventiquattro cannoni ed un contingente di cinquecento uomini. Oltre alla superiorità numerica dei cannoni e degli uomini, Brown aveva un altro vantaggio: i suoi cannoni sparavano ad una distanza maggiore di quelli di Garibaldi. Questa sarebbe stata senza dubbio una disfatta poichè Brown avrebbe usato la strategia di ingaggiare un battaglia rimanendo laddóve le sue cannonate avrebbero raggiunto le navi di Garibaldi, mentre le cannonate di Garibaldi non avrebbero raggiunto le sue.

All'inizio della battaglia, Brown mandò cento uomini a terra con l'ordine di attaccare le navi di Garibaldi da quella parte. Ma come abbiamo visto, Garibaldi aveva già anticipato questa mossa, e quando questi si scontrarono con gli uomini di Garibaldi comandati dal sottotenente Rodriguez, una violenta battaglia ebbe luogo sulla sponda vicino alle navi. Da ambo le parti lottarono vigorosamente e valorosamente, ma all'imbrunire le truppe argentine terminarono l'azione e si ritirarono nelle loro navi. Garibaldi vinse il primo tempo.

La mattina seguente la flotta di Brown incominciò l'attacco aprendo il fuoco dalla vantaggiosa distanza che la portata dei suoi cannoni gli permettevano. Nel frattempo le navi di Garibaldi rimanevano nella loro posizione con i cannoni che potevano sparare ad una distanza più corta e quindi svantaggiati nel duello d'artiglieria. Garibaldi non fece nessun tentativo d'attaccare le navi nemiche. Non portò le sue navi a distanza ravvicinata. In tal modo, lo spettacolo di cannonate a distanza ravvicinata e del combattimento a mano venne evitato. Garibaldi fu criticato nel tempo per avere assunto questa posizione di difesa.

La battaglia tra l'astuto ammiraglio e l'inafferrabile corsaro continuò per tutta la giornata fino a tarda sera, con Brown e gli argentini che avevano la meglio. La nave bandiera di Garibaldi, la *Constitución*, riportò dei grandi danni e l'equipaggio subì cansiderevoli perdite. Durante la notte trasferì gli uomini feriti sulla *Prócida* che venne trasformata in nave ospedaliera. Fece anche parecchi tentativi, con il vantaggio del buio della notte, di incendiare le navi di Brown.

Nel suo tentativo più determinato, Garibaldi diede ordine al capitano Arana, che comandava la Pereyra con 50 uomini, di attaccare la nave bandiera di Brown dalla parte della sponda occidentale. Purtroppo, questi vennero scoperti dal nemico ed il capitano Arana venne ucciso nello scambio di fucilate. La morte del capitano Arana fu una perdita molto importate per Garibaldi. In quella stessa notte ci fu un'altra grave perdita: la nave Correntina, comandata dal capitano Alberto Villegas abbandonò Garibaldi svignandosela al sicuro verso nord in direzione di Corrientes. Garibaldi denunciò Villegas come disertore e dopo disse: "Disertare nell'ora del pericolo è il più atroce di tutti i crimini".

A dispetto di queste grandi perdite, Garibaldi fece due altri tentativi per distruggere le navi argentine quella notte. Piccole barche cariche di polvere da sparo vennero trainate silenziosamente vicino le navi di Brown e messe a fuoco. La speranza era che queste esplodessero nel centro della flotta argentina. Tutte e due le volte, questi tentativi vennero sventati da Brown ed i suoi subordinati che coraggiosamente andarono a bordo delle "barche bombe" per estinguere il fuoco prima che esso facesse esplodere la polvere da sparo. Uno di quelli che aiutarono Brown nella rischiosa operazione fu un giovane marinaio di nome Bartolome Cordero. Nel corso del tempo, divenne un ammiraglio della marina argentina.

La battaglia riprese all'alba con maggiore intensità. Rendendosi conto che stava rimanendo con poche munizioni per i suoi cannoni, Garibaldi ordinò ai suoi uomini di caricare le canne dei cannoni con pezzi di catene o qualsiasi altro metallo da scarto che potevano trovare. Mentre le cannonate continuavano, Brown mandò a terra cento dei suoi uomini per attaccare la nave bandiera di Garibaldi dalla parte della sponda orientale del fiume. La lotta divenne disperata con *la Constitución* che si vedeva attaccata da ambo le parti: fiume e terra. Tre volte le forze argentine attaccarono da terra, ed ogni volta vennero respinte dalle fucilate sparate dalla *Constitución*. Gli argentini furono obbligati alla ritirata.

Mentre le perdite continuavano ad aumentare, Garibaldi si rese conto che la sua posizione nel fiume era ormai insostenibile. Decise di ritirarsi sulla terraferma. Diede ordine che i feriti venissero trasportati a terra mentre egli si accingeva a distribuire la polvere da sparo ch'era rimasta alle altre navi. Poi ordinò di fare esplodere le navi ad eccezione della nave ospedaliera, *Prócida*. Garibaldi stesso rimase sulla Constitución per dirigere e sorvegliare l'autodistruzione delle navi e la precipitosa fuga. Visto che tutti i suoi uomini erano a terra egli accese le micce, poi si tuffò nelle acque e nuotò a riva. La *Constitución* scoppiò con una tremenda esplosione, facendo barcollare la flotta nemica in modo da prevenire qualsiasi immediato inseguimento. I rottami che bruciavano erano sparsi in larga parte del fiume e sulla sponda mentre Garibaldi ed i suoi uomini si disperdevano nella giungla. I feriti che non erano gravi e potevano muoversi, venivano aiutati dai loro camerati. i feriti più gravi, invece venivano lasciati sulla *Prócida*. Fortunatamente l'ammiraglio Brown risparmiò la vita di questi che furono catturati dai suoi marinai perchè la sua filosofia era quella di non uccidere i prigionieri.

Si suppone che Rosas abbia dato a Brown l'ordine di catturare Garibaldi e portarlo da lui vivo a Buenos Aires per poi essere giustiziato pubblicamente. Tuttavia, allorchè gli ufficiali di Brown suggerirono al loro capo di dare caccia a Garibaldi in terra ferma, Brown rispose: "No, lasciatelo andare e possa Dio proteggerlo. Garibaldi è un uomo bravo". Così Brown non fece nessun tentativo d'inseguire Garibaldi ed i suoi uomini. Anche se questa storia sembra essere inverosimile, c'è una ragione per credere che Brown abbia deliberatamente dato a Garibaldi tempo e modo di fuggire. Brown sviluppò una grande ammirazione per il coraggio che Garibaldi ebbe nell'azione sulla Costa Brava.

Il vittorioso Brown ricevette una grande accoglienza al suo ritorno a Buenos Aires. Venne salutato da una gioiosa folla e a colpi a salve di cannoni. Il Presidente Rosas stesso lo ricevette nel suo palazzo e diede una gran serata di gala in suo onore. Mentre l'alta società di Buenos Aires partecipava alla gran serata di gala, la gente ordinaria celebrava la vittoria lungo le strade mangiando carne arrosta e bruciando le effigie di Garibaldi. Molte volte è stato detto che Brown rimaneva sbalordito nel vedere bruciare le immagini di Garibaldi e diceva: "Che oltraggio bruciare le figure di un uomo eccezionale!" A dispetto di tutti i festeggiamenti per le vittorie di Brown, il popolo di Buenos Aires continuava a pensare dove potesse attualmente trovarsi "Garibaldi, il pirata".

18

Da Costa Brava a Montevideo

La ritirata di Garibaldi dalla Costa Brava fu piena di dure battaglie. Dopo tre giorni di battaglie, gli uomini erano stanchi e demoralizzati. Dei 510 uomini che salparono con lui da Montevideo, ne rimasero meno di 170. Ora si trovavano nei boschi a circa 250 miglia a sud della città di Corrientes ed a circa 600 miglia a nord-ovest di Montevideo. Avevano poco cibo e non avevano cavalli. Impiegarono tre giorni di marcia per percorrere 30 miglia attraverso giungle e paludi. Essi sopravvissero mangiando un biscotto al giorno fino a giungere nella città di Esquina nella rivoltosa provincia di Corrientes.

Gli amichevoli abitanti di Esquina diedero cibo ed alloggio agli esausti sopravvissuti della Costa Brava. Fu un'accogliente sosta di riposo dalla pressione ricevuta giornalmente dall'inseguimento di Brown, ma Garibaldi ed i suoi uomini non erano ancora in piena libertà. Essi si trovavano in Corrientes nella giurisdizione del governatore Ferré, ma ancora molto lontano da Montevideo. Da Esquina Garibaldi ed i suoi uomini s'incamminarono per la città di Goya. Le cento miglia di marcia per giungere a Goya non furono molto difficili poichè avevano ottenuto rifornimenti di cibo ed alcuni cavalli. Prima di partire da Esquina, Garibaldi aveva informato Ferré che si sarebbe accampato nelle vicinanze di Goya dove avrebbe atteso di ricevere sue istruzioni. Egli si accampò nel villaggio di Santa Lucía, a soli poche miglia da Goya. Sarebbe rimasto lì ad aspettare per due mesi.

Secondo una leggenda locale, quì Garibaldi ebbe un'avventura d'amore con Lucia Esteche, la bella figlia di un proprietario di un "ranch". La storia racconta che egli incontrò Lucia allorchè si fermò nella "estancia" del padre per chiedere un bicchiere d'acqua. Fu un colpo di fulmine, un amore a prima vista, e durante tutto il periodo che Garibaldi rimase nel distretto, le fece visita regolarmente al "ranch". Evidentemente Garibaldi doveva essere infatuato di lei. Dopo che lasciò la zona, Lucia diede alla luce una bambina che orgogliosamente chiamò Margarita Garibaldi. Garibaldi non rivide mai Lucia, nè mai conobbe Margarita. Tuttavia, anni più tardi, Garibaldi avviò una corrispondenza sia con Lucia che con Margarita e invitò persino Margarita ad andare a visitarlo nell' Isola di Caprera. Margarita non era in grado di poter accettare l'invito poichè era sposata e non poteva lasciare la sua famiglia.

Finalmente Garibaldi ricevette gli ordini da Ferré. Gli venne dato l'ordine di marciare fino al fiume Uruguai e prendere il comando di una piccola squadra navale uruguaiana. Egli, quindi, avrebbe dovuto salpare per il fiume fino a raggiungere l'esercito di Rivera nella città di fantasmi San Francisco. Rivera ed il suo esercito si stavano preparando per scontrarsi con Oribe ed i Blancos in una decisiva battaglia —una battaglia che ebbe luogo prima che loro se l'aspettassero.

Garibaldi ed i suoi uomini arrivarono sul posto della scena troppo tardi. San Francisco era tutta deserta, sembrava fosse una città fantasma. Il 6 dicembre del 1842, Rivera venne sconfitto dalle forze di Oribe nella Battaglia Arroyo Grande. Rivera ebbe una perdita di 1.500 uomini uccisi e 1.000 feriti.* Il rimanente dei suoi uomini si ritirarono spargendosi verso Montevideo. Coloro che vennero presi prigionieri furono giustiziati dal *degollador*. Il *degollador* oppure "sgozzatore" era colui che passava lungo la linea dei prigionieri inginocchiati e che li sgozzava uno per uno sistematicamente. Tale era il modo in cui i Rositas ed i Blancos prendevano cura dei loro prigionieri di guerra.

Nel frattempo, il Generale argentino, Justo de Urquiza marciava contro i ribelli nella Provincia di Corrientes sconfiggendoli. Il capo dei ribelli, il governatore Ferré, se ne andò nel Paraguai, dove gli rifiutarono l'asilo politico. Egli, quindi, decise di rifugiarsi con i ribelli comandati da Bento Gonçalves in Rio Grande do Sul. La resistenza dei ribelli di Corrientes ebbe fine, ed ancora una volta la provincia tornò sotto il controllo dell'Argentina e dei Rositas.

Garibaldi, che era arrivato troppo tardi per partecipare alla Battaglia di Arroyo Grande, ricevette l'ordine di bruciare le navi rimaste nel fiume Uruguai e di farsi strada, via terra, fino a Montevideo. Egli eseguì l'ordine e si mise in cammino con i suoi uomini attraverso le alte erbe che coprivano la maggior parte del territorio dell'Uruguai. Avanzando cautamente attraverso un percorso di cento miglia nel territorio nemico e raggruppando anche alcuni uomini sparsi di Rivera, giunse a Montevideo nella seconda metà di dicembre e si riunì con la sua famiglia. Per fare questo, Garibaldi coprì una distanza di circa 1.000 miglia nell'odissea tra mare e terra.

Questi dati sulle vittime sono riportati nella pag. 130 del libro Garibaldi *di Jasper Ridley.*

Durante l'assenza di Garibaldi, il ministro della difesa uruguaiano, Francisco Vidal, diede le dimissioni e partì per l'Europa, portando con se la maggior parte dei lingotti d'oro del tesoro della Repubblica. Vidal era stato colui che aveva ordinato la spedizione sul fiume Paraná. Inoltre, il capo della polizia di Montevideo, ed il generale dell'esercito uruguaiano, Nuñez, avevano abbandonato i Blancos. Tutto questo avvenne quando i Blancos, sotto Oribe, avanzavano verso la città.

19

La Guerra Arriva a Montevideo

Dopo la sua vittoria contro Rivera ad Arroyo Grande, Oribe avanzava inflessibilmente verso Montevideo. Le città di Salto, Paysandu e Colonia caddero senza lottare e le truppe sconfitte di Rivera non opposero nessuna resistenza. Il nuovo Ministro della Difesa, Colonnello Melchior Pacheco, era ben determinato nel difendere ad ogni costo la città. In seguito, Pacheco divenne intimo amico di Garibaldi.

La città di Montevideo è situata a sud della costa dell'Uruguai, vicino alla punta in cui l'estuario del Fiume La Plata si unisce all'Oceano Atlantico. La città è circondata per tre parti dall'acqua e la sicurezza del suo porto è assicurata dalla protezione che dava la fortezza di El Cerro, situata appena ad occidente della città. Una muraglia costruita dagli spagnoli nella prima parte del 18/mo secolo circondava ancora la vecchia parte della città e presentava una formidabile linea di difesa dalla parte terra.

Mentre Oribe avanzava col suo esercito verso il sud, i montevideani facevano tutti i loro tentativi nell'organizzare le loro forze di difesa. I supersiti dell'esercito, dispersi per i campi della nazione, furono richiamati a Montevideo e riorganizzati in un nuovo reggimento; i gauchos della zona furono reclutati ed addestrati in una

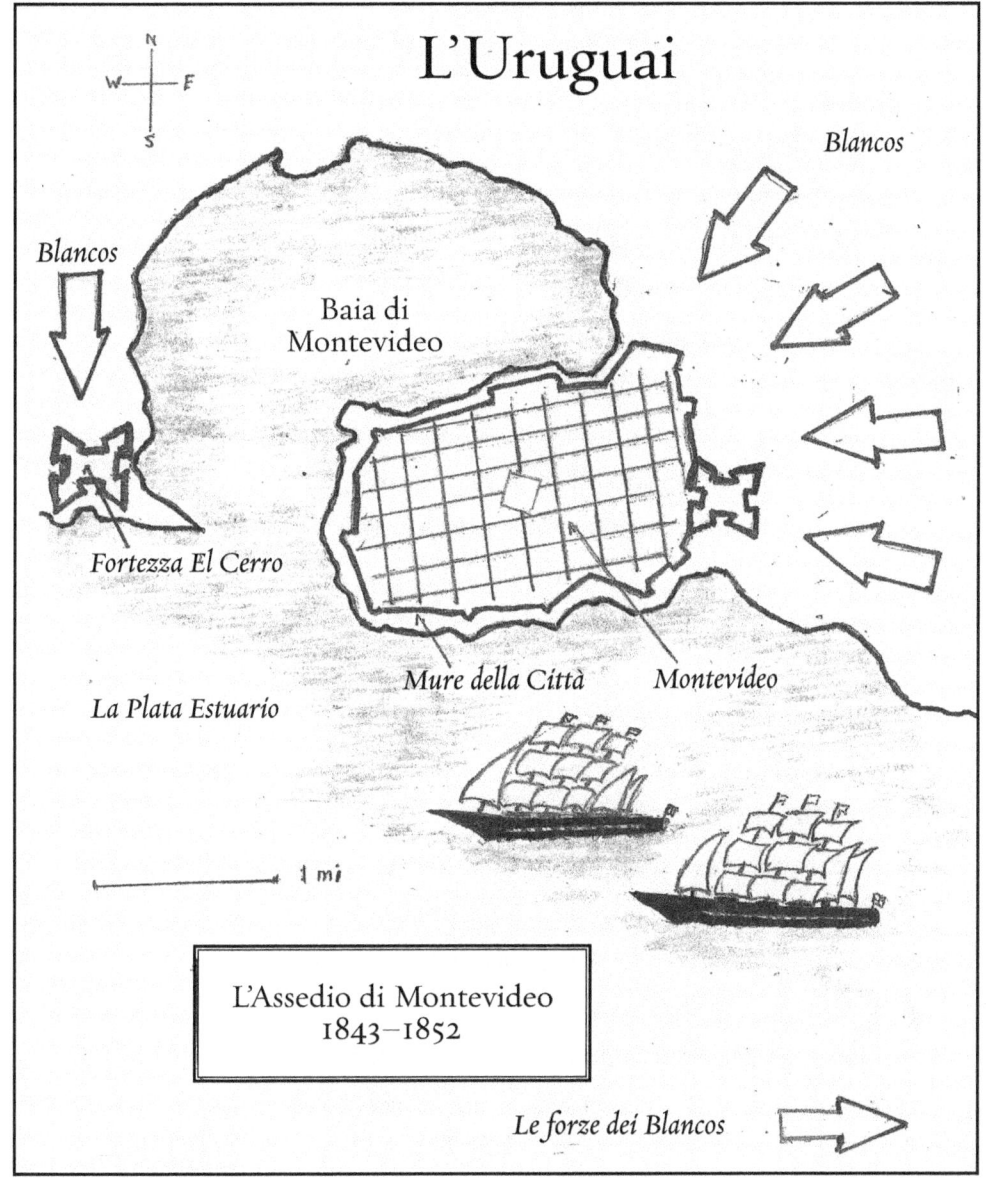

nuova unità di cavalleria; il Parlamento uruguaiano abolì la schiavitù, guadagnando così il supporto della comunità negra di Montevideo; le fabbriche di armamenti e munizioni furono aperte, e a quelle manufatturiere vennero ordinate le uniformi militari. A Garibaldi fu affidato il Comando Supremo della Marina uruguaiana il quale ordinò l'assembramento di una nuova flotta navale.

Il 16 febbraio del 1843, Oribe, con il suo esercito, raggiunse le porte di Montevideo e si accampò su di una collina sovrastante la città. Subito dopo la flotta argentina sotto il comando dell'Ammiraglio Brown, giunse fuori Montevideo per dare aiuto alle forze di Oribe nell'attacco alla città. Oribe, tuttavia, non attaccò immediatamente. Egli si aspettava che Montevideo si arrendesse senza lottare. Dopotutto le altre città che si trovavano sulla sua strada si arresero senza opporre resistenza alcuna!

Montevideo, comunque, era diversa dalle città provinciali. A quel tempo era una comunità cosmopolita di 30.000 abitanti, due terzi delle donne erano immigrate. La maggior parte del popolo percepiva il conflitto non come una lotta di potere tra Rivera ed Oribe, ma piuttosto come una guerra tra la nazione uruguaiana e le forze del dittatore argentino Manuel de Rosas. La gravità della situazione rese necessario al governo uruguaiano, reclutare anche i residenti stranieri affinchè affiancassero le forze di difesa.

Prima dell'assedio, Oribe emanò un severo editto in cui si diceva che qualunque straniero avesse opposto resistenza alla conquista della città sarebbe stato immediatamente giustiziato. Nonostante questa minaccia, il popolo di Montevideo era determinato a resistere. Oribe aveva la reputazione di essere uomo crudele. Anche gli stranieri, che formavano una buona parte della popolazione di Montevideo, a dispetto della minaccia di Oribe, decisero di aiutare a difendere la città in quel momento di crisi. Per di più, il pensiero di essere sgozzati dal *degollador* servì come un forte incentivo a farli lottare con maggiore impeto. Nel frattempo, la maggior parte dei sostenitori di Oribe, incluso il Capo della Polizia ed il generale Nuñez, se ne andarono via dalla città - alcuni rimasero indietro come spie.

L'esercito di 14.000 uomini di Oribe superava di gran lunga la forza di difesa: più di due contro uno. Egli, tuttavia, nonostante questa supremazia, non attaccò immediatamente perchè si aspettava una resa pacifica. Questo fu un errore di tattica poichè diede tempo ai cittadini di Montevideo di rafforzare le loro difese con più di cento cannoni. Inoltre il numero degli emigranti stranieri volontari s'ingrandì. I volontari non venivano pagati, ma il governo prometteva di dar loro terra e bestiame alla fine della guerra, qualora ne fossero usciti vittoriosi.

Oltre all'impegno navale, a Garibaldi fu affidato anche il compito di creare una nuova forza costituita interamente da italiani. A questo gruppo fu dato il nome *Legione Italiana*. Il primo obiettivo era quello di recrutare gli immigranti italiani per combattere i tiranni di Oribe ed i Blancos. Garibaldi personalmente arruolò i primi 215 volontari per la legione. Uno di questi arruolati era Francesco Anzani, ch'egli conobbe per la prima volta a Rio Grande do Sul. Anzani lasciò Rio Grande per prendere un lavoro a Buenos Aires. Garibaldi gli scrisse invitandolo ad andare a Montevideo per unirsi alla legione. Anzani, che nutriva un gran rispetto per Garibaldi, accettò.

Il numero dei legionari fu più 400 e poi più di 600 uomini. Garibaldi stesso fu nominato uno dei tre membri del comitato che doveva essere la maggiore autorità della Legione. Il Colonnello Mancini fu nominato primo comandante della Legione Italiana con il tenente colonnello Anzani ed il maggiore Danunzio come Vice

Comandanti. Ad Anzani venne affidato il compito di addestrare e imporre disciplina ai legionari. Egli era un comandante che non conosceva sorrisi. Il suo coraggio e devozione al dovere lo rendevano modello per addestrare gli altri legionari. Anzani restò a servire fedelmente Garibaldi fino alla sua tragica morte in Italia nel 1849.

Oltre agli italiani, altri gruppi di stranieri in Montevideo formarono le loro legioni. I più importanti furono i francesi, i baschesi e gli spagnoli. I gruppi più piccoli, come quello inglese e quello scozzese si fecero volontari nella forza di difesa regolare sotto il comando del generale Paz. Di tutte le legioni, quella francese, sotto il comando del colonnello Theibaud, con un contingente di 2.900 uomini era la più grande. Per questo, alla Legione francese, venne affidato il ruolo dominante nel sistema di difesa della città. La Legione Basca sotto il colonnello Brie e con un numero di 700 uomini era anche destinata ad avere una parte importante nella difesa di Montevideo. Per quanto riguarda la legione spagnola, essa si sciolse alcuni mesi dopo la sua formazione.

Presto si sviluppò una rivalità tra gl'italiani e la legione francese. Sembrava che ai legionari francesi non piacessero gl'italiani perchè pensavano che l'Italia fosse una nazione di vigliacchi che non sapevano lottare ma "che potevano pugnalare soltanto al buio o dietro la schiena". La tensione giunse al punto di saturazione allorchè i legionari francesi, durante una festa, fecero dei commenti denigratori agli italiani. I legionari italiani se la presero a male e volevano sfidare a duello i francesi. Garibaldi, comunque, per mantenere la solidarietà, fece sì che ciò non accadesse. Poi, per calmare la tensione tra le due legioni, Garibaldi e Theibaud si presentarono insieme alle funzioni delle festività. Nonostante ciò, continurono ad esserci sfiducia e sospetti.

In qualità di Comandante Supremo della Marina uruguaiana, Garibaldi era prima di tutto interessato a scardinare il blocco navale di Brown. Montevideo dipendeva dai rifornimenti di cibo e di armi provenienti da altre parti dell'Uruguai e da altre nazioni. Anche se i Blancos controllavano tutta l'Uruguai ad eccezione di Montevideo, le cittadine lungo la costa e quelle del vicino Brasile, di buon grado spedivano le carni ed altre vettovaglie a Montevideo via mare – avendo, in cambio, la possibilità di superare il blocco navale.

Per facilitare le loro imprese, Garibaldi mise insieme una flotta di diciassette navi da guerra allo scopo di proteggere chi oltrepassava il blocco ed entrava nelle acque uruguaiane di Montevideo. Inoltre riforniva anche la Fortezza di El Cerro al di là della baia ed una piccola isola chiamata l'Isola della Libertà. Tuttavia le sue navi erano troppo piccole per affrontare la flotta argentina in mare aperto.

A questo punto, i britannici si fecero avanti per aiutare. Essi misero a disposizione una squadra navale a Montevideo con il compito di proteggere la vita e le proprietà dei britannici ch'erano costretti a vivere nella città. Essi consideravano l'Ammiraglio William Brown ancora un soggetto britannico, e gli imposero l'eliminazione del blocco navale. Per evitare la guerra con la Britannia Brown ritirò la sua flotta e la ancorò a 20 miglia di distanza nell'Estuario di La Plata. Il Presidente Rosas dell'Argentina contestò questa interferenza, ma senza esito alcuno.

Nel frattempo, la legione italiana ebbe la peggio nei primi due scontri e fu messa in fuga dai Blancos. Questo fece dubitare i Montevideani sull'abilità degl'italiani come soldati. I legionari francesi ricominciarono di nuovo a criticare. Garibaldi, ch'era stato uno dei fondatori della Legione, essendo insoddisfatto del loro rendimento in battaglia, decise di prendere personalmente il comando. Egli era convinto che l'unico modo per riguadagnare la fiducia del governo e della gente di Montevideo era quello di lottare con ardore per distinguersi sul campo di battaglia. Il 10 giugno Garibaldi guidò 190 legionari italiani all'assalto del nemico vicino alla fortezza di El Cerro. Con una carica a baionette innestate mise in fuga i Blancos e catturò 43 prigionieri. Così, la Legione italiana spazzò via la vergogna delle perdite precedenti. (Questa fu la prima volta che la Legione usò questo metodo d'attacco, diventato poi famoso).

La stampa Montevideana apprezzò molto la vittoria dei legionari a El Cerro. Il 2 luglio i legionari della Legione italiana orgogliosamente marciarono in parata nella Plaza de la Costitución di Montevideo. Essi furono accolti ed encomiati per il loro valore dal Ministro della Guerra, Melchior Pacheco, ed insigniti dei loro colori: un vessillo nero con una immagine d'oro del Monte Vesuvio, che spiccava vistosamente al centro dello stendardo. Anni più tardi, Garibaldi scrisse con fierezza dell'assalto a El Cerro del 10 giugno del 1843, giorno in cui gli italiani ritrovarono il loro coraggio.

Verso nord, il Presidente Fructuoso Rivera formò un piccolo esercito di 6.000 uomini e vagava nella Pampa al di là delle linee nemiche attaccando i Blancos ovunque egli potesse. Oribe che cercava di assediare Montevideo, inviò una parte delle sue truppe comandata dal Generale Irquiza a inseguire Rivera. Questi mirava ad una grande vittoria contro i Blancos al fine di consolidare la sua posizione di condottiero degli unitariani in Uruguay. Voleva anche prendersi la rivincita per la sconfitta subita due anni prima a Arroyo Grande.

Rivera, tuttavia, nonostante gli sforzi e le sue aspirazioni, doveva subire un'altra disastrosa perdita. Nel marzo del 1845, fu annientato dai Blancos comandati da Urquiza nella Battaglia di India

Muerta ed il suo esercito venne decimato. Tutti i prigionieri presi dai Blancos furono giustiziati dai degollador. Rivera, sconfitto, si ritirò con il resto del suo esercito a Rio Grande do Sul. La resistenza dei riograndesi contro il governo imperiale del Brasile era già terminata, ed il suo esercito venne fatto prigioniero dai brasileni. Rivera si rifiutò di dimettersi da comandante a dispetto della pressione fatta dagli esponenti del Brasile. Egli sperava di rientrare nell'Uruguay e reclamare il suo comando delle forze unitarianane (i Colorados) non appena il tempo si sarebbe presentato propizio. Tuttavia il governo di Montevideo, allora sotto il controllo di Melchior Pacheco, ordinò a Rivera di non rientrare nel territorio dell'Uruguay senza il suo permesso. Rivera, quindi, esiliato nel Brasile diventò un grande rivale di Pacheco. Più tardi questa rivalità finì con la divisione dell'Esercito unitarianano tra i sostenitori di Rivera e quelli di Pacheco.

20

Le Camicie Rosse

ANCHE SE LA LEGIONE ITALIANA riuscì ad accattivarsi il rispetto del governo e del popolo di Montevideo, tutto il meccanismo della lotta di difesa non era ancora quello che Garibaldi avrebbe voluto. La Legione era in gran parte divisa da discordie interne ed un cambiamento del gruppo dei comandanti era necessario secondo il comitato fondatore. Alcuni ufficiali, capeggiati dal Colonnello Mancini ed il Maggiore Danuzio, formarono una cospirazione per rimuovere Garibaldi dal comitato, e poichè non ci riuscirono, diventarono fedeli ad Oribe trascinando con loro alcuni legionari. Garibaldi pensò che tale cambiamento faceva altro che rafforzare il clima di cameratismo nella Legione: sarebbe stato peggio se il nemico fosse rimasto in mezzo a loro a creare dissidi.

Il comitato allora assegnò al colonnelo Francesco Anzani il compito di riorganizzare la Legione. Anzani rimpiazzò gli ufficiali incompetenti, fece esercitare i legionari assiduamente e trasmise loro una rigida disciplina. Per far sí che potessero combattere nel miglior modo, preparò bene i veterani e li dispose nel punto più critico del fronte - in prima linea. La personalità di Anzani in qualità di comandante ebbe un forte impatto nel modellare l'immagine della Legione che appariva come se fosse formata dal fior fiore di guerrieri. Garibaldi, come comandante della Legione, restò talmente colpito dal suo modo di fare, che, quando parlava con lui, lo chiamava sempre "Signor Anzani" e, nella magior parte dei casi, assecondava le sue idee.

Anche se i legionari italiani erano bene addestrati e disciplinati, mancavano di un importante elemento – non avevano le uniformi. La Legione non aveva i fondi per comprarle ed i legionari stessi non venivano pagati dal governo per il loro servizio. Così, dovettero improvvisare!

L'origine delle uniformi della Legione è alquanto oscura. Secondo una leggenda sudamericana i legionari trovarono dei grembiuli rossi abbandonati in un magazino. I grembiuli erano stati fabbricati da una compagnia di Montevideo al fine di essere consegnati ai macellai in un mattatoio dell'Argentina. I grembiuli erano rossi per confondere le macchie di sangue. La guerra ed il posto di blocco impedirono alla fabbrica di spedire questi grembiuli in Argentina e così rimasero accatastati in magazino. Garibaldi, al quale piacevano i colori vivaci, decise di trasformare questi grembiuli rossi in uniformi per la Legione italiana. Ai legionari fu dato l'ordine d'indossarli come casacche, fuori dai pantaloni e con una cintura sui fianchi. Il 2 luglio del 1843, la Legione italiana marciò nella piazza principale di Montevideo indossando per la prima volta le casacche rosse. Così nacquero le famose Camicie Rosse!

Sotto il comando di Garibaldi e di Anzani, le Camicie Rosse

della Legione italiana diventarono un nucleo di patriottismo italiano. Infatti, le manifestazioni ed il sentimento d'italianità che la Legione emanava, crearono un risentimento da parte del Console di Sardegna a Montevideo. Costui, facendo pressione attraverso vie diplomatiche, tentò di dissolvere la Legione, ma senza avere alcun esito. A questo punto, Garibaldi decise di fare della Legione italiana una forza costituita dai migliori guerrieri eventualmente da usare nella lotta per unificare l'Italia.

Il sogno di Garibaldi di capeggiare la Legione italiana nella lotta per l'unificazione d'Italia, ricevette un forte impulso dal suo vecchio amico, Giovanni Cuneo. Questi, che viveva a Montevideo, inviò dei rapporti molto positivi sulle imprese di Garibaldi a Giuseppe Mazzini a Londra. Mazzini avrebbe poi pubblicato questi resoconti sul suo giornale *L'Apostolato Popolare*. Il giornale non era letto soltanto dagli italiani rifugiati a Londra, ma veniva anche illegalmente diffuso nelle varie regioni d'Italia. In tal modo, Garibaldi e la Legione italiana divennero familiari ai cittadini italiani.

Mentre l'assedio di Montevideo continuava, la Legione italiana vinse una serie di battaglie contro le forze di Oribe. Nel settore del fronte chiamato Tres Cruces, la Legione fu chiamata a ritirare il corpo di un ufficiale caduto, il Colonnello Neira. Neira venne ucciso mentre capeggiava un attacco contro le forze occupanti, e si temeva che i Blancos avrebbero mutilato il suo corpo. Garibaldi con un piccolo gruppo di legionari ritirò il corpo di Neira dopo un violento combattimento alle baionette. Tuttavia presto arrivarono dei rinforzi per i Blancos che circondarono Garibaldi ed i suoi uomini. Garibaldi ordinò ai suoi uomini di lottare fino alla morte per far sì che il corpo di Neira non cadesse nelle mani del nemico. Giunsero da ambo le parti più rinforzi fino a coinvolgere 1.500 uomini nella lotta per il possesso d'un corpo morto. Dopo due ore di ferrea battaglia i Blancos batterono in ritirata lasciando a Garibaldi ed ai suoi soldati il corpo del Colonnello Neira.

Nella primavera del 1844 la Legione di nuovo si distinse in una serie di combattimenti contro le forze dei Blancos. Capeggiati da Garibaldi ed Anzani, I legionari ebbero successo nel conquistare posizioni importanti infliggendo pesanti perdite al nemico. Le cariche con le baionette innestate sembravano impaurire terribilmente il nemico che presto si metteva in fuga. Ai legionari veniva dato il miglior "bentornati" dalle folle acclamanti quantunque essi tornassero a Montevideo. L'onore italiano in terra straniera era stato vendicato.

Per gratitudine, il governo della Repubblica dell'Uruguai regalò terre e bestiame ai legionari. Garibaldi non volle accettarli e convinse i legionari a fare la stessa cosa dichiarando che essi non lottavano per essere remunerati materialmente. I suoi soldati in genere rifiutarono questi doni del governo; invece molti legionari della Legione francese l'accettarono, dando così un grande dispiacere a Garibaldi.

La famiglia di Garibaldi visse in povertà a dispetto per il suo alto grado di Comandante Capo della Marina. Inoltre sua moglie Anita era vista lontana dallo snobismo delle dame dell'alta classe di Montevideo. Anita era occupata nelle faccende domestiche ed ad accudire i suoi quattro figli: Menotti, Rosita, Teresita e Ricciotti. La famiglia non poteva permettersi di avere una domestica ed Anita provava un senso d'inferiorità rispetto alle "prime donne" della società. Avrebbe preso immediati provvedimenti per risolvere la situazione.

Durante questo periodo Garibaldi ebbe un rapporto amichevole con l'ambasciatore britannico in Uruguai, Sir William Ouseley. Questi stimava Garibaldi e lo ammirava per il suo coraggio ed onestà. A volte lo invitava a casa sua per un tè e qualche amichevole conversazione sulla politica locale e diplomazia internazionale.

La moglie di Ouseley, Maria, aveva anch'essa simpatia per Garibaldi, l'attraente eroe smargiasso. Maria, nativa americana, donna alta e bella, attraeva e faceva impazzire gli uomini ovunque andasse. Certamente attirava l'attenzione di Garibaldi quando gli andava incontro di ritorno dal fronte. La visione dei due che cavalcavano alla testa della Legione suscitò tanto dispiacere nel cuore di Anita. Ella aveva provato un senso d'inferiorità rispetto le donne dell'alta società, ma si era sempre considerata superiore in qualità di amazzone. Un giorno, mentre Maria e Garibaldi cavalcavano affiancati, tutto a un tratto appare Anita sul suo cavallo che lo lanciò in modo tale da impaurire quello della signora Ouseley che andò fuori strada. Anita prese così immediatamente posto affianco a suo marito.

21

La Spedizione sul Fiume Uruguai, 1845

CON LA SCONFITTA DEL PRESIDENTE Rivera a India Muerta, Oribe ed i blancos potevano imporsi sulla città di Montevideo. Un triunvirato composto dal Ministro della Guerra, Pacheco, il generale Martinez e Garibaldi stesso prese il comando per la difesa della città. Garibaldi divideva il suo tempo fra il combattimento su terra ferma e quello per mare. Non appena gli si presentava una tregua nella battaglia in terra ferma, andava immediatamente con la forza navale ad attaccare le navi mercantili dell'Argentina nel Fiume La Plata.

Durante l'estate del 1844, Garibaldi catturò 10 bastimenti mercantili argentini e li portò a Montevideo con tutto il loro carico. Il carico venne messo a disposizione del governo unitariano, ed i soldi ricavati dalla sua vendita vennero usati per le spese di guerra. A volte le navi da guerra argentine inseguivano Garibaldi proprio all'entrata della baia di Montevideo con l'intento di coinvolgerlo in battaglia. In una occasione, una flotta di piccole navi di Garibaldi fu coinvolta in un combattimento con due grandi navi da guerra argentine. La battaglia navale durò quattro ore sotto gli occhi della gente radunata sulla sponda oceanica di Montevideo che la acclamava. Fu come la scena di un film di pirateria, coi velieri da guerra che sparavano cannonate e le navi di Garibaldi che si muovevano con molta destrezza per evitare il fuoco del nemico. Dopo quattro ore, le navi argentine si ritirarono davanti al festoso pubblico di Montevideo. L'abilità che Garibaldi dimostrò nello sconfiggere delle navi da guerra nemiche gli guadagnò l'ammirazione da parte dei cittadini della città. Nonostante ciò, in Argentina, i giornali lo descrissero come un "selvaggio" e "pirata."

Vedendo che il conflitto si estendeva sempre più e che poteva nuocere al traffico commerciale nella regione, la Bretagna e la Francia minacciarono d'intervenire per assicurare l'indipendenza dell'Uruguai proteggere i loro interessi. Presentarono ai belligeranti un piano per porre fine alle ostilità e minacciarono d'intervenire militarmente se non avessero raggiunto un accordo. La proposta venne prontamente accettata dagli unitariani del governo di Montevideo, ma non venne accolta dagli argentini ed i blancos. Rosas si oppose all'evacuazione delle truppe argentine dal territorio uruguaiano ed Oribe si rifiutò di porre fine all'ostilità contro Montevideo. Delusi dal rifiuto degli argentini e dei blancos nell'accettare il piano di pace, la Bretagna e la Francia decisero d'intervenire affiancandosi agli unitariani del governo di Montevideo. La stampa americana denunciò la Bretagna e la Francia per avere violato la Dottrina di Monroe, tuttavia il governo degli Stati Uniti non si lasciò coinvolgere.

Facendo seguito alla promessa, una squadra navale anglo-francese salpò sul Fiume La Plata e bloccò Buenos Aires. La squadra sconfisse anche una flotta argentina sul Fiume Paraná, fermando in tal modo il commercio con il vicino Paraguai. L'ammiraglio Brown fu costretto a togliere l'assedio navale a Montevideo. A Brown i britannici chiesero di firmare un documento in cui si attestava la promessa che loro non avrebbero più continuato a servire la Marina argentina. Brown diede le dimissioni del suo comando e si ritirò dal servizio, dando così fine alla sua distinta carriera navale. Tutto questo risultò a favore degli unitariani dell'Uruguai e diede soddisfazione a Garibaldi e alla legione italiana. Questo servì anche a rafforzare la determinazione di Rosas ed Oribe nel continuare i tentativi per avere il controllo dell'Uruguai.

Il governo unitariano in Montevideo, cercando di sfruttare vantaggio dalla situazione, decise di portare la guerra nel territorio nemico. Una flotta di 17 navi uruguaiane sotto il comando di Garibaldi venne preparata per avviarsi sul Fiume Uruguai, il fiume che segna il confine fra l'Uruguai e la Provincia argentina di Entre-Rios. Oltre ai loro equipaggi, le navi portavano un contingente di 750 legionari con l'incarico di liberare paesi e città tenute dalle forze di Oribe sulla sponda uruguaiana del fiume e di saccheggiare le località controllate dai rositas sulla sponda argentina. Ad accompagnare la spedizione c'era una flotta anglo-francese composta da 10 navi da guerra.

La spedizione ebbe inizio il 30 agosto del 1845 e per i primi giorni, seguì la stessa rotta che Garibaldi fece quattro anni prima durante la spedizione sull Paraná. Il primo obiettivo fu quello di liberare la città di Colonia che era occupata dai blancos dall'estate del 1843. Allorchè il presidio dei blancos rifiutò la resa, Colonia fu sottoposta ad un tremendo bombardamento navale. Il bombardamento spinse la guarnigione ad evacuare la città, dando modo ai legionari di entrarci dentro e riconquistarla senza lottare. Fecero un grande bottino, anche se Garibaldi aveva dato preciso ordine di non saccheggiare. I racconti della stampa argentina sul saccheggio procurarono una grande indignazione sia in Argentina che in Europa. Ancora una volta Garibaldi venne considerato come un pirata che commetteva delle atrocità: in questa occasione però sia i britannici che i francesi furono soltanto spettatori.

Salpando verso occidente da Colonia, la flotta di Garibaldi presto si avvicinò alla Fortezza di Martín García, dove tre anni prima le sue navi dovettero fuggire sotto la sfida del fuoco nemico. Questa volta trovarono la fortezza già abbandonata dagli argentini. Garibaldi lasciò un piccolo distaccamento di uomini per salvaguardare questo strategico presidio e poi incominciò a salire lungo il Fiume Uruguai, mentre la flotta anglo-francese si dirigeva verso il Fiume Paraná per interrompere il commercio con il vicino Paraguai.

Il 6 settembre la flotta di Garibaldi giunse alla città di Yaquari situata sulla sponda uruguaiana del fiume. Lì, si affiancò ad un'amichevole banda di guerriglieri che operava diero le linee di Oribe da quando Rivera venne sconfitto nella battaglia di India Muerta. Da questi, Garibaldi apprese che pionieri britannici e francesi venivano internati nei campi di priogionia in Argentina. I suoi legionari salvarono due gruppi di questi prigionieri dai loro aguzzini. Un gruppo fu salvato sopprimendo le guardie al centro di detenzione fuori Yaquari, e l'altro gruppo intercettando le navi traghetto che li portavano al di là del fiume in Argentina. I legionari allontanarono immediatamente le guardie di Rosita buttandole fuori dalle navi.

Procedendo lungo il Fiume Uruguai, Garibaldi doveva usare vari piani d'azione, secondo il lato del fiume dove l'azione avrebbe avuto luogo. L'Uruguai si trovava lungo la costa orientale e veniva trattato come territorio amichevole liberato dal controllo di Oribe. La provincia argentina di Entre Rios nella sponda occidentale e la sua gente, invece, veniva considerata come nemica. Tuttavia, questa distinzione fra sponda amichevole e sponda nemica significava poco e niente per uomini di Garibaldi che vivevano al di fuori della terra ferma. Indiscriminatamente essi catturavano mandrie di buoi per nutrirsi, ovunque si trovavano. I legionari, arrecarono maggior danno sulla sponda argentina dove rompevano i recinti delle *estancías* per far uscire gli animali e saccheggiarli mentre giravano per la pampas. Questo causò ai proprietari delle estancias la perdita della maggior parte del loro bestiame.

Il 19 settembre, Garibaldi sbarcò con 250 legionari sulla sponda occidentale per preparare un attacco a Gualeguaychú, una cittadella argentina situata a cinque miglia nella terra ferma. Garibaldi si servì dell'aiuto di una guida amica per condurre la marcia sulla terra ferma. I legionari raggiunsero il posto a mezzanotte e presto conquistarono la guarnigione di Rosita. Il comandante colonnello Eduardo Villagra, fu catturato nel suo letto e portato via da Garibaldi in mutande!

Garibaldi restò in Gualeguaychù due giorni facendosi consegnare da ogni famiglia un contributo di cibo e coperte per i suoi uomini, mentre i legionari procedevano al saccheggio delle case dei più ricchi della città. Storie di queste devastazioni diventarono parte del folklore locale. Una di queste racconta che i legionari rubarono oggetti di valore in una casa di ricchi che li avevano autorizzati ad usare la casa come un ospedale per curare i feriti. Si presume che il bottino sia avvenuto mentre uno dei loro camerati era disteso moribondo sul tavolo della camera da pranzo! Sorprendentemente non ci furono violenze sessuali né uccisioni.

Garibaldi non uccise nessun soldato prigioniro delle truppe di Rosita anche se Rosita avrebbe fatto il contrario ai suoi soldati. Prima di partire da Gualeguaychú, Garibaldi lasciò liberi ma disarmati tutti i prigionieri, compreso il colonnello Villagra.

L'attaco ed il bottino conquistato a Gualeguaychú causarono una grande disapprovazione di Garibaldi in Argentina. Venne denunciato dalla stampa come un strumento dei britannici e dei francesi ed incolpato dell'orrore accaduto a Gualeguaychú. Il governo argentino non dimostrò nessuna gratitudine per Garibaldi che decise di lasciar liberi i prigionieri. Infatti Rosas dimostrò ogni intenzione di contiuare la politica di Rosita che era quella di giustiziare ogni prigioniero.

Intanto a Montevideo, i fedeli di Garibaldi si sentivano amareggiati per la decisione di rilasciare dei prigionieri catturati a Gualeguaychú. Essi volevano vendetta contro i blancos ed i rositas che giustiziavano i prigionieri. Il rilascio del colonnello Villagra causò un grande risentimento. Villagra era conosciuto come il giustiziere dei prigionieri unitariani, ed alcuni di Montevideo credevano che il rilascio del colonnello servisse ad incoraggiare i volontari ad unirsi con i blancos ed i rositas perché se fossero stati presi prigionieri da Garibaldi non sarebbero stati giustiziati. Ciò che è importante notare a questo punto è il fatto che nè il nemico e nè i soldati di Garibaldi apprezzarono il trattamento umano adottato per i prigionieri.

Ci sono delle storie diverse su ciò che accadde in seguito. Nell'edizione di Alessandro Dumas sulle *Memoirs* di Garibaldi, scrisse che la spedizione marciò verso la città di Gualeguay per conquistarla, città dove Garibaldi fu brutalmente torturato circa otto anni prima presa l'intera guarnigione e fatta prigioniera, insieme all'ufficiale maggiore Leonardo Millan suo aguzzino. Garibaldi si rifiutò di vedere Millan per paura che, ricordandosi di ciò che aveva subíto otto anni prima, si sarebbe vendicato spinto dal risentimento.

Robert Cunningham-Graham che visitò l'Argentina nel 1870, racconta la storia in modo diverso per quanto riguarda l'irruzione nella città di Gualeguay. Secondo questo scrittore, il colonnello Millan venne preso e rinchiuso in una camera stette seduto lì per ore ad aspettare trepidamente l'arrivo del boia quando, improvvisamente la porta si aprì ed un uomo gli portò una tazza di caffè caldo. L'uomo era Garibaldi! Millan svenne dalla paura!

Non si hanno ulteriori notizie sull'irruzione di Garibaldi a Gualeguay. Ne tantomeno si sa quello che accadde al colonnello Millan. Garibaldi ed i suoi uomini tornarono alle loro navi sul Fiume Uruguay per continuare il loro corso. Dopo aver attraversato Paysandu, dove vennero sparati alcuni colpi delle batterie di Rosita, la flotta di Garibaldi finalmente s'avvicinò a destinazione - la città di Salto.

Era già noto che il capo dei guerriglieri unitariani, Joseph Mundell operava nella zona con una forza di 100 matreros o "gauchos dei monti."

Mundell, un uomo della Gran Bretagna, organizzò questi matreros in una milizia locale con lo scopo di rapinare. Le sue azioni da ladrone gli fecero conquistare il titolo di "brigante." Costui insieme ai suoi *matreros* voleva arruolarsi nelle forze spedizionarie di Garibaldi che da parte sua desiderava, con forza, accettare quest'offerta. I due unirono le loro forze vicino Salto.

In quel tempo, Salto era una prosperosa città di 10.000 abitanti, strategicamente situata al nord dell'Uruguay. Il controllo della città era essenziale per il successo di qualsiasi operazione militare nella regione. Salto era occupata dai *rositas*, e da un'armata di unitariani sotto il comando del generale Medina. Il piano di Garibaldi era di catturare Salto, e poi unirsi con l'armata di Medina.

All'avvicinarsi a Salto della flotta di Garibaldi, un comandante rosita, il colonnello Manuel La Valleja che temeva Garibaldi, evacuò la città portando via tanti abitanti. Essi si accamparono alcune miglia a sud. Garibaldi mandò Anzani all'attacco con 100 legionari ed un nuovo distaccamento di cavalleria, sotto il comando del colonnello Baez, Anzani disse ai suoi uomini: "Non sparate fino a quando non saranno molto vicini a noi!" Poi i soldati andarono avanti annintando il nemico. I rositas furono sconfitti e scapparono dal campo di battaglia lasciando indietro i civili. Trenta pionieri britannici e francesi vennero liberati, ed ai cittadini venne dato il permesso di tornare nelle loro case a Salto.

Nel frattempo, Garibaldi era entrato a Salto trovando la città deserta. Si preparò a fortificare la città contro un eventuale contrattacco da parte del nemico. Tutte le strade vennero barricate, ad eccezione della strada principale che rimase aperta. Tiratori scelti vennero piazzati sui tetti mentre dei volontari civili offrirono il loro servizio nei punti strategici dov'erano le barricate. La maggior parte del corpo dei legionari venne schierata in un perimetro di difesa al lato opposto del fiume. Due cannoni pesanti vennero piazzati dietro il centro della linea difensiva e la flotta di Garibaldi se ne stava nel fiume nell'attesa di dare il suo aiuto. Tutti aspettavano l'impetuoso assalto.

Non attesero molto. Il 6 dicembre un'armata di 3.500 blancos, sotto il comando del generale Justo Urquiza, attaccò la città. Urquiza era il Comandante blanco che sconfisse Rivera a India Muerta tre anni prima. Adesso egli si sentiva orgoglioso e convinto che avrebbe attraversato il Fiume Uruguai con le navi di Garibaldi. Egli aderiva anche all'idea di giustiziare i prigionieri. I legionari non avevano dubbi su cosa sarebbe accaduto a loro una volta fatti prigionieri.

Dopo l'inizio con una scarica di fuoco d'artiglieria, i blancos attaccarono con una forza mai vista prima, durante la guerra. Con le lance puntate in posizione d'attacco dai gaucho della cavalleria e seguiti da ondate della fanteria, i blancos arrivarono travolgenti contro il perimetro di difesa. Quello che fece seguito somigliava ad un film del far-west—il frastuono dei fucili che sparavano, i salti dei cavalli e cavalieri sulle barricate, i tiratori scelti che sparavano da sopra i tetti, i cavalieri che cadevano dai loro cavalli, gli animali che inciampavano e precipitavano perchè presi dal panico e le grida strazianti ed ignorate dei feriti: un vero e proprio inferno!. Gli attaccanti vennero affrontati con raffiche di fuoco dai cannoni di Garibaldi. I nemici caddero come mosche. Coloro che riuscirono ad avanzare vennero annientati dalla cavalleria di Baez. Non appena i blancos incominciarono a ripiegare, Garibaldi ordinò ai suoi legionari di passare all'assalto alla baionetta. Una vera e spietata lotta ebbe luogo con i legionari che spingevano i blancos alla ritirata.

Urquiza assediò Salto isolandola completamente dalla parte di terra. I ripetuti attacchi dei blancos ebbero pochissimo sucesso. Durante i 18 giorni di disperata lotta, i blancos riuscirono a farsi strada attraverso i recinti di palizzate e così anche le fughe precipitose degli animali impauriti. Tuttavia, la perdida delle mandrie non ebbe nessun influenza sull'esito della battaglia, poichè Garibaldi aveva il controllo del fiume e riusciva a portare cibi con le navi. Accorgendosi di non aver potuto sconfiggere Garibaldi, Urquiza ed il rimanente della sua armata si ritirarono verso il nord attraversando il fiume per andare in Argentina - con le loro navi! Più tardi egli ebbe un ruolo decisivo nel risultato finale della guerra.

22

La Battaglia di Sant'Antonio, 1846

Dopo la Battaglia di Salto, Garibaldi si preparava a ricevere la più importante armata degli unitariani sotto il comando del generale Anacleto Medina. Medina rimpiazzò Rivera durante l'ultimo periodo d'internamento in Brasile. Garibaldi ricevette un messaggio da Rivera col quale gli comunicava che Medina stava dirigendo il suo esercito verso Salto con l'intenzione di unirsi alle sue truppe.

L'8 febbraio Garibaldi decise d'andare incontro a Medina e scortarlo a Salto insieme al suo esercito. Egli cavalcava a capo di 186 legionari accompagnati da 100 cavalieri uruguaiani sotto il comando del colonnello Baez. Verso mezzogiorno la colonna di Garibaldi si stava avvicinando ad una collina vicino ad un corso d'acqua chiamato Rio San Antonio. D'improvviso, un esercito di 1.200 uomini argentini di Rosita apparve sulla cresta della collina.

Immediatamente Garibaldi si rese conto che doveva confrontarsi con una forza di uomini superiore alla sua e che una ritirata gli sarebbe stata impossibile. Allora decise di disporre i suoi uomini in modo tale da combattere una battaglia simile a quella del generale Custer contro gli indiani.

Essi si trovavano in campo aperto ma, fortunatamente, lì vicino c'era una casa colonica abbandonata e Garibaldi ordinò ai suoi uomini di ripararsi colà. Tutto ciò che era rimasto di quella proprietà erano le mura; un muro parzialmente distrutto lungo il confine faceva da siepe al nemico. I legionari fecero appena in tempo a ripararsi nella casa abbandonata quando l'ostilità ebbe inizio. Fu quì, in questa desolata casa colonica, che i legionari italiani, combatterono quella battaglia che nella storia sarà ricordatai col nome "*La Battaglia di San Antonio*".

La battaglia ebbe inizio con la cavalleria del colonnello Baez che si scontrò col nemico che avanzava e poi proseguì la ritirata dal campo di battaglia nel tentativo di farsi inseguire dalla cavalleria di Rosita. La strategia non funzionò. La cavalleria di Rosita inseguì quella di Baez fino a Salto, poi tornò sul campo di battaglia. Baez restò a Salto! I legionari italiani furono soli a combattere contro l'esercito e la cavalleria argentina. È stato calcolato che l'esercito argentino comandato dal colonnello Servando Gomez era di 1.200 uomini, 900 dei quali parte della cavalleria.* Questo significa che i legionari venivano sopraffatti da più di sei uomini contro uno!

Ci sono parecchie versioni sulla Battaglia di San Antonio, ma tutte raccontano pressappoco la stessa storia. Ad ogni suono di tromba, gli argentini attaccavano ad ondate ed ogni volta venivano

---

Questi dati sono riportati nella pag. 34 del libro Garibaldi: Il rivoluzionario ed i suoi uomini *di Andrea Viotti.*

costretti alla ritirata dal determinante fuoco della legione. La lotta continuò sotto il sole scottante mentre la cavalleria argentina si univa nella battaglia ai legionari accerchiati. Durante il susseguirsi degli assalti, i cavalieri argentini superavano la posizione dei legionari vicino al muro mezzo distrutto soltanto per essere abbattuti dal fuoco proveniente dall'interno della casa colonica. A dispetto della disperata situazione, il morale della legione rimaneva alto e gli uomini si unirono fin'anche nel cantare l'inno nazionale uruguaiano capeggiato dalla voce tenorile di Garibaldi. La zona era ormai già cosparsa di cadaveri e cavalli morti dei rositas. Questi venivano ammucchiati dai legionari e usati come bastioni di difesa contro gli attacchi dei rositas.

Oltre alla lotta, c'erano anche il caldo intenso e la scarsità d'acqua a causare ai legionari la maggior sofferenza, specialmente ai feriti. La legione subì una forte perdita quando il coraggioso suonatore di tromba venne ucciso. Il giovane quindicenne, che continuava a suonare la sua tromba durante la lotta, venne colto ed abbattuto a morte dalla lancia di un cavaliere. Quest'ultimo venne poi ucciso dalla baionetta di un legionario. Garibaldi non dimenticò mai il valoroso trombettiere che morì nella Battaglia di San Antonio.

Finalmente, dopo nove ore di disperata lotta, Garibaldi decise di ritirare le truppe sotto coperta avvalendosi del buio. Trasportando i suoi feriti, la legione lentamente indietreggiava interrompendo la sparatoria contro i rositas perché i cavalieri si avvicinavano troppo.

All'alba, i legionari avevano già raggiunto la sponda del fiume Uruguai, dove poterono finalmente dissetarsi andando a turno a bere acqua mentre gli altri camerati stavano attenti al nemico. Il peggio era ormai passato. Le forze nemiche se ne andarono via dalla zona lasciando più di seicento dei loro uomini morti in battaglia.

La Battaglia di Sant'Antonio, 1846 ✣ 129

Così ebbe termine la Battaglia di San Antonio.

Di buon'ora la mattina seguente, la legione tornò a Salto, dove venne accolta dal saluto di Anzani. Egli era rimasto a Salto con un piccolo distaccamento di uomini ed ora si sentiva pieno di gioia nel vedere Garibaldi tornare con la legione. L'intera città salutava il ritorno dell'eroe ed i suoi uomini. Subito dopo, il generale Medina

Garibaldi dopo la battaglia di Salto (di Gaetano Gallino)

arrivò a Salto con il principale corpo dell'esercito unitariano.

Garibaldi ebbe l'abilità di arruolare "le donne gentili di Salto" per assistere i feriti e decise di tornare con alcuni dei suoi uomini sul luogo della battaglia. Lì trovarono altri feriti di ambo le parti ancora vivi, che vennero medicati e portati con una carrozza a Salto. Per quanto riguarda i morti, anche questi vennero trasportati a Salto e sepolti in un comune cimitero, amici ed avversari insieme, su di una collina con la veduta della città. Garibaldi fece erigere una grande croce nel cimitero con la seguente iscrizione: "Legione italiana, Marina e Cavalleria Orientale, 8 Febbraio 1846".

In questo periodo di tempo, Garibaldi ricevette la notizia che sua figlia, Rosita, era morta a Montevideo. Rosita aveva quattro anni e si pensa che mancò a causa di una epidemia della febbre scarlattina. Pare che le condizioni in cui viveva a Montevideo, con i membri della famiglia tutti in una sola stanza è possibile che i bambini fossero contagiati dall'infezione. La morte di Rosita giunse a Garibaldi come un fulmine a ciel sereno e ne fu profondamente addolorato.

Nel suo rapporto al governo di Montevideo, Garibaldi rese conto del "terribile combattimento" avvenuto l'8 febbraio del 1846 a San Antonio. I legionari caduti furono 30 e 53 feriti. Altresì rese noto che tutti gli ufficiali della legione, ad eccezione di se stesso, o caddero o furono feriti durante la lotta. Il nemico perse 600 uomini e Garibaldi asserì che il nemico venne "completamente sconfitto".

Quando la notizia della Battaglia di San Antonio giunse a Montevideo, la stampa acclamò la grande vittoria di Garibaldi e la sua legione. La Legione italiana divenne oggetto di lode ed ammirazione della città. Essa fu ricoperta di gloria e di fama immortale e Garibaldi fu promosso Generale. Il 25 febbraio il governo di Montevideo emise il seguente proclama:

"La valorosa impresa dell'8 febbraio del 1846 portata a compimento dalla Legione italiana sotto Garibaldi è da essere scritta in lettere d'oro sulla bandiera della Legione italiana. I nomi di coloro che hanno lottato nella battaglia dovranno essere incisi su di una targa che sarà appesa nel Salone del Governo di Montevideo di fronte alle Armi della Repubblica. L'elenco dovrà incominciare con i nomi di coloro che hanno perso la vita.

"Le famiglie dei caduti dovranno ricevere una pensione doppia a quella che ordinariamente spetterebbe loro. Tutti coloro che hanno partecipato al combattimento di San Antonio dovranno essere ricompensati con uno scudetto da portare sul braccio sinistro con queste parole incise: Invincibili, lottarono l'8 febbraio del 1846. Fino a quando un altro corpo di questo esercito non avrà raggiunto un'altra impresa egualmente gloriosa, la Legione italiana dovrà avere la precedenza in tutte le sfilate".

L'amico di Garibaldi, Giovanni Cuneo, inviò la notizia della vittoria di San Antonio a Mazzini a Londra che prontamente la pubblicò nelle sue lettere, *L'Apostolato Popolare*.

Quando la notizia giunse finalmente in Italia, suscitò una serie di gioiose celebrazioni. A Firenze venivano accettate delle donazioni per l'acquisto di una sciabola d'onore per essere presentata al generale Garibaldi. L'Ammiraglio francese, Laine, che comandò lo squadrone francese nella spedizione sul fiume Uruguai, scrisse a Garibaldi dicendo che La Battaglia di San Antonio avrebbe riempito d'orgoglio fin'anche il grande esercito di Napoleone! Il generale Tomas de Iriarte dell'esercito uruguaiano descrisse la vittoria a San Antonio come la "brillante impresa d'armi" per la quale Garibaldi e i suoi legionari guadagnarono la "fama immortale." Garibaldi stesso scrisse ch'egli "non aveva mai avuto un'esperienza di sì grande onore da essere stato un soldato della Legione italiana l'8 febbraio nella Battaglia di San Antonio.

La notizia della vittoria si sparse in tutta l'Europa e nelle Americhe; ancora oggi, i due eventi più importanti uniti alle avventure di Garibaldi in Sud America rimangono l'incontro con Anita e la vittoria a San Antonio.

23

Politica ed Intrighi, 1846–47

Subito dopo la Battaglia di San Antonio, la situazione politica nell'Uruguai incominciò a deteriorarsi. Una lotta per il potere si sviluppò tra Pacheco e Rivera, ognuno contendendosi il controllo del governo a Montevideo. Rivera, rilasciato dai brasiliani, tornò su una nave a Montevideo il 18 marzo, 1846. Allorchè il governo di Montevideo rifiutò di dargli il permesso di sbarco, il comandante dell'esercito uruguaiano, generale Venancio Flores, si fece avanti in suo favore e capovolse il governo. Il colpo di stato venne attuato dalla Legione francese e da alcune unità di nuovi liberati Neri. Pacheco, la cui posizione era stata indebolita dall'assenza di Garibaldi e della maggior parte della Legione italiana a Salto, si dimise ed andò in esilio in Brasile.

Rivera entrò trionfalmente in Montevideo e prese il comando del governo. Privatamente, elogiò Garibaldi e la Legione italiana per il valore nella Battaglia di San Antonio. Ma, dietro le quinte, si mise in contatto con il generale Medina a Salto dicendogli di prevenire che la Legione aiutasse Pacheco e di mantenere la città per i riveristi. Medina procedette cautamente.

Assicuratosi il controllo del governo in Montevideo, Rivera procedette nel dare cariche d'importanza ai suoi seguaci sia nel governo che nelle forze militari. Garibaldi ed i legionari furono esclusi da queste rilevanti cariche. I capi del nuovo governo li consideravano stranieri nella loro nazione. Al generale Anacleto Medina, nativo dell'Uruguay, venne dato l'incarico di comandante capo delle forze del Nord Uruguay, mettendo Garibaldi e la Legione italiana sotto i suoi ordini. La convenienza politica sembrò dettare regole e protocolli anziché logica e meriti. Gli sforzi fatti da tanti uomini fedeli non vennero affatto presi in considerazione.

Ben presto nacque un dissidio tra Garibaldi e Medina. C'erano dei disaccordi sulle strategie militari e sulla disciplina. Medina criticava la mancanza disciplinare della Legione. Inoltre il nuovo governo di Rivera rifiutò di dare ai legionari italiani rimasti a Montevideo, l'autorizzazione di riunirsi con Garibaldi a Salto. Garibaldi, a questo punto, si accorse che Medina era lì soltanto per assicurare la città di Salto ai seguaci di Rivera. Egli decise allora di finire a tale come comandante della Legione italiana.

Nella notte del 19 maggio, di sua iniziativa, Garibaldi fece marciare i suoi uomini fuori da Salto per attaccare le forze dei Blancos che a loro volta marciavano verso nord per minacciare nuovamente la città. I Blancos si accamparono a circa 10 miglia di distanza dal fiume Daimán, uno dei tanti piccoli affluenti del fiume Uruguai. Da questo punto essi avrebbero attaccato la cavalleria di Garibaldi quando questa avesse tentato di accerchiare del bestiame. La mattina del 20 maggio la Legione italiana colse di sorpresa i Blancos mentre dormivano e li sconfisse completamente costringendo molti ad annegare nel fiume Daimán. Tuttavia, nella marcia di ritorno a Salto, Garibaldi notò una forza nemica muoversi da lontano. Questi nemici stavano aspettando di cogliere i legionari all'aperto, dove non avrebbero avuto riparo. Garibaldi ordinò ai suoi uomini di fermarsi e mettersi al sicuro, nello stesso tempo mandò la cavalleria contro il nemico di essi. I Blancos erano lì ad aspettarli. Essi contrattaccarono ed ebbe luogo una feroce battaglia. Per circa un'ora l'esito fu in dubbio poiché ambo le parti lottarono disperatamente. Poi i legionari caricarono con le baionette innestate e costrinsero i Blancos ad una disordinata ritirata. Garibaldi e la Legione italiana ancora una volta riuscirono vittoriosi nella Battaglia del Fiume Daimán.

Garibaldi più tardi commentò la bravura dimostrata dai soldati di ambo le parti. Egli raccontò come un soldato nemico lottò da solo contro sei legionari dopo d'essere stato ferito e caduto in ginocchio. Garibaldi osservò la valorosa difesa di quel soldato ed ordinò ai suoi uomini di risparmiargli la vita per il coraggio dimostrato nell'affrontare una morte sicura. Fu veramente un gesto di magnanimità!

Dopo la Battaglia del Fiume Daimán, Garibaldi tornò a Salto per trattare con Medina. Inviò una lettera al capo della polizia di Salto, ordinandogli di prendere il generale Medina sotto custodia e portarlo su una nave da guerra francese, *Eclair*, per mandarlo a Montevideo. Medina fu svegliato nel sonno e immediatamente condotto, in pantofole, sulla nave. E così, con una sola mossa, Garibaldi dispose il suo ufficiale superiore e lo rispedì dal suo governatore - Fructuoso Rivera! Garibaldi era ora totalmente deluso con Rivera che con il suo potere aveva portato la divisione nell'esercito unitariano.

Naturalmente, il regime riverista in Montevideo disapprovò il comportamento di Garibaldi, ma non ci fu nessuna azione contro di lui. La popolarità di Garibaldi crebbe strepitosamente attraverso la nazione, sia fra la popolazione civile che in quella militare. Inoltre, Garibaldi sviluppò una stretta amicizia con l'ammiraglio Inglefield e l'ammiraglio Laine, i comandanti della flotta navale Anglo-Francese della spedizione sul fiume Uruguai. Dopo d'aver considerato la situazione, Rivera decise di richiamare Garibaldi e la Legione italiana a Montevideo. Egli pensò che gli sarebbe stato di vantaggio se Garibaldi e la Legione fossero tornati nella capitale dove sarebbero stati superati in numero dalle altre forze uruguaiane. Garibaldi aderì al desiderio di Rivera e partì da Salto con quello che rimaneva della Legione italiana. La loro partenza fu memorabile per ambo i legionari ed i cittadini di Salto poichè avevano condiviso sia le dure prove che i gioiosi momenti di glorie.

All'arrivo a Montevideo il 5 settembre del 1846, il Presidente Rivera ed il governo onorarono Garibaldi e la Legione italiana con una grandiosa sfilata di vittoria. Tutte le truppe della città marciarono davanti alla Legione italiana nella Plaza de la Constitución. Mentre passavano in rivista, gli ufficiali comandanti di ogni corpo salutavano la Legione dicendo *"Vive la Patría, generale Garíbaldi y sus compadres valorosos!"* Questo fu uno degli eventi più gloriosi nella città di Montevideo.

Anche se la Legione accettò questa dimostrazione di pubblica gratitudine, tuttavia rifiutò qualsiasi ricompensa materiale o economica. Seguendo l'esempio di Garibaldi la Legione continuò a servire la Repubblica senza essere pagata. I legionari erano tanto poveri da non potersi permettere neppure di comprare candele per illuminare le loro case. Secondo una vecchia leggenda di Montevideo, una volta Garibaldi incontrò un legionario tanto povero da non aver neppure una camicia; Garibaldi allora prese la sua e la diede all'uomo—togliendosela letteralmente da dosso! Tornato a casa domandò ad Anita di dargli un'altra camicia, ma lei rispose: "Sai perfettamente che tu avevi solo una camicia, e se l'hai data via, peggio per te." Garibaldi rimase senza camicia fino a quando Anita gliene cucì un'altra.

La Legione italiana nuovamente prese il suo posto nei ranghi delle forze difensive in Montevideo che ora erano comandate dal generale Correa, un riverista. A Garibaldi stesso venne dato il comando di una nave da guerra catturata dagli argentini chiamata Maipu con l'ordine di aggredire altre navi argentine sul fiume La Plata. La nave fu catturata l'anno prima dai britannici, ed ora, comandata da Garibaldi, aveva già catturato o distrutto 18 navi mercantili appartenenti all'Argentina. Naturalmente questo causò grande indignazione in Buenos Aires—un pirata che con una nave requisita dall'Argentina guerreggiava contro la flotta mercantile della stessa nazione! Garibaldi ebbe poca opposizione poichè i britannici ed i francesi avevano bloccato le navi della flotta di Brown in Buenos Aires. Tutto ciò servì a rendere sempre più clamorosi i successi di Garibaldi in qualità di comandante navale.

Nonostante il successo navale, le sorti della guerra incominciarono a cambiare al principio del 1847. Le forze argentine riconquistarono Salto e Paysandu nel nord dell'Uruguai. Nella separata provincia di Corrientes, in Argentina, i rositas sotto Urquiza sconfissero gli unitariani, dando così fine alla ribellione di colà. Rivera fu ancora una volta sconfitto da Oribe e mandato in esilio. A primavera del 1847 i Blancos avevano già ripreso il controllo su quasi tutta l'Uruguay.

Con Rivera di nuovo in esilio, si formò un governo provvisorio in Montevideo, che prometteva di continuare a lottare contro l'Argentina ed i Blancos. Il nuovo governo diede incarico a Garibaldi di comandante capo delle forze armate uruguaiane. Questa promozione fu criticata dai nativi uruguaiani. Essi protestavano dicendo che la loro nazione veniva ora controllata da un avventuriero straniero. Alcuni alti ufficiali uruguaiani minacciarono l'ammutinamento. Un articolo scritto su una pubblicazione dei Blancos, *El Defensor*, presentò lo spettacolo del popolo dell'Uruguay sotto i regolamenti ed il comando di un "gringo pirata." Tutto ciò mirava ad accrescere il risentimento contro la Legione italiana. E così, al fine di evitare che il dissidio crescesse fra i militari, Garibaldi presentò le sue dimissioni da comandante capo a soli 12 giorni dal conferimento dell'incarico. Egli venne rimpiazzato dal colonnello Josè Villagran, un puro uruguaiano.

La guerra volgeva ora verso la fine con i britannici ed i francesi che cercavano di negoziare la pace con l'Argentina che avrebbe garantito l'indipendenza dell'Uruguai. I mediatori pensavano che le discordie militari in Montevideo impedissero i negoziati e che Garibaldi e la Legione italiana fossero d'impedimento al processo di pace. Pareva che l'interesse straniero volesse dominare gli affari della nazione ora che le ostilità volgevano alla fine. Ancora una volta Garibaldi si sentì deluso mentre le rivalità trasformavano Montevideo in una tana di intrighi politici.

Fu durante questo periodo che Garibaldi ricevette la visita di un avversario. Il 25 luglio del 1847, l'ammiraglio William Brown arrivò a Montevideo a bordo di una nave britannica. Egli fu costretto a dare le dimissioni quale comandante della Marina argentina a causa della pressione esercitata dall'ammiragliato britannico. Ora si trovava nel suo ritorno verso Foxford, Irlanda. Gli venne permesso di attraccare a Montevideo poichè in effetti, c'era una tregua. Dopo di avere ricevuto una calda accoglienza all'ambasciata britannica, egli decise di andare a fare una visita di sorpresa a casa di Garibaldi. Colà i due avversari s'incontrarono faccia a faccia per la prima volta! Garibaldi, gentilmente invitò Brown ad entrare in casa per un caffè, i due ebbero un'amichevole discussione. Chi lo avrebbe mai detto? Gli ex combattenti discussero delle loro campagne e della mancata gratitudine mostrata da parte dei rispettivi governi. Mentre Anita serviva il caffè, Brown le comunicò la grande stima che aveva per suo marito. Poi, augurandosi l'un l'altro ogni bene, si separarono amichevolmente. Non si rincontrarono mai più.

Nonostante l'ingratitudine uruguaiana e i dissidi, Garibaldi rimase fedele al regime unitariano di Montevideo. Egli credeva che la causa dell'Uruguay era una causa giusta. Fu in questo periodo di tempo che ricevette l'offerta di 30.000 dollari da parte del dittatore Rosas per acquistare le forze argentine! Garibaldi rifiutò l'offerta. Anche il capo dei Blancos, Manuel Oribe, cercò di corrompere Garibaldi, ma senza alcun successo. Oribe allora scrisse una lettera a Rosas dicendo: "Ho usato tutti i mezzi possibili, ma senza poterlo convincere. Egli è un testardo selvaggio". In quest'atmosfera di discordie, di governo corrotto e sotterfugi politici, Garibaldi incominciò ad accorgersi che non c'era tanto onore nel servire la causa di quei politici dediti soltanto alla ricerca del potere ed agli interessi degli affari stranieri.

Allora, nella seconda parte del 1847, notizie dall'Italia incominciarono a risvegliare i suoi pensieri di tornare a casa. Egli trascorse undici anni nel Sud America. Proprio durante quel periodo di tempo, una crescente ondata di nazionalismo si faceva sentire attraverso tutta la penisola italiana. Sembrava proprio che fosse giunto il momento per una rivoluzione! Un nuovo Papa, Pio IX, venne eletto nel giugno del 1846. Il Papa proclamò immediatamente l'amnistia per tutti i prigionieri politici negli Stati Papali. Pio IX introdusse una serie di nuove riforme, includendo anche l'instaurazione di un legislativo eletto nel consiglio della città di Roma. Queste nuove misure vennero accolte con grande entusiasmo attraverso l'Italia e servirono a mettere in moto il movimento nazionalistico conosciuto come Il Risorgimento.

24

Il Ritorno in Italia: 1848

LE NOTIZIE DALL'ITALIA fecero sorgere un senso d'orgoglio nella comunità italiana di Montevideo. Il Conte Von Metternich venne destituito dal suo incarico in Austria ed ai governatori di vari stati italiani: Campania, Piemonte, Toscana e Stato Pontificio venne permesso di fare le riforme costituzionali. Gli italiani di Montevideo inneggiavano nelle strade della città cantando canzoni patriottiche accompagnate dalle bande. Durante queste manifestazioni Garibaldi scrisse una lettera a Monsignor Bedini, il Nunzio papale a Montevideo, congratulandosi per l'azione intrapresa da Pio IX e per l'offerta che Sua Santità ebbe per la Legione Italiana. Poi, senza neppure attendere per la risposta, Garibaldi ed alcuni dei suoi uomini cominciarono a prepararsi per il ritorno in Italia.

Gl'italiani di Montevideo fecero una raccolta di denaro per comprare un'imbarcazione per tornare in Italia, ma i soldi arrivavano lentamente e pochi. Nel frattempo Garibaldi decise di far partire la moglie e figli per mandarli a vivere con sua madre a Nizza. Così il 27 dicembre del 1847 Anita partì da Montevideo a bordo di una nave alla volta dell'Italia insieme a Menotti, Teresita e Ricciotti. A bordo c'erano altre mogli e figli di legionari italiani. Su Garibaldi pendeva ancora una sentenza di morte nel Regno di Sardegna per la sua partecipazione all' ammutinamento che ebbe luogo nel 1834, ma egli non era sicuro che la vecchia sentenza fosse ancora valida una volta tornato nel territorio del Regno di Sardegna. Di conseguenza, pensava di andare nello Stato Pontificio o in Toscana ed offrire il suo servizio al Papa Pio IX oppure al Granduca della Toscana. Nel caso di un rifiuto da ambo le parti, egli sarebbe sbarcato in qualche luogo lungo la costa dell'Italia per aggregarsi nelle attività rivoluzionarie.

Nel febbraio del 1848 Giacomo Medici fu mandato in Italia con l'incarico di prendere accordi con Mazzini affinché Garibaldi ed i suoi uomini potessero sbarcare in qualche parte d'Italia. Medici fu mandato a Montevideo nel 1845 al fine di stabilire un contatto tra Garibaldi e la *Giovane Italia* in Europa. Ora egli tornava in Italia portando un importante messaggio di Garibaldi a Mazzini. Medici era un militare molto rigido che nel futuro si distinse diventando uno dei capi dei garibaldini durante le lotte per l'unificazione d'Italia. Più tardi egli servì nell'Esercito Italiano col grado di Generale.

Il colonnello Anzani della Legione Italiana scrisse al fratello autorizzandolo a vendere la sua proprietà in Italia allo scopo di raccogliere soldi per la spedizione di Garibaldi. Purtroppo la carriera di Anzani volgeva verso la fine. Una vecchia ferita al petto gli creava problemi e Garibaldi temeva che un lungo viaggio marittimo gli potesse causare la morte. Perciò gli ordinò di rimanere a Montevideo, ma Anzani era ben determinato a tornare in Italia.

Anzani scrisse ad un amico: "Anche se dovessi morire nel momento in cui metterò piede in Italia, io morirei contento, perchè avrei già raggiunto ciò che giurai di raggiungere quand'ero giovane, forte e pieno di salute".

Nel frattempo il governo di Montevideo designò Garibaldi alla prestigiosa Assemblea dei Notabili. L'Assemblea era costituita da un gruppo di persone fra i più illustri cittadini della nazione. Garibaldi fu nominato per il valore dimostrato nella Battaglia di San Antonio. Nonostante ciò la sua nomina sollevò numerose critiche da parte dei vari partigiani di Montevideo che lo consideravano solamente un corsaro. Queste critiche, molto probabilmente, diedero un ulteriore motivo a Garibaldi per lasciare l'Uruguay.

Il 15 aprile del 1858, Garibaldi con 63 delle sue Camicie Rosse salparono da Montevideo a bordo di una nave chiamata *Bifronte*. Le Camicie Rosse la ribatezzarono *Speranza*, e la nave partì sotto la bandiera della Sardegna. Insieme a Garibaldi a bordo c'erano anche Anzani, Gaetano Sacchi, Giovanni Culiolo, Tommaso Risso ed uno schiavo africano liberato che si chiamava Andres Aguyar. Anzani morì alla fine del viaggio. Sacchi, che era ferito e che venne portato da Garibaldi a bordo della nave, sopravvisse e diventò Generale nell'Esercito Italiano. Culiolo fu presente alla morte di Anita e seguì Garibaldi in esilio. Risso, un soldato senza paura, fu ucciso in un duello insensato, ed Aguyar, che in varie occasioni salvò la vita di Garibaldi, morì in difesa della Repubblica Romana. Sulla nave venne caricata anche la bara della figlia di Garibaldi, Rosita, segretamente trafugata per farla riposare in un cimitero in Italia. La stampa locale parlò molto brevemente della partenza di questi uomini che tanto fecero per la causa dell'indipendenza dell'Uruguay. Nella vicina Argentina la stampa riportò che gli uomini di Garibaldi dovettero raccogliere il denaro per il viaggio "andando in giro elemosinando".

A questo punto, Garibaldi non era più il presuntuoso idealista rivoluzionario di una volta. Egli tornava in Italia con una straordinaria esperienza di comandante militare e con la sicurezza di poter applicare le lezioni di guerra apprese nel Sud America alle condizioni in cui si trovava la sua madrepatria. Credeva che con delle piccole unità navali, abili nel movimento veloce, sapendo dileguarsi con destrezza nei campi per poi riattaccare gli avversari di sorpresa, avrebbe potuto affrontare con successo il nemico. In questo tipo di guerriglia Garibaldi era un esperto maestro: riconosceva l'importanza di sapere improvvisare secondo le circostanze e l'abilità che le truppe dovevano avere per la loro sopravvivenza. Presto egli avrebbe fatto uso di queste tattiche nei combattimenti per l'unificazione dell'Italia.

Il viaggio di ritorno in Italia durò 63 giorni, e mentre la costa del Sud America svaniva ai loro occhi, i viaggiatori cominciarono a pensare soltanto alla loro terra italiana. Garibaldi ed i suoi uomini passarono il loro tempo lavorando a bordo della nave e facendo degli esercizi fisici per mantenersi in forma. La sera si riunivano a poppa per cantare le canzoni patriottiche e rivoluzionarie composte da Cucelli, un musicista della legione. Ci fu una disgrazia degna di nota allorché un incendio si sviluppò nell'area di deposito. Tuttavia, prima che le fiamme potessero causare considerevoli danni alla nave, esse furono estinte.

Durante il lungo viaggio Garibaldi ebbe abbastanza tempo per studiare una strategia per unificare l'Italia. Come Mazzini, egli pensava ad una Italia unita sotto un governo repubblicano. Inoltre, era pienamente conscio che sia Mazzini che i repubblicani non potevano sostenere una rivoluzione prolungata. Tutti i tentativi di rivolta di Mazzini fatti finora, avevano avuto triste fine con considerevoli perdite di vite umane. Mazzini ed i suoi seguaci non avevano né fondi e né risorse per mantenere una grande forza militare. Mancavano anche dei riconoscimenti diplomatici necessari per prevenire che le altre nazioni europee s'intromettessero negli affari dell'Italia. Tra i diplomatici, i mazziniani erano generalmente considerati un pugno di terroristi.

D'altro canto il Regno di Sardegna, governato dalla Casa Savoia, non solo possedeva un buon esercito ma aveva anche le risorse necessarie per intraprendere una guerra. Il Regno aveva anche un corpo diplomatico con collegamenti attraverso tutta L'Europa. Garibaldi ritenne opportuno associarsi alle forze monarchiche della Casa Savoia. Una volta unificata la nazione, il popolo stesso avrebbe deciso la forma di governo da instaurare nel paese.

La nave *Speranza* attraversò lo stretto di Gibilterra nella metà di giugno ed attraccò ad Alicante nella Spagna per fare dei rifornimenti. Lì, i legionari udirono le notizie sulle insurrezioni di Napoli, Venezia, Milano, Vienna e Parigi. Il Re Luigi Filippo di Francia era stato deposto e il Conte Metternich, Cancelliere dell'Impero austriaco era stato dimesso. I milanesi erano insorti sconfiggendo il Reggimento Croata dell'Esercito Austriaco dopo cinque giorni di lotte per le vie della città. Il Re di Sardegna Carlo Alberto dichiarò guerra all'Austria e marciò in Lombardia in aiuto dei governi rivoluzionari di Milano e Venezia. Questi accettarono Carlo Alberto come il loro capo e lo invitarono ad annettere le due province al Regno di Sardegna.

Con l'ondata del nazionalismo italiano che si spargeva in tutta la penisola, il Papa Pio IX rifiutò di aiutare la causa italiana contro l'Austria. Sembra che, nonostante desiderasse sinceramente delle riforme nello Stato Pontificio, non era favorevole all'unificazione d'Italia, allarmatosi per la crescita del movimento rivoluzionario, si rivoltò contro. Egli proclamò uno statuto con il quale si disassociava dai volontari che si sarebbero uniti alla guerra contro l'Austria. Lo statuto del Papa fece sí che i rivoluzionari italiani cambiarono idea

verso di lui. Mentre prima dicevano "lunga vita a Pio IX," ora lo chiamavano "traditore" ed "imbecille."

Nell'apprendere queste notizie, Garibaldi decise di salpare verso la sua città natale, Nizza, anziché approdare lungo la costa toscana. Egli desiderava ora di unirsi all'Esercito di Carlo Alberto nella lotta contro l'Austria. Il suo arrivo a Nizza il 21 giugno del 1848 fu un evento memorabile. Una folla numerosa era sul porto ad attenderlo. Le notizie delle sue esplorazioni nel Sud America lo avevano preceduto. I nizzardi lo accolsero come il loro eroe di casa dopo 14 anni di assenza. Al porto egli si riunì con Anita ed i suoi tre figli. Il padre di Garibaldi morì nel 1843, ma sua madre era ancora in vita ed abitava nella stessa casa di Quai Lunel dove la famiglia andò a dimorare quando Peppino aveva otto anni. Anita ed i tre figli vivevano lì da quando erano arrivati due mesi prima. Fu una felice riunione di famiglia, ma che purtroppo non durò molto.

Garibaldi venne onorato con un banchetto a Nizza dove vi presenziarono 400 invitati. In quell'occasione annunciò che il suo intento era di unirsi al Re Carlo Alberto nella lotta contro gli austriaci. Egli allora reclutò in Nizza più di cento volontari, oltre a coloro che arrivarono con lui da Montevideo. Il 28 giugno salpò con essi alla volta di Genova con l'intenzione di arruolarsi nell'Esercito Reale di Sardegna. Egli voleva che Anzani rimanesse a Nizza a causa della sua malattia, ma Anzani insistette per andare con lui a Genova dove morì alcuni giorni dopo. Nelle sue ultime parole, egli disse a Garibaldi di non tradire mai la causa delle genti. La morte di Anzani fu una grave perdita per Garibaldi che lo considerava insostituibile. Più tardi nelle sue memorie egli scrisse: "Se fossimo stati abbastanza fortunati da avere Anzani a capo dell'Esercito, la penisola sarebbe stata liberata molto prima dai governanti stranieri."

25

La Campagna nel Distretto dei Laghi, 1848

A̲ll'arrivo a Genova, Garibaldi e le sue Camicie Rosse ebbero una calorosa accoglienza dalla folla dove si trovavano tanti seguaci di Mazzini. Incoraggiati da questa ricezione, Garibaldi ed i suoi uomini si avviarono verso il Comando Generale dell'Esercito Reale a Mantova per arruolarsi sotto il Re Carlo Alberto. Lì, essi furono accolti con freddezza da parte dei burocratici di Sardegna. Il loro grossolano aspetto era in contrasto con l'eleganza e la pulizia delle truppe dell'Esercito Reale. Secondo tanti ufficiali dell'Esercito Reale, questi uomini non erano altro che briganti.

Garibaldi ebbe molte difficoltà da parte degli ufficiali di Sardegna prima di ottenere il permesso di avere una udienza con Carlo Alberto il 5 luglio, 1848. Si ricorda che fu Carlo Alberto che nel 1834 confermò la sentenza di morte per Garibaldi per diserzione ed alto tradimento. Ora, per la prima volta, i due s'incontrano faccia a faccia, ed anche se il Re si mostrò molto cortese con Garibaldi, più tardi ebbe a scrivere che "impiegare questo expirata era un disonore per l'Esercito." Successivamente, l'offerta di Garibaldi di lottare per il Regno di Sardegna venne rifiutata.

Alquanto deluso, Garibaldi marciò con i suoi uomini alla volta di Milano in Lombardia. I lombardi s'erano rivoltati contro l'Austria, e dopo amare lotte nelle strade, cacciarono le truppe austriache dalla città. Ora i milanesi accolsero Garibaldi ed i suoi uomini con una sfilata ed una dimostrazione popolare di gradimento. Il governo temporaneo della Lombardia diede il grado di Generale a Garibaldi e lo assegnò al comando di una forza di 5.000 volontari. Doveva condurre una guerriglia contro le forze austriache nel distretto dei laghi nel nord Italia. Con l'assistenza di Medici e Sacchi, radunò 5.000 uomini e marciò verso il Lago di Como.

Mentre Garibaldi si accingeve a dare inizio alla sua campagna, Carlo Alberto veniva sconfitto dagli austriaci nella Battaglia di Custoza ed il suo Esercito batteva in una disordinata ritirata. Al Lago di Como Garibaldi apprese che il Re aveva fatto un armistizio con gli austriaci e s'era ritirato. Aveva anche comandato lo scioglimento delle sue truppe. Ciò permise gli austriaci di rioccupare la città di Milano, annullando così gli sforzi di tanti patrioti lombardi.

Tuttavia, l'ordine di sciogliere l'esercito dato da Carlo Alberto venne respinto da Garibaldi che decise di continuare la guerra da solo. A dispetto di tale decisione, molti dei suoi uomini disertarono e semplicemente se ne tornarono a casa. Garibaldi rimase con 1.300 uomini per continuare la guerra. A lui si unì ora il capo rivoluzionario Giuseppe Mazzini. Egli attraversò i monti dalla Francia dov'era esiliato per divenire "un soldato nella Legione di Garibaldi." Mazzini, comunque, non in buone condizioni fisiche, non avrebbe potuto affrontare le dure prove di una campagna militare. Un esaurimento lo indusse a ritirarsi in Svizzera. Il caso volle che i due s'incontrassero a Roma l'anno successivo.

Coraggiosamente Garibaldi marciò con le sue truppe verso il villaggio di Castelletto Ticino vicino al Lago Maggiore. Quì, lanciò il famoso appello al popolo italiano, chiedendo loro di continuare la lotta contro l'Austria. Egli denunciò il Re Carlo Alberto come vile e disse: "Se il Re di Sardegna ha la corona che preserva con le forze armate e gran villania, io ed i miei camerati non ci auguriamo di preservare le nostre vite da una simile infamia!" Il *Castelletto Manifesto* ebbe un immediato effetto di rinvigorire il fervore patriottico italiano ponendo Garibaldi nel ruolo di un grande patriota. A Carlo Alberto, invece, venne meno la stima del popolo italiano.

Il governo di Sardegna ordinò l'arresto di Garibaldi ed inviò delle truppe nel distretto dei laghi per impedire che Garibaldi ed i suoi uomini continuassero ad agire di loro iniziativa. Anche l'alto comando austriaco inviò migliaia di soldati contro le forze garibaldine. A dispetto di tutto ciò, Garibaldi continuò a mantenere la guerriglia da solo! Era pienamente consapevole che non avrebbe potuto resistere per lungo tempo, ma voleva dare un esempio a coloro che erano desiderosi di continuare la lotta per l'unità nazionale. La diserzione ridusse le forze garibaldine di altri 500 uomini, tuttavia, egli lottò sul Lago Maggiore e conseguì tre vittorie contro gli austriaci e croati. Garibaldi sperava che la gente del luogo si unisse alle sue truppe, ma soltanto pochi lo fecero. Infatti, la gente del posto era generalmente ostile verso di lui; e alcuni davano sue informazioni agli austriaci. Garibaldi, fece fucilare due di essi per spionaggio.

La pressione nemica, obbligò Garibaldi alla ritirata verso i confini della Svizzera. L'Esercito austriaco, con una rapida manovra, accerchiò completamente le forze garibaldine nella cittadina di Morazzone. Gli uomini di Garibaldi coraggiosamente mantennero il fronte tutto il giorno, a dispetto del pesante bombardamento. Durante la notte, Garibaldi condusse una carica che fece breccia attraverso le linee austriache e permise ai suoi uomini di dileguarsi nel buio. Nonostante ciò, la maggior parte degli uomini, si perse nella notte; e al mattino, Garibaldi si ritrovò soltanto con 70 uomini. Ando a piedi in Svizzera con la guida di un prete del luogo. I suoi uomini non riuscivano più a stare insieme e quando Garibaldi giunse al confine svizzero, aveva solamente 30 uomini con sè. Allora sciolse le truppe dando l'ordine di trovare ognuno la propria strada attraverso la Svizzera e di tenersi pronti per riprendere la lotta in un altro momento. Dopo una breve sosta a Lugano, Garibaldi incominciò la lunga via di ritorno verso Nizza viaggiando attraverso la Svizzera e la Francia. Nel frattempo, il Maresciallo di Campo austriaco Radetsky riferì all'ufficio di guerra a Vienna che aveva messo in fuga Garibaldi al di là della frontiera e aveva liberato il territorio austriaco dal nemico.

Nel settembre del 1848, a Garibaldi fu permesso di tornare a Nizza nonostante le sue critiche verso il Re Carlo Alberto. Veniva visto dall'opinione pubblica come un eroe popolare di grande coraggio in un tempo quando inganni e tradimenti erano molto comuni. Questo riconoscimento gli accrebbe la simpatia del popolo per la causa nazionale. In ottobre Garibaldi venne eletto delegato della Liguria al Parlamento di Sardegna in Torino. In una lettera di ringraziamento, egli definisce se stesso come "un uomo del popolo" che non ha nient'altro che la sua spada e la sua coscienza da dedicare alla loro causa.

Garibaldi non prese posto nel Parlamento ma raggruppò i suoi uomini a Genova e su una nave li portò in Toscana. Lì, avrebbero offerto il loro servizio al governo provvisorio di Firenze. Garibaldi suggerì che gli venisse assegnato il comando dell'Esercito toscano con il permesso di attaccare lo Stato Pontificio. I capi della Toscana presero alla leggera questi suggerimenti, rifiutarono il servizio di Garibaldi ed i suoi uomini e ordinarono loro di lasciare la Toscana. Uno dei capi "repubblicani" espose il suo pensiero in una lettera nella quale scrisse: "Essi (i garibaldini) sono come una pestilenza di cavallette... facciamo tutto il possibile per mandarli via al più presto possibile... così che possano infestare il meno possibile." A dispetto di questo schiaffo ricevuto da parte dei toscani, Garibaldi era ben determinato a continuare la lotta per la liberazione d'Italia. Decise allora di marciare con i suoi 350 volontari per andare ad aiutare Venezia dove si era già stabilita una Repubblica sotto il comando del patriota italiano, Daniele Manin.

26

La Repubblica Romana, 1848–1849

Il rifiuto del Papa di sostenere la causa dell'unità italiana nella guerra contro l'Austria suscitò una reazione violenta contro l'autorità papale a Roma. L'agitazione raggiunse il suo apice il 15 novembre 1848, allorchè il primo ministro papale, Conte Pellegrino Rossi, fu assassinato. Rossi venne assalito da una folla ostile e pugnalato a morte all'esterno del palazzo del Parlamento a Roma. Fu un atto che ricorda l'assassinio di Giulio Cesare quasi due mila anni prima.

La notizia non venne accolta con dolore e rimpianto in tutta Italia. In realtà, c'era rallegramento tra i gruppi radicali perché Rossi era stato nemico ardente dell'unità italiana. Margaret Fuller, una donna americana che viveva a Roma, scrisse a casa a sua madre: "Non avrei mai pensato di aver dovuto sentire parlare di una morte violenta con soddisfazione, ma questo gesto mi ha colpito come un atto di giustizia terribile".

L'assassinio del Conte Rossi suscitò maggiore violenza da parte della plebe che assalì il palazzo papale uccidendo un altro funzionario. Quest'altra uccisione bastò a convincere il Papa che questo tipo di sconvolgimento politico accade ogni volta che ai popoli si concede una costituzione e libertà politica. Per questo motivo egli divenne ardente avversario delle riforme liberali e del movimento per l'unità nazionale d'Italia. Nella notte del 24 novembre, Papa Pio IX fuggì da Roma travestito da servitore al servizio dell'ambasciatore bavarese. Fuggì a Gaeta nel Regno di Napoli, dove ebbe la protezione del re Ferdinando II. Da Gaeta il Papa denunciò: "la violenza della banda dei pazzi che tiranneggia Roma con dispotismo barbarico".

Nel frattempo, un governo provvisorio si formò a Roma e fece appello a tutte le forze rivoluzionarie di volontariato in Italia per venire in sua difesa. Garibaldi, che aveva programmato di andare in aiuto della repubblica di Venezia con 350 uomini volontari, ora decise di rispondere alla chiamata da Roma. Egli marciò con i suoi legionari a Rieti, dove vennero autorizzati ad accamparsi nella periferia della città. Evidentemente il nuovo governo romano credette che i legionari avrebbero avuto "meno paura" rimanendo nelle campagne di periferia.

Garibaldi stesso andò a Roma dove fu accolto dai membri del nuovo governo. Era solo la seconda volta che egli si trovava nella Città Eterna (la prima volta fu con suo padre nel 1825). Gli fu dato il grado di colonnello e gli dissero che avrebbe servito sotto il generale Avezzana, il nuovo comandante capo dell'esercito romano. Avezzana era un veterano rivoluzionario ch'era appena tornato a Roma dal suo esilio a New York. Si convenne che i legionari di Garibaldi dovevano arruolarsi nell'esercito romano e ricevere paga e razionamenti dal governo.

Le elezioni per un'assemblea costituente per il nuovo stato

romano furono fissate per il 21 gennaio 1849. La Città Eterna sarebbe stata la prima città nell'Italia moderna ad avere i rappresentanti di un governo formato attraverso libere elezioni. Le elezioni furono denunciate da Papa Pio IX come "un atto mostruoso di evidente tradimento e schietta ribellione ... in maniera criminale e malvagia tale da suscitare l'indignazione santa". Inoltre, chiunque avesse preso parte alle elezioni, avrebbe corso il rischio di essere scomunicato.

I sostenitori del Papa tentarono di boicottare le elezioni usando i pulpiti per dire che le elezioni erano illegali. Tuttavia gli elettori elessero 150 deputati all'Assemblea, la maggior parte dei quail erano seguaci del repubblicano Mazzini. Garibaldi stesso fu uno dei deputati eletti dal distretto orientale del territorio romano.

Non essendo riuscito ad impedire le elezioni, il Papa fece un appello formale alla Francia, Austria, Spagna e Regno di Napoli affinché lo rimettessero al potere a Roma.

L'Assemblea neoeletta si convocò nel febbraio del 1849 al fine di decidere sul futuro governo degli Stati Pontifici. Uno degli oratori che parlò all'Assemblea fu Garibaldi. Egli era favorevole a stabilire una Repubblica simile a quella che governò l'antica Roma dal 509 al 48 A.C. Egli disse: "Sono i discendenti degli antichi romani, i romani d'oggi, incapaci di essere repubblicani?" In risposta l'Assemblea ebbe una risoluzione di 120 voti contro 23. Così fu proclamata la Repubblica Romana e si decise che tutti i cittadini avrebbero dovuto avere una cittadinanza in comune con tutti gli altri popoli d'Italia. Anche se con la risoluzione si proclamava la fine dell'autorità papale nello stato romano, si garantivano tutte le facilitazioni necessarie affinché il Papa potesse continuare con le sue funzioni religiose. Dopo un periodo di 1.900 anni, Roma diventò nuovamente una Repubblica.

Nel mese di marzo, il rivoluzionario esiliato, Giuseppe Mazzini, arrivò a Roma da Marsiglia. In un discorso all'Assemblea Romana Mazzini espose un programma visionario di governo che egli chiamò "pura democrazia". La sua proposta fu molto acclamata ed egli fu scelto dall'Assemblea per servire come parte del triunvirato insieme ad Aurelio Saffi e Carlo Armellini. Questo *Triunvirato* doveva agire da ramo esecutivo di governo fino a che le circostanze non avessero permesso una ristrutturazione formale. Dal momento che sia Saffi che Armellini erano entrambi discepoli di Mazzini, si potrebbe ben dire che il potere esecutivo era nella mani di un solo uomo, Giuseppe Mazzini.

Il potere, tuttavia, non alterò lo stile di vita di Mazzini. Egli continuò a vivere in maniera frugale, mangiando in ristoranti economici e vivendo in abitazioni modeste. Egli continuò finanche a fumare gli stessi sigari di scarso valore! E quando girava per la città, lo faceva in modo non apparriscente. Tuttavia il suo potere era virtualmente assoluto. L'Assemblea Costituente non si oppose mai alle sue idee. Egli emise decreti ridifinendo la relazione tra chiesa e stato, ma non ebbe successo nel sopprimere il disordine popolare, gli attacchi ai preti e le pubblicazioni dei bollettini anticlericali. Questo non venne bene accolto da molti cittadini di Roma.

Mentre Mazzini tentava di trasformare lo stato romano in pura democrazia, le forze reazionarie si muovevano per opprimere le insorgenze radicali attraverso l'Europa. Carlo Marx pubblicò il suo Manifesto Comunista facendo scoppiare insurrezioni in alcune delle maggiori città, inclusa Parigi. Lì, l'Esercito francese annientò una ribellione nella quale 10.000 uomini furono uccisi. Il Re Luigi Filippo dovette fuggire dalla nazione e nelle elezioni seguenti, Luigi Buonaparte venne eletto Presidente della Francia. In Italia ci furono delle insurrezioni che ebbero successo a Venezia, Roma ed in Sicilia. Anche il Regno di Sardegna riprese la sua guerra contro l'Austria. I nazionalisti sardi avevano incoraggiato il Re Carlo Alberto a riprendere la sua posizione di condottiero in Italia intervenendo in favore della Repubblica veneziana contro l'Austria. Tuttavia, dopo alcuni giorni di lotta, l'Esercito di Sardegna subì una disfatta nella Battaglia di Novara e Carlo Alberto fu costretto ad abdicare. Il suo successore fu il figlio ventinovenne Vittorio Emanuele II. I vittoriosi austriaci erano ora pronti a marciare verso sud per assistere il Papa. A sud, il Re Ferdinando II di Napoli ordinò al suo Esercito di annientare un'insurrezione in Sicilia. Il feroce bombardamento su Messina gli fece guadagnare il nomignolo di "Re Bomba". I ribelli siciliani vennero presi e giustiziati. Fece seguito una spietata repressione del popolo siciliano.

Ora il mondo centrava la sua attenzione su Roma. La chiamata d'aiuto da parte del Papa non rimase senza risposta. L'Austria, la Spagna ed il Regno di Napoli si unirono controla nuova proclamata Repubblica Romana. In Francia, dove Luigi Buonaparte venne eletto Presidente, c'era l'ondata crescente di un sentimento antirivoluzionario. Dopo la sanguinosa Rivoluzione del 1848, molti uomini francesi si associarono alla Chiesa Cattolica come la sola potenza contro il Radicalismo ed il Socialismo rivoluzionario.

I cattolici francesi a questo punto convinsero Luigi Buonaparte che era dovere della Francia restituire al Papa il suo giusto posto come Vicario di Roma. In tal modo la Francia avrebbe potuto essere chiamta "la figlia più anziana della Chiesa," un titolo che la Francia reclamava sin dal quinto secolo, allorchè il Re Clovis dei Franchi si era convertito al Cristianesimo. Buonaparte fu d'accordo con il punto di vista cattolico ed i fondi per la spedizione agli stati papali vennero approvati dall'Assemblea Nazionale Francese. Il 22 aprile del 1849, una spedizione francese di 9.000 uomini salpò da Marsiglia per andare al porto di Civitavecchia nello stato papale.

Gli uomini sbarcarono due giorni dopo, senza trovare alcuna opposizione. Più a sud, il Re di Napoli si stava preparando per invadere lo Stato Pontificio insieme ad un esercito spagnolo. Nel nord, l'Austria, che aveva appena vinto un'altra guerra contro la Sardegna, si stava anche preparando per invadere lo stato pontificio dal nord-est.

Nel quadro di questi minacciosi sviluppi, Garibaldi era già tornato alla sua base a Rieti dove i volontari venivano da ogni parte d'Italia per arruolarsi nella Legione. I volontari provenivano da ogni classe sociale. C'erano braccianti e contadini e c'erano artigiani ed aristocratici. C'erano dei soldati professionisti, studenti avventurosi ed anche dei criminali ricercati. Eppure, avevano una cosa in comune - essi erano tutti degli ardenti patrioti che si univano nello sforzo di scacciare via gli stranieri dalla madrepatria italiana!

A mantenere la disciplina nel campo a Rieti c'era un duro ufficiale genovese che si chiamava Nino Bixio. Questi più tardi fu promosso nei ranghi fino a diventare il comandante in seconda di Garibaldi. Un altro uomo che si unì alla Legione fu Padre Ugo Bassi, un prete cattolico di Bologna conosciuto come un attivista politico. Il suo zelo rivoluzionario gli procurò dei problemi nella gerarchia cattolica. Ora egli si augurava di servire in qualità di Cappellano della Legione e di amministrare i Santi Sacramenti alle truppe. La moglie di Garibaldi, Anita, anch'essa andò a Rieti per essere col marito prima che incominciasse il conflitto. Ella affidò i figli ad amici fidati a Nizza, e lì per rimasero per circa due mesi. Questo fu il periodo più lungo che i due trascorsero insieme da quando lasciarono l'America del Sud. Durante questo periodo di tempo, le reclute aumentarono di circa 1.300 unità la Legione di Garibaldi.

Il 23 aprile il Generale Avezzana promosse Garibaldi al grado di Generale e gli ordinò di andare a Roma con le sue truppe. Garibaldi rimandò Anita a Nizza dai figli e, senza perdere tempo, si recò a Roma con la sua Legione.

Il suo arrivo a Roma il 27 aprile fu sensazionale. La Città Eterna non vedeva una cosa del genere fin dai tempi di Giulio Cesare quando tornava dalle guerre Galliche nel 48 B.C. La folla lungo il Corso gridava: "È arrivato! È arrivato Garibaldi!" E lì era, in carne ed ossa, su un magnifico cavallo bianco indossando una tunica rossa sotto un mantello foderato di bianco. Le giovani donne nella folla erano così entusiaste nel vederlo che gridavano: "Oh! Come è bello! Bellissimo!" Garibaldi faceva veramente una bella figura, cavalcando in testa alla Legione, con i suoi capelli rossi che arrivavano fin sulle spalle e la sua faccia lentigginosa abbronzata dal sole. Sembrava che la sua sola apparizione bastasse a sollevare il morale dei cittadini romani.

Faceva seguito a Garibaldi il suo aiutante di campo Andres Aguyar, che indossava un mantello blu e cavalcava su un cavallo nero. I legionari che arrivarono da Montevideo indossavano le famose camicie rosse che attiravano molta attenzione. Gli altri indossavano le nuove uniformi blu dell'Esercito Romano. Per copricapi portavano tutti i cappelli a larga falda con piume che sembravano Cavalieri del Re Carlo Stuart I della Bretagna nella lotta contro il Parlamento nel 1600.

A questo punto le forze armate della Repubblica Romana avevano circa 21.000 uomini inclusi parecchi corpi volontari. Di questi, circa 8.000 erano concentrati a Roma sotto il comando del Generale Avezzana, il resto stazionava nelle varie città degli stati papali. Oltre 1.300 legionari di Garibaldi, Avezzana aveva 2.500 Carabinieri della vecchia guardia papale, una Legione romana di 1.400 uomini, 1.000 guardie nazionali ed una Legione di universitari formata di 700 studenti e servitori civili. Queste forze aumentarono con l'arrivo di 800 bersaglieri dalla Lombardia capeggiati dal

Maggiore Luciano Manara.* Essi erano uomini provenienti da famiglie aristocratiche che lottarono sotto Carlo Alberto nelle guerre del 1848 e 1849 e che ora volevano lottare per Roma e l'Italia. Non erano ne' repubblicani ne' mazziniani. Orgogliosamente portavano la Croce dei Savoia nella cintura della spada e pensavano di essere nazionalisti italiani. Essi ora offrivano il loro servizio al Generale Avezzana che di buon grado accettò. I bersaglieri costituivano una parte molto importante per la difesa di Roma. Più tardi essi diventarono un ramo molto importante dell'Esercito italiano.

Contro questo aggregamento di forze di difesa c'erano gli Eserciti di quattro nazioni: la Francia, l'Austria, la Spagna ed i Regno di Napoli. Il 28 aprile, le truppe della spedizione francese sbarcarono a Civitavecchia e lentamente incominciarono ad avanzare verso Roma. Il giorno seguente, l'Esercito napoletano attraversò la frontiera ed incominciò ad avanzare verso Roma rinforzato da 900 soldati spagnoli che sbarcarono a Gaeta. Poco tempo dopo, gli austriaci arrivarono negli stati papali dal nord, impossessandosi di Bologna ed avanzando verso il sud sulla costa adriatica. Tutti questi eserciti si dirigevano verso il fampso incontro con quell' avventuriero sudamericano - Garibaldi!

Il Generale Oudinot, il comandante francese, sinceramente credette che i romani non avrebbero combattuto. I sostenitori papali che scappavano da Roma lo facevano sentire sicuro che il popolo aspettasse di essere "*liberato*" dai francesi e che tutte le preparazioni di resistenza fossero un bluff. Altri diplomatici stranieri tendevano a confermare questo punto di vista. E naturalmente, c'era anche il detto che "*gl'italiani non sapevano combattere!*"

Questi dati sono riportati nella pag. 277 del libro Garibaldi *di Jasper Ridley.*

27

La Battaglia di Roma, 1849

MENTRE IL CORPO DI SPEDIZIONE FRANCESE del generale Oudinot s'avvicinava a Roma dal nord-ovest, si prepararono barricate per tutta la città. Nella eventualità che i francesi avessero sfondato le mura della città, i difensori sarebbero stati pronti a lottare nelle strade e nei vicoli. Le porte delle case dovevano essere lasciate aperte per dare possibilità ai lottatori di entrare per porre maggiore resistenza. Prezzi alti vennero stabiliti ai consumatori delle merci ed ai negozianti fu dato l'ordine di non chiudere i loro negozi. Stazioni telegrafiche vennero installate nei punti più alti della città, tra cui la cupola di San Pietro, il Municipio ed il campanile di Santa Maria Maggiore. Ospedali militari sventolavano bandiere nere che vennero innalzate anche nelle chiese e nei palazzi come in San Giovanni in Laterano e nel Palazzo Quirinale.

Le antiche mura che circondavano Roma e che non erano rovinate dal tempo costituivano la prima linea di difesa della città. I punti più forti erano una serie di 23 bastioni, ad una giusta distanza l'uno dall'altro. Quelli più vulnerabili per la difesa, invece, erano quelli esterni alle mura perchè non c'erano nè argini e nè trincee. Il Fiume Tevere scorre attraverso Roma dividendo la città in due parti. Il centro della città è situata sulla sponda orientale mentre il Vaticano è situato su quella occidentale, insieme al quartiere della classe dei lavoratori, chiamato Trastevere. Nella sponda occidentale, le mura della città corrono sulla cresta di un colle chiamato Gianicolo che sormonta il quartiere di Trastevere. La strada principale da Civitavecchia, entra nella città attraverso una porta chiamata Porta San Pancrazio. Questa era la zona di Roma occupata dalle truppe comandate dal Generale Garibaldi.

Situata fuori le mura all'ombra del Gianicolo c'era una zona residenziale con ville e splendidi giardini: tra queste Villa Corsini, era la più bella e la più interessante. Essa si trovava su un colle a 500 metri fuori le mura della città ed aveva un'importante vista sulla zona circostante. Per la sua posizione sulla cresta della collina, veniva chiamata "Villa dei Quattro Venti". I giardini della villa si estendevano verso occidente fino ad arrivare ai confini della vicina Villa Pamfili e verso nord fino a quelli di Villa Valentini. Una villa più piccola chiamata Vascello si trovava nella parte est dei giardini, vicino alle mura della città. Questa pacifica zona di ville e giardini doveva presto trasformarsi in un campo di battaglia.

Mentre l'Esercito francese s'avvicinava alla città, il Generale Oudinot inviò un messaggio a Mazzini chiedendo che le sue truppe venissero lasciate libere di entrare a Roma per ristabilire la pace tra il Papa ed i suoi sudditi. Mazzini presentò la proposta francese all'Assemblea Romana che la rifiutò. Al contrario, l'Assemblea votò in favore di porre resistenza ai francesi con grida di "Viva l'Italia!"

Nonostante ciò, il comando francese continuò a credere che i romani bleffassero ed il Generale Oudinot era anche pronto a provare la validità del mito a cui credeva, quello che "gl'italiani non sapessero lottare!"

Presto, nel mattino del 30 aprile, l'Armata francese fu vista avanzare verso la città lungo la Via Aurelia. Le campane capitoline furono le prime a dare l'allarme, fecero seguito tutte le altre campane della città. L'Armata romana immediatamente guadagnò la posizione delle mura dove si aggregarono anche i civili armati di armi occasionali. Coloro che non avevano armi salirono sul Pincio, una collina sulla sponda orientale del Tevere, per osservare la lotta dal quel punto. Molti degli spettatori erano donne ansiose per i loro cari che dovevano lottare. A mezzogiorno l'artiglieria francese iniziò a bombardare la città mentre le truppe francesi avanzavano per attaccare le difese nelle vicinanze del Vaticano e del Gianicolo. Il Generale Avezzana, che previde l'attacco dei francesi in questo settore, autorizzò Garibaldi ad occupare Villa Corsini. Garibaldi era pienamente conscio dell'importanza strategica di tale villa per la difesa di Roma. Essa aveva una posizione di comando sul territorio che conduceva alle mura della città ed alla Porta di San Pancrazio. Quando i francesi attaccarono, Garibaldi li aspettava con i suoi 2.500 uomini e i 450 studenti volontari. Inoltre il Generale Avezzana aveva piazzato altri 3.800 uomini di riserva dietro Garibaldi.*

Allorchè i francesi si avvicinarono alle mura della città vicino al Vaticano, l'artiglieria di Garibaldi aprì il fuoco convincendo il Generale Oudinot che i romani avrebbero infatti combattuto! Ancora più convincente fu il ricevimento che essi ebbero sulle mura

---

*Questi dati sono riportati nella pag. 279 del libro Garibaldi di Jasper Ridley.

della città. I francesi vennero sottoposti ad un fuoco talmente intenso che furono costretti a ritirarsi. Molti furono uccisi. Garibaldi distrusse così il detto che gli italiani non sapevano combattere.

Tuttavia, i francesi ebbero successo nell'occupare la strategica Villa Corsini difesa dai 450 studenti volontari. L'inesperienza degli studenti dimostrò che non c'era uguaglianza di forze contro le trup-

Sarah Margaret Fuller

pe veterane francesi. Garibaldi, che guardava la battaglia, in sella al suo cavallo bianco, sguainò la sua sciabola ed ordinò ai suoi 2.000 uomini di caricare con le baionette innestate. Fu una scena che verrà rappresentata in molti dipinti. Si scatenò una feroce lotta finchè i francesi dovettero ritirarsi disordinatamente. Durante una carica Nino Bixio catturò il comandante francese, Colonnello Picard, prendelolo per i capelli e facendolo cadere dal suo cavallo. Era un nuovo modo di catturare un ufficiale nemico!

In serata le forze francesi erano in piena ritirata lungo la Via

Aurelia, lasciando dietro di loro più di 500 morti e 365 prigionieri. Garibaldi perse 200 uomini tra morti e feriti ed uno fu fatto prigioniero—Padre Ugo Bassi.* Padre Bassi venne catturato mentre impartiva l'Estrema Unzione ad un soldato che stava morendo. Garibaldi stesso fu ferito da un proiettile alla coscia, ma non lo fece sapere ai suoi uomini. Dopo che la ferita venne medicata, Garibaldi intendeva inseguire i francesi in ritirata sperando di avere una decisiva vittoria. Mazzini, tuttavia, non gli permise di fare ciò perchè sperava di risolvere tutto senza far guerra alla Francia. Egli non voleva continuare ad alienare la pubblica opinione francese infliggendo più profonde umiliazioni alle "vecchie figlie della Chiesa". Dalla sua parte, Garibaldi credeva che Mazzini stesse commettendo un grave errore di giudizio e più tardi d'avere ragione.

Usando Ugo Bassi come mediatore, i francesi negoziarono un cessate il fuoco temporaneo con Mazzini, autorizzando ambedue le parti a prendersi cura dei feriti. Molte mogli ed amici dei combattenti si offrirono di servire in qualità di infermieri ed infermieri, e molti cittadini offrirono medicinali e biancherie agli ospedali. Insieme ai lettini da campo, le medicine avanzate furono mandate ai campi francesi. Un comitato di donne venne incaricato per il funzionamento degli ospedali e per l'assistenza ai feriti. Fra i più notabili membri c'erano Marietta Pisacane, Giulia Bovio Paolucci e Cristina de Belgiojoso, una nobildonna milanese. Ad esse si unì anche Anita Garibaldi proveniente da Nizza.

Margaret Fuller, una donna americana del Massachusetts, contribuì anch'essa alle cure dei soldati romani feriti. Era una brillante scrittrice ed editrice che difese la causa sui diritti delle donne in

---

*Queste cifre delle perdite nella battaglia per Roma sono riportate nella pag. 54 del libro Garibaldi: Il rivoluzionario ed i suoi uomini *di Andrea Viotti.*

America. Nel 1846 Fuller arrivò in Europa, visitò l'Inghilterra e la Francia e poi si sistemò a Roma. Fu li che ella conobbe e s'innamorò di un italiano di nome Giovanni Ossoli e che segretamente sposò. Ella abbracciò la causa della libertà italiana e, durante la battaglia per la presa di Roma, si fece volontaria per offrire il suo servizio alla cura dei malati e dei feriti. Allorchè Roma cadde nelle mani dei francesi, la Ossoli ed il piccolo figlio andarono a Firenze, e poi, con una nave a vapore in America. Questa storia ha una tragica fine; la nave sulla quale viaggiavano naufragò in una tempesta al largo della costa di Long Island e Margaret, suo marito ed il loro figlio perirono tutti. Un manoscritto che Margaret aveva scritto sulla storia della Repubblica romana si perse nel mare. Oggi Margaret Fuller è ricordata dal popolo italiano come una delle eroine del Risorgimento ed una targa commemorativa di bronzo è posta sulla facciata di un palazzo a Piazza Barberini per indicare che un tempo ella visse là.

Il "cessate il fuoco" dette al Governo romano l'opportunità di dirigere l'attenzione verso un'altra armata nemica. Il primo maggio, una forza napoletana di 10.000 uomini attraversò la frontiera ed avanzò verso Roma dal sud. Capeggiata dal "Re Bomba," annunciarono che volevano ristabilire la pace nello Stato Pontificio. Al pari dei francesi prima, il loro amichevole gesto venne respinto dall'Assemblea romana ed a Garibaldi venne affidato l'incarico di fermare l'avanzata napoletana. Muovendosi con sveltezza con una forza di 2.500 uomini, Garibaldi si scontrò con i napoletani vicino Palestrina. Nella battaglia che ebbe luogo, i legionari di Garibaldi aggredirono i napoletani con una ferocissima carica alla baionetta. I napoletani batterono in ritirata così velocemente che Garibaldi si meravigliò pensando si trattasse di qualche trucco e decise di non inseguirli.

Le vittorie dei romani contro i francesi ed i napoletani si ripercossero attraverso l'Europa. In Francia, il governo fu accusato di avere ingannato la nazione nel promettere che le truppe francesi sarebbero andate a Roma per proteggere i romani dagli austriaci. Il Primo Ministro Odilon Barrot decise di mandare gli ufficiali francesi a Roma per negoziare una soluzione pacifica con Mazzini. L'uomo scelto per la missione Ferdinando de Lesseps, l'ingegnere francese che più tardi diresse la costruzione del Canale di Suez.

Il "cessate il fuoco" ebbe effetto il 15 maggio, però ambo le parti rinforzarono le loro posizioni. Oudinot ricevette i rinforzi dalla Francia aumentando le sue forze a 30.000 uomini ed 88 pezzi d'artiglieria mentre circa 7.000 volontari giunsero a Roma per unirsi a loro. Fra questi volontari c'erano 500 stranieri che andarono per combattere la causa repubblicana. Alcuni dei nuovi arrivati erano ufficiali militari che servirono in armate straniere, uomini come il britannico Hugh Forbes, il rivoluzionario polacco Alexander Milbitz, l'artigliere svizzero Gustav von Hoffstetter ed il repubblicano francese Gabriel Laviron. Inoltre le forze di Garibaldi vennero ancora più sostenute dall'arrivo da Genova di 300 uomini* della Legione dei Medici. Sembrava che ambedue le parti avessero bisogno di tregua per irrobustire le loro armate.

Il 14 maggio il Triunvirato incaricò il Generale Pietro Roselli come nuovo Comandante Capo dell'Armata Romanainsieme al Generale Avezzana mandato ad Ancona per dirigere la difesa contro gli austriaci. A Roselli venne dato tale incarico anche se gli mancavano sia l'esperienza che la personalità dinamica necessarie per il comando di un'armata di volontari. Il suo incarico era di grado

---

**I dati sui volontari repubblicani possono essere trovati nella pag. 285 del libro* Garibaldi *di Jasper Ridley e nella pag. 58 del libro* Garibaldi: Il rivoluzionario ed i suoi uomini *do Andrea Viotti.*

superiore a Garibaldi perchè era romano di nascita. Quindi Garibaldi fu sorpassato per la posizione di Comandante Capo. Comprensibilmente egli si risentì per la posizione affidata a Roselli. La relazione fra i due divenne tesa.

Approfittando del cessate il fuoco, Roselli ora si preparava per ingaggiare l'esercito napoletano che ebbe ad introdursi nel territorio romano accampandosi a Velletri a sud di Roma. Roselli pensava che i napoletani dovevano ritirarsi, perchè il cessate il fuoco temporaneo era già in effetto. Egli mandò Garibaldi con 2.000 soldati per monitorare qualsiasi spostamento del nemico, ma non gli diede nessun ordine di attaccare. Tuttavia, allorchè i napoletani vennero avvistati, i lancieri di Garibaldi, sotto il comando del Colonnello Masina, attaccarono la retroguardia. Le forze di Masina vennero respinte e fatte indietreggiare. Masina stesso venne accerchiato, ma riuscì a liberarsi grazie alla sua esperienza di uomo di spada. Garibaldi si affrettò ad andare avanti nel tentativo di fermare la ritirata dei suoi lancieri, ma fu spinto e cadde per terra insieme al suo cavallo e fu calpestato. Un soldato della cavalleria napoletana vide Garibaldi cadere e tentò di finirlo. Fu salvato dalla morte da un seguace di fiducia, Aguyar, che destramente atterrò il nemico con la sua lancia. Gli altri legionari guidati da Nino Bixio, dopo poco, costrinsero i napoletani a ritirarsi. Miracolosamente Garibaldi riuscì a salvarsi e i napoletani che lo videro cadere e finire sotto la pancia del cavallo, credettero ch'egli fosse morto!

La notizia della morte di Garibaldi venne subito accolta dai nemici e prontamente divulgata ovunque, fino ad arrivare in Francia. Tuttavia, allorchè Garibaldi riapparve in azione alcuni giorni dopo per mantenere alto il morale dei soldati, i nemici dissero che un impostore aveva preso il suo posto. Essi asserivano che il vero Garibaldi aveva perso un orecchio in una zuffa nel Sud

America mentre il falso Garibaldi aveva due orecchie nascoste sotto i lunghi capelli. I napoletani decisero di ritirarsi nel loro territorio. La loro inspiegabile fuga servì ad alimentare ancora di più la credenza che Garibaldi fosse invincibile!

Nel frattempo, a Roma, de Lesseps apprendeva la cruda verità! Il Generale Oudinot, che rifiutò di confermare l'accordo sul cessate il fuoco, ora informava de Lesseps di aver ricevuto l'ordine da Parigi di ricominciare le ostilità. Durante i quindici giorni del cessate il fuoco, Oudinot ricevette 10.000 uomini di rinforzo più altri pezzi di artiglieria. De Lesseps, che negoziò con Mazzini in buona fede, ne fu sbalordito! Tornato a Parigi, venne licenziato con disonore dall'Ufficio Estero e denunciato dalla stampa come un debole che aveva tradito gl'interessi della Francia in favore di Mazzini.

Il primo giugno, Oudinot scrisse a Roselli dandogli 24 ore di tempo prima che il cessate il fuoco finisse. La missiva diceva anche che, per dare tempo ai civili francesi di lasciare Roma, egli non avrebbe attaccato *il luogo* prima del 4 giugno. Il *luogo* si riferiva alla città di Roma e non solo ai luoghi di difesa nelle ville fuori le mura. Così il 2 giugno, subito dopo lo scadere del termine delle 24 ore, le truppe francesi incominciarono ad attaccare le ville. Il Generale Roselli non prestò attenzione al suggerimento di Garibaldi di fortificare le ville, pensando che sarebbero stati sicuri fino al 4 giugno.

Sorpresa! La sera del 2 giugno, i francesi tutto d'un tratto attaccarono la Villa Pamfili, sorprendendo i difensori fuori guardia e occupandoli senza alcuna resistenza. Nelle vicinanze, la strategica Villa Corsini (Casinò dei Quattro Venti) cadde anche nelle mani dei francesi, ma soltanto dopo aver vinto la resistenza da parte dei romani sull'ultimo fossato. Nel mattino i francesi avevano già conquistato quel luogo che Garibaldi considerava essenziale per la difesa di Roma. A riprenderla sarebbe stata un'operazione molto difficile, anche per Garibaldi.

Garibaldi, da tre giorni sofferente di dolori artritici, si alzò dal letto e andò nel suo quartiere generale sul Gianicolo. Sapeva che non avrebbe potuto tenere Roma se le ville fossero rimaste nelle mani dei nemici. Così decise di riconquistarla ad ogni costo. Il Generale Roselli mise Garibaldi al comando dell'operazione, mettendo 6.000 soldati a sua disposizione. Questo era approssimamente un terzo del totale delle forze armate dei romani. A fronteggiare Garibaldi, c'erano 16.000 soldati francesi schierati dentro e fuori le varie ville. Le forze nemiche non vedevano l'ora che si svolgesse una decisiva battaglia!

Senza dubbio l'attenzione di Garibaldi era rivolta al Casinò dei Quattro Venti, il punto più importante. Per riconquistare esso, era necessario fare un assalto frontale. I legionari di Garibaldi avrebbero dovuto lanciarsi di colpo dalla parte della Porta di San Pancrazio al cancello del giardino della villa, dove tutte le forze francesi erano concentrate. Una volta entrati nel cancello c'era una strada del giardino lungo circa 250 metri con alte siepi su ambo i lati che conduceva al Casinò. Davanti al Casinò si trovava ancora un altro muro, dietro il quale i difensori avrebbero potuto far fuoco agli attaccanti. Il Casinò stesso aveva quattro piani, senza finestre al pianterreno, ma con ampia scalinata che conduceva all'entrata del secondo piano. Nei tre piani superiori c'erano delle finestre che guardavano la strada del giardino. Sia da dietro le finestre che da dietro al muro antistante il Casinò, i francesi avrebbero potuto far fuoco sulle truppe nemiche. Qualsiasi attacco laterale nel tentativo di entrare nel territorio del Casinò avrebbe comportato l'arrampicarsi sulle alte mura sotto il fuoco del nemico.

La battaglia che doveva decidere sul destino della Repubblica Romana ebbe luogo il 3 giugno, allorchè Garibaldi ordinò una serie di attacchi frontali per la riconquista del Casinò dei Quattro Venti. In quel giorno, il fervore dei nazionalisti italiani raggiunse lo zenit! Garibaldi ed i suoi legionari dimostrarono un coraggio temerario raramente visto negli annali delle guerre moderne. Garibaldi ordinò gli attacchi uno dopo l'altro, ogni attacco sempre più determinante di quello precedente. Però, ogni qualvolta i suoi uomini caricavano verso la collinetta del Casinò, essi venivano abbattuti dai francesi. La strada che conduceva al Casinò era cosparsa di morti. Tuttavia i vivi continuavano ad avanzare!

Garibaldi sul suo cavallo bianco, con la sciabola sguainata che luccicava al sole dominava tutta la scena della battaglia. Egli si trovava costantemente sulla linea del fuoco, ed anche se parecchi proiettili del nemico bucarono il suo poncho, egli rimase incolume. La sua presenza sembrava infondere nei suoi uomini tanto coraggio da sembrare invincibile. Ciò si avvertiva dal valore che i suoi ufficiali dimostravano.

Il cavallo di Nino Bixio venne colpito mentre l'eroe capeggiava una delle cariche su per la strada del giardino, ma subito egli si rialzò e, montato un altro cavallo, continuò la battaglia. Condusse i suoi uomini sulla gradinata antistante la porta frontale del Casinò, dove venne colpito da una scarica di proiettili francesi. Ferito gravemente continuò a lottare finchè i suoi uomini riuscirono a portarlo al sicuro.

Dopo ripetuti tentativi, il Maggiore Luciano Manara ed i suoi Bersaglieri riuscirono ad occupare il Casinò cacciando via i difensori francesi. Ma in un'ora, i francesi ripresero nuovamente la postazione attacando attraverso il frutteto situato dalla parte posteriore del Casinò. Il Capitano Enrico Dandolo fu ucciso durante l'azione, il suo corpo fu lasciato lì dove cadde. Più tardi, nello stesso giorno suo fratello, Emilio Dandolo, capeggiò un'altra carica per recuperare il corpo di Enrico, una spavalderia compiuta senza riflettere, che causò altri morti e finì malamente.

Un altro attacco della Legione, capeggiato questa volta dal Colonnello Francesco Daverio, finalmente riprese il Casinò, ma prima ancora che Daverio riuscisse a consolidare la sua posizione, dovette affrontare un altro contrattacco dei francesi! Nonostante l'opprimente disparità, Daverio rifiutò di abbandonare il Casinò e cadde con i suoi uomini.

I lancieri di Masina allora fecero un altro tentativo per riconquistare il Casinò, e questa volta l'attacco venne condotto in contrasto con gli ordini di Garibaldi! Masina aveva già condotto quattro altri attacchi durante la giornata ed era stato precedentemente ferito. Questa volta i lancieri arrivarono al Casinò e stavano quasi per riprenderlo, quando Masina venne ucciso da una scarica di fuoco. Il suo cavallo impaurito scappò via, trascinando il corpo per quasi cento metri. Venne poi trovato crivellato di proiettili sull'orlo della strada.

La morte di Daverio e Masina servì ad aumentare il levello delle ardimentose prodezze dei soldati romani. Gridando i nomi dei loro ufficiali caduti, i legionari capeggiati dal Maggiore Gabriele Laviron ripresero nuovamente il Casinò, ma ancora una volta furono respinti dai francesi. Alla fine della giornata il Casinò dei Quattro Venti rimase in possesso dei francesi. Garibaldi ora si accorse che Roma era perduta e non poteva fare altro che resistere il più possibile.

La battaglia del 3 giugno durò 17 ore e risultò una grande perdita per Garibaldi. Morirono più di mille uomini che insieme ai feriti formavano una forza di 6.000 uomini. Fra i morti ci furono circa 100 ufficiali.* Le perdite francesi furono minori. Nonostante ciò, i romani erano determinati a continuare a combattere. Essi erano furiosi per il tradimento dei francesi che avevano attaccato senza avviso mentre il cessate il fuoco era ancora in atto!

Questi dati sulle vittime sono riportati nel libro Garibaldi: Il rivoluzionario ed i suoi uomini *di Andrea Viotti, p. 62.*

La Battaglia di Roma 1849

E' doveroso dire che la tattica di Garibaldi nella battaglia del 3 giugno non passò senza critiche. Si disse che la battaglia fu persa perchè egli ordinò ripetuti attacchi di piccole unità alla stessa postazione del nemico. Avrebbe sopraffatto le truppe francesi se l'attacco fosse stato *in massa*. Non ne saremo mai certi di come si sarebbero potute svolgere le azioni.

Sicuri della vittoria i francesi incominciarono a programmare la presa e l'occupazione di Roma. Incominciarono anche ad avere rispetto per l'Esercito romano, mentre prima, consideravano i soldati romani "una marmaglia di rivoluzionari" che sarebbe caduta al primo importante attacco. Il Generale Oudinot non aveva mai accerchiato la città di Roma perchè riteneva che la sua forza di 30.000 uomini fosse insufficiente per circondare la città con i suoi 27 Km di mura. Oudinot quindi riunì le sue forze nella parte occidentale della città, e mandò le unità di cavalleria a molestare le colonne di rifornimenti che arrivavano a Roma dalla parte est. Egli posizionò gli artiglieri sulla cresta del Casinò dei Quattro Venti e bombardò la posizione di Garibaldi sul Gianicolo. Questi ostentò indifferenza durante i bombardamenti e se ne stava noncurante sulla linea di difesa in piena vista del nemico con calma si accendeva un sigaro mentre le cartucce esplodevano intorno a lui.

Imprudentemente i francesi bombardarono delle aree civili della città insieme a dei punti storici. I proiettili danneggiarono anche la facciata della Basilica di San Pietro! Parecchi diplomatici stranieri presentarono le loro proteste sui bombardamenti al Generale Oudinot, ma inutilmente. In Bretagna, la stampa condannò l'incursione francese in Italia, ma ammonì anche la rivoluzione repubblicana di Mazzini.

In Francia il capo dell'opposizione, Ledru-Rollin, chiedeva l'incriminazione di Luigi Bonaparte ed il suo governo. Ledru-Rollin pensava che non fosse costituzionale per il governo francese sopprimere la libertà del popolo italiano. Tuttavia, la mozione d'incriminazione venne decisivamente respinta dall'Assemblea francese e Ledru-Rollin fu costretto a lasciare la Francia. Garibaldi incominciava ad ottenere una grande stima all'estero perchè lo vedevano come un campione garante degli oppressi. La sua precedente immagine di corsaro assetato di sangue veniva ora oscurata dalle gesta eroiche in difesa della Repubblica Romana. Questi eventi servirono ad attirare la simpatia dell'Europa e dell'America per la causa dell'unità d'Italia.

28

La Caduta della Repubblica Romana

Nel giugno del 1849, le forze francesi si stabilirono vicino al Gianicolo e a Porta San Pancrazio scavando trincee e fortificazioni vicino alle posizioni di difesa della città. Ogni notte piccoli distaccamenti di legionari attaccavano i francesi che lavoravano, ma non erano in grado di fermare l'avanzamento del nemico.

Il 21 giugno le forze francesi lanciarono un assalto generale alle posizioni di Garibaldi. Un feroce combattimento corpo a corpo ebbe luogo nelle vicinanze di Porta San Pancrazio. I legionari, rifiutandosi di ritirarsi, morivano ai loro posti di combattimento, senza neppure pensare ad arrendersi. I francesi riuscirono a conquistare parecchi punti di resistenza costringendo gli uomini di Garibaldi a ripiegare verso le vecchie Mura Aureliane vicino alla zona di Trastevere. Malgrado ciò, gli uomini di Garibaldi dominavano ancora il Gianicolo e la fortificata Villa Vascello, situata proprio fuori le mura vicino Porta San Pancrazio. Il Quartiere Generale di Garibaldi sul Gianicolo era stato molto malridotto dai bombardamenti ed egli fu costretto a ritirarsi a Villa Spada, una modesta struttura a circa 50 metri fuori le Mura Aureliane.

Nel frattempo le forze francesi riuscirono anche ad attraversare il Fiume Tevere a nord del Vaticano e, a dispetto della feroce resistenza da parte della Legione Universitaria, avanzarono fino al confine di Villa Borghese nella parte nord della città. Dal momento che la lotta diventava sempre più accanita, molti cittadini ordinari si unirono nelle barricate in aiuto dei difensori. Essi formarono dei gruppi conosciuti col nome *Squadre dei Sette Colli* alle quali fu dato il compito di ricevere messaggi, portare munizioni e raccogliere i proiettili inesplosi. In gran parte, queste squadre erano formate da giovani adolescenti.

Durante la seconda metà di giugno la battaglia più intensa continuò ad essere quella nella zona della Porta San Pancrazio dove i legionari di Garibaldi riuscirono a difendere il Gianicolo scambiando cannonate con i francesi. Nelle vicinanze, Villa Vascello era ancora in possesso di un ufficiale genovese dal nome Giacomo Medici che non avrebbe mai abbandonato il suo posto se non in seguito ad un ordine di Garibaldi stesso! Anche se la villa era stata ridotta in macerie, Medici ed i suoi uomini continuarono a respingere gli attacchi francesi uno dopo l'altro. Uno degli uomini che difendeva Villa Vascello così descrisse l'azione:

> *È orrendo trovarsi dentro una casa dove i proiettili possono rimbalzare da ogni parte ed in qualsiasi momento; se non sei stato colpito da una cannonata puoi soccombere sotto lo schianto di un muro cadente; dove l'aria è piena di polvere, fumo e lamenti di feriti; dove si scivola sui pavimenti per il troppo sangue e dove l'intero palazzo oscilla sotto l'impatto delle cannonate.*

Medici continuò la sua eroica difesa della villa, l'abbandonò soltanto dopo aver ricevuto l'ordine direttamente da Garibaldi. Più avanti nel tempo egli fu promosso Generale e gli fu conferito il titolo di Marchese del Vascello.

Mentre Medici si guadagnava l'immortalità per merito dei suoi atti eroici, i condottieri romani si riunirono alla ricerca di una strategia che potesse dare un risultato positivo e vittorioso. Mazzini propose che tutta la popolazione adulta attaccasse *in massa* le posizioni francesi. Questo progetto includeva soldati e civili, armati e non armati. L'idea era di sopraffare il nemico attraverso una valanga di gente numerosa, non tenendo conto neppure delle eventuali perdite che ci sarebbero state durante l'attacco. A tal punto, i rivoluzionari considerarono questa proposta come tattica ideale. Garibaldi, tuttavia, si oppose dichiarando che questo progetto sarebbe stato un fallimento completo e con grandi perdite di vite umane. Egli era certo che una massa di gente non organizzata sarebbe stata un bersaglio facile sotto la mira del fuoco nemico.

Garibaldi propose un altro piano. Suggerì di essere mandato con la sua Legione fuori Roma ad attaccare i francesi vicino al porto di Civitavecchia. Lo scopo era quello di distruggere le basi di rifornimento e le linee di comunicazione per sconfiggere in tal modo i francesi nella conquista della città. Questa idea non fu accettata ne' da Mazzini ne' dal generale Roselli. Garibaldi era sicuro che i due stessero commettendo un grande errore strategico. Il suo pensiero risultò valido quando, più tardi, il generale Oudinot ammise che quel piano avrebbe completamente distrutto la campagna francese. Secondo Oudinot, i francesi non avrebbero avuto abbastanza truppe per assicurare la linea dei rifornimenti.

Alle 2:00 del mattino del 30 giugno, i francesi cominciarono ad attaccare con forza la città. Ad un violento attacco d'artiglieria seguì un massiccio assalto della fanteria. Il generale Oudinot ordinò alle sue truppe di non essere clementi con i difensori romani perchè questo avrebbe creato dei problemi nel trattamento dei prigionieri. Questo atteggiamento servì ad impostare il tono per l'intera battaglia. Aspri combattimenti fecero seguito all'attacco dei francesi che venne respinto e poi rinnovato. Garibaldi fece avanzare le sue ultime riserve nel disperato tentativo di non perdere le Mura Aureliane, ultima linea prima delle barricate nelle strade. A Medici fu dato l'ordine di abbandonare Villa Vascello, dove si trovava barricato da ben 25 giorni e notti. Il piano di Garibaldi era quello di consolidare le difese intorno a Villa Spada dentro le mura, una posizione difesa dai Bersaglieri sotto il comando del maggiore Manara.

Le difese romane subirono grandi devastazioni sotto i colpi degli assalti francesi. Le Mura Aureliane caddero con l'avanzamento dei francesi verso le porte di Villa Spada, ma furono riconquistate dai Bersaglieri comandati da Manara. I francesi poi circondarono la Villa, costringendo ancora una volta i Bersaglieri a mettersi dietro le barricate nell'interno della costruzione. Il maggiore Manara fu ucciso durante l'azione, ma i suoi uomini continuarono a resistere sparando dalle finestre. I nemici furono poi costretti a disperdersi a causa delle cariche da parte delle Camicie Rosse comandate da Garibaldi. Seguì un aspro combattimento corpo a corpo guidato dall'eroe stesso. Gridando "Viva l'Italia!" i suoi uomini combatterono i francesi con i fucili e le baionette, e poi con i loro pugni. In realtà, questi bravi uomini stavano lottando per la loro patria: l'Italia!

Un ufficiale della Brigata Lombarda descrisse la scena della battaglia come "una massa ondeggiante di uomini che si uccidevano l'un l'altro." Garibaldi rimase al centro della mischia e combattendo corpo a corpo annientò un gran numero di nemici con la sua sciabola, dimostrando ai suoi uomini il suo valore. Augusto Vecchi, uno degli uomini di Garibaldi, più tardi scrisse: "Garibaldi era più grande di quanto io lo abbia mai visto, più grande di quanto chiunque l'abbia mai visto! La sua sciabola sembrava come un fulmine... il sangue di un nuovo avversario lavava via il sangue di quello caduto prima lui."

George M. Trevelyan nel suo libro, Garibaldi's Defense of the Roman Republic, ed Andrea Viotti, nel suo Garibaldi, The Revolutionary and His Men, citano numerosi esempi d'incredibile coraggio da parte dei difensori. Sul Gianicolo gli artiglieri di Garibaldi abbatterono il nemico fino all'ultimo soldato. Il sottotenente Casini continuò a sparare finché venne ucciso, la sua testa spaccata da dieci sciabolate. Un altro artigliere che aveva esaurito le munizioni, difese la sua posizione usando la spazzola del cannone fino a che questa fu ridotta in pezzi, ed egli ucciso con la baionetta. Il sottotenente Tiburzi fu colpito da diciasette baionettate prima di cadere. Il caporale Parucco lottò con il calcio della sua carabina fino a che fu messo al muro da 23 baionette francesi! Altri artiglieri furono trovati morti dai francesi, ancora aggrappati ai loro cannoni. Finanche i giovani tamburini presero le armi e si unirono nel combattimento per poi morire come gli altri.

I francesi restarono sbalorditi dal coraggio di questi uomini, ed in alcuni casi, essi offrirono loro riparo. In una circostanza tre ufficiali della Brigata Lombarda ed una ragazza romana si trovarono accerchiati dai francesi. Questi offrirono in salvo la vita se avessero deposto le armi. Tutti e quattro si rifiutarono e continuarono a lottare! Ad altri difensori intrappolati non fu data nessuna scelta - essi furono uccisi a fucilate oppure con la baionetta. Nel tardo pomeriggio, i francesi erano in possesso del colle del Gianicolo dove tutti gli artiglieri di Garibaldi morirono valorosamente difendendo le loro posizioni. I francesi avevano successo anche attraverso le Mura Aureliane e la lotta stava per giungere nella zona di Trastevere dove i superstiti delle truppe romane prepararono l'ultima difesa.

Quella notte Garibaldi fu convocato dall'Assemblea romana perché esprimesse la sua opinione sulla possibilità di continuare la resistenza. Arrivando direttamente dalla zona di battaglia, egli si presentò ricoperto di polvere e gocciolante di sangue, l'uniforme a brandelli e la spada al di fuori della guaina. Disse che non era possibile continuare a resistere e chiese permesso di ritirare le sue truppe da Roma per continuare la guerriglia contro i francesi. L'Assemblea decise così di porre fine alla resistenza nella città e di conferire il comando assoluto dell'Armata romana a Garibaldi. Gli fu dato il permesso di lasciare Roma con tutti i volontari desiderosi di accompagnarlo. Il Triumvirato quindi si dimise ed ad un nuovo governo capeggiato da Enrico Cermischi fu affidato il triste compito di portare a compimento la resa della città.

Molti capi rivoluzionari, incluso Mazzini, programmarono ora di fuggire. Ad un certo numero di essi fu dato il passaporto dal Consolato britannico che consentiva di evadere nella Bretagna oppure a Gibilterra. Ad altri fu offerto asilo dal governo svizzero. Lewis Cass, l'Ambaciatore degli Stati Uniti a Roma, offrì a Garibaldi un passaggio sicuro per Gli Stati Uniti su una nave da guerra americana. Garibaldi rifiutò l'offerta. Egli decise di rimanere a lottare in Italia e programmò di marciare fuori Roma.

Il 2 luglio del 1849 la Repubblica Romana capitolò in mano ai francesi. Garibaldi riunì i suoi volontari in Piazza San Pietro e disse loro:

La fortuna che oggi ci ha tradito, ci sorriderà domani. Io stò lasciando Roma. Chiunque vuole continuare la guerra contro gli stranieri venga con me. Io non offro paghe, ne' alloggi e neppure provvedimenti. Io offro fame, sete, marce forzate, battaglie e morte.

Più di 4.700 uomini seguirono Garibaldi fuori Roma alle ore 19:00 da Porta San Giovanni sulla strada di Tivoli. L'Armata che lasciò Roma era formata da coloro che erano rimasti nella Legione italiana con le camicie rosse, i Bersaglieri, La Legione dell'Università, i lancieri di Masina ed altre varie unità che difesero Roma. Anita, che si fece tagliare i capelli corti, cavalcò a fianco di Garibaldi vestita da legionaria - camicia rossa, pantaloni scuri rimboccati dentro gli stivali ed il tipico cappello con le piume nere. Sul petto lei portava una sciarpa rossa, bianca e verde. Padre Ugo Bassi si aggregò alla marcia indossando una camicia rossa ed un tradizionale copricapo da prete. Egli portava un crocefisso intorno al collo ed una borsa con tutte le cose sacre necessarie per dire la Santa Messa.

Essi lasciarono dietro di loro più di 3.500 camerati tra morti e feriti, le perdite durante le dieci settimane di lotta. Fra i feriti c'erano Daverio, Masina, Manara, Enrico Dandolo ed Andrès Aguyar, l'ex schiavo negro che accompagnò Garibaldi dal Sud America. Fu lasciato anche Nino Bixio, gravemente ferito, e Giacomo Medici che si sentiva esausto. Anche Dottor Pietro Ripari rimase a Roma per curare i feriti.

Il 3 luglio, l'Armata francese entrò a Roma trionfante ma ricevettero ma fredda accoglienza dalla popolazione che stava in assoluto silenzio. Le truppe francesi strapparono giù dai balconi le bandiere tricolori della Repubblica ed arrestarono un numero di eminenti repubblicani come il Dottor Ripari. I romani che insultavano o attaccavano le occupanti forze vennero bastonati o anche giustiziati. Mazzini, rimasto a Roma, decise di andarsene via col passaporto britannico. Travestito da cuoco di nave, egli se ne andò via mare a Marsiglia, e poi a Londra. L'unica cosa che rimase ad amareggiare la vittoria dei francesi fu il fatto che Garibaldi ed i suoi uomini riuscirono a fuggire!

29

La Ritirata a San Marino

Dopo aver lasciato Roma nella notte del 2 luglio 1849, il piano di Garibaldi era quello far giungre le sue truppe a Venezia sul versante adriatico della penisola italiana. Venezia era stata precedentemente dichiarata repubblica sotto Daniele Manin che la proteggeva contro l'assedio austriaco. Garibaldi sapeva che andare a Venezia non era un'impresa facile. Le sue truppe avrebbero dovuto attraversare 800 km di terreno difficile e montuoso avendo quattro eserciti nemici che convergevano su di esse. Il generale Oudinot, dopo aver appreso della loro fuga da Roma, inviò 7.000 truppe francesi all'inseguimento. Un'altra spedizione di 7.000 uomini spagnoli si unì a tale inseguimento dal sud, mentre 7.000 soldati napoletani salvaguardavano le frontiere del loro territorio dalle eventuali incursioni di Garibaldi. A scendere giù dal nord c'erano 15.000 soldati austriaci sotto il comando del generale D'Aspre. Altre truppe austriache erano stazionate in Lombardia e nel Veneto. I comandanti di tutte queste truppe consideravano Garibaldi come un "brigante" che faceva guerre di sua iniziativa.

La ritirata di Garibaldi da Roma fu descritta come un'opera d'arte di tattica militare. Alcuni credettero che la sua destrezza di manovre strategiche fu superiore a quella di Napoleone Bonaparte nella ritirata da Mosca durante l'inverno del 1812-1813. Era conscio che sarebbe stato estremamente difficile per un reggimento di soldati fare la ritirata avendo la mobilità limitata ed essendo inseguiti da diversi eserciti nemici. Nonostante ciò, egli affrontò ugualmente il rischio dimostrando genialità nell'uso di tattiche grandiose. Si fece strada serpeggiando attraverso le montagne dell'Italia centrale, eludendo ripetutamente i suoi inseguitori. Gli eventi di questa spettacolare ritirata costituirono uno tra i più eccitanti e tragici capitoli del risorgimento italiano.

Sapendo di dover fuggire dall'inseguimento dei reggimenti francesi, spagnoli, austriaci e napoletani, Garibaldi sperò d'ingannare il nemico facendo marciare il suo esercito in direzioni diverse. Da principio si diresse a est verso Tivoli, poi cambiò in direzione sud per far credere ai francesi ch'egli si dirigeva verso le regioni d'Abbruzzo e Molise. Dopo aver marciato per un breve tratto verso il sud, cambiò direzione verso il nord-est, scomparendo così tra le montagne. Presto arrivò a Monterotondo ove fermò la sua marcia per fare rifornimenti di cibo e bevande per le truppe. Quando Garibaldi offrì di pagare con banconote stampate dalla Repubblica romana, egli trovò resistenza da parte della gente locale nell'accettare il denaro emesso da un governo che non esisteva più. La popolazione non si dimostrò amichevole e rifiutò di dare approvvigionamenti ai suoi soltati. Garibaldi si rese conto di quello che ora avrebbe dovuto affrontare e quello che i suoi soldati avrebbero dovuto subire. Fu costretto perfino a mettere delle guardie alle uscite del paese per prevenire che gli abitanti andassero fuori a rivelare la sua posizione ai francesi. Evidentemente non c'era fiducia da ambo le parti.

Partito da Monterotondo Garibaldi trovò alcuni rinforzi utili. Vicino alla città di Terni si unì il Colonnello Hugh Forbes con un distaccamento di 650 uomini bene addestrati. Forbes era un inglese che un tempo servì l'Esercito britannico e poi si stabilì a Firenze con sua moglie italiana. Colà egli reclutò un battaglione di volontari per combattere in favore della Repubblica romana. Egli sperò di prendere parte nella difesa di Roma contro la Francia, ma il Generale Avezzana gli ordinò di rimanere nel nord a dare filo da torcere agl'invasori austriaci. Con gran piacere Forbes si unì a Garibaldi.

Dopo l'improvviso cambio della finta direzione verso la costa tirrenica, Garibaldi condusse le sue truppe in direzione nord. La colonna del suo esercito era lunga poco meno di cinque chilometri. Garibaldi cavalcava di fronte insieme ad Anita e 30 uomini della cavalleria. Dietro di essi marciava la fanteria seguita dai carri che portavano i rifornimenti, l'ambulanza e l'unico cannone che Garibaldi possedeva. Il rimanente della cavalleria faceva da retroguardia. Mentre marciavano essi parlavano a bassa voce e non erano autorizzati a fumare. Usualmente viaggiavano di notte, dalle 2:00 a.m. alle 10:00 a.m. e riposavano nei momenti caldi della giornata dopo aver requisito e mangiato dei cibi. Ancora riposo dalle 5:00 alle 8:00 per poi andare a domire all'imbrunire.

Usando il potere conferitogli dalla Repubblica romana, Garibaldi reclamava con autorità il sequestro dei rifornimenti dalle comunità locali. Tuttavia i popoli di quei paesi si rifiutavano d'accettare i pagamenti con monete di una Repubblica che non esisteva più. Essi consideravano gli uomini di Garibaldi come saccheggiatori e si verificò anche qualche sparatoria contro di loro. Nonostante ciò Garibaldi non permise mai ai suoi uomini di depredare o fare bottino. Egli emise un ordine molto severo con il quale proibiva ai suoi soldati di rubare e avvisava che chiunque venisse preso in flagranza di furto sarebbe stato fucilato.

Il rifornimento del cibo continuò ad essere una priorità essenziale. I carri, a volte, furono dati in cambio di bestiame per dare ai marcianti latte e carne. In una occasione, la colonna in ritirata s'impossessò di un'inaspettata quantità di cibo allorchè un distaccamento della cavalleria depredò un convoglio di approvvigionamenti destinati all'esercito francese. Il carico consisteva in 5.000 galline viventi e 50.000 uova. Tutto questo venne accolto piacevolmente poichè fu una variazione al solito pasto di pane, formaggi e salumi.

La diserzione costituiva un altro problema. Tanti uomini se ne scappavano via durante la notte. Alcuni disertori divennero uomini di strada che rubavano e terrorizzavano i civili, particolarmente i contadini. Durante la prima settimana furono più di 2.000 a disertare. Questo avveniva perchè essi pensavano che stessero lottando per una causa persa. Garibaldi fu addolorato da queste diserzioni, ma sapeva di non poter far nulla per prevenirle. Egli si sentiva anche deluso dal fatto che non era sostenuto da parte delle popolazioni locali. Non c'erano più volontari che si univano al suo esercito. Tuttavia il maggiore sgomento era provocato dalla facilità con la quale gli eserciti nemici riuscivano ad ottenere le informazioni sulle sue posizioni. Sembrava proprio che non mancassero spie ed informatori.

Nonostante tutte queste avversità e nella realtà di un immediato disastro, Anita rimase l'esempio splendido del coraggio e della determinazione femminile. Ella riuscì a resistere sofferenze e delusioni comportati dalla ritirata restando sempre fiduciosa e di buon umore. Parlava con i soldati durante la marcia ed aiutava a servire i cibi al momento dei pasti. A loro volta, i soldati si sentivano incuranti dall'esempio di Anita e facevano del tutto per rendere i favori. Il fulgido esempio del comportamento che Anita dimostrò d'avere durante quest'ultimo tempo della sua vita, fece sì che ella diventasse l'eroina leggendaria del Risorgimento.

Con l'inseguimento degli eserciti nemici che convergevano verso lui, Garibaldi decise di abbandonare il territorio dello Stato Pontificio e se ne andò al di là dei confini nella Toscana. Consapevole che i toscani non avrebbero accettato le banconote della Repubblica romana, si fece cambiare le banconote in monete d'oro ed argento dalle banche dei paesi che attraversava. Le monete sarebbero state accettate più volentieri. Naturalmente coloro che vennero obbligati a dare monete in cambio delle banconote sentirono d'essere stati truffati. L'alto comando francese a Roma aveva già proclamato che le banconote avevano perso il loro valore e che non dovevano essere accettate più come cambio legale. Tutto ciò servì a inimicare la gente locale verso Garibaldi.

Avendo l'esercito austriaco bloccato la strada del nord per la Toscana, Garibaldi decise d'andare in direzione occidentale verso Orvieto, anche se questo significava andare incontro alla colonna francese. Orvieto è situato vicino al confine toscano e Garibaldi si sentì sicuro che i francesi non l'avrebbero inseguito in Toscana. In quel tempo, la Toscana era considerata parte della "Zona Austriaca." Accadde durante la marcia verso Orvieto che uno dei suoi soldati rubò una gallina dalla casa di una contadina. Garibaldi si trovò a passare proprio mentre la donna protestava per il furto. Egli fece fucilare immediatamente il ladro. Con questo atto, dimostrò la sua intransigenza. Non si ruba!

Continuando verso Orvieto Garibaldi apprese che in città si

stavano facendo dei preparativi per accogliere l'arrivo dell'esercito francese. Un gruppo notevole di cittadini si fece avanti per dire a Garibaldi di non entrare in città. Strano che questo comitato preferiva dare il benvenuto ai francesi! Garibaldi rifiutò il suggerimento ed entrò in Orvieto tra le grida accoglienti della folla. Quella sera, la città era tutta illuminata per onorare Garibaldi ed i suoi soldati mangiarono tutto il cibo ch'era stato preparato per i francesi. La mattina seguente giunsero i francesi in tempo per il caffè! Nel frattempo, Garibaldi già faceva marciare le sue truppe ben nutrite al di là della montagna verso il confine tra gli Stati Vaticani e la Toscana.

In Toscana la rivoluzione del 1848 costrinse il Granduca Leopoldo II a concedere la costituzione. Un governo moderato salì al podere sotto il comando di Giuseppe Montanelli e Francesco Guerrazzi. Tuttavia, allorchè questi proclamarono la Repubblica toscana, l'Imperatore dell'Austria Franz Joseph inviò truppe di soldati per ristabilire sul trono Leopoldo. Questi si allarmò all'avvicinarsi delle forze di Garibaldi alla frontiera toscana; temeva che il loro arrivo potesse scatenare un'altra insurezione. Alle forze austriache in Toscana fu dato l'ordine di essere pronti a distruggere la "Banda di Briganti" di Garibaldi.

A dispetto del sovrastante rischio, i 2.500 uomini di Garibaldi varcarono il confine ed entrarono nel territorio toscano nella notte del 17 luglio. Garibaldi sperava di trovare in Toscana un'accoglienza migliore di quella che ebbe nel territorio della Repubblica romana. Infatti, a Cetona, un paese toscano, i suoi uomini trovarono la più amichevole accoglienza mai ricevuta dal principio della ritirata. Ad essi fu permesso finanche di dormire nelle case degli abitanti del paese! A Cetona, Anita comprò ed indossò un vestito nuovo da donna per rimpiazzare i pantaloni che si mise per cavalcare da Roma. Lei era ora incinta e le si addiceva di più indossare l'abito da donna nelle sue condizioni.

Dopo Cetona, le accoglienze che Garibaldi ricevette negli altri paesi toscani non furono più tanto buone. Nella cittadina di Chiusi le Guardie Nazionali della Toscana spararono contro i Garibaldini. A Montepulciano essi furono salutati dalle ragazze del posto, ma senza entusiasmo. Gli altri cittadini non offrirono loro neppure un bicchiere del famoso vino del luogo! Ad Arezzo Garibaldi trovò le porte della città sbarrate e la milizia locale preparata a non farli entrare. Fu come un brutto risveglio per l'uomo che voleva liberare l'Italia!

Stanchi ed affamati, Garibaldi ed i suoi soldati aspettarono per 24 ore fuori Arezzo, sperando di enreare in città ma il Consiglio comunale decise di non farli entrare. Infuriati dal rifiuto, i suoi uomini lo incitarono ad attaccare Arezzo, Garibaldi decise di far marciare altrove i suoi uomini esausti di forze. Egli non desiderava dare al nemico l'opportunità di essere considerato un "brigante" che terrorizzava la gente. Così accadde che le sue truppe incominciarono a di essere demoralizzate ed un clima di disfatta iniziò a diffondersi fra esse. A questo punto, ovviamente, la gente della Toscana non era più disposta a combattere per la libertà sotto le bandiere di Garibaldi.

Garibaldi allora decise di marciare in direzione orientale verso la costa adriatica, per poi raggiungere Venezia via mare con delle imbarcazioni. Eseguendo una serie di manovre a zig-zag per confondere gl'inseguitori austriaci, la colonna di Garibaldi si diresse verso gli Appennini. I suoi soldati si sentivano demoralizzati ed il numero dei disertori aumentava. Garibaldi ebbe un gran dispiacere allorchè due ufficiali della sua cavalleria, Bueno e Müller, disertarono la colonna. Il colonnello Bueno servìva Garibaldi sin dai tempi di Montevideo. Il maggiore Müller, un rivoluzionario polacco, si era distinto nella difesa di Roma. A dispetto di queste delusioni personali, Garibaldi rimase fermo e risoluto nella determinazione di raggiungere Venezia. Ad egli si riunì ora il capitano Giovanni Culiolo che rimase indietro perchè ferito a Roma. Sufficientemente guarito, egli si apprestò a rientrare nella colonna in ritirata. Il capitano Culiolo soprannominato "Il leggero, l'agile," certamente dimostrava di avere un nomignolo appropriato durante la marcia!

Continuando verso est, Garibaldi rientrò nel territorio pontificio ed arrivò a Citerna il 24 luglio. Colà alloggiò i suoi uomini nel monastero del luogo chiedendo ai frati di fornire loro cibo perchè stanchi e con gran appetito. A questo punto tre eserciti austriaci lo accerchiarono. Garibaldi riuscì a sgattaiolare attraverso il cordone delle truppe austriache usando una strada mulattiera che non era neppure riportata sulle cartine topografiche degli austriaci. Ancora una volta, egli riuscì ad eludere i suoi inseguitori!

Nei giorni seguenti, i garibaldini continuarono la loro marcia attraverso l'aspro Appennino in direzione del Mare Adriatico. Gli austriaci l'inseguivano da vicino catturando e fucilando un numero si sbandati. Alcuni di questi erano ragazzi dai 12 ai 14 anni di età che seguirono Garibaldi da Roma. Quando ad essi veniva rivolta la domanda per scoprire chi fossero, essi orgogliosamente rispondevano che erano "soldati di Garibaldi." Così venivano fucilati dagli austriaci.

Molti dei migliori ufficiali di Garibaldi furono uccisi in battaglia, per le ferite oppure per le malattie. Anche Anita si sentiva esausta dalla lunga e difficile marcia. Gli uomini di Garibaldi si ridussero a meno di 1.800 e le probabilità di raggiungere la costa per andare a Venezia era quasi inverosimile. Con gli austriaci che inseguivano Garibaldi capì che l'unica via era quella di attraversare il confine ed entrare nella Repubblica di San Marino. San Marino era uno Stato indipendente da 900 anni, ed avrebbe potuto dare asilo agli esausti garibaldini. I San Marinesi non desideravano che gli austriaci invadessero il loro Stato ed erano riluttanti a far entrare le forze di Garibaldi quando giunsero alle porte il 30 luglio.

Dopo avere atteso tutto il giorno per avere il permesso di entrata, Garibaldi stesso cavalcò su per la collina ed andò nella piazza principale della città. Entrato nella sala del Gran Consiglio, formalmente richiese di permettere ai suoi uomini di entrare nella Repubblica come rifugiati politici, consegnando se stessi e le loro armi alle autorità dello Stato. La richiesta fu accolta, ma non prima che gli austriaci attaccassero le truppe di Garibaldi alla frontiera. Durante questa azione, le retroguardie di Garibaldi furono annientate, ma il rimanente delle forze sparse di quà e di là riuscì ad entrare nel territorio di San Marino. Gl'inseguitori austriaci dovvettero fermarsi al confine per ottemperare alla legge internazionale.

Garibaldi ed i suoi uomini ricevettero ospitalità dagli abitanti di San Marino che dettero loro cibo e soddisfarono altre necessità. Perfino i frati Cappuccini offrino a Garibaldi di usare il loro monastero come Quartiere Generale. Nel pomeriggio Garibaldi scrisse un'ordinanza che ufficialmente lasciava liberi i suoi soldati: "Soldati, io vi rilascio dal vostro dovere di seguirmi. Tornate alle vostre case, però ricordatevi che l'Italia rimarrà in schiavitù e vergogna. La Guerra Romana per l'indipendenza d'Italia è terminata". Attraverso tutta l'Italia, sembrava fosse sceso il sipario nero sul destino del Risorgimento. Garibaldi, anche se deluso, rimase determinato nel continuare a battersi per l'unità d'Italia.

Nel frattempo il governo di San Marino, mandò degli inviati per negoziare sul futuro di Garibaldi ed i suoi uomini. Il comandante austriaco, generale Hahn, chiese la loro resa incondizionata. Garibaldi ed Anita sarebbero dovuti andare in esilio negli Stati

Uniti e coloro che lottarono con Garibaldi avrebbero avuto l'amnistia e conseguentemente il permesso di tornare alle loro case. Il generale Hahn richiese anche l'arresto e la punizione di tutti quei garibaldini che commisero atti criminali durante la battaglia di Roma e durante la ritirata a San Marino. Il Generale rimandò indietro gli inviati con queste condizioni di resa ed attese la risposta che sarebbe venuta dopo che questi ne avessero discusso con Garibaldi.

Garibaldi rifiutò le richieste di Hahn sulla resa incondizionata e sull'arresto di coloro sospettati di aver commesso atti criminali durante la ritirata da Roma. Ebbe timore che gli austriaci avrebbero avuto la scusa per giustiziare alcuni dei suoi soldati con l'accusa di assassinio o ladrocinio. Inoltre era contro il pensiero di Garibaldi quello di negoziare con gli invasori stranieri. Il risultato finale di San Marino sarebbe servito a giustificare la sua sfida.

Dopo il rifiuto ai termini di resa, Garibaldi decise di uscire da San Marino con un gruppo di volontari. Reclutò segretamente circa 200 garibaldini volenterosi di seguirlo nel tentativo di raggiungere Venezia. Sua mogle, Anita, insistette per seguirlo, anche se malata e con febbre a causa della malaria, all'epoca una malattia molto diffusa in quella parte d'Italia.

La sera del 31 luglio, Garibaldi prese una guida locale che si chiamava Zani. Si guadagnava la vita facendo la guida attraverso le montagne circostanti San Marino, ma in questa circostanza offrì il suo servizio senza accettare remunerazioni. Con Zani a capo, Garibaldi ed i 200 volontari se ne andarono nel buio della notte. Fra loro c'era anche la coraggiosa Anita, la quale si rifiutò di rimanere a San Marino benchè malata.

30

Il Decesso di Anita

Nella notte del 31 luglio, accompagnato da Anita e da 200 dei suoi uomini, Garibaldi fuggì da San Marino. Essendo riuscito ad ottenere aiuto dalle guardie che lo fecero uscire segretamente a mezzanotte con tutti i suoi uomini, la fuga non fu scoperta. Metà degli uomini uscirono a cavallo e l'altra metà a piedi. Con Zani, la loro guida, sgattaiolarono inosservati attraverso le linee austriache dirigendosi in senso contrario a quello dovuto. Marciando silenziosamente in fila uno dietro l'altro, si fecero strada passando per un viottolo seguito dai pecorai. Il cammino si presentò difficile ed alcuni uomini caddero morti. Altri, tra cui Gustav von Hoffstetter, nel buio della notte, si smarrirono e non riuscirono a seguire Garibaldi. Hoffstetter riuscì a raggiungere la Svizzera e più tardi pubblicò un libro sulla ritirata da Roma. Durante la pericolosa marcia notturna circa 50 uomini perirono.

All'alba del mattino seguente, il piccolo gruppo discese a valle e si diresse a nord-est verso l'Adriatico. Il gruppo continuò a marciare tutto il giorno; fecero solo una piccola tregua vicino a Mussano. Verso mezzanotte i soldati giunsero sulla costa adriatica nel piccolo porto dei pescatori di Cesenatico, a circa 30 Km. a sud di Ravenna. Spinti dalla necessità di fuggire via mare, Garibaldi requisì 13 pescherecci nel porto locale ed ordinò al sindaco di fornirgli dei timonieri per far giungere i suoi uomini a Venezia. Inutile dire che non fu cosa facile. Questo fatto causò molta indignazione nei cittadini del paese. Sembrava che Garibaldi fosse tornato ad usare le modalità di quand'era pirata!

Dopo che i timonieri si sistemarono ai loro posti, i garibaldini salirono a bordo dei pescherecci lasciando a terra i cavalli. Presto si scatenò una bufera che rese difficile salpare. Garibaldi, imperterrito, nonostante le avversità meteorologiche, ordinò che i 13 pescherecci partissero alla volta di Venezia. Essi lasciarono Cesenatico all'alba, nel bel mezzo della bufera e con pescherecci i cui timonieri non facevano il lavoro troppo volentieri. Un'ora più tardi gli austriaci giunsero in città ma trovarono soltanto i cavalli che erano stati lasciati lì.

Intanto gli austriaci a San Marino, continuavano con insistenza a chiedere la resa incondizionata ai garibaldini rimasti colà. Questo era un problema per i San Marinesi che ora si trovavano responsabili di 1.000 rifugiati. Alcuni di essi provarono la fuga sgattaiolando tra le linee austriache, altri rimasero nella piccola Repubblica fino a che gli austriaci dopo mesi si ritirarono. Quelli che furono catturati dagli austriaci subirono terribili angherie. Molti fucilati, altri torturati ed imprigionati. Altri ancora furono severamente bastonati prima di essere rilasciati. Undici anni dopo, alcuni dei sopravvissuti si ricongiunsero a Garibaldi durante la campagna in Sicilia.

Nonostante Garibaldi ed i suoi uomini riuscirono a fuggire da Cesenatico con i pescherecci, essi si trovavano ancora nelle acque controllate dagli austriaci. Dopo aver navigato verso nord per circa due giorni, oltrepassarono Ravenna e raggiunsero la zona paludosa di Comacchio. Si trovavano ancora a 75 Km. a sud di Venezia quando furono avvistati dalle vedette austriache che ordinarono loro di fermarsi. Garibaldi si rifiutò e gli austriaci l'inseguirono. Ben sapen-

Garibaldi sbarca con Anita a Magnavacca (da Emilio Paggioaro)

do di non poter eludere gli inseguitori, Garibaldi segnalò ai pescherecci di andare verso terra. Soltanto tre di essi, tra cui quello dove si trovavano Garibaldi ed Anita, riuscirono a raggiungere terraferma sani e salvi. Gli altri 10 pescherecci furono catturati e più di 100 garibaldini furono fatti prigionieri.

Anita era malata e debole; Garibaldi fu costretto a prenderla sulle sue braccia per portarla a riva. Con loro c'erano: Ugo Bassi, Angelo Brunetti con i suoi due figli ed il capitano Giovanni Culiolo, soprannominato "Leggero". Garibaldi divise i suoi uomini in piccoli gruppi di due o tre persone e disse loro di cercare di raggiungere Venezia via terra. Egli non si rese conto di essere sbarcato su un'isola vicino al delta del Fiume Po e che sarebbe stato impossibile raggiungere la costa senza una barca. Tutti si salutarono e sparirono nella macchia. Soltanto Garibaldi, Anita e Leggero rimasero sulla spiaggia. Per la maggior parte di essi, quello fu l'ultimo saluto. Garibaldi rimase con Anita mentre Leggero andò in cerca d'aiuto. Anita aveva la febbre alta e spesso chiedeva da bere, ma Garibaldi non aveva neppure una goccia d'acqua da darle.

Allora accadde un miracolo—Leggero tornò insieme ad un uomo che Garibaldi riconobbe. Era Giacomo Bonnet che aveva combattuto a Roma sotto il suo comando. Egli fu catturato allorchè Roma cadde sotto la Francia, ma poi, come tanti altri soldati romani, ottenne il permesso di tornare a casa. Bonnet disse di aver sentito dei colpi di fucile venire dalla parte del mare e di essersi affrettato a correre verso la spiaggia per vedere di cosa si trattasse. Da lontano vide Garibaldi e gli altri sbarcare e disperdersi nella macchia. Egli cercò di chiamare gridando, ma nessuno lo sentì a causa della troppa distanza. Decise quindi di mettersi in cammino sperando d'incontrare qualcuno e fu così che incontrò Leggero che lo guidò da Garibaldi ed Anita.

Anche se gli austriaci non sbarcavano immediatamente, Bonnet era sicuro che ben presto essi avrebbero incominciato una ricerca sistematica nella zona. Perciò prontamente diresse i tre in una vicina masseria dove Garibaldi e Culiolo ebbero modo di togliersi le camicie rosse e indossare panni da contadini. Anita era troppo malata per poter camminare e la dovettero portare in braccio attraverso i campi fino ad arrivare in una masseria nella campagna coltivata da un amico di Bonnet. Lì la misero al letto a riposare e cercarono di darle un pò di brodo caldo. Anita non riuscì a bere e le sue condizioni peggiorarono rapidamente.

Bonnet chiamò Garibaldi in disparte e dicendogli che c'era ben poca speranza che egli potesse raggiungere Venezia, gli suggerì di dirigersi a sud verso Ravenna dove avrebbe potuto nascondersi presso certi amici per poi fuggire altrove al momento opportuno. Poiché Anita era troppo debole, Bonnet consigliò a Garibaldi di lasciarla in un vicino casolare chiamato "Casa Zanetto". Lì avrebbe potuto avere le cure necessarie da parte del medico del luogo.

Garibaldi accettò il suggerimento di Bonnet di malavoglia ed Anita fu trasportata nella vicina Casa Zanetto. Tuttavia egli non riusciva ad accettare l'idea di abbandonare Anita alla probabile cattura degli austriaci mentre lui si dava alla fuga. Se ciò fosse accaduto, egli non se la sarebbe mai perdonata. Così decise di portarla con se e chiedendo l'aiuto di qualcuno per condurli lungo la costa, fuori dall'isola. Prima di lasciare Casa Zanetto Garibaldi si sbarbò ed indossò un vestito di Bonnet. Questo per diminuire le possibilità d'essere riconosciuto dalle autorità.

I due barcaioli ai quali fu affidato il compito di trasportare le tre persone non vennero a conoscenza dei loro passeggeri fino a quasi metà viaggio. Poi, temendo di poter essere fucilati dagli austriaci per aver aiutato i fuggitivi, si rifiutarono di continuare la rotta. Approdarono in una piccola isola nel centro del Lago di Comacchio; si affrettarono a farli scendere e se ne andarono via lasciando i tre fuggitivi completamente soli. Garibaldi e Leggero non potevano fare altro che aver cura di Anita ed attendere l'arrivo degli austriaci.

Fortunatamente, i vili barcaioli che abbandonarono i tre fuggitivi sull'isoletta non dissero niente alle autorità! Ebbero paura di essere coinvolti nel salvataggio di Garibaldi. Tuttavia andarono a vantarsi con la gente del luogo raccontando il modo in cui si liberarono di Garibaldi! Nell'udire queste voci la cognata di Bonnet riferì tutto ciò che aveva sentito. Questi, a sua volta, non perse tempo, si mise in contatto con un patriota che si chiamava Michele Guidi e lo convinse a salvare Garibaldi, Anita e Leggero. Fu Guidi, quindi, a trovare i tre sull'isola ed a trarli in salvo.

Anita quando giunsero sulla costa delirava. Guidi procurò una carrozza e trasportò Anita, Garibaldi e Leggero per 17 km in una casa colonica appartenente al Marchese Guiccioli. Chi aveva cura della campagna erano due fratelli, Giuseppe e Stefano Ravaglia che accolsero Garibaldi al loro arrivo. Era presente anche un dottore che si chiamava Nannini che era già stato chiamato da Guidi. Garibaldi supplicò il dottor Nannini di tentare di salvare Anita. Tutti aiutarono a trasportarla nella camera da letto al primo piano. Non appena la misero sul letto, Anita disse le sue ultime parole a Garibaldi: "Peppino, i bambini!" Poi, spirò.

Distrutto dal dolore, Garibaldi cadde in ginocchio al lato del suo letto e gridò: "No! No! Lei non è morta! È soltanto un altro attacco. Ha sofferto così tanto, la mia povera Anita. Lei si riprenderà, lei è forte.... Lei non è morta, ditemi che lei non è morta. È impossibile! Guardami Anita, parlami, parlami". Coloro ch'erano presenti provarono a consolarlo, ma inutilmente.

Le circostanze vollero che Garibaldi partisse immediatamente. Gli austriaci si avvicinavano! Con il cuore infranto acconsentì a partire chiedendo che ad Anita fosse data una nobile sepoltura, poi insieme a Leggero lasciarono la tenuta di Guicciolo. Con il rapido avvicinarsi degli austriaci, i fratelli Ravaglia ebbero appena il tempo di seppellire Anita in una fossa non molto profonda dietro la casa colonica. Nel frattempo, Garibaldi e Leggero ripresero quella fuga che li avrebbe portati attraverso l'Italia per ben 375 km.!

31

L'Odissea della Fuga

La vittoria degli austriaci contro Garibaldi fu amareggiata dal fatto che Garibaldi riuscì a fuggire. Il 5 agosto, il supremo comando austriaco dichiarò che Garibaldi era un criminale ricercato ed avvertì il pubblico che chiunque lo avesse aiutato, o gli avesse offerto ospitalità, avrebbe affrontato la "giustizia militare." Tante persone allora ebbero paura e temettero di essere fucilate se fossero state scoperte a favorire Garibaldi.

Nel giro di pochi giorni la stampa riportò la notizia che le autorità austriache avevano recuperato il corpo di Anita. Una ragazza contadina mentre pascolava il bestiame nella tenuta di Guiccioli vide una mano umana sporgere da quella che sembrava fosse una tomba poco profonda e riferì la macabra scoperta alla polizia. Un esame post-mortem del cadavere rivelò delle abrasioni al collo. Per questa ragione il medico concluse che la donna era stata strangolata a morte. Il corpo fu sepolto di nuovo "per motivi di salute pubblica". Il rapporto ufficiale della polizia identificò il cadavere come il corpo della "moglie o la donna che accompagnava Garibaldi, che era stato visto sbarcare in questa zona".

Altre inchieste della polizia stabilirono che i due fratelli Ravaglia ed il Dott. Nannini erano presenti nella cascina di Guiccioli quando la donna morì. Tutti e tre furono arrestati ed accusati di assassinio. La polizia arrestò anche Giacomo Bonnet accusandolo d'aver dato aiuto ai fuggitivi. Poi, per uno strano cambiamento di eventi, il dottore che aveva esaminato il corpo di Anita e che aveva concluso che la morte era stata causata da strangolamento, cambiò opinione ed affermò che si trattò di morte naturale. I tribunali allora rilasciarono i fratelli Ravaglia insieme al dottor Nannini per mancanza di prove. Anche Bonnet fu messo in libertà dopo di essere stato imprigionato per un periodo di tempo.

La stampa pubblicò anche la notizia della cattura di altri garibaldini che sbarcarono lungo la costa, tra cui Ugo Bassi ed il capitano Livraghi. Don Bassi, cappellano dei garibaldini, non aveva mai impugnato armi. Ciò malgrado, una corte militare austriaca lo condannò a morte insieme al Capitano Livraghi, che era austriaco, ma che combatteva per la causa italiana. Tutti e due caddero davanti ad un plotone di esecuzione. Prima di essere giustiziato, Bassi fu degradato dalla sua carica di cappellano dalle autorità ecclesiastiche e brutalmente torturato dagli austriaci. Altri nove garibaldini furono giustiziati tra cui il Capitano Parodi, giunto con Garibaldi da Montevideo e Angelo Brunetti con i suoi due figli. Questi riuscirono a fuggire dall'isola ed a dirigersi verso nord quando furono traditi da una spia. Anch'essi furono costretti ad affrontare un plotone d'esecuzione.

I garibaldini catturati durante la ritirata di San Marino ebbero un destino altrettanto crudele. Furono messi in marcia sotto stretta sorveglianza fino al carcere di Pietole fuori Mantova. Durante questa "marcia della morte", quelli che si fermavano o vacillavano lungo la strada venivano brutalmente bastonati. Quelli troppo deboli per camminare venivano legati alle carrozze usate per il trasporto delle armi e letteralmente trascinati lungo la strada. I sopravvissuti a questi orrendi trattamenti furono internati nelle prigioni famose di Pietole, dove molti morirono per le torture, il mal nutrimento e le malattie.

Ma l'uomo che gli austriaci avrebbero voluto ad ogni costo non era stato ancora catturato. Garibaldi, il criminale più ricercato, riuscì ancora una volta ad eludere il nemico. Egli si sbarbò, si tolse la camicia rossa, indossò indumenti da contadino, e insieme al suo compagno, Leggero, intrapresero una delle più incredibili fughe.

Dopo la morte di Anita alla fattoria di Guiccioli, l'amico di Bonnet, Michele Guidi, accompagnò Garibaldi e Leggero al paese San Alberto dove si nascosero in casa di un altro amico. Lì presero contatto con un'organizzazione clandestina repubblicana che gestiva una sorta di ferrovia sotterranea per i rivoluzionari fuggitivi. Questa organizzazione offrì loro riparo e guida durante viaggio attraverso la penisola.

Nel buio di una notte, Garibaldi e Leggero furono accompagnati in un nascondiglio nella pineta dove un gruppo di uomini era seduto intorno ad un fuoco campestre. La guida segnalò con un fischio riconoscibile il loro arrivo ed, entrato nel campeggio, mostrò i due fuggitivi ai presenti. Gli uomini intorno al fuoco non erano boscaioli, come fingevano di essere, ma membri del movimento rivoluzionario clandestino. Uno del gruppo guidò Garibaldi e Leggero in un altro nascondiglio, dove rimasero fino al giorno successivo. Al calar della notte, furono condotti attraverso la foresta da un'altra guida che a sua volta li accompagnò in un nuovo campeggio.

Giunti a Ravenna, essi si nascosero in una casa per parecchi giorni e poi si diressero a Sud-Ovest verso la Toscana, una strada che le autorità non avrebbero mai immaginato che essi potessero percorrere. Camminando di notte, accompagnati prima da una guida e poi da un'altra, passarono di casa in casa senza che nessuno rivelasse la loro identità agli austriaci. Una delle guide fu un parroco, padre Giovanni Verità, che li nascose nella sua canonica nel paese di Modigliana. Poi un giorno per ragioni sconosciute, la guida che Garibaldi e Leggero avrebbero dovuto incontrare non si presentò ed i due fuggitivi persero il contatto con il mondo clandestino. Improvvisamente si trovarono abbandonati in una regione dove non conoscevano né sentieri né strade secondarie. La tattica pericolosa del nascondersi incominciò a diventare difficile.

Continuando da soli nella notte, Garibaldi e Leggero presto si trovarono sulla strada principale che portava a Firenze. Domandarono un passaggio ad un contadino che li trasportò su di un carretto fino ad una locanda di Santa Lucia. Lì, ordinarono del caffè espresso e si sedettero ad un tavolo lungo nella camera da pranzo. Garibaldi era molto stanco; incrociò le braccia sul tavolo; appoggiò la testa e si addormentò. Alcuni minuti dopo, egli fu svegliato da una gomitata di Leggero. Alzò la testa e vide che alcuni soldati croati dell'esercito austriaco erano entrati nella locanda. Allora abbassò la testa e finse di riaddormentarsi. I soldati si sedettero allo stesso tavolo lungo, ordinarono da bere e si vantarono che presto avrebbero catturato il "malfamato Garibaldi". Mentre bevevano, essi guardavano la figlia del locandiere e non i due uomini seduti a qualche metro da loro. Quando i croati finalmente se ne andarono, Garibaldi e Leggero terminarono di bere i loro caffè, attraversarono la strada e trovarono riparo nella casa di un contadino prima di proseguire nel loro incredibile cammino.

Così è la storia scritta da Garibaldi nelle sue memorie, ma anni dopo dalla figlia del locandiere la raccontò in un modo un po' diverso. Si chiamava Teresa Baldini, una bella ragazza che nel 1849 aveva vent'anni. Secondo la sua versione, lei aveva riconosciuto Garibaldi appena entrato nella locanda perché lo aveva visto un anno prima quando si era fermato nella locanda mentre andava da Firenze a Ravenna. Lei gli disse: "Gli austriaci ed i toscani vanno in cerca di te". Prima che Garibaldi potesse nascondersi, i croati entrarono nella locanda e si sedettero allo stesso tavolo accanto a lui e Leggero. L'unica luce nella locanda era una lampada a petrolio sul lungo tavolo che illuminava la faccia di Garibaldi. Teresa racconta che Garibaldi andò vicino alla lampada e con il pretesto di accendere il suo sigaro, si curvò sulla fiammella. Con molta attenzione mise la sua testa tra la lampada ed i soldati e la girò in modo tale da far sì che lui e Leggero rimanessero nella penombra. Poi, si sedette e rimase silenzioso a fumare il sigaro mentre i croati presagivano la sua imminente cattura. Mentre accadeva questo, Teresa deliberatamente distraeva i soldati mentre li serviva. Quando i croati se ne andarono, lei accompagnò Garibaldi e Leggero al sicuro nella casa di un amico.

Anche se la versione della storia fatta da Teresa Baldini è una lettura interessante, essa manca di autenticità. Garibaldi non ha mai mancato di menzionare coloro che lo aiutarono – soprattutto se si fosse trattato di una bella ragazza. Pertanto si pensa che Teresa, avendo letto la descrizione di quanto accadde nella locanda di suo padre nelle memorie di Garibaldi, abbia voluto dare alla storia un tocco un pò più romantico.

Pareva che tutto il mondo fosse interessato a leggere sui giornali le notizie su Garibaldi, le sue imprese e i luoghi dove si trovava.

Alcuni giornali pubblicarono storie sensazionali, ma totalmente inventate. Una di queste asseriva che Garibaldi era arrivato con Anita a Venezia e che, affacciati al balcone del Palazzo dei Dogi, ricevevano le acclamazioni della folla che riempiva Piazza San Marco. Un'altra diceva che Garibaldi ed Anita erano ancora nascosti a San Marino ed aspettavano l'opportunità di fuggire verso la costa per poi salpare alla volta delle isole ioniche. Ma forse la notizia più assurda fu quella di Anita assassinata dai repubblicani rivoluzionari perché era di ostacolo alla fuga di Garibaldi!

Viaggiando per i solitari sentieri di campagna, Garibaldi e Leggero attraversarono la Toscana ricevendo a volte nutrimento ed ospitalità da umili contadini. Questi bravi patrioti dimostravano tanta ammirazione per gli uomini che avrebbero unificato la loro patria. Nella città di Prato, un uomo che si chiamava Sequi, stava bevendo in una cantina e diceva a tutti i presenti che avrebbe fatto qualsiasi cosa per aiutare Garibaldi a fuggire. Garibaldi e Leggero si trovavano per caso in quella cantina in quel momento, udirono quelle parole ed istintivamente ebbero fiducia in lui. Garibaldi lo chiamò in disparte e gli rivelò la sua identità. Nel sentirlo, Sequi svenne. Dopo essere rinvenuto, mantenne la sua parola e lo aiutò mettendolo in contatto con la locale organizzazione clandestina dei repubblicani.

Ancora una volta Garibaldi e Leggero furono aiutati da fidate guide che li condussero da un nascondiglio all'altro attraverso la Toscana. Essi furono avvisati dalle nuove persone contattate che la frontiera toscana con il Regno di Sardegna era ben vigilata e che sarebbe stato più sicuro dirigersi verso la costa più a sud. Lì, essi avrebbero trovato un pescatore che li avrebbe portati in Liguria via mare. Allora si diressero verso sud, passando per Volterra e raggiungendo il paese di San Dalmazio vicino al mare. Lì aspettarono parecchi giorni per dar tempo alle persone contattate di preparare un'imbarcazione per la partenza.

Finalmente la preparazione fu completata e partirono nella notte del primo settembre insieme ad alcuni compagni. Portarono con se dei fucili per fingere di andare a caccia notturna. Dopo aver camminato attraverso una folta e quasi impenetrabile foresta, il piccolo gruppo arrivò in un luogo isolato della costa. Lì essi s'imbarcarono su un peschereccio che li aspettava e salparono salutando con le braccia gli amici ch'erano rimasti a terra e gridando loro "Viva l'Italia." Si fermarono ad Elba, a 30 km di distanza per fare rifornimenti e poi continuare a nord lungo la costa senza incontrare nessuna barca di guardia costiera. Il quattro settembre, arrivarono e scesero a Porto Venere, vicino La Spezia, nel Regno di Sardegna. Da lì, essi viaggiarono via terra, lungo la costa, fino a Chiavari dove alloggiarono a casa di un cugino di Garibaldi. In due giorni, tutto il mondo seppe dell'incredibile fuga di Garibaldi. Per le masse popolari fu motivo di grande esultanza.

Tuttavia, il governo di Torino non era contento di apprendere del suo ritorno. Tale governo precedentemente aveva stabilito che chiunque avesse lottato nella difesa della Repubblica Romana avrebbe perduto la cittadinanza e non gli sarebbe stato permesso di rientrare nel territorio dello Stato di Sardegna. Garibaldi non fece eccezione. Fu arrestato immediatamente dalle autorità, fu accusato di essere rientrato illegalmente nel territorio del paese e fu portato in prigione a Genova. La difesa di Roma fece di Garibaldi un eroe popolare ed ora il suo arresto suscitò l'indignazione della popolazione. La prigionia di Garibaldi causò anche un dibattito molto acceso nel Parlamento di Sardegna dove la maggioranza votò che la sua espulsione sarebbe stata incostituzionale. La risoluzione fu scritta come segue:

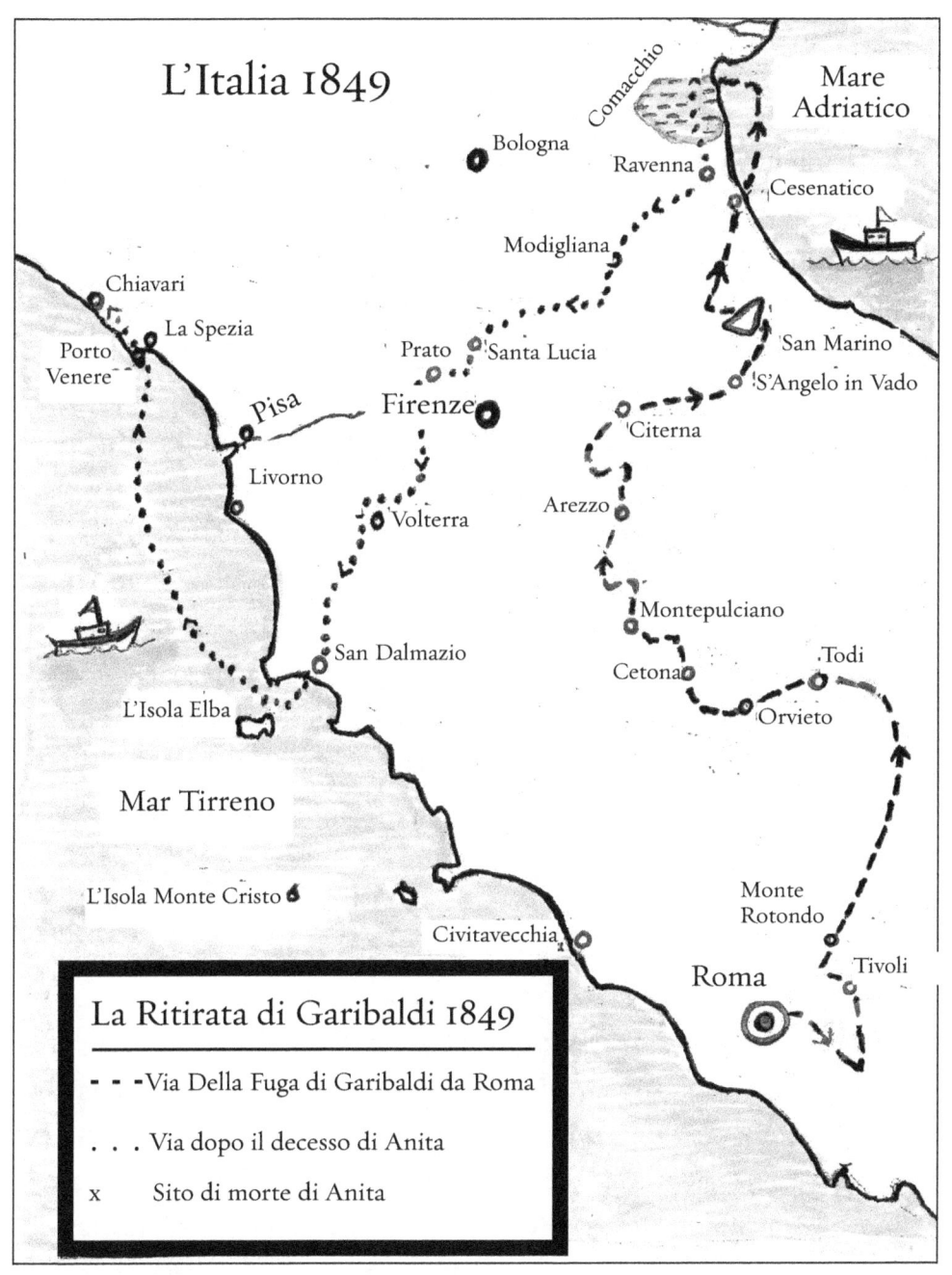

Ritirata di Garibaldi, 1849

L'arresto del generale Garibaldi e la sua espulsione minacciata dal Piemonte è contraria al diritto garantito dallo statuto al sentimento di patriottismo per la Gloria d'Italia.

Soltanto undici membri del parlamento si opposero a questa risoluzione ed uno di questi fu Camillo Benso Conte di Cavour, un ministro del Piemonte. Nel frattempo, il Re Vittorio Emanuele rimase silenzioso e neutrale, non intendeva inimicarsi gli austriaci diventando amico di Garibaldi, né intendeva respingerlo per non andare contro l'opinione pubblica della sua nazione.

Il governo non osò infierire su Garibaldi. Anche se era prigioniero, il governatore militare di Genova, generale La Marmora gli concesse tutti i privilegi possibili. Egli poteva ricevere tutte le visite che desiderava; era fin'anche autorizzato a parlare con i rappresentanti della stampa. Durante questo periodo di tempo Garibaldi tacque, non disse nulla che potesse compromettere il governo. Dopo cinque giorni di carcere, il governo decise di permettere a Garibaldi di emigrare in America. Tanto per addolcire la situazione, il governo promise a Garibaldi una pensione per poter sostenere la sua famiglia e gli concesse 24 ore per andare a visitare i parenti nella vicina Nizza. Garibaldi promise, dando la sua parola d'onore, al Generale La Marmora che non avrebbe fatto conoscere la sua situazione e che sarebbe tornato a Genova in 24 ore.

Così, dopo cinque giorni dall'arresto, Garibaldi s'imbarcò per andare a visitare la sua famiglia a Nizza. Il caso volle che il capo del bastimento fosse un suo vecchio amico, Capitano Angelo Pesante, con il quale egli aveva fatto il suo primo viaggio a Odessa nel 1824. Pesante aveva grande ammirazione per Garibaldi e per dimostragli il suo rispetto, lo fece accomodare, per la durata del breve viaggio, nella sua cabina di capitano.

Giunti a Nizza trovarono che il porto era pieno d'imbarcazioni e la costa affollata di gente che aspettava l'arrivo di Garibaldi. Persino i pescatori rimasero al porto per salutarlo. Quel giorno era il 13 settembre. Garibaldi scese a terra in un tumultuoso benvenuto e fu scortato dalla folla a casa di sua madre a Quai Lunel. L'incontro con sua madre fu molto gioioso. Lo aveva visto andare in esilio da ricercato criminale ed ora lo vedeva tornato a Nizza ed accolto dalla folla come eroe nazionale.

In seguito, Garibaldi andò a visitare i figli a casa del suo caro amico, Giuseppe Deideri, dove la sua amata Anita li aveva dati in affidamento prima di raggiungerlo nella battaglia di Roma. I tre figli: Menotti di nove anni, Teresita di quattro e Ricciotti di due, ai quali non era stato ancora rivelato la morte della loro madre, salutarono il padre affettuosamente e calorosamente, ma quando gli domandarono della madre, Garibaldi si mise a piangere e non ebbe forza di rispondere. Fu compito della signora Desideri di comunicare la triste notizia.

Dopo aver trascorso la notte a casa di sua madre, Garibaldi tornò sulla sua imbarcazione il giorno seguente come aveva promesso. Egli non rivide più sua madre, morì poco tempo dopo. Garibaldi mantenne la sua parola d'onor; tornò e non diffuse alcuna notizia, anche se la folla si riunì per accoglierlo e salutarlo. Tutto questo servì ad impressionare favorevolmente il generale La Marmora.

Prima di salpare in esilio, Garibaldi ricevette la somma di 1.200 lire per il primo trimestre della pensione. Egli accettò il denaro in favore della sua famiglia. Per rendere meno triste la situazione, il generale La Marmora permise a Leggero e Cucelli, i due vecchi compagni d'armi, di salpare insieme a lui – e tutto a spese del governo. Perché tutta questa generosità? A quanto pare, il Primo

Ministro Massimo D'Azeglio credette che questo fosse soltanto un piccolo prezzo da pagare per allontanare una "personalità inquietante" dal territorio della Sardegna.

32

L'Esilio a New York

GARIBALDI PARTÌ DA GENOVA per l'esilio il 16 settembre del 1849. A bordo erano con lui Giovanni Culiolo deto "Leggero" e Luigi Cucelli, l'ex maestro della banda della Legione Italiana a Montevideo. Culiolo fu con Garibaldi durante la ritirata da Roma e fu presente alla morte di Anita. Ora i tre salparono verso un futuro pieno d'incertezze.

La prima fermata fu a Tunisi, nel Nord Africa. Ma il governatore turco non li aveva autorizzati a sbarcare lì a causa del parere contrario della Francia. Poichè l'imbarcazione aveva un programma da seguire, fu deciso in fretta e furia di portare i tre esuli al porto di Cagliari nell'isola di Sardegna ma anche lì non fu loro concesso di sbarcare. Al capitano della nave fu dato l'ordine di lasciare i tre uomini nella piccola isola della Maddalena. Così il 25 settembre, Garibaldi, Leggero e Cucelli vennero autorizzati a mettere piede sulla terra alla Maddalena ed alloggiati nella casa del governatore militare, Colonnello Falchi, il quale non li arrestò, ma li tenne sotto sorveglianza.

La Maddalena è situata ad alcune miglia a nord-est al largo della costa della Sardegna ed è lunga circa 6 km e larga 5 km. Ad est, al di là di un stretto canale, largo meno di un km, c'è un'isola più piccola: l'isola di Caprera. Essa prese il nome a seguito delle capre selvagge che la popolavano, non c'erano abitanti. Un inglese, Collins, che visse sull'isola La Maddalena, comprò Caprera allo scopo di andare a caccia e a pesca. Sembra che Caprera abbia avuto un'attrazione speciale per Garibaldi che ora era un uomo senza patria. Cinque anni dopo, egli infatti comprò li del terreno.

In quel tempo, tuttavia, il governo della Sardegna non aveva alcuna intenzione di far rimanere Garibaldi ed i suoi compagni nei confini del Regno e trattò con i britannici per mandarli in esilio in Inghilterra oppure a Gibilterra. Da ambedue i luoghi si rifiutò loro di entrare. Oltre a sentirsi indesiderato, Garibaldi era ancora addolorato per la perdita della sua cara Anita e per la separazione dai suoi tre figli. Egli era ora un uomo senza amore, senza famiglia, senza patria!

Finalmente, fu il Re del Marocco a dare il permesso agli esiliati di andare a Tangeri, sulla costa del Nord Africa, dove vennero accolti dal Console di Sardegna Giovanni Battista Carpeneto. Questi, un vero patriota, permise agli esuli di essere ospiti a casa sua. Offrì loro ospitalità, senza consultare il suo governo; per questo motivo, ricevette più tardi un rimprovero da parte del Primo Ministro Massimo D'Azeglio.

Durante la sua permanenza in Tangeri Garibaldi iniziò a scrivere le sue memorie. Il manoscritto originale comprendeva il periodo dalla sua nascita nel 1807 fino alla partenza da Montevideo nel

1848. Egli si mise a scrivere per combattere la noia. Scrivere lo aiutò a passare il tempo. Nonostante ciò, l'esilio a Tangeri fu un periodo noioso ad eccezione di quelle volte che egli andò a caccia di cinghiali selvatici. Insieme al suo cane fedele, Castore, trascorse giornate intere nella campagna selvaggia, dormendo all'aperto e nutrendosi di selvaggina, egli aspettò pazientemente di ricevere una chiamata da Torino che gli ordinasse di assumere il comando di un esercito per la liberazione nazionale. La chiamata non arrivò mai.

Passarono sette mesi. Garibaldi decise di tentare la sua fortuna negli Stati Uniti, come fecero tanti suoi connazionali prima di lui. Egli pensò che soltanto in America avrebbe potuto avere un lavoro in qualità di capitano marittimo. Così, nel mese di giugno del 1850, Garibaldi lasciò Tangeri in partenza per gli Stati Uniti d'America. Culiolo e Cucelli invece rimasero lì perché egli non aveva abbastanza denaro per pagare il loro passaggio per l'America. Dopo una breve fermata a Liverpool, Inghilterra, la nave salpò per New York, dove arrivò dopo 33 giorni di viaggio ed una non facile traversata nell'agitatissimo oceano.

L'arrivo di Garibaldi a New York non passò inosservato. Il Comitato Italiano negli Stati Uniti capeggiato da Felice Foresti aveva già preparato un ricevimento civico a New York seguito da un banchetto all'Astor Hotel. Tuttavia, Garibaldi che era stato tenuto in quarantena per cinque giorni a Staten Island, rifiutò di partecipare a qualsiasi ricevimento o banchetto tenuto in suo onore. Allorchè il periodo di quarantena terminò, egli prese il traghetto per Manhattan per andare a vivere con un compatriota che si chiamava Felice Foresti, in una casa a Irving Place. Foresti era un vecchio rivoluzionario che trascorse diciotto anni nelle prigioni austriache. Al suo rilascio egli emigrò a New York dove nel 1837, diventò presidente del reparto di letteratura italiana nel Columbia

College.

La New York del 1850 era una città di quasi 700.000 abitanti, la maggior parte dei quali erano immigranti europei—Irlandesi, tedeschi, italiani, polacchi, etc. Il centro commerciale si estendeva da Wall Street e Battery fino alla 14/ma strada e Union Square. Da quì ed andando a nord verso la 72/ma strada c'era l'area più nuova della città dove si vedevano palazzi più imponenti ed abitazioni dei ricchi. Al di là di questa zona c'erano campi e boschi. Il Bronx era prevalentemente una zona di campagna e tra gli altri quartieri, solamente Brooklyn aveva una discreta concentrazione di popolazione.

Mentre Garibaldi abitava a Irving Place, fu visitato dallo scrittore, Theodore Dwight, che gli chiese il permesso di tradurre e pubblicare le memorie scritte durante la permanenza a Tangeri. Garibaldi acconsentì e Dwight nel 1859 pubblicò la traduzione in inglese delle memorie sotto il titolo *The Life of General Garibaldi*. Questo testo divenne una fonte di preziose informazioni sulla vita di Garibaldi nell'America del sud. A richiesta di Dwight, Garibaldi scrisse anche una breve biografia sul decesso di sua moglie, Anita. Nel 1859 questa fu pubblicato da Dwight come un'appendice alle memorie.

Nell'ottobre del 1850, Garibaldi si trasferì a casa di Antonio Meucci al di là della baia a Staten Island. Meucci nacque in Italia vicino a Firenze, nel 1808. Studiò disegno e ingegneria meccanica nell'Accademia delle Belle Arti a Firenze. Poi lavorò in un teatro locale come tecnico del palcoscenico. Nel 1835 emigrò a Cuba, dove accettò il lavoro da disegnatore scenico nel Teatro Tacon in Avana. Lasciò Cuba per recarsi a New York nel 1850 e prese residenza a Staten Island. Là, Meucci guadagnava appena da vivere lavorando in una fabbrica di candele nel giardino dietro casa sua. Meucci spendeva il suo tempo libero facendo esperimenti con un congegno che avrebbe potuto trasmettere la voce umana attraverso dei fili di rame elettrici – un congegno che egli chiamò "teletrofono".

Mentre era ospite a casa di Meucci Garibaldi si guadagnò da vivere lavorando nella fabbrica di candele. Purtroppo non conoscendo il mestiere, fu costretto a fare il lavoro manuale trasportando barili di sego dai moli alla vasca bollente in fabbrica. Come ricreazione, a volte giocava a bocce con altri italiani in un terreno vicino al bordo dell'acqua. Inoltre frequentava il Bar Ventura a Fulton Street in Manhattan, dove spesso si infervorava in animate conversazioni con altri clienti. Quando c'erano delle riunioni in casa, Garibaldi cantava canzoni popolari italiane suonando il pianoforte di Meucci. A volte tutti i presenti cantavano in coro. Spesso andava a pesca insieme a Meucci oppure a caccia da solo nei boschi di Staten Island. Una volta, mentre andava a caccia, commise un'infrazione alle ordinanze locali e dovette comparire in tribunale. Quando il giudice scoprì chi era l'accusato si spaventò e battendo il martello sul tavolo rifiutò immediatamente il caso!

Tutto sommato, Garibaldi si sentì inutile nella fabbrica di candele e gli parve di vivere elemosinando a casa di Meucci. Si recò allora in cerca di lavoro come scaricatore di porto lungo i moli di New York, ma gli fu detto che non avevano bisogno del suo servizio perché era troppo vecchio per svolgere i lavori pesanti portuali. Questo rifiuto umiliò molto Garibaldi poiché aveva soltanto 44 anni. Tuttavia non fece sapere mai niente a Meucci circa il fatto di non riuscire a trovare lavoro sulle banchine dei moli di New York.

Garibaldi presentò una domanda di lavoro impiego anche al Servizio Postale degli Stati Uniti, ma anche lì non riuscì ad ottenere nessun incarico di lavoro. Nello stesso periodo di tempo, egli richiese la cittadinanza Americana ed ottenne il passaporto. Comunque, in verità non espletò mai tutte le formalità d'obbligo e la sua naturalizzazione non fu mai confermata dal Dipartimento d'Immigrazione e Naturalizzazione.

In questo periodo, Garibaldi si interessò vivamente al benessere della comunità italiana di New York. Prese parte a numerosi gruppi di raccoglitori di fondi e diede loro il permesso di utilizzare il suo nome con gli appelli caritatevoli. Anche se personalmente aveva pochi soldi, in una occasione Garibaldi donò ad un bisognoso la camicia ch'egli portava addosso. Un visitatore malvestito una volta gli disse che non aveva soldi per comprarsi una camicia nuova. Garibaldi, che possedeva soltanto due camicie, ne offrì una al povero. Meucci, che era presente, disse a Garibaldi di non privare se stesso di quello che poteva essere un ricordo prezioso. Disse inoltre: "Dai a me la camicia rossa ed io do una delle mie camicie al povero bisognoso". Garibaldi acconsentì. Oggi quella camicia rossa è esposta in mostra nella Loggia Massonica del Comune di Richmond (Staten Island).

Nell'aprile del 1851 Garibaldi ricevette la notizia che un vecchio amico, Francesco Carpanetto (da non confondersi con Giovanni Carpeneto), era arrivato a New York da Genova. Carpanetto ed I suoi soci avevano acquistato una nave a San Francisco e volevano che Garibaldi ne diventasse il capitano. La nave doveva navigare lungo la costa del Pacifico fino al Perù, dove sarebbe stata registrata sotto la bandiera peruviana, e lui ne avrebbe assunto il comando. Chiamata *Carmen*, la nave aveva inizialmente trasportato cercatori d'oro in California per partecipare al Gold Rush. Poiché l'equipaggio abbandonò la ricerca dell'oro, la nave rimase inattiva nel porto. Per questo motivo Carpanetto ed i suoi soci poterono acquistare la nave ad un prezzo conveniente. Ancora una volta Garibaldi dovette congedarsi dai suoi amici e mettersi in viaggio verso l'ignoto. Questa volta, però, partì per prendere il comando di una nave nuova.

Il suo amico Meucci rimase a Staten Island per dedicarsi al perfezionamento di un dispositivo che sarebbe poi diventato molto importate nella nostra cultura moderna: *il telefono*.

Già nel 1855 quando sua moglie incominciò a soffrire di artrite, Meucci escogitò un sistema di comunicazione che collegava il suo laboratorio nel seminterrato di casa con la camera da letto, dov'era la moglie, al secondo piano. Nel 1860 egli presentò con successo la sua invenzione davanti ad un grande pubblico e fece anche pubblicare la descrizione del suo dispositivo su un giornale di New York. La sua dimostrazione, tuttavia, non riuscì ad avere il sostegno finanziario necessario per la sua commercializzazione. Non potendo trovare sostenitori a New York, Meucci tentò d'introdurre la sua invenzione in Italia. Un suo amico presentò il modello del telefono, ma anche questa volta non si trovarono degli investitori interessati alla produzione.

Non essendo in grado di continuare il suo progetto per mancanza di fondi, Meucci fu costretto a cercare un altro lavoro. Il 30 luglio 1871, mentre viaggiava sul traghetto di Staten Island per andare a lavorare, fu gravemente ustionato a causa di una esplosione. Fu ricoverato per circa tre mesi e durante questo periodo, sua moglie vendette il prototipo del suo telefono ad un rigattiere di seconda mano per sei dollari! É evidente che la donna aveva bisogno di soldi. Allorchè Meucci tentò di riacquistare il dispositivo di tanto valore, gli dissero che era stato rivenduto ad "un giovane sconosciuto".

Nonostante questa brutta situazione, Meucci continuò con determinazione a portare avanti la sua ricerca per lo sviluppo di un sistema di comunicazione basato sulla sua invenzione. Usando vecchi appunti e schemi, si rimise a lavorare freneticamente per la ricostruzione del modello del telefono. Passarono diversi mesi prima che questo risultato venisse raggiunto, ma con una gran paura che qualcun altro potesse rubargli l'idea prima che lui avesse ottenuto il brevetto.

La sua paura crebbe ancora di più quando non riuscì a mettere insieme la somma di 250 dollari che avrebbe dovuto pagare per prendere il brevetto definitivo sul suo telefono. La sua unica possibilità fu quella di richiedere un brevetto contenente una clausola di rinnovo per i successivi due anni. Meucci registrò questo documento nel dicembre del 1871, avrebbe poi dovuto rinnovarlo nel 1872 e nel 1873. Gli eventi, comunque, furono tali che egli non ebbe i 10 dollari per pagare la tassa di rinnovo.

Nel 1872, Meucci cercò di avere l'appoggio della neo società Western Union Telegraph. Mandò un modello del suo dispositivo ad un funzionario della compagnia, offrendosi per dimostrare la potenzialità che la sua invenzione poteva avere sui fili del sistema della Western Union. Il funzionario, un certo Edward B. Grant, mostrò interesse per il progetto, ma senza prendere ulteriori impegni. Passarono dei mesi e quando Meucci si mise in contatto con Grand per richiedere una programma in cui avrebbe potuto dimostrare il suo dispositivo, questi lo allontanò facendogli sapere che non avrebbe avuto tempo. Due anni più tardi (nel 1874), quando Meucci chiese che gli venisse restituito il suo modello, la risposta fu che era stato "perso". Tradito e disorientato, ora Meucci doveva affrontare il suo avversario più temibile: Alexander Graham Bell.

Nel 1876, Bell presentò la richiesta di brevetto per il suo telefono, e quando Meucci intentò una causa contro di lui e la sua società, ne seguì una serie di lunghi procedimenti giudiziari. Nel corso di questi, emerse il fatto che tutti gli atti d'avvertimento depositati da Meucci in attesa del brevetto finale, erano stati misteriosamente perduti. Da un'inchiesta sulla questione venne alla luce che due dipendenti dell'Ufficio Brevetti degli Stati Uniti erano collegati con alti funzionari della società Bell. Ancora più sorprendente fu la rivelazione che Bell stesso aveva condotto degli esperimenti nello stesso laboratorio della Western Union, dove gli appunti di Meucci erano stati memorizzati da altre persone. Oltre a tutto questo, si seppe anche che Bell aveva accettato di pagare il venti per cento dei profitti ricavati dalla

La casa di Antonio Meucci a Staten Island, New York (ora il Museo Garibaldi-Meucci)

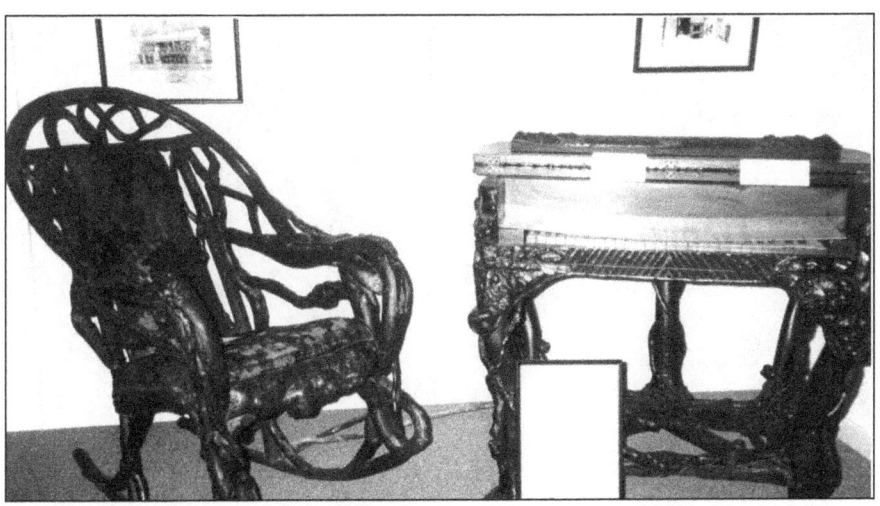

Pianoforte e sedia a dondolo nella camera di soggiorno di Meucci

La vasca di ebollizione usata da Meucci per fare le candele

*Modelli di telefoni progettati da Meucci nel 1854,
ora in mostra presso il Museo Garibaldi-Meucci*

commercializzazione del telefono a Western Union per un periodo di diciassette anni. Con milioni di dollari coinvolti, il caso assunse proporzioni grandiose, di fronte alle quali nulla avrebbe fermato le forze economiche di Bell per ottenere il brevetto del telefono.

Nel caso giudiziario che ebbe inizio nel 1885 il giudice ignorò le

Monumento a Meucci eretto nel 1923 a Staten Island, New York

prove affermative in favore di Meucci e dimostrò d'essere affascinato dalla retorica degli avvocati di Bell. Meucci fu considerato come un "pazzo delirante con sogni selvaggi e telefono con fili". Alla fine la corte deliberò in favore di Bell, al quale fu in seguito attribuita l'invenzione del telefono.

Meucci, a sua volta, non ricevette alcun riconoscimento per aver inventato il telefono, nonostante la preponderanza di prove che indicavano che egli si trovava un decennio avanti a Bell per quanto riguardava lo sviluppo e l'utilizzo della tecnologia telefonica. Morì senza un soldo il 19 ottobre 1889, vittima di frode ed ingiustizia.

Dopo la morte di Meucci varie organizzazioni italo-americane si sono riunite nel tentativo di fare assegnare il merito al legittimo inventore. Uno dei gruppi in prima linea di questo movimento è stato l'Ordine Figli d'Italia in America, i cui gli instancabili sforzi, in concomitanza a quelli di altri innumerevoli individui ha portato alla fine, la rivendicazione dell'inventore. L'11 Giugno 2002, 113 anni dopo la morte di Meucci, la Camera dei rappresentanti Americana ha approvato la Risoluzione 269, sponsorizzata dal deputato Vito Fossella (R-NY), per il riconoscimento ufficiale di Antonio Meucci come il vero inventore del telefono. Una simile risoluzione (223) sponsorizzata dal senatore Jon Corzine (D-NJ) è stata approvata dal Senato degli Stati Uniti nel settembre 2003.

L'eredità di Meucci è conservata nel Museo Garibaldi-Meucci, che si trova nella casa in cui i due uomini vissero. Il museo è oggi gestito dall'Ordine Figli d'Italia in America e contiene degli arredi originali. Inoltre in mostra ci sono due modelli del telefono di Meucci e numerosi documenti originali, lettere e fotografie che risalgono alla metà del 1800. Il museo è situato alla 420 Tomkins Avenue, di Staten Island, 10305 New York, ed è aperto ai visitatori durante le ore pomeridiane dal martedì al venerdì.

33

L'Odissea all'estremo Oriente, 1851–1853

Garibaldi ed il suo amico Francesco Carpanetto partirono per il Perù il 28 aprile del 1851. Nel primo tratto del loro viaggio, navigarono da New York a Chagres sulla costa caraibica di Panama. Anche se all'epoca non esisteva ancora il Canale del Panama, l'Istmo offriva ai viaggiatori la via più breve via terra verso l'Oceano Pacifico. Questo fu anche il percorso intrapreso precedentemente dai Quaranta Niners nel loro cammino per la ricerca dell'oro in California.

Poichè Carpanetto doveva andare a nord del Nicaragua per ragioni di lavoro, Garibaldi lo accompagnò per diversi mesi visitando l'America Centrale. I due si trovarono in una regione dove la natura era uno spettacolo di bellezza costellata di antiche città coloniali spagnole. Con delle canoe essi andarono sul fiume San Juan fino ad arrivare al lago di Nicaragua che attraversarono con un traghetto per giungere alla città di Granada. Proseguirono fino a Leon, dove Carpanetto stipulò delle commissioni d'affari per l'azienda che rappresentava.

Tornati a Chagres quattro mesi dopo, i due camminarono attraverso l'istmo di Panama seguendo la stessa via intrapresa dall'esploratore spagnolo Vasco de Balboa nel 1519 – un viaggio di cinquanta miglia attraverso una intricate giungla infestata dalla malaria. Garibaldi si ammalò gravemente a causa di una febbre tropicale che per alcuni giorni lo fece delirare. Riabilitatosi, attraversò la città di Panama e giunse sulla costa del Pacifico. Qui insieme a Carpanetto s'imbarcarono su un piroscafo diretto a Callao in Perù.

Salpando lunga la costa occidentale del Sud America, si fermarono a Guayaquil in Equador, e a Payta in Perù, dove Garibaldi scese a terra per andare a visitare la signora Manuela Saenz. Costei era stata l'amante di Simone Boliver, il liberatore di gran parte del Sud America, lei aveva combattuto a fianco di Simone Boliver come Anita al fianco di Garibaldi. Quando i due s'incontrarono nella casa di lei, la donna era malata e costretta a letto. Trascorsero il pomeriggio ricordando il passato. Garibaldi provò una grande affinità con Manuela e la descrisse come una gentildonna affascinante ed aggraziata.

Ai primi d'ottobre, i due amici raggiunsero il porto di Callao in Perù e viaggiarono nell'entroterra fino ad arrivare alla capitale, Lima. Qui ricevettero un'entusiasmante accoglienza da parte della comunità italiana, tra cui c'erano molti esuli politici. Il console di Sardegna, tuttavia, non vedeva di buon occhio il loro arrivo. Temeva che Garibaldi si lasciasse influenzare da mazziniani locali e potesse essere coinvolto nel reclutamento di militanti. Per precauzione, fece controllare ogni mossa di Garibaldi che pieno di sdegno trattò con disprezzo il Console quando s'incontrarono in una riunione sociale.

Poco tempo dopo, il nuovo acquisto navale "Carmen" arrivò dalla California e Garibaldi ne assunse il comando come capitano. Il nuovo proprietario della goletta di 104 tonnellate era Pietro Denegri, un uomo d'affari di New York che vi aveva investito la maggior parte del denaro. La nave doveva essere caricata con un carico di guano per una spedizione a Canton in Cina. A quel tempo, il Perù deteneva il monopolio del fiorente commercio basato sull'esportazione del guano, un concime fertilizzante molto pregiato. Carpanetto, dopo aver sistemato ogni cosa, lasciò il Perù per il Nicaragua e più tardi morì di colera; Garibaldi non lo rivide più.

Durante il suo soggiorno a Lima Garibaldi partecipò ad un matrimonio in cui un membro notevole della comunità italiana sposava la figlia di un ricco peruviano. Al ricevimento che seguì, Garibaldi scambiò delle pungenti battute con un ricco uomo d'affari francese di nome Charles Ledo. Ci sono pareri contrastanti sulle parole che i due si scambiarono, ma sembra che Ledo deliberatamente abbia provocato Garibaldi con commenti sarcastici. Egli ebbe il coraggio di descrivere gli italiani che avevano combattuto in difesa della Repubblica romana come "traditori" e "vigliacchi". Garibaldi, non volendo litigare durante un ricevimento nuziale, cercò di ignorare i titoli offensivi. Ma mentre stava discutendo la battaglia di Roma con alcuni degli ospiti, fu interrotto da Ledo che gli chiedeva di ammettere che "i francesi combatterono da eroi". Al che Garibaldi rispose: "Non potrei dirlo. Non ho mai visto più della loro parte posteriore!" La sua risposta suscitò un boato di risate da parte degli altri ospiti.

Alcuni giorni dopo apparve un articolo su un quotidiano locale che condannava il comportamento di Garibaldi durante la difesa di Roma e la ritirata a San Marino. L'articolo lo descriveva come "un eroe della folla", un "pigmeo" che alcuni giornalisti cercavano di "trasformarlo in un gigante". L'articolo, inoltre, presentava Garibaldi come un uomo che aveva coraggio ma non intelletto. L'articolo era firmato "A Gallia", ma Garibaldi, certo che a scrivere l'articolo fosse stato Charles Ledo, decise di affrontare la questione personalmente.

Andò a cercare Ledo sul lavoro e, trovatolo cominciò a picchiarlo col bastone. Un assistente di Ledo presente in quel momento, colpì Garibaldi dietro la testa con una mazza di ferro. Sebbene gravemente ferito, continuò a colpire i due finché non li vide fuggire fuori la porta.

Garibaldi riuscì a difendere il suo onore, ma la rissa causò molto antagonismo tra la comunità italiana e quella francese di Lima. La tensione aumentò allorchè Ledo citò Garibaldi per aggressione. La corte gli fece una multa di 200 pesos, decisione che poi fu ritrattata a causa della pressione dei manifestanti italiani. Sorse un conflitto nazionale che venne sedato dalle truppe dell'esercito peruviano allorchè furono chiamate a mantenere l'ordine. Infine, dopo aver difeso l'onore nazionale italiano, Garibaldi emerse vincitore. Tuttavia, fu severamente rimproverato dal Console a causa del tumulto che aveva causato. Garibaldi stesso poi definì l'incidente come "deplorevole".

Ora, Garibaldi stava per intraprendere, via mare, il viaggio più lungo della sua carriera. Il 10 gennaio del 1852, s'imbarcò per la Cina sulla *Carmen* con un carico di guano. Durante il lungo viaggio attraverso il Pacifico, fece un sogno inquietante. Sognò che la sua amata madre, Rosa, moriva a Nizza, e che a seguire il funerale c'era una lunga fila di donne. Un anno dopo, gli giunse notizia che sua madre era morta, infatti, lo stesso giorno in cui l'aveva sognata, il 19 marzo del 1852!

Il viaggio attraverso il Pacifico durò 93 giorni e premise a Garibaldi di ampliare la sua conoscenza dell'estremo Oriente. Navigò toccando le Hawaii ed innumerevoli altre isole prima di raggiungere Canton il 12 aprile del 1852. A quel tempo la Cina si trovava in crisi perché era stata sconfitta nella Guerra dell'Oppio contro la Gran Bretagna ed i suoi alleati. I vincitori potevano ora costringerla ad aprire i suoi porti al commercio estero, compreso quello dell'oppio. La Cina fu anche costretta a cedere Hong Kong agli inglesi.

Ignaro del fatto che stava entrando in una zona di guerra, Garibaldi si trovò in mezzo ad una battaglia tra una nave della marina cinese ed una nave pirata nel porto di Canton. Quel poco che si conosce a riguardo del soggiorno di Garibaldi nelle acque cinesi fu raccontato da W.C. Hunter, un rappresentante di una ditta di spedizione americana, Perkis e Company. Hunter andò a bordo della *Carmen* durante la battaglia per avvisare il capitano della nave dell'incombente pericolo e rimase molto sorprese nello scoprire che il capitano non era altro che Garibaldi in persona. I due rimasero a conversare sul ponte mentre i proiettili passavano sibilanti sulle loro teste.*

Non potendo scaricare la merce a Canton, Garibaldi salpò 500 miglia lungo la costa cinese fino a Amoy, dove riuscì a vendere il suo carico di guano. Poi si diresse a Canton da dove ricominciò il suo viaggio di ritorno al Perù il 15 d'ottobre del 1852. Questa volta prese la rotta più a sud, navigando attraverso l'Oceano Indiano e girando

---

**Il racconto di Hunter su quanto accadde a Canton è descritto in Garibaldi, di Jasper Ridley, p 372; e di B. Lubbock, I Clippers dell'Oppio, p 326*

intorno all'Australia. Andò verso est lungo la costa meridionale di quel continente; attraversò lo Stretto di Bass tra Melbourne e l'isola di Tasmania e si fermò in una delle isole Hunter per rifornirsi con nuove provviste.

L'isola dove si fermò era un paradiso ricoperto da una vegetazione lussureggiante; con i cinguettii degli uccelli del luogo gli innumerevoli corsi d'acqua chiara ed una sovrabbondanza di fiori selvatici. Non c'erano persone, ma solo un casolare abbandonato ed un orto con le verdure nell'orto. Un epitaffio su una lapide dava ad intendere che l'agricoltore doveva essersi trasferito altrove a causa della perdita di una persona cara. Garibaldi non esitò a cogliere le verdure nell'orto.

Garibaldi fu talmente affascinato dalla bellezza e dalla serenità che ispirava quell'isola che sovente il suo pensiero, specialmente nei momenti di crisi, andava su quel luogo. Probabilmente furono i ricordi di quell'isola bellissima a spingerlo in seguito a costruirsi una casa per sè e la sua famiglia proprio su un'isola, simile a quella.

Proseguendo Garibaldi salpò a sud della Nuova Zelanda ed attraversò il Pacifico fino al Perù. Nonstante i venti contrari durante l'ultima parte del viaggio, la nave finalmente attraccò a Callao il 24 gennaio del 1853, circa un centinaio di giorni dopo aver lasciato la Cina. Da qui, egli navigò verso sud per recarsi a Valparaiso, in Cile, dove mise sulla nave un carico di rame e lana che portò a Boston. Girò intorno ad un tempestoso Capo Horn e continuò verso nord lungo la costa orientale del Sud America. Non ci sono notizie circa le eventuali soste in quelle regioni dove Garibaldi aveva combattuto alcuni anni prima. Il 6 settembre giunse nel porto di Boston, dopo un viaggio di circa 10.000 miglia.

Garibaldi viaggiò in treno da Boston a New York per andare a regolare conti con il proprietario della nave e scoprì che mancava una considerevole somma di denaro. Denegri era convinto che Garibaldi non si sarebbe mai appropriato dei soldi e credette che la discrepanza era dovuta ad un errore nella contabilità. Era risaputo che Garibaldi non fu mai un buon imprenditore. Il ragioniere di Denegri, comunque, fece alcuni considerazioni avvilenti che giudicavano Garibaldi come disonesto ed incompetente. Questo lo esasperò Garibaldi a tal punto che si dimise dal comando della nave. La disputa sulla corretta somma di denaro che Denegri avrebbe dovuto ricevere dal viaggio in Cina di Garibaldi durò fino al 1866, quando fu finalmente risolta.

34

Da New York a Nizza, 1854

Mentre stava a New York, Garibaldi apprese alcune notizie incoraggianti dall'Italia. Un nuovo governo s'era formato al comando del Regno di Sardegna, guidato dal primo ministro Camillo Benso conte di Cavour. Sotto il suo giovane re, Vittorio Emanuele II, la Sardegna era l'unico stato in Italia che aveva mantenuto una costituzione liberale dopo che le insurrezioni del 1848 - 1849 fallirono. Lo stato di Sardegna diventò così un'eccezione in un'Europa dominata da potenti forze reazionarie e repressive. Gli italiani ora si aspettavano che il governo s'ingaggiasse per una guerra di liberazione dal dominio austriaco. Cavour era destinato a diventare una figura chiave nel conflitto imminente che tutti sapevano essere ormai inevitabile.

Nell'autunno del 1853, il console del Regno di Sardegna a New York notificò a Garibaldi che gli era stato permesso di tornare a casa sua a Nizza. Dal momento che Garibaldi non era stato naturalizzato cittadino degli Stati Uniti, egli scelse di tornare in Italia.

In questo periodo, il capitano Antonio Figari, vecchio amico di Garibaldi, arrivò a New York dall'Europa. Figari e Garibaldi s'incontrarono a Tagonrog, Russia, nel 1832 quando entrambi lavoravano sulla *Clorinda*. Figari ora era un capitano della marina mercantile italiana e veniva negli Stati Uniti per l'acquisto di una nave; offrì a Garibaldi di lavorare su di essa.

Figari negoziò con successo l'acquisto della nave chiamata *Commonwealth* nel mese di novembre. Garibaldi ne fu nominato capitano e diede immediatamente il via ai preparativi per il viaggio attraverso l'Atlantico. Il 16 gennaio del 1854 il Commonwealth salpò da Baltimora, diretto a Londra e Genova. Dopo un'assenza di quasi cinque anni Garibaldi tornò di nuovo nella sua terra di sua origine.

La nave ormeggiò nel porto di Londra l'11 febbraio 1854, qui Garibaldi contattò Mazzini. I due non si vedevano dal tempo della caduta della Repubblica Romana, cinque anni prima. Tramite Mazzini, Garibaldi conobbe molti altri importanti rivoluzionari esiliati, tra cui Alexandre Ledru-Rollin della Francia, Lajos Kossuth dell'Ungheria e Alexander Herzen della Russia. Durante il suo soggiorno a Londra, Garibaldi s'incontrò in diverse occasioni con Herzen. Egli raccontò al russo della sua vita per mare e gli parlò di "una insurrezione galleggiante pronto a farla su qualsiasi riva, senza dipendente da alcuno e in modo inattaccabile." Più tardi, nei suoi scritti, Harzen descrisse Garibaldi come "un eroe dell'antichità, un personaggio venuto fuori dall'Eneide."

Garibaldi doveva incontrarsi anche con parecchi importanti sostenitori britannici della libertà italiana, tra i quali George Holyoake, William Ashurst, Jessie White, e Sir Anthony Panizzi.

Quest'ultimo si trovava in Gran Bretagna come rifugiato politico nel 1823 e successivamente ebbe la carica di bibliotecario capo del British Museum. Sia Holyoake che Ashurst erano molto attivi nel sostenere le cause radicali come I diritti delle donne e l'unificazione dell'Italia. Holyoake più tardi, aiutò nel reclutamento degli inglesi perché lottassero insieme alle Camicie Rosse durante la liberazione della Sicilia.

Jessie White, la bella figlia di un costruttore navale britannico, aderì anch'essa alla difesa dei diritti della donna e della libertà italiana. Era un'ardente seguace di Mazzini, che in seguito sposò un rivoluzionario italiano di nome Alberto Mario. Nel 1856, divenne la prima donna giornalista in Gran Bretagna e fu nominata dal Daily News come sua corrispondente estera a Genova. Durante la sua permanenza in Italia, seguì Garibaldi nelle sue campagne e spesso si dedicò alla cura dei malati e dei feriti. Più tardi scrisse una biografia della vita di Garibaldi intitolata "Garibaldi e i suoi tempi" pubblicata nel 1884.

Mentre era a Londra Garibaldi e molti altri rivoluzionari esiliati parteciparono ad una cena presso l'ambasciata degli Stati Uniti. Lì incontrò James Buchanan, ex segretario di Stato sotto il presidente James Polk. Buchanan aveva ricoperto diverse altre importanti cariche di governo ed al momento cercava di ottenere la nomina presidenziale democratica. Durante la conversazione, Buchanan dichiarò che Garibaldi era tanto famoso in America quanto lo era in Europa. Garibaldi ne fu lusingato. Due anni dopo Buchanan fu eletto presidente e la sua amministrazione aderì alla politica pro-schiavitù il che condusse la nazione alla Guerra civile. Successivamente, Alexander Herzen descrisse la cena alla quale parteciparono molti rivoluzionari, come "la cena rossa, data dai difensori della schiavitù negra".

Dopo la tragica morte di Anita nel 1849 Garibaldi mostrò poco interesse per le altre donne. Tuttavia si trovò nuovamente coinvolto sentimentalmente quando conobbe e s'innamorò di Emma Roberts, una bella socialista inglese, durante una festa celebrata in una casa privata di Londra. La signora Roberts, ricca e vedova, era molto attiva nel circolo sociale londinese. Era affascinante, colta ed aveva un vivo apprezzamento per le cose belle della vita. Dopo il loro primo incontro, lei e Garibaldi furono travolti da una storia d'amore e presto annunciarono il loro fidanzamento che suscitò tanta attenzione da parte della stampa.

Il 17 marzo Garibaldi salpò dal porto di Londra diretto a Tynemouth per andare a prendere un carico di carbone. Vi rimase lì per tre settimane e strinse amicizia con Joseph Cowan e la sua famiglia. Cowan era stato un MP per la città di Newcastle ed un campione della riforma sociale. Organizzò un incontro pubblico a Newcastle per onorare Garibaldi come il "difensore della gloriosa Repubblica Romana". Alla cerimonia a Garibaldi fu consegnata una spada d'onore, un telescopio ed una dichiarazione di benvenuto. Il denaro per i doni furono raccolti grazie al contributo di più di mille operai, nessuno dei quali contribuì con più di un centesimo.

Il 12 aprile Garibaldi salpò dall'Inghilterra per Genova dove arrivò il 7 maggio, accolto con un caloroso benvenuto da parte dei cittadini. Egli proseguì per Nizza, dove rivide la sua famiglia dopo quasi cinque anni d'assenza. Sua madre, Rosa, era morta durante la sua assenza, e suo nipote Angelo Gustavini era andato ad abitare nella vecchia casa di famiglia in via Quai Lunel. Garibaldi e suo figlio di sette anni, Ricciotti, si trasferirono in una piccola casa lì vicino. Suo figlio maggiore, Menotti, frequentava un collegio a Genova, mentre sua figlia Teresita continuava a vivere con la famiglia Deideri a Nizza.

Garibaldi sperava di trascorrere una piacevole estate con i vecchi amici a Nizza, ma ci furono delle insurrezioni da parte dei seguaci di Mazzini ch'egli giudicò non adeguatamente preparate. Le descrisse come "insurrezioni premature" provocate da "trucchi e truffatori" che screditavano la causa della libertà italiana. Ritenne che queste rivolte non ben ponderate non fecevano altro che causare la morte di molti patrioti italiani. Da parte sua, Mazzini, repubblicano, era contrario a favorire l'idea di Garibaldi, quella cioè di unificare l'Italia sotto un potente monarca – re Vittorio Emanuele II di Sardegna. Di conseguenza, Mazzini e Garibaldi non erano più considerati amici. Un altro motivo di disaccordo tra i due rivoluzionari sorse sulla partecipazione del Regno di Sardegna alla Guerra di Crimea a fianco degli Alleati. Mazzini disapprovava questo intervento mentre, Garibaldi, invece, sosteneva il coinvolgimento nella Guerra perché pensava che l'esercito sardo avrebbe acquisito una preziosa esperienza militare per una futura Guerra contro l'Austria.

Nell'estate del 1854 Garibaldi ottenne la sua laurea di maestro navale da parte delle autorità sarde e prese comando di una nave a vapore chiamata "Salvatore". Subito si mise commerciare lungo la costa, navigando tra Genova, Nizza e Marsiglia, guadagnando quel pò di denaro di cui aveva tanto bisogno. Ben presto incominciò ad accarezzare l'idea di ritirarsi sulla piccola isola di Caprera e di diventare un agricoltore (L'isola che apparteneva ancora ad un inglese, Collins, che in precedenza aveva militato sotto il comando dell'Ammiraglio Nelson durante le guerre napoleoniche).

Quando il fratello di Garibaldi, Felice, morì nel novembre del 1855 Garibaldi ereditò 35.000 lire pari a 1.400 pounds inglesi. Con questo denaro, acquistò metà dell'isola di Caprera pagandola 360 Pounds. L'anno successivo iniziò a costruire una casa sull'isola con l'aiuto di alcuni amici e suo figlio più grande, utilizzando materiali portati da Genova. Si accamparono in una tenda fino a quando finirono di costruire la casa, una casa di pietra di stile sudamericano con quattro stanze, pareti bianche, porte verdi, soffitti alti e tetto piatto. Oltre la porta d'ingresso, misero anche un cancello metallico con la data 1856. Costruirono anche un mulino a vento, un piccolo osservatorio e diversi sgabuzzini fuori casa. Orti e giardini per i fiori vennero progettati per essere realizzai più in là. Garibaldi finalmente realizzò la casa dei suoi sogni.

35

Storie D'Amore Private

Gli scrittori hanno descritto Garibaldi come un figura romantica, con un richiamo emotivo che trascende i confini nazionali. Gli uomini lo idolatravano e le donne lo amavano con passione. Rappresentava la quintessenza dell'eroe di cappa e spada —era infatti reale! Secondo una leggenda del suo tempo, Garibaldi pareva essere l'incarnazione dell'eroe disinteressato. Il suo portamento, bello e pieno di fascino, conquistava tutti coloro che si trovavano al suo cospetto. Anche, le donne accorrevano al seguito della sua bandiera, impegnandosi con fedeltà, passione e ammirazione.

Le donne svolsero sempre un ruolo molto importante nella vita di Garibaldi, da quando era bambino fino all'età avanzata. L'amore per sua madre fu tale che egli tenne sempre una sua foto appesa al muro a capo del suo letto. Durante giovinezza, i pettegolezzi sugli amori con diverse donne gli crearono l'immagine di un donnaiolo.

Storie sulle sue relazioni amorose sono state trovate scritte nel libro delle memorie, così pure come sono state trovate lettere d'amore tra i suoi effetti personali.

Da parte sua, il primo amore fu Francesca Roux, una ragazza della sua città natale Nizza. A quel tempo egli era un giovane marinaio mercantile che navigava avanti e indietro nel Mediterraneo. Promise a Francesca che l'avrebbe sposata al suo ritorno da una viaggio in Turchia. Durante il viaggio si ammalò e rimase bloccato a Istanbul. Al suo ritorno, quattro anni più tardi, scoprì che Francesca s'era sposata con un altro uomo ed aveva appena dato alla luce un bambino. Nonostante la grande delusione, Garibaldi fu in grado di superare il grande dolore e tornare ad un altro amore: il mare.

Durante il suo esilio in Sud America, egli incontrò la "donna del suo cuore", Anna Maria de Jesus Ribeiro da Silva o "Anita", una bellezza dai capelli bruni vista per la prima volta, camminare sulla spiaggia di Laguna, in Brasile. Sul loro primo incontro poco si conosce, ma la loro storia d'amore è stata romanticizzata nei libri di storia e dipinta in quadri famosi. Nonostante alcune voci che affermano che Anita aveva già un marito, i due fuggirono insieme e si sposarono a Montevideo, in Uruguay, il 26 marzo del 1842. Il loro incontro e la loro successiva fuga d'amore sono raccontate in un precedente capitolo di questo libro.

Pare che Garibaldi sia stato fedele ad Anita, anche se, la faceva ingelosire quando cercava di fare il dongiovanni con altre donne. Non si conoscono sue relazioni extraconiugali, ad eccezione di quella con Lucia Esteche, nella provincia di Corrientes in Argentina. Anche se questa storia è frutto principalmentedi pettegolezzi locali, è pur vero che Esteche dette alla luce una bambina poco dopo che Garibaldi partì da Santa Lucia dos Antas nell'autunno del 1842. Negli anni successivi, sua figlia, che orgogliosamente si chiamava Margherita Garibaldi, tenne una cordiale corrispondenza con lui a Caprera.

Dopo la tragica morte di Anita in Italia nel 1849, Garibaldi sembrava non avere più interesse per le donne ma al suo ritorno dall'esilio nel 1854, aveva quarantasette anni, e iniziò il periodo della sua vita più denso di relazioni amorose. La fama d'avventuriero di cappa e spada lo rese celebre. La sua presenza era molto richiesta in occasione di eventi sociali dove spesso veniva conquistato da donne avvenenti. Questo accadde in Inghilterra dove, durante una visita nel 1854, conobbe e s'innamorò di una donna dell'alta società londinese di nome Emma Roberts. I due ebbero una relazione che fece notizie in tutta Londra: la ricca donna dell'alta società ed il pirata spaccone.

Dopo aver annunciato il loro fidanzamento, la donna andò con Garibaldi per una gita in Sardegna. Lì ebbero un ameno soggiorno nella tenuta di un ricco proprietario di terreni amico di Garibaldi. Emma e Garibaldi sembravano molto innamorati. Cavalcarono insieme nei campi e nei boschi e parteciparono persino alle battute di caccia al cinghiale. Tutto sembrava essere un preludio per un felice matrimonio, ma non fu così.

Dopo che la donna tornò in Inghilterra, fu annunciato che il matrimonio era stato spostato a tempo indefinito a causa dell'opposizione di suo figlio. Si trattava del questioni di interesse e proprietà. Evidentemente lei era troppo ricca e sofisticata per Garibaldi che aveva difficoltà ad adattarsi alla vita mondana. Egli stesso, più tardi, commentò che sarebbe bastato un solo mese di vita in casa di Emma Roberts per sentirsi morire. Tuttavia i due rimasero amici e la signora Roberts si offrì di prendersi cura del figlio di Garibaldi, Ricciotti, per farlo studiare in Inghilterra. Garibaldi accettò ed il giovane Ricciotti fu presto mandato in un collegio a Liverpool.

Anche se Emma e Garibaldi mantennero una corrispondenza affettuosa per molti anni, si sa relativamente poco sulla loro storia d'amore. Garibaldi andò nuovamente a farle visita a Londra, ma non parlò mai di lei nelle sue memorie. Da parte sua, Emma rimase molto discreta con lui. Il fatto che entrambi abbiano mantenuto la questione privata assai riservata ci fa capire che questa donna è stata più importante di tutte le altre con le quali egli stabilì amicizia.

Un'altra donna ch'ebbe una relazione amorosa con Garibaldi fu la contessa italiana Maria Martini della Torre. Un po' eccentrica, anche lei conobbe Garibaldi ad una festa privata dell'alta società londinese. La Contessa si innamorò perdutamente di lui, ma dal momento che era già sposata non accadde nulla di straordinario. Alcuni anni dopo, tuttavia, lei indossò una camicia rossa e seguì Garibaldi nella Spedizione dei Mille per liberare la Sicilia. In battaglia, crollò sfinita e poi finì in un manicomio.

Cupido colpì ancora nel mese d'ottobre del 1857 quando la baronessa Marie von Schwartz Esperanza andò all'isola La Maddalena, per cercare di avere un colloquio con Garibaldi nella vicina Caprera. Lei era una ricca divorziata che viaggiava in tutta l'Europa in cerca d'avventure amorose e che scrisse dei suoi viaggi in una serie di libri divertenti pubblicati con lo pseudonimo di Elpis Melena. Andò a Caprera in cerca di un'altra avventura d'amore. Era una nobildonna che riusciva ad ottenere sempre tutto ciò che voleva —ed anche di più!

Il suo primo incontro con Garibaldi fu elettrizzante. Fu un amore a prima vista. Trascorsero i primi due giorni visitando l'isola e godendo della reciproca compagnia. Visitarono sia La Maddalena che la vicina Caprera. Prima che la Baronessa ripartisse per tornare a casa, Garibaldi non solo le dette il permesso di tradurre le sue memorie in tedesco e pubblicarle, ma le promise che, nel futuro, l'avrebbe portata a fare un viaggio in Sardegna.

La Baronessa tornò dieci mesi dopo e rimase con Garibaldi a Caprera per circa una settimana. Un giorno, mentre camminavano lungo un sentiero, Garibaldi le propose di sposarlo. Un po' di sorpresa, la Baronessa prese un po' di tempo per pensarci, ma la risposta non arrivò mai. Un po' irritato, Garibaldi non rinnovò mai più la richiesta. La loro storia d'amore degenerò in un rapporto d'amore e odio che durò per diversi anni.*

Alla fine non accadde nulla e la baronessa pubblicò le sue memorie nel 1861 con il titolo di "Garibaldi's Denkwürdigkeiten".

Garibaldi ebbe anche una relazione con una giovane contadina di nome Battistina Ravello che era venuta da Nizza per lavorare a casa sua come cuoca e casalinga. I visitatori che andavano a Caprera pensavano tutti che lei fosse l'amante di Garibaldi a causa dei capricci che faceva ogni volta che un'altra donna dimostrava particolare attenzione per Garibaldi. Le supposizioni si rivelarono veritiere allorchè, nel maggio del 1859, la ragazza partorì una bambina che chiamarono Anita e che era figlia di Garibaldi. Lui comunque, non amava questa donna e mai la sposò. Ciò nonostante firmò un documento con il quale riconosceva la neonata Anita come sua legittima figlia. Per la legge italiana questo aveva l'effetto di ritenere lui come responsabile genitore. Più tardi nello stesso anno, mentre si trovava in una campagna di guerra nel nord Italia, Garibaldi apprese che Battistina aveva una relazione con un giovane uomo della Maddalena. La sua ira fece sì che lei dovette lasciare Caprera e, portando con sé la bimba Anita, tornò nella sua città nativa, Nizza, dove visse insieme a sua figlia e con il suo aiuto.

---

* *La storia d'amore tra la baronessa von Schwartz e Garibaldi è raccontata nei capitoli successivi.*

Alla fine della guerra con l'Austria, nel mese d'ottobre del 1859, Garibaldi conobbe e s'innamorò di Paulina Marchesa Zucchini, una bella e giovane vedova, nipote del re di Napoli, Gioacchino Murat. Si conobbero in una riunione sociale a Villa Letizia a Bologna e lui s'innamorò. Un giorno, mentre camminavano insieme nei giardini, egli le chiese di sposarlo. Lei cortesemente rifiutò, ma gli giurò eterna devozione per la sua causa. Ancora una volta Garibaldi riuscì a stabilire una duratura amicizia, ma senza trovare una moglie.

Nello stesso anno s'infatuò di una bella ragazza che conobbe nell'estate precedente, durante la guerra contro l'Austria. A lei avevano affidato il pericoloso compito di portare messaggi attraverso le linee nemiche; un compito che lei svolse molto bene. Giuseppina Raimondi era la figlia del marchese Raimondi di Fino sul Lago di Como. Garibaldi, sorpreso dal coraggio e competenza di Giuseppina, s'innamorò perdutamente. Le scrisse appassionate lettere d'amore finché lei acconsentì a sposarlo, anche se in realtà era innamorata di un giovane ufficiale dell'esercito. Aveva tanta ammirazione per Garibaldi, lo vedeva come eroe nazionale e pensava fosse suo dovere sposarlo. Suo padre di buon grado approvò il matrimonio.

Dopo un annuncio formale, Garibaldi e Giuseppina si sposarono in una chiesa cattolica sulla sponda del Lago di Como. L'evento sembrò una favola: la bella spia e l'eroe invincibile! Ma un fatto inaspettato accadde all'uscita dalla chiesa che causò una brutta svolta al corso degli eventi. Una notizia misteriosa fu consegnata a Garibaldi. Esso diceva che Giuseppina aveva avuto rapporti sessuali con un altro soldato durante la notte precedente al matrimonio. Sbalordito, Garibaldi si voltò verso la sua sposa e le domandò se era vero. Rispose di sì, allora egli andò su tutte le furie ed alzò la mano per colpirla, ma non lo fece. La riconsegnò a suo padre, dicendogli che non era sua moglie. Garibaldi non parlò mai più con Giuseppina.*

Anche se profondamente ferito, Garibaldi non stette inoperoso troppo a lungo. Nel maggio del 1860 guidò una spedizione in Sicilia e presto liberò quasi tutta l'Italia meridionale. Brevemente governò come dittatore sui territori conquistati e tornò a Caprera dopo aver consegnato il potere al re Vittorio Emanuele II. Da allora Garibaldi fu considerato un eroe nazionale e, come tale, fu visitato da un flusso costante di autorità, giornalisti e sostenitori. Ricevette anche un'enorme quantità di corrispondenza, tanta che dovette impiegare tre segretarie personali. La maggior parte della corrispondenza arrivò da parte dei suoi simpatizzanti e da donne di ogni età e condizione sociale che sostenevano la sua causa. Arrivarono una serie di lettere d'ammirazione e anche passionali. Tra queste ultime c'erano le lettere della signora Charles Seely, la duchessa di Sutherland, Florence Nightingale e la sua ex fidanzata, Emma Roberts. Evidentemente, la distanza rendeva Garibaldi ancora più ammirevole per queste donne. Questa infatuazione, da parte di donne facoltose e di alta società, sembra essere stata una parte importante della sua vita privata.

Garibaldi finalmente si sposò di nuovo il 26 gennaio del 1880. Il suo matrimonio con Giuseppina Raimondi fu ufficialmente annullato per non essere stato consumato e sposò la sua governante di casa Francesca Armosino. Francesca era stata la sua amante per molti anni e gli aveva dato tre figli, uno dei quali morì durante l'infanzia. Fu il suo terzo ed ultimo matrimonio di Garibaldi.

Va ricordato che, negli anni successivi, molti giovani uomini e

---

Il matrimonio di Garibaldi con la marchesina Giuseppina Raimondi è raccontato in un capitolo successivo.

donne scrissero a Garibaldi sostenendo che egli era il loro padre. A causa del gran numero di lettere da parte di questi presunti o veri figli nati da storie d'amore diverse, Garibaldi incaricò un suo vecchio amico, Luigi Coltelletti, di gestire la situazione. La famiglia Coltelletti continuò ad occuparsi di questo genere di corrispondenza per cinquant'anni. Dopo la prima guerra mondiale, il figlio di Coltelletti, Giuseppe Garibaldi, bruciò tutte le lettere dando così fine a questa corrispondenza piuttosto divertente.

36

Baronessa Maria Esperanza von Schwartz

GARIBALDI ANDÒ IN INGHILTERRA di nuovo nel marzo del 1856 per far visitare Emma Roberts a suo figlio Ricciotti, che era in collegio. Durante questo soggiorno, lui e la signora Roberts ruppero ufficialmente il loro fidanzamento. Tuttavia rimasero amici e, come regalo d'addio, lei gli regalò uno yacht di 42 tonnellate che egli accettò a malincuore. Diede allo yacht il nome "Emma" e lo usò per andare avanti e indietro da Caprera alla terraferma della penisola italiana.

Al suo ritorno dall'Inghilterra si fermò a Nizza per prendersi cura di affari personali. Infatti firmò la casa di sua proprietà a favore di suo cugino Angelo Gustavini, poi prese i figli, Menotti e Teresita, li portò a vivere con lui nella casa appena completata a Caprera.

L'altro figlio, Ricciotti, rimase invece in collegio in Inghilterra. Garibaldi assunse anche una giovane donna di nome Battistina Ravello come cuoca e sua governante a Caprera. Battistina diventò la sua amante e gli diede una figlia che chiamarono Anita. Poi in seguito a delle liti Garibaldi la licenziò. La piccola Anita fu mandata in una scuola esclusivamente femminile a Winterthur, in Svizzera, e la baronessa Maria Esperanza von Schwartz fu nominata sua tutrice.

La Baronessa andò a raggiungere per la prima volta Garibaldi a Caprera nell'autunno del 1857. Era una donna alta, bionda, bella, figlia di un banchiere tedesco, ma che affermava di essere inglese perchè era nata in Inghilterra. Si era sposata due volte. Il suo primo marito si suicidò; il secondo, il barone von Schwartz, ottenne il divorzio. Siccome era una donna di mondo, aveva viaggiato molto e scrisse una serie di libri raccontando i suoi viaggi e le sue relazioni sentimentali. Usò il nome Elpis Melena come suo pseudonimo, una traduzione letteraria greca del suo vero nome. Lei andò a Caprera per ottenere da Garibaldi il permesso di tradurre in tedesco le sue memorie e provvedere per la pubblicazione ad Amburgo.

Giunta in battello alla Maddalena, la Baronessa organizzò, tramite il capitano Dodero, un colloquio con Garibaldi. Costui, desideroso di conoscere questa donna scrittrice, giunse ansioso da Caprera. Dodero fece la parte di Cupido nel presentarli: la ricercatrice d'avventure e l'eroe di coppa e spada su un'isola solitaria! I due trascorsero due giorni insieme visitando Caprera e La Maddalena. Prima che lei ripartisse, Garibaldi le diede il permesso di tradurre e pubblicare le sue memorie e la invitò a tornare a Caprera. Ciò che accadde fra i due si può desumere dal contenuto di questa prima lettera:

Mia Speranza,

Come potrei mai dimostrarti la gratitudine e l'affetto che meriti? Se ho mai desiderato di porre tutto ciò che sono e che ho ai piedi di una donna, il momento giusto è questo. È stato tutto naturale il fatto che ti ammassi ancor prima di conoscerti. Tu eri già interessata a me e nella mia immaginazione io ho accarezzato la tua preziosa immagine. La realtà ora mi ha fatto andare oltre, mi sento felice ed orgoglioso di nutrire cari pensieri e tanta tenerezza per una così nobile donna.

La promessa che ti feci davanti alla porta di casa fu temeraria. Non posso dirti altro in una lettera, ma, appena avrò la gioia di rivederti, ti dirò ciò che mi trattenne. In ogni modo quando desideri iniziare il tuo viaggio scrivimelo. Il mio cuore sarà addolorato se non potrò venire con te. In futuro sarò orgoglioso di essere tuo, completamente e assolutamente; quindi più uso farai di me e più felice io sarò.

Teresa è contentissima dei bei vestiti. Tutto ciò che ci hai mandato l'abbiamo ricevuto con tanta gratitudine; l'unico nostro dispiacere è che quì non abbiamo potuto ospitarti bene come meriti. Accetta i ringraziamenti e l'affetto di tutti noi. Au revoir!

Ti bacio la mano e sono sempre,

il tuo,

G. Garibaldi

Seguirono altre quattordici lettere d'amore per la Baronessa durante questo periodo, e tutte vennero da lei pubblicate nel suo libro "Garibaldi": Ricordi della sua vita pubblica e privata.

Nel mese d'agosto del 1858, "Speranza", come la chiamava Garibaldi, andò di nuovo a Caprera e rimase con lui per circa una settimana. Verso la fine dei giorni, egli le chiese di sposarlo. Non si sa per quale motivo, ma la donna volle prendersi un po' di tempo prima di dargli una risposta definitiva che mai arrivò. Indignato per questo temporeggiamento Garibaldi non rifece più la proposta. La loro storia d'amore, che all'inizio sembrava essere così promettente, scivolava ora verso il buio. E così, nonostante Garibaldi fosse sempre circondato da amabili signore, non era ancora riuscito a trovare una di suo gradimento disposta a sposarlo.

Nonostante ciò i due continuarono ad amarsi. Ciò fu evidente allorchè lei andò a trovarlo a Torino nell'aprile del 1859 poco prima dell'inizio delle ostilità con l'Austria. Seppe che Garibaldi era stato nominato generale dell'esercito di Sardegna e che presto sarebbe partito per il fronte. Dopo molte difficoltà riuscì ad incontrarlo. Il loro incontro fu appassionato: la bellissima Baronessa e il gagliardo ufficiale con la divisa con gli ornamenti dorati. Garibaldi manifestò il suo amore per lei e lei ricambiò, ma ormai era l'ultimo giorno prima della partenza per il fronte. Nelle sue memorie, la signora raccontò l'ultima notte con Garibaldi e quanto fosse stata "gentile" nei suoi riguardi. La mattina seguente, lo accompagnò alla stazione ferroviaria e lo vide partire per la guerra. Anche se Garibaldi non aveva mai più rinnovato la sua proposta di matrimonio, Esperanza credeva che lui avesse ancora il desiderio di sposarla. Dopotutto lei non aveva né accettato né respinto la proposta fattagli a Caprera! Aveva perso l'occasione. Garibaldi si trovò presto coinvolto con altre due donne: Battistina Ravello, dalla quale ebbe una bimba; e Giuseppina Raimondi che sposò nel gennaio del 1860. Ambedue le relazioni ebbero una tragica fine.

Esperanza e Garibaldi rimasero comunque ancora amici, mentre la loro relazione era molto difficile. Lei fu profondamente delusa dalla relazione di Garibaldi con Battistina e dal matrimonio con Giuseppina. Successivamente le due donne furono diffamate nel libro dei Ricordi.

Col passare del tempo ed il cessare dei pettegolezzi, il rapporto tra Esperanza e Garibaldi tornò a rinsaldarsi. Durante il 1863, la loro corrispondenza diventò più affettuosa e Garibaldi iniziava le sue lettere con "Speranza carissima". Nel 1864 lei si recò a Caprera con il preciso scopo di discutere per il bene della giovane figlia Anita, che Garibaldi aveva avuto da Battistina Ravello. Gli domandò di affidare alle sue cure questa bimba di cinque anni per far sì che crescesse come "una donna istruita e raffinata". Dopo tante esitazioni, Garibaldi acconsentì e le diede l'autorizzazione di esercitare legalmente le veci della madre di Anita.

Nel 1875, la fanciulla, allora sedicenne, tornò a Caprera a vivere con suo padre. Aveva avuto problemi di adattamento nel convivere con le altre ragazze al collegio a Winterthur e, di conseguenza, Esperanza la portò a vivere nella sua casa a Creta. Lì la ragazza doveva lavorare senza essere remunerata al servizio della Baronessa – un'esperienza umiliante, che la indusse a tornarsene da suo padre. Anita segretamente aveva scritto semplicemente al suo padre di quanto si sentiva infelice vivendo con Esperanza. Sulla busta della lettera aveva scritto semplicemente al "Generale Garibaldi" buttandola fuori dalla finestra della sua camera. La lettera fu raccolta nella strada e consegnata a Garibaldi a Caprera!

Dopo aver letto la lettera, Garibaldi subito mandò suo figlio Menotti a Creta con l'ordine di riportare la ragazza a Caprera. Quando Menotti giunse sull'isola scoprì la crudele verità: La Baronessa faceva lavorare Anita come sua serva, inoltre aveva anche scoperto che la testa di Anita era piena di pidocchi. Quando Menotti ed Anita tornarono a Caprera e raccontarono l'accaduto Garibaldi fu molto deluso dal modo sgarbato con cui la Baronessa aveva trattato sua figlia. Egli le scrisse diverse lettere riguardanti

Anita e le sue condizioni, ma non ebbe mai risposta.

Anita trascorse sei settimane di grande felicità con Garibaldi e la sua famiglia e poi la tragedia. Un giorno, mentre giocava in riva al mare, si ammalò con febbre malarica e morì. Garibaldi non solo perse sua figlia, Anita, ma venne meno anche la fiducia verso Esperanza von Schwartz con la quale credeva di avere instaurato un'amicizia duratura.

Nonostante I rapporti con Garibaldi, fossero tesi, la Baronessa scrisse un altro libro dal titolo Garibaldi: "Ricordi della sua vita pubblica e privata". Vi pubblicò alcune lettere d'amore in cui la grande lode a Garibaldi è mista ad avvilenti rivelazioni sulla sua vita privata quasi che la Baronessa avesse lo scopo di offuscare l'immagine dell'uomo che non le aveva mai più rinnovato la proposta di matrimonio. Concluse il volume con queste parole:

> *Secondo il desiderio di suo padre, Anita lasciò Creta. Preferisco nascondere con un velo il modo con cui padre e figlia mi ripagarono per tutto quello che feci per loro, anche per la misteriosa morte della ragazza. Nella storia Garibaldi brillerà sempre come un sole; ma anche il sole ha le sue macchie.*

Cessò ogni corrispondenza tra i due. La Baronessa continuò a viaggiare e a vivere comodamente con il ricavato dai diritti d'autore. Durante una vacanza in Svizzera nel mese d'agosto del 1899, morì in una stanza dell'Hotel Adler a Ermatingen. La Baronessa rimane una delle donne più intraprendenti tra le amanti di Garibaldi.

37

La guerra con L'Austria, 1859

NEL MESE D'AGOSTO DEL 1856, Garibaldi andò a Torino per un incontro con Camillo Benso conte di Cavour, il Primo Ministro del Regno di Sardegna. L'incontro fu organizzato dalla Società Nazionale, impegnata a realizzare l'unità d'Italia. Garibaldi era membro dell'organizzazione e Cavour aveva stretti legami con lui.

A quel tempo il Regno di Sardegna governava cinque stati: Piemonte, Savoia, Nizza, Liguria e l'isola di Sardegna, da cui prese il nome. A volte, tuttavia, il nome di "Piemonte-Sardegna" veniva usato per indicare quello che ufficialmente era il Regno di Sardegna. Nel tentativo di acquisire nuovi territori, il Regno combatté nella Guerra di Crimea (1855) contro la Russia zarista. Truppe sarde combatterono con coraggio e conquistarono l'ammirazione delle grandi potenze. Il Regno di Sardegna ottenne anche un seggio in occasione della conferenza di pace tenutasi a Parigi. Le aspirazioni sarde di ottenere territori d'oltremare furono messe a tacere.

Cavour concentrò allora la sua politica nell'estendere il controllo del Regno di Sardegna sull'Italia settentrionale. C'era però un grande ostacolo: l'Austria. L'impero austriaco governava su gran parte del nord Italia, sia direttamente che indirettamente attraverso governanti che lo rappresentavano. Cavour ben sapeva che il Regno di Sardegna non avrebbe potuto da solo sconfiggere gli austiaci e che sarebbe stato necessario l'aiuto di qualche alleato. Inoltre Cavour riconobbe anche la necessità di suscitare un forte sentimento patriottico nel popolo per un futuro conflitto con l'Austria. Al fine di raggiungere questo obiettivo Cavour decise di chiedere il sostegno di Giuseppe Garibaldi rivoluzionario radicale, ricercato criminale e latitante! Chi avrebbe mai potuto suscitare il fervore nazionalistico meglio di lui? Garibaldi, stava per incontrare la prima volta Cavour.

Il Conte di Cavour era un diplomatico piemontese che molti considerano essere stato l'artefice dell'unificazione italiana. In realtà egli fu uno scettico che non si convertì alla causa nazionalistica se non molto tardi. Rampollo di una famiglia aristocratica, egli aveva una naturale diffidenza per i movimenti radicali ed era ben determinato a sventare qualsiasi tentativo contro il potere del re o del papa. Ciononostante, era anche un abile diplomatico che si rendeva conto che il nazionalismo si otteneva con una politica d'azione. Si trattava soltanto di creare una situazione adatta per ottenere la partecipazione di Garibaldi.

Il piemontese "Macchiavelli" doveva venire ora di fronte al rivoluzionario di fama mondiale. Si ricorda che, nel 1849, dopo la battaglia di Roma, Cavour fu uno dei membri del parlamento che chiese l'arresto e l'incarcerazione di Garibaldi come ricercato criminale.

Ora, invece veniva trattato con cortesia e familiarità. Nella discussione che ne seguì, Cavour fece capire a Garibaldi che i piani in corso erano per la ricostruzione d'Italia. Non gli rivelò alcun dettaglio, ma gli disse di non partecipare alle premature rivolte mazziniane.

Il grande disegno di Cavour era quello di dichiarare una guerra all'Austria per liberare le province della Lombardia e del Veneto e unirle al Piemonte e formare un potente regno. Per raggiungere questo obiettivo, il piccolo Regno di Sardegna avrebbe avuto biso-

Napoleone III di Francia

gno dell'aiuto di una grande potenza: la Francia.

L'obiettivo immediato di Cavour era quello di convincere l'imperatore francese Luigi Bonaparte (Napoleone III) a fare la guerra contro l'Austria. Questo era un compito molto difficile da svolgere perché la Francia non aveva nessun interesse a far guerra. Cavour, tuttavia, faceva affidamento sulla simpatia che la famiglia Bonaparte aveva per gl'italiani. Dopo tutto, non fu suo zio, Napoleone Bonaparte, che liberò l'Italia dalla dominazione straniera una cinquantina d'anni prima? E non fu lo stesso Luigi Bonaparte, da giovane, che fece parte della Società dei Carbonari e che prese parte ad una rivolta italiana nel 1830? Sì, Luigi Bonaparte poteva essere convinto d'andare avanti con il piano di Cavour – se la Francia avesse ottenuto un territorio prezioso.

Nel luglio del 1858 Cavour mostrando un passaporto falso col nome di Giuseppe Benso, attraversò il confine per entrare in Francia ed incontrare segretamente Luigi Bonaparte a Plombières. I due discutevano un piano per l'intervento della Francia nella guerra contro l'Austria a fianco del Regno di Sardegna. Secondo il piano, il Regno di Sardegna avrebbe provocato l'Austria invadendo il Ducato di Modena, uno stato governato dagli austriaci. L'Austria sarebbe venuta in sostegno del Duca, e poi la Francia sarebbe entrata in guerra affiancandosi al Regno di Sardegna. Dopo la sconfitta dell'Austria, le province della Lombardia e del Veneto sarebbero state cedute al Regno di Sardegna. In cambio, le province di Nizza e Savoia sarebbero passate alla Francia. Il piano sembrava accettabile, ma c'era un grande ostacolo da superare: Nizza era il luogo dove nacque Garibaldi.

Fu inoltre convenuto che la penisola italiana sarebbe stata divisa in quattro stati: il Regno di Sardegna, il Granducato della Toscana, lo Stato Pontificio ed il Regno delle due Sicilie. I ducati di Parma e

Modena sarebbero stati presi dal Regno di Sardegna in un secondo momento insieme alla Romagna e la parte più settentrionale dello Stato Pontificio. Il resto e la Toscana dovevano rimanere entità politiche separate. Il granduca Leopoldo della Toscana doveva essere sostituito a causa dei suoi stretti legami con l'Austria.

Anche se non c'erano dei piani immediati per il Regno delle Due Sicilie, Napoleone III sperava finalmente di poter rovesciare re Ferdinando di Napoli e sostituirlo con suo cugino, il principe Lucien Murat. Napoleone sperava anche che Lucien sposasse la principessa Clotilde, figlia di Vittorio Emanuele II. La proposta di matrimonio era per collegare la famiglia Bonaparte con la Casa Reale dei Savoia.

L'accordo di Plombières fu tenuto segreto per diversi mesi. Nel dicembre del 1858 Cavour informò Garibaldi che presto si sarebbe scatenata una guerra contro l'Austria per la liberazione nazionale e doveva mantenersi pronto. Cavour non disse però nulla sull'accordo di cedere Nizza e Savoia alla Francia. (Più tardi, questo sarà motivo di animosità tra i due uomini).

Due mesi dopo, nel febbraio del 1859, Garibaldi fu nuovamente convocato a Torino da Cavour e, questa volta, fu presentato al re Vittorio Emanuele II. La casa Savoia fu una delle più antiche in Europa occidentale. La famiglia reale ebbe origine nell'11mo secolo dal conte Umberto I di Savoia, detto anche "Umberto dalle Mani Bianche". Nel corso dei secoli i Savoia progressivamente estesero il loro potere in Italia ed in Francia e, formando un regno che nel 18mo secolo, prese il nome di Regno di Sardegna dopo aver acquisito la grande isola.

Vittorio Emanuele II era un affascinante giovane monarca noto al suo popolo come il "Re Galantuomo". Amava la caccia e partecipava agli eventi sportivi. Amava anche mangiare cibi genuini di cui si nutrivano i contadini ed era attratto dalle belle donne. Quando visitò l'Inghilterra, incantò sia la regina Vittoria che tutta la corte reale con il suo comportamento signorile. A Parigi deliziò i cortigiani dell'imperatore con le sue raffinate maniere ed il suo grande senso umoristico. Vittorio Emanuele era un maestro nell'arte di accattivarsi la simpatia delle persone ed ora cercava di conquistare la fiducia di Garibaldi.

Nel loro primo incontro Vittorio Emanuele convinse Garibaldi che egli (il Re) era un vero patriota e che intendeva condurre la lotta per l'unità nazionale italiana. Garibaldi fu ben impressionato. Parve che i due avessero molto in comune e Garibaldi fu pronto a dare ad essere fedele al Re. Ciò fu molto importante per la formazione d'una Italia unita, perché da questo momento Garibaldi aderì all'idea dell'unificazione sotto un potente monarca. Egli era certo che un tale risultato avrebbe messo fine alle discussioni infinite dei politici e del parlamento. "La nazione ha già scelto il Re come il suo duce supremo", disse in seguito. Naturalmente i politici, tra cui Cavour, erano contrari a questa estensione del potere reale poiché avrebbe sminuito il ruolo del parlamento.

Nonostante i suoi dubbi circa la migliore forma di governo, Cavour partecipò al movimento per l'unità nazionale, con il timore che Mazzini e i radicali avrebbero potuto monopolizzarlo ed usarlo per averne un vantaggio politico. Cavour capì anche che il Regno di Sardegna non sarebbe stato abbastanza forte per liberare l'Italia settendrionale dalla dominazione austriaca, e che sarebbe stato necessario il contributo d'un esercito di volontari per raggiungere l'obiettivo. Egli era convinto che soltanto un eroe popolare come Garibaldi avrebbe potuto formare un tale esercito convincendo il popolo alla causa del Regno. Nel marzo del 1858 Garibaldi fu quindi nominato Generale del Regio Esercito Sardo e gli fu dato il coman-

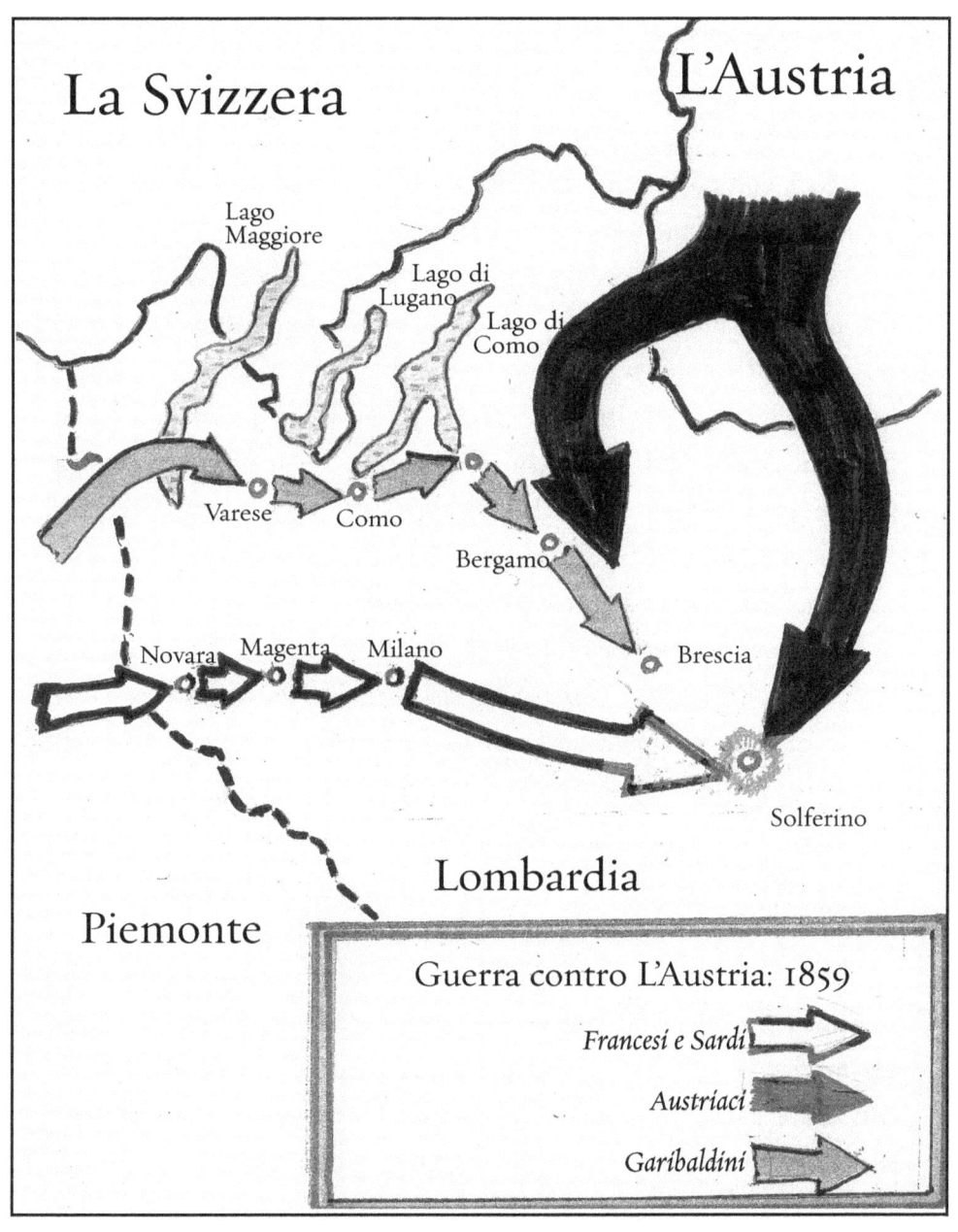

do di una brigata di volontari denominata *"Cacciatori delle Alpi"*. Dal momento che i regolamenti militari del Regno di Sardegna vietavano d'indossare le camicie rosse, i volontari indossarono le uniformi lucenti di color blu e grigio, i colori dell'esercito reale. Garibaldi stesso dovette accorciarsi la barba ed indossare l'uniforme da Generale con cordoni dorati. Tuttavia gli fu consentito d'indossare il suo poncho bianco-sbiadito ed il fazzoletto rosso.

Non appena iniziarono i preparativi per la guerra, fu evidente che a gestire l'azione non era Garibaldi ma Cavour. Secondo Cavour la brigata di volontari doveva avere 3.000 uomini, senza la cavalleria, l'artiglieria e le truppe di servizio. A Garibaldi fu assegnata una base d'addestramento a circa quaranta miglia da Torino, in modo da non mettere in imbarazzo il governo sardo nei suoi rapporti con Napoleone III. Garibaldi s'accorse che Cavour lo stava usando soltanto per attirare i volontari ad arruolarsi.

Si scoprì, infatti, che molti militari che si unirono all'esercito per servire sotto Garibaldi, furono inviati sotto altri comandanti, e che molti di coloro che avrebbero dovuto servire nella brigata di Garibaldi furono mandati nell'esercito regolare sardo.

Nonostante tutto questo, Garibaldi riuscì ad ottenere al suo servizio alcuni ufficiali esperti, tra i quali Medici, Sacchi, Bixio ed il dottor Bertani, tutti veterani della battaglia di Roma del 1849.

Una delle più promettenti nuove reclute era Enrico Cosenz, un giovane ufficiale che in precedenza aveva servito nell'esercito napoletano e poi, nel 1848, aveva partecipato con Daniele Manin alla difesa della Repubblica Veneta. Tra gli altri volontari che si distinsero per il loro valore c'erano i fratelli Cairoli Benedetto, Ernesto, Enrico, Giovanni e Luigi. La madre di questi seppe suscitare in loro un profondo amore per il paese e li incoraggiò ad unirsi nella lotta per l'unità nazionale. Purtroppo quattro furono successivamente uccisi in battaglia. Solo Benedetto riuscì a sopravvivere alle guerre e diventò il primo ministro d'Italia nel 1880. Altri volontari che divennero famosi furono Francesco Simonetta, Giuseppe Missori, Antonio Mosto e Stefano Türr, ungherese che disertò dall'esercito austriaco. I volontari continuarono ad arruolarsi fino a formare un esercito di 11.000 uomini.

Data l'urgenza della situazione erano stati concessi soltanto pochi giorni per addestrare i volontari. Tuttavia Garibaldi riuscì a creare un buon spirito di corpo ed a preparare i suoi uomini per una di guerriglia. I soldati furono addestrati a viaggiare leggeri ed a vivere nutrendosi di prodotti campestri. Garibaldi avrebbe impiegato le tattiche apprese nelle sue terribili esperienze di guerra in Sud America.

Nel frattempo il governo britannico, cercando di mantenere la pace, convinse Napoleone III a sottoporre la questione italiana in una conferenza internazionale. Secondo il governo britannico il Regno di Sardegna avrebbe dovuto accordarsi per il disarmo. Cavour si preoccupò che il piano per provocare l'Austria in una guerra fallisse. Il governo austriaco, invece, prendendo spunto dell'esitazione della Francia, mandò un ultimatum al Piemonte minacciando di attaccare se entro tre giorni, non si fosse giunti al disarmo.

Cavour, ovviamente, respinse l'ultimatum, costringendo l'Austria a dichiarare guerra. La Francia mantenne la promessa ed entrò in guerra a fianco del Piemonte. L'esercito austriaco, sotto il comando del maresciallo Gylai, rapidamente si diresse verso Torino, ma la capitale fu salvata dall'arrivo di 100.000 truppe francesi. Mentre le truppe francesi e sarde avanzavano per incontrare il nemico, a Garibaldi fu dato l'ordine di attaccare gli austriaci sul lato destro, nella zone dei laghi, in prossimità dell'arco alpino. La sua brigata era quella che doveva creare un diversivo, mentre le forze pricipali di 60.000 sardi e 120.000 francesi si sarebbero scontrate frontalmente con il grosso dell'esercito austriaco.

Garibaldi si mosse in fretta con 3.600 uomini. Marciando di notte attraversò il fiume Sesia, dopo d'aver schivato il grippaggio del traghetto da parte di un gruppo d'incursori austriaci. Avanzò verso il lago Maggiore e inviò dei volontari con abiti civili per esplorare il terrirorio davanti a lui. Il 24 maggio Garibaldi, senza il supporto dell'artiglieria e della cavalleria, sconfisse un esercito austriaco a Varese aprendo così la via per il Lago di Como. Vinse ancora a San Fermo, Laveno, Lecco e Bergamo, liberando in tal modo la regione dei laghi del nord Italia dal controllo austriaco. Fu proprio questo il territorio in cui trovò tanta freddezza e ostilità da parte della popolazione locale durante la campagna del 1849. Ora, invece, veniva accolto con grande entusiasmo.

Durante questa campagna Garibaldi conobbe una bella ragazza che gli portò un messaggio da Como. Egli avrebbe dovuto giungere velocemente in città per impedire che cadesse nelle mani austriache. La ragazza era Giuseppina Raimondi, di diciassette anni d'età, figlia del marchese Raimondi, che viveva nella città di Fino nei pressi di Como. Era un'ardente patriota che segretamente serviva portando messaggi per i rivoluzionari locali italiani. A quanto pare il suo status le permetteva di attraversare i posti di blocco austriaci senza essere fermata. Impressionato dal suo coraggio e dalla sua bellezza, Garibaldi s'innamorò di lei.

Egli marciò su Como e protesse la città dagli austriaci. Gli abitanti uscirono di casa per acclamarlo e la bella Giuseppina andò a trovarlo nel suo quartiere generale nell'Albergo Angelo. Egli dichiarò il suo amore ma lei rimase fredda. Sentendosi scoraggiato, Garibaldi cercò di scacciarla dai suoi pensieri sperando di *"dimentica-*

re la bella figlia del lago".

Nel frattempo, era rimasto privo di notizie e rifornimenti; egli non conosceva più movimenti dell'esercito sardo e francese. Lesse sui giornali che gli austriaci erano stati sconfitti a Palestro il 31 maggio ed a Magenta il 4 giugno. Era giunto il momento oer la battaglia decisiva. L'imperatore Francesco Giuseppe d'Austria raggiunse l'Italia per assumere personalmente il comando dell'esercito. Il 24 giugno una terribile battaglia ebbe luogo presso il villaggio di Solferino, a sud del Lago di Garda. I francesi persero circa 12.000 uomini; 5.500 i sardi e 22.000 gli austriaci.* I feriti soffrirono immensamente a causa della mancanza dei medicinali e del servizio di ambulanze. Molti restarono stesi per tre giorni sul campo di battaglia prima di poter essere trasportati in ospedale. La terribile carneficina fece sì che un giovane barelliere svizzero di nome Henri Dunant iniziasse una campagna per organizzare la Croce Rossa Internazionale. Questa organizzazione fu fondata a Ginevra, in Svizzera, cinque anni dopo.

---

*I dati sulle vittime appaiono nella pag. 413 del libro Garibaldi *di Jasper Ridley.*

38

L'Armistizio di Villafranca

L'IMPERATORE NAPOLEONE III fu così addolorato dalla carneficina e dalla sofferenza causata dalla battaglia di Solferino che decise di terminare la guerra. Avviò negoziati segreti con l'imperatore Francesco Giuseppe d'Austria, cercando di porre fine al conflitto. I francesi non furono soddisfatti del contributo sardo allo sforzo bellico e diffidarono dei rivoluzionari come Garibaldi. L'imperatore francese comprese, inoltre, che non era nel migliore interesse della Francia creare un forte regno vicino al suo confine meridionale.

L'11 luglio del 1859 Napoleone III e Francesco Giuseppe s'incontrarono segretamente nei pressi della cittadina di Villafranca per concordare le modalità dell'armistizio. L'Austria avrebbe dovuto cedere la Lombardia alla Francia, che a sua volta l'avrebbe concessa come dono al Regno di Sardegna. Tutto ciò per salvare la "faccia austriaca". L'Austria doveva inoltre trattenersi il Veneto, anche se Napoleone III l'aveva promessa al Regno di Sardegna nell'accordo segreto dell'anno precedente a Plombières. Inoltre i sovrani asburgici che fuggirono dall'Austria durante le ostilità dovevano essere da restaurati al potere a Modena, Parma e in Toscana. Il Regno di Sardegna doveva cedere Nizza e Savoia alla Francia. Quest'ultima clausola fu quella che causò le maggiori polemiche.

L'armistizio di Villafranca fu presentato con forza al riluttante Cavour alcune settimane più tardi. Infatti, non fu mai consultato al riguardo. Egli protestò vivamente davanti al re Vittorio Emanuele II, che, al contrario, era a conoscenza di tutte le trattative. Il re si fumò tranquillamente un sigaro mentre il suo primo ministro insisteva sul fatto che avrebbe dovuto rinunciare all'accordo e continuare la lotta contro l'Austria. Cavour si spinse fino al punto di chiamare il Re un traditore. Il Re gli ordinò d'uscire dalla stanza per la sua condotta, commentando che "la vanità e l'orgoglio" gli avevano trasformato la mente. Le dimissioni di Cavour furono accettate di buon grado dal Re che, da quel momento, incominciò ad assumersi un ruolo dominante nel governo. Fino allora non aveva potuto considerarsi un Re che governava.

Sapendo che sarebbe stata una follia continuare la guerra contro l'Austria da solo, Vittorio Emanuele firmò il trattato pagando così il prezzo per la pace. Tuttavia rese noto che, mentre ottemperava alla prima clausola (quella della conquista della Lombardia), non garantiva il rispetto delle altre clausole del trattato.

Quando la notizia dell'armistizio si diffuse, il popolo d'Italia ritenne di essere stato tradito dai francesi e, in misura minore, da Cavour. Un risentimento anti-francese scoppiò nel paese.

Garibaldi non condivise l'indignazione generale sull'armistizio. Rilasciò invece una dichiarazione di gratitudine verso a Napoleone III e l'eroica nazione francese per la loro partecipazione alla guerra.

A quanto pare, egli non sapeva ancora che Nizza doveva essere ceduta alla Francia!

La sua campagna delle Alpi suscitò grande interesse in Italia e nel resto dell'Europa. Egli riportò una lunga serie di vittorie contro un esercito austriaco di 11.000 uomini e impedì che si unisse alla parte più grande dell'esercito austriaco nelle battaglie contro i francesi e i sardi. Il piano di Cavour di mantenere Garibaldi nel retroscena fallì dal momento che la stampa sarda elogiò molto le sue imprese. Garibaldi ricevette anche il plauso di alcuni giornali francesi. Ben presto apparvero in molti paesi sue biografie popolari e Theodore Dwight pubblicò le memorie di Garibaldi a New York. Tutto questo servì a cancellare la sua immagine di "brigante calabrese" ad aiutarlo a ristabilire la sua reputazione di "responsabile" comandante militare.

Per le vittorie conseguite durante la campagna delle Alpi, Garibaldi fu insignito della Medaglia d'Oro al Valor Militare dal re Vittorio Emanuele II. Fu il Re a nominarlo anche Grande Ufficiale dell'Ordine Militare di Savoia. Il Re decorò inoltre gli ufficiali e altri uomini che servirono sotto Garibaldi durante la campagna elettorale. I rapporti tra Garibaldi ed il Re furono eccellenti mentre Cavour ed i suoi amici gli furono ostili e invidiosi dei suoi successi. Da parte sua quest'ultimo diventò sempre più diffidente nei confronti di Cavour.

39

Intrighi di Comando

Durante i mesi successivi all'armistizio di Villafranca, la questione dell'unità italiana s'impantanò nella diplomazia internazionale. Nei territori di Parma, Modena, Romagna e Toscana, i movimenti popolari rivoluzionari chiesero l'annessione alla Sardegna. Anche se il governo sardo era desideroso di annetterli, temeva che la Francia si opponesse a causa dell'impegno preso a Villafranca, quello cioè di ripristinare gli ex governanti asburgici al potere cui ciascuno di tali Stati. Inoltre il Papa rifiutò di cedere la Romagna, che faceva parte dello Stato Pontificio, al Regno di Sardegna.

Le truppe sarde occuparono questi stati durante la guerra con l'Austria, ma si ritirarono dopo l'armistizio di Villafranca, consegnando provvisoriamente i poteri di governo ai rivoluzionari. I nuovi dirigenti erano pronti a lavorare a stretto contatto con il

Generale Garibaldi da un ritratto di Orsini

governo sardo a Torino perché non desideravano che tornassero quelli imposti dall'Austria. Era un accordo politico che avrebbe consentito al Regno di Sardegna di controllare questi stati indirettamente. A Modena, i nuovi capi dichiararono che, se il duca Francesco fosse tornato, sarebbe stato trattato come un "nemico pubblico". Egli fuggì dalla città, ma non prima di aver svuotato la tesoreria pubblica. Nel frattempo, nella vicina Romagna, i bolognesi erano pronti a resistere a qualsiasi tentativo di ristabilire il controllo papale sul loro stato. La Toscana, dopo aver deposto il granduca, adottò la stessa politica della Romagna e Modena. L'ondata del nazionalismo italiano cominciò a diffondersi nel sud.

Al fine di rafforzare il controllo militare della Sardegna su questi stati contestati, i nuovi capi proposero che Garibaldi venisse nominato comandante in capo delle forze dei governi provvisori di Parma, Modena, Romagna e Toscana, con il compito di riorganizzare un esercito. L'intento era quello di usare la sua fama ed il suo prestigio per rafforzare il sostegno popolare dei governi provvisori. Garibaldi accettò volentieri l'incarico, ma, al suo arrivo a Firenze, scoprì che qualcuno aveva occupato il posto che competeva a lui. I dirigenti della neonata Lega Centrale scelsero il generale Manfredo Fanti a guidare i loro eserciti congiunti, relegando Garibaldi alla posizione di vice comandante in capo. I politici declassarono Garibaldi dal supremo comando perché temettero che egli potesse ordinare un attacco contro lo Stato Pontificio. Fanti, invece, era comandante del governo sardo che non avrebbe fatto nessuna mossa senza un cenno di Vittorio Emanuele. La domanda da farsi sullo scopo principale dell'esercito della Lega Centrale era quella di salvaguardare le frontiere o quella d'invadere lo Stato Pontificio? Per quanto riguarda il Papa, egli non aveva nessuna intenzione di rinunciare al controllo dei territori della Santa Sede.

Nel frattempo. Garibaldi non fece mistero della sua intenzione di liberare lo Stato Pontificio. Era sicuro che avrebbe potuto sconfiggere le truppe svizzere del Papa e occupare Roma. Tuttavia, questo progetto fu respinto dal generale Fanti. Garibaldi cominciò a sospettare che i capi militari e politici degli Stati della Lega Centrale stessero complottando segretamente contro di lui. Egli si era già adirato, quando all'ultimo minuto nominarono Fanti suo superiore. Poi scoprì che alcuni dei suoi subalterni ricevevano segretamente istruzioni di disubbidire ai suoi ordini. Notò anche che altri ordini emanati da lui venivano inspiegabilmente revocati. Sembrava che i suoi comandi venissero coinvolti in una rete di intrighi segreti, con delle forze esterne che minavano la sua autorità. Diversi incontri faccia a faccia con il generale Fanti ed altri capi non servirono a cambiare questa situazione.

Anche se irritato dalle macchinazioni che lo facevano sentire soffocato, Garibaldi fu molto incoraggiato dal favore della popolazione locale. Egli era acclamato dal popolo dovunque andasse negli Stati centrali, a Firenze, a Ravenna, a Rimini e Modena e Cremona. In ogni città egli faceva un discorso dal balcone del municipio, ed ovunque la grande folla rispondeva al suo appello patriottico con applausi fragorosi. Garibaldi cercò di escogitare dei piani per la liberazione delle Marche e dell'Umbria dal controllo papale, ma ogni volta i suoi sforzi venivano resi vani dal generale Fanti e dal governo sardo.

Nel settembre del 1859 Garibaldi visitò i luoghi della Romagna, dove era già stato con Anita prima della sua tragica scomparsa dieci anni fa. Lì incontrò Zani, la guida che lo aveva condotto con i suoi uomini a San Marino. Visitò la casa dove alloggiò a San Alberto la sera quando Anita morì. Rivide anche Bonnet e altri che lo aiutarono a fuggire dagli austriaci. Infine partecipò ad un banchetto presso la fattoria Guiccioli a Mandriole dove morì Anita. Allorchè un vecchio raccontava la dolorosa perdita di Anita, Garibaldi scoppiò a piangere. In seguito, si soffermò sulla sua tomba, dove fu eretta una piccola cappella, accompagnato dal figlio Menotti, da sua figlia Teresita e dalla baronessa Speranza von Schwartz, che invitò a fargli visita.

Garibaldi prese accordi per portare la salma del corpo di Anita a Nizza.* Egli non era a conoscenza dell'accordo segreto su Nizza che cioè sarebbe stata ceduta alla Francia. I resti di Anita furono trasportati per venti miglia da Mandriole a Ravenna da quaranta becchini e scortati dalla banda del paese di Sant'Angelo che suonava la marcia funebre. Durante il corteo, Garibaldi fu acclamato da tantissime persone che gli esprimevano la loro devozione sventolando fazzoletti, camicie e mostrando una miriade di altri oggetti da collezione che dicevano avesse lasciato nel 1849.* Incredibile il numero degli oggetti da collezione lasciata da gente che voleva viaggiare leggera!

Nel mese d'ottobre del 1859, Garibaldi fu eletto presidente della Società Nazionale, un'organizzazione prestigiosa dedicata all'Unità d'Italia sotto la monarchia sarda. In qualità di portavoce della società, egli fece discorsi patriottici denunciando gli stranieri, politici e sacerdoti che ostacolavano l'unità italiana. Egli dichiarò che se l'Italia avesse avuto un milione di uomini armati, non avrebbe avuto bisogno di dipendere da potenze straniere e diplomazia internazionale. Sembrava volesse creare un esercito privato con la benedizione di Vittorio Emanuele. L'unico problema era che non poteva ottenere il permesso dal Re di avanzare negli Stati pontifici.

Nel 1932, la salma di Anita fu nuovamente spostato da Nizza a Roma ed è sepolta sotto la sua statua sul Gianicolo

Cavour ed i suoi ministri erano così convinti che Garibaldi avrebbe marciato contro lo Stato Pontificio che spinsero il Re a chiedere le sue dimissioni dal comando. Il 14 novembre Vittorio Emanuele convocò Garibaldi a Torino e gli chiese di dimettersi da comandante a causa della pressione internazionale. Il Re aggiunse che sarebbe stato meglio se l'Esercito del Centro Italia fosse stato comandato da qualcuno che incuteva "meno paura" alle potenze straniere. Offrì nuovamente a Garibaldi il comando dell'esercito sardo, ma Garibaldi rifiutò e si dimise. Come regalo d'addio, il Re gli offrì il suo fucile da caccia personale, che lui prontamente accettò. Garibaldi rilasciò una dichiarazione nella quale lodò il Re come "soldato d'indipendenza nazionale". In essa annunciò anche che aveva intenzione di tornarsene a Caprera. Dal momento che non indossava più l'uniforme de Re, egli si sentì libero d'intraprendere la più grande impresa della sua vita: la liberazione del sud Italia.

40

Giuseppina Raimondi

Dopo le dimissioni dal comando nell'esercito della Lega Centrale nel dicembre del 1859 Garibaldi non tornò a Caprera come tutti avevano previsto. Andò invece al Lago di Como a trovare Giuseppina Raimondi. Dopo uno scambio di lettere d'amore appassionate per diversi mesi, il sentimento di Garibaldi per Giuseppina divenne un'infatuazione totale. Si fermò presso di lei e la sua famiglia per due settimane nel mese di dicembre e le domandò di sposarlo.

Giuseppina accettò la proposta perché sentì quasi come un dovere verso la patria sposare un eroe nazionale. Suo padre volentieri approvò il matrimonio. Tuttavia, lei non rivelò che si era innamorata di un altro uomo, un giovane ufficiale dell'esercito di nome Luigi Caroli.

Il 6 gennaio del 1860 la stampa annunciò l'imminente matrimonio. Lei aveva diciotto anni, Garibaldi 52.

Il 24 gennaio, il matrimonio venne celebrato con una cerimonia religiosa nella cappella privata del marchese Raimondi a Fino sul lago di Como. Teresita Garibaldi era una delle damigelle d'onore e l'amico di Garibaldi, Lorenzo Valerio, di recente nominato governatore del distretto di Como, fu il testimone. Amici e parenti della sposa riempirono la cappella.

Accadde poi una scena di quelle che ci si aspetta di vedere in un'opera di Verdi. La sposa e lo sposo stavano lasciando la cappella quando un giovane maggiore dell'esercito, di nome Rovelli, uscì dalla folla e consegnò a Garibaldi una lettera inquietante, non firmata, che accusava la sposa di aver fatto l'amore con un altro uomo alla vigilia delle nozze.

Garibaldi, rivoltosi a Giuseppina, domandò se l'accusa fosse vera. Lei rispose di sì. Allora Garibaldi, in un impeto di rabbia, la chiamò "puttana" ed alzò la mano come per colpirla. Lei lo affrontò senza batter ciglio e gli disse che pensava di aver sposato un eroe, ma ora era certa di avere sposato soltanto un "soldato brutale".

Garibaldi non la colpì, ma la riportò da suo padre. Restituendogli la figlia disse al Marchese che quella non era sua moglie e che non avrebbe dovuto mai usare il suo nome. Poi rivolgendosi ancora verso di lei, disse: "Ti lascio per sempre". Fu questa l'ultima volta che egli le parlò.

Anche se le notizie furono riportate dalla stampa, i commenti della gente sul fallimento del matrimonio furono fatti in un certo qual modo, a bassa voce. La maggior parte, pensò che la colpa fosse di Giuseppina e non di Garibaldi. Una domanda intrigante emerse: Garibaldi non si era mai preoccupato dei precedenti amori delle sue donne. Suoi amori passati. La prima moglie, Anita, era stata la moglie di un altro, la baronessa von Schwartz era stata sposata già due volte. La sua amante, Battistina, aveva già avuto un altro amore prima d'andare a Caprera. Dimostrava che per sua natura non era geloso di ex amanti.

Ma il sesso illecito con un amante alla vigilia del matrimonio fu una questione diversa. Garibaldi si sentì pubblicamente umiliato e profondamente ferito. Sembrò un fatto ridicolo, un uomo anziano preso in giro da una giovane civetta! Anche il Re si unì al coro delle risate che fecero seguito alla notizia del matrimonio da circo equestre.

Garibaldi e Giuseppina non furono disposti a commentare la loro vicenda e la stampa diede poco rilievo al contenuto della lettera misteriosa. Soltanto Lorenzo Valerio fu in grado di fornire una descrizione precisa su quanto accadde al matrimonio. Egli identificò l'autore della nota, nel maggiore Rovelli, l'amante citato. Come si scoprì più tardi, Rovelli era stato un corteggiatore respinto da Giuseppina e intendeva distruggere la felicità della donna. Il Maggiore, "sopraffatto dalla passione e dalla gelosia", nel vedere la bella Giuseppina sposata con un uomo anziano, si vendicò del rifiuto a suo tempo ricevuto.

Successivamente si seppe anche che Giuseppina era stata l'amante di altri uomini, con la compiacenza del tollerante marchese Raimondi. Uno degli ultimi, fu il tenente Luigi Caroli, che combatté sotto Garibaldi. Caroli incontrava regolarmente Giuseppina a Villa Raimondi ed i due passavano la notte insieme in una piccola stanza della torre della villa. La loro passione era fiorente quando Garibaldi dichiarò il suo amore per la donna trovandosi nell'Albergo Angelo durante la campagna contro l'Austria. Lei era innamorata di Caroli e, quindi, si mostrò fredda ed indifferente nei confronti di Garibaldi. Tuttavia decise di accettare la proposta di matrimonio, anche se a malincuore, per venire incontro al desiderio del padre.

Come si scoprì in seguito, questo fatto fu un male per tutti i coinvolti. Giuseppina, sette mesi dopo, diede alla luce un bimbo nato morto e non si seppe chi fosse il padre: Caroli, Rovelli o Garibaldi. Caroli, per la sincera devozione che nutriva per il suo Generale, quando sentì che Giuseppina stava per sposarlo, troncò la relazione con lei. Poco dopo Caroli fu uno dei garibaldini che offrì il suo servizio nella lotta per l'indipendenza polacca dallo Zar di Russia. Fu fatto prigioniero dai russi che lo mandarono in Siberia, dove morì nel 1863.

Lo spregevole Rovelli guadagnò ben poco vantaggio dal suo intrigo, anche se riuscì a distruggere il matrimonio di Garibaldi e Giuseppina. Diciannove anni dopo, nel 1879, cercò di fare ammenda con Giuseppina negando di essere stato lui a scrivere la lettera. Quando volle incontrare Garibaldi ne ricevette un rifiuto degno di un intrigante geloso che amareggiò la vita di alcune persone.

Il marchese Raimondi che aveva cercato di guadagnare prestigio diventando il suocero di Garibaldi, si trovò ora oggetto di pubblico ludibrio. Molti pensarono che la colpa fosse tutta sua perché non aveva saputo educare la figlia: era stato troppo permissivo. Egli, cadde in disgrazia presso Garibaldi che non volle più avere a che fare con lui.

Garibaldi, profondamente ferito dall'inganno di Giuseppina e dalla sua preferenza per uno dei suoi ufficiali, considerò tutta questa faccenda come un complotto calcolato per farlo apparire un vero sciocco di fronte al pubblico. Egli non la perdonò. E quando lei gli scrisse dopo che fu ferito a Aspromonte nel 1862, egli non le rispose. In un'altra occasione, quando lei andò a incontrarlo a Caprera, egli si rifiutò di vederla.

Garibaldi finalmente riuscì ad ottenere il divorzio da

Giuseppina nel 1880, cosa che gli permetteva di sposarsi di nuovo.

La donna soffrì tantissimo; non fu la moglie di Garibaldi e neppure l'amante di Caroli. Non cercò mai di raccontare la sua versione dei fatti, ne' contestò la procedura del divorzio nel 1880. A quanto pare, si comportò così per non creare ostacoli all'uomo che ammirava come eroe nazionale, ma del quale non fu mai innamorata.

Dopo il divorzio, Giuseppina sposò Ludovico Mancini, con il quale trascorse una vita felice fino a che egli morì nel 1913. In quel periodo, lei fece la sua unica dichiarazione pubblica sulla relazione avuta con Garibaldi:

> *Mi è stato detto che avrei dovuto insistere col mio rifiuto al matrimonio (con Garibaldi). Anche se in quel tempo alle ragazze come me, di diciotto anni, non veniva data tanta libertà, a me fu concesso di scegliere gli uomini di mio gradimento. Tuttavia, la scelta di un marito era gelosamente sotto controllo. Mio padre fu favorevole al matrimonio con Garibaldi che ammiravo soltanto per il suo eroismo. Poi, cosa si può aspettare da una ragazza abbandonata da tutti? Anche Caroli, che era sicuro del mio amore, alla fine mi lasciò da sola.*

Giuseppina Raimondi-Mancini morì nel 1918 dopo di aver presentato all'Archivio di Stato di Mantova le lettere d'amore che Garibaldi le scrisse nel 1859.

41

Nizza e Savoia

Nei primi mesi del 1860 Cavour tornò al potere. Anche se Vittorio Emanuele non nutriva tanta simpatia per lui, la pressione politica da parte della destra costrinse il Re a ridargli l'incarico di primo ministro. Egli sostituì Urbano Rattazi, che si dimostrò incapace di gestire le conseguenze del piano fallito per invadere lo Stato Pontificio.

Appena tornato al potere Cavour lavorò per concludere l'accordo che aveva fatto con Napoleone III a Plombières. Il Regno di Sardegna avrebbe dovuto annettere gli stati centrali italiani di Parma, Modena, Romagna e Toscana; l'Umbria e le Marche dovevano rimanere a far parte dello Stato Pontificio, e il Re doveva cedere Nizza e Savoia alla Francia. In ogni caso, le cessioni dovevano essere approvate da un plebiscito nel territorio ceduto. Si affermò per la prima volta che il principio di autodeterminazione dei popoli

Conte Cavour

espresso dal plebiscito, doveva essere accettato come metodo per determinare i confini nazionali.

I plebisciti che si tennero a Parma, Modena e Romagna il 12 marzo del 1860, dimostrarono che il popolo preferiva l'annessione alla Sardegna con 426.006 voti favorevoli di contro 1506. In Toscana, il voto del plebiscito fu favorevole all'annessione con 366.571 voti contro 14.925.* Tuttavia ci furono 153.000 astenuti, ed il governo sardo fu accusato di esercitare una pressione illecita sui votanti della Toscana.

A questo punto la Francia si ritirò. Napoleone III, per paura d'essere manovrato da Cavour, insistette perché la Sardegna cedesse Nizza e Savoia alla Francia come da accordo raggiunto a Plombières. Chiese, inoltre, che Cavour firmasse un altro accordo segreto promettendo che le città cedute alla Francia avrebbero riconosciuto le annessioni al Regno di Sardegna degli stati del centro Italia. Cavour prontamente accettò di cedere la Savoia, ma si dimostrò piuttosto restio a cedere Nizza, a causa dei suoi forti legami con il movimento nazionale. Tuttavia, acconsentì al fine di mantenere la sua amicizia con Napoleone. Così che, mentre pubblicamente ammetteva che Nizza era "essenzialmente italiana" segretamente faceva il doppio gioco incaricando le autorità locali a garantire il voto favorevole per la sua cessione alla Francia. Questo comportamento ambiguo servì a dipingere Cavour come un "macchiavellico" e a fargli perdere il sostegno popolare.

L'intera questione fu tenuta segreta fino al 24 marzo del 1860, quando fu annunciato che i plebisciti per la cessione di Nizza e Savoia alla Francia avrebbero avuto luogo il 15 aprile. Fu allora che il pubblico venne a conoscenza dell'accordo segreto raggiunto a Plombières una ventina di mesi prima. La notizia indignò molti ita-

---

Questi dati sono riportati nella pag. 430 del libro Garibaldi *di Jasper Ridley.*

liani, tra cui Garibaldi, che perdeva Nizza la sua città natale.

Gli "intrighi segreti" di Cavour vennero conosciuti anche di alcuni membri del Parlamento sardo. Tra questi c'erano Urbano Rattazzi, Massimo D'Azeglio ed il Barone Bettino Ricasoli. Rattazzi sosteneva che la cessione di Nizza alla Francia era la negazione del principio di nazionalità italiana su cui si basava il Risorgimento. Il ministro della guerra, generale Fanti, espresse la preoccupazione che Cavour, cedendo la frontiera nazionale del paese alla Francia, avrebbe reso l'Italia settentrionale più vulnerabile alle invasioni. Altre personalità considerarono l'accordo segreto di Cavour con Napoleone III "incostituzionale" ed i loro artefici quasi come "traditori". Il re Vittorio Emanuele, che aveva già concordato la cessione di Nizza e Savoia, rimase molto tranquillo sulla questione.

L'opinione pubblica fu contro Cavour e a favore di Garibaldi. Giurando di non lasciare incontrastata tale decisione, Garibaldi costituì il Comitato di Nizza, un'organizzazione di eminenti oppositori alla cessione della città. Accettò anche l'impegno di andare a manifestare il suo dispiacere al parlamento di Torino. Nonostante la tattica ostruzionistica di Cavour, Garibaldi ottenne il permesso di andare a discutere la questione in parlamento. I deputati del Regno avrebbero dovuto decidere se approvare la fredda logica di Cavour oppure tener conto dell'appello di Garibaldi al sentimento nazionalista.

Garibaldi sostenne che l'accordo tra Cavour e Napoleone III era stato, illegale e incostituzionale poiché firmato segretamente, senza alcuna discussione in parlamento. Accusò inoltre Cavour di aver ceduto un territorio appartenente all'Italia perché l'idea di uno stato-nazione non aveva significato per lui. Garibaldi insistette sul fatto che Nizza era sempre stata italiana e che tale doveva rimanere.

La proposta di Garibaldi di annullare il plebiscito ricevette molti applausi, ma pochi voti. Con grande suo dispiacere il piano del governo fu approvato a larga maggioranza in parlamento. Così si rafforzò la diffidenza dei politici verso le procedure parlamentari. Garibaldi, più tardi, finì col dire che la perdita di Nizza lo rese straniero nel suo paese.

Il Comitato di Nizza elaborò un nuovo piamo. Sapendo che tutte le truppe francesi e sarde dovevano essere ritirate da Nizza durante il plebiscito, decise che Garibaldi ed i suoi uomini razziassero la città dopo la chiusura delle votazioni. Avrebbero invaso i seggi per lo scrutinio e, bruciato tutte le schede, costringendo le autorità ad indire in futuro un plebiscito a una futura data. Questo piano avrebbe consentito a Garibaldi il tempo di fare la campagna contro la cessione di Nizza alla Francia e contrastare così l'effetto della propaganda francese rivolta agli abitanti di quella provincia.

Ottenuta una nave, Garibaldi e il Comitato di Nizza iniziarono i preparativi per l'incursione, ma proprio il giorno prima, l'eroe fu convinto ad abbandonare tale progetto da un gruppo di suoi amici guidato da Francesco Crispi. Costui, un avvocato siciliano, andò a Genova per convincerlo a dirigere la sua attenzione sulla Sicilia, dove era scoppiata la rivoluzione contro il dominio borbonico. Il pensiero di intraprendere una simile impresa attrasse Garibaldi: *il difensore degli oppressi a capo di un esercito di volontari per la liberazione della Sicilia!*

Crispi riuscì a convincerlo ad invadere la Sicilia, piuttosto che pensare alle votazioni per Nizza.

I plebisciti per la cessione alla Francia di Nizza e Savoia ebbero luogo come previsto. Gli elettori dovettero depositare le loro schede marcate con un "sì" o un "no" nelle urne. Un giovane inglese di nome Laurence Oliphant, che andò a Nizza per controllare i voti, riferì di non aver visto nessun "no" presso i seggi. A Oliphant fu permesso di votare, anche se il suo nome non era scritto sul registro degli elettori ufficiali. I risultati delle votazioni furono: 25.943 voti a favore dell'annessione, 260 contrari e 4.743 astenuti. I risultati per la Savoia furono 130.533 voti a favore dell'annessione, 235 contrari e 4.610 astenuti.* Da quel momento in poi, Nizza e Savoia appartennero alla Francia.

I risultati di queste votazioni furono severamente criticati come "palesemente fraudolenti". Fu inoltre riscontrato che (come osservò Oliphant), in alcuni distretti non si vide neanche un "no" mentre i "sì" erano facilmente disponibili ovunque. Alcuni distretti segnalarono che tutti degli elettori registrati votarono "sì". Nonostante le critiche, i risultati del plebiscito vennero riconosciuti validi.

La Francia guadagnò due territori di grande valore: Nizza e la Savoia. Nizza è situata, sulla strada panoramica della Riviera: ha un parco giochi per i ricchi e famosi; è un ambiente preferito per girare dei film, come "Caccia al Ladro" e "La Contessa Scalza". La città, viene chiamata anche la "Città Regina" della Riviera e ospita ora uno dei più grandi festival del Mardi Gras in Europa. Inoltre, Nizza è anche un centro famoso dell'arte culinaria per la sua apprezzata cucina nizzarda.

I nizzardi d'oggi sono orgogliosi della loro eredità italiana e continuano a parlare un dialetto antico genovese chiamato Nizzardo. Sono anche fieri di custodire nella loro memoria il leggendario nativo di Nizza: Giuseppe Garibaldi.

La Savoia era la terra d'origine della famiglia reale di Casa Savoia. La provincia un tempo faceva parte del centro del Regno di Savoia, che poi divenne Regno di Sardegna. Dopo la sua cessione

---

I dati sono riportati nelle pp. 432-433 del libro Garibaldi *di Jasper Ridley.*

nel 1860, fu divisa in due province: la Francia-Savoia e Haute-Savoia. I due territori costituiscono una regione di verdi vallate e alte montagne le cui pendici sono costellate di antiche fortezze e castelli. Nei secoli precedenti questi edifici fortificati servirono da bastioni a guardia dei passi più importanti per la formazione d'Italia. Oggi questa regione di montagne innevate è famosa per le sue stazioni sciistiche ed è classificata come una delle principali destinazioni per gli appassionati di sport invernali.

Con la cessione di Nizza e Savoia, Cavour depauperò la nazione italiana di due città di riferimento fondamentali: la casa originaria della sua famiglia reale ed il luogo di nascita del suo eroe nazionale. Tuttavia Nizza e Savoia continuano ad avere un posto importante nella storia e nel folklore d'Italia. Ancora oggi molti italiani mettono in dubbio la validità del patto che concesse queste due province alla Francia. È vero che la Francia contribuì a liberare la Lombardia dall'Austria nella guerra del 1859, ma è anche vero che non adempì alla promessa di liberare il Veneto, pur pretendendo Nizza e Savoia. In altre parole, anche se la Francia non rispettò una parte dell'accordo, acquisì completamente e pienamente la parte del bottino stabilito.

La storia ha dimostrato che l'Italia unificata è stata in grado di sconfiggere l'Austria, come nella Prima Guerra Mondiale. Altre regioni come il Veneto, Trento e Trieste furono tutte liberate a tempo debito. Così si potrebbe sostenere che, se Cavour fosse stato più paziente, l'Italia sarebbe riuscita ad ottenere l'annessione di tutte le regioni senza l'aiuto della Francia.

42

La Spedizione dei Mille

L'ISOLA DELLA SICILIA, parte del Regno di Napoli, fu per lungo tempo un focolaio fumante di attività rivoluzionarie. Per più di cinque secoli la sua gente visse sotto un regime feudale imposto da dominatori stranieri. I tentativi di ribellione o di riforme fallirono tutti miseramente e l'oppressione continuò. L'isola non fu influenzata dalle rivoluzioni industriali o dai progressi scientifici del XIX secolo. L'estrema povertà era presente anche nei centri urbani come Palermo, Catania e Messina. Nelle campagne i contadini lavoravano la terra per la nobiltà dominante. Esisteva una guerra di classe tra i ricchi e poveri.

In questo misero ambiente sociale, sorse una società segreta, nota col nome di Mafia; essa esercitava un controllo sulla popolazione locale in modo più efficace della polizia. Nata durante la rivolta dei Vespri contro i francesi nel XIII secolo, questa organizzazione era considerata una società di protezione reciproca, uccideva ed intimidiva tutti coloro che vi si opponevano. Secondo il folklore siciliano, il termine Mafia deriva dall'incidente avvenuto a Palermo e che diede inizio alla rivolta dei Vespri nel 1282. Un ufficiale francese violentò una ragazza siciliana. Il padre della ragazza corse in piazza gridando: "Ma fia! Ma fia!" (Mia figlia! Mia figlia!). L'incidente suscitò una tale indignazione che scoppiò una rivolta tra la gente che gridava "Morte ai francesi!" L'insurrezione si sparse su tutta la Sicilia causando un massacro di più di 8.000 francesi su tutta l'isola. Ci fu poi la formazione di una società segreta il cui scopo era quello di proteggere l'onore delle donne siciliane. Sebbene lo suo scopo all'inizio fosse nobile, col passar del tempo, l'organizzazione si trasformò in una potenza criminale.

La Ribellione dei Vespri Siciliani contribuì a porre fine alla dominazione francese in Sicilia. Il controllo dell'isola passò prima sotto gli aragonesi spagnoli nel 1291 e poi, nel 1738 ai Borboni, anche spagnoli. Per i seguenti 22 anni la Sicilia languì sotto il dominio borbonico. Il popolo era legato alla terra e lavorava come i servi della gleba nel medioevo. Chi protestava verbalmente veniva arrestato, imprigionato e torturato. Le rivolte isolate venivano brutalmente represse. Ferdinando II si guadagnò il nomignolo di "re Bomba" per i bombardamenti scatenati su Messina anche dopo che la città si era arresa. Eppure, nonostante la repressione che seguiva questi moti falliti, la fiamma della libertà continuò ad ardere nell'anima siciliana.

Nel 1851, William Ewart Gladstone, allora membro del parlamento britannico, stimò che i detenuti nelle carceri napoletane erano a 20.000. Non erano incluse le altre migliaia di persone agli arresti domiciliari, che dovevano stare nelle loro case col divieto di uscire senza permesso della polizia. Gladstone, che si recò a Napoli per una vacanza nel 1850, ottenne il permesso dal governo napoletano di visitare parecchie prigioni situate più vicino alla città. Quello che osservò fu raccapricciante: prigionieri incatenati l'uno all'altro, in pessime condizioni e guardie carcerarie che si divertivano a torturarli.

Tale fu l'indignazione di Gladstone sulle condizione carcerarie napoletane e sul trattamento dei prigionieri che denunciò quel regime di governo come la *"negazione di Dio eretta a sistema di governo"*. La stampa inglese si unì alla denuncia criticando il Sovrano Borbone di Napoli come *"Re delle camere di tortura e delle carceri"*. Più di ogni altra cosa, le critiche di Gladstone contribuirono spingere l'opinione pubblica contro il regime borbonico a Napoli. Gladstone divenne poi uno dei più importanti primi ministri d'Inghilterra.

Nel corso degli anni, ci furono vari tentativi di rovesciare il dominio borbonico. I più famosi furono: la spedizione dei fratelli Bandiera e la rivolta guidata da Carlo Pisacane. Questi primi tentativi di liberazione, tuttavia, non riuscirono ad ottenere il sostegno della gente di Sicilia, ed entrambi furono annientati da un esercito borbonico di 140.000 uomini. I soldati di questo esercito indossavano le migliori uniformi, erano ben addestrati e possedevano le migliori armi d'Europa. Dietro l'apparenza delle belle uniformi, delle sfarzose sfilate e di eccellenti reggimenti utilizzati per mantenere lo status quo, giaceva una terra impoverita e brulicante di malcontento. La Sicilia era come una polveriera in attesa di esplodere.

Nel maggio del 1859, il famigerato re Bomba morì, lasciando che figlio di ventitrè anni gli succedesse con il nome di Re Francesco II. Conosciuto col nomignolo di "Franceschiello", costui fece alcuni tentativi di deboli riforme che si dimostrarono d'essere impraticabili e che ben presto abbandonò. Franceschiello dimostrò di essere un tiranno senza scrupoli, come suo padre, e che faceva un uso arbitrario del potere. Si opponevano al suo governo: quelli che volevano Lucien Murat al trono e i separatisti siciliani che volevano liberare l'isola dalla dominazione borbonica.

Dal momento che nel trattato di pace di Villafranca (1859) non si accennò al sud d'Italia, i siciliani riposero le loro speranze per la liberazione su leader rivoluzionari come Garibaldi. Come abbiamo già visto, quando una delegazione di siciliani, guidata da Francesco Crispi, andò da Garibaldi per convincerlo ad invadere l'isola con un esercito di volontari, costui ebbe seri dubbi circa il risultato dell'azione. Inoltre, il primo ministro del Regno di Sardegna, Cavour, per paura d'inimicarsi la Francia e l'Austria, si oppose all'idea.

Nonostante questa opposizione, Garibaldi con i suoi patrioti, Bixio, Medici, Türr e Crispi, concordarono d'intraprendere l'occupazione della Sicilia. Il 15 aprile del 1860 Garibaldi si trasferì nella casa di un amico di nome Augusto Vecchi, la cui villa si trovava nella cittadina di Quarto, nelle vicinanze di Genova. Da questa cittadina in riva al mare, presero il via i preparativi per la spedizione. Con il permesso del governo del Regno, Garibaldi raccolse e conservò una grande quantità di armi prese da un'armeria locale ed iniziò con il reclutamento di persone. Presto raccolse un esercito di volontari in camicia rossa, la maggior parte dei quali provenienti dal nord Italia. Provenivano da ogni ceto sociale: aristocratici, professionisti, artigiani, operai comuni; c'erano anche dei criminali.

Tra loro c'erano idealisti, intellettuali, avventurieri e malviventi, ma erano tutti patrioti. Il più anziano aveva combattuto con Napoleone I, il più giovane, Giuseppe Marchetti, aveva solo undici anni. Dodici di questi volontari in seguito diventarono generali dell'esercito regolare italiano e due, Crispi e Cairoli, divennero primi ministri d'Italia.

Tra i volontari ci fu anche un certo numero di stranieri, tra cui

Hugh Forbes, Aleksandr Milbitz, Lajos Tukory e Stefan Türr, ognuno dei quali aveva già combattuto sotto Garibaldi. C'era anche una donna, la moglie di Crispi, Rosalia Montmasson, che destò l'ammirazione di tutti per la cura dei feriti. Altri volti noti tra i volontari furono l'artista Gerolamo Induno e Giorgio Manin, il figlio di Daniele Manin, che era stato il capo della Repubblica di Venezia nel 1848-49.

Nel frattempo i governi stranieri vennero a conoscenza del piano di Garibaldi e formalmente protestarono con il governo del Regno. La mole di proteste diplomatiche allarmò Cavour che cercò di sabotare la spedizione negando l'accesso degli uomini di Garibaldi ai fucili serbati in armeria. Nonostante questo divieto, Garibaldi riuscì ad ottenere un migliaio di vecchi fucili dalla Società Nazionale. Inoltre, il colonnello Colt inviò a Garibaldi un centinaio di pistole, le famose Colt, provenienti dai Fondi degli Stati Uniti. Il

Partenza di Garibaldi ed i suoi seguaci la notte del 5 maggio, 1860

denaro per la spedizione arrivò da più fonti e ammontò ad un totale di 155.000 lire.

Correva voce che Cavour stesse preparando l'arresto di Garibaldi ed un senso di urgenza cominciò a permeare i preparativi per l'invasione. La notte del 4 maggio, Nino Bixio e trenta uomini, pistole in mano, sequestrarono due navi appartenenti alla Società Rubattino Steamship di Genova. Essi furono aiutati da Giovanni Fauche, un dirigente dell'impresa, che diede le istruzioni a Bixio per la presa in consegna delle navi e delle vele fuori dal porto. Fauche pagò a caro prezzo l'aver aiutato la spedizione. Fu immediatamente licenziato dalla società navale per la sua complicità nel furto delle due navi, *il Piemonte* ed *il Lombardo*. Fauche si unì poi a Garibaldi in Sicilia e contribuì all'organizzazione della flotta. Più tardi, dopo l'unificazione d'Italia, la società navale si assunse tutto il merito per l'uso Fauche fece delle navi. Fauche morì povero in un ospedale pubblico a Venezia, come un eroe sconosciuto del Risorgimento.

Mentre Bixio ed i suoi uomini facevano i pirati, Garibaldi radunava i volontari sulla rocciosa riva del Mediterraneo. Ci furono emozionanti addii pieni di lacrime nel lasciare i propri cari mentre gli uomini salivano a bordo delle barche da pesca che li avrebbero portati sulle due navi sequestrate da Bixio. La loro partenza dalla riva fu resa alquanto difficile a causa del mare agitato. Garibaldi che domandò il numero dei componenti dell'organico, rimase sorpreso d'apprendere che i volontari ammontavano a più di mille:1.049 per l'esattezza. Di questi, 349 volontari navigarono con lui sul Piemonte, mentre il resto andò con Bixio sul Lombardo. I Mille, come venne chiamata la spedizione, salparono durante la notte del 5 maggio del 1860. A Genova rimasero Medici, Cosenz e Bertani con l'ordine di organizzare un corpo di spedizione.

Poco dopo la partenza delle navi da Quarto, Garibaldi s'accorse che le munizioni per i fucili erano state lasciate a riva. Non c'era tempo per tornare indietro, decise quindi di approdare in qualche punto lungo la costa e cercare lì di ottenere munizioni. Fu un'audace improvvisazione che funzionò bene. Un piccolo distaccamento di uomini sbarcò a terra a Talamone, indusse il comandante locale colonnello Giorgini, a credere di avere l'autorizzazione del Re per rifornirsi di munizioni. Giorgini, non solo consegnò le munizioni, ma diede loro anche un cannone. Giorgini fu in seguito processato dalla corte marziale per la sua credulità e mandato in prigione. Fu rilasciato quando la spedizione di Garibaldi cominciò ad avere successo.

Prima di lasciare Talamone, Garibaldi inviò un gruppo di volontari di sessanta uomini sotto il comando di Callimaco Zambianci ad invadere lo Stato Pontificio. Questa strategia aveva l'intento d'ingannare il nemico sulla vera destinazione – la Sicilia. Il piano fallì miseramente perché nessuno degli abitanti locali diede un sostegno. Zambianci ed i suoi uomini furono catturati ed imprigionati. Tutto questo servì a convincere Cavour che Garibaldi era un irresponsabile e che gli interessi del Regno di Sardegna sarebbero meglio tutelati se la spedizione fosse fallita.

Sia Cavour che Vittorio Emanuele rimasero scettici sull'esito della spedizione. Il Re andò a commentare all'ambasciatore di Francia la possibilità di un fallimento della spedizione. Egli disse: *"Naturalmente, sarebbe una grande disgrazia, ma se gl'incrociatori napoletani dovessero catturare ed impiccare il mio povero Garibaldi, un triste destino lo attenderebbe. Un buon accordo semplificherebbe le cose. Che bel monumento dovremmo erigergli!"*

Cavour considerò di trovarsi in una situazione in cui sarebbe stato sempre vincitore. Se la spedizione di Garibaldi falliva, il Regno di Sardegna si sarebbe liberato di un "uomo che creava problemi", se la spedizione riusciva, invece, il governo del Re avrebbe avuto tutto da guadagnare. Qualunque fosse l'esito, Cavour si aspettava di uscirne fuori sempre profumato come una rosa.

Contro ogni previsione, Garibaldi ed i suoi sostenitori erano convinti che la spedizione in Sicilia avrebbe avuto successo. La sensazione generale del popolo italiano era che Garibaldi sarebbe stato vittorioso, come in tutte le volte precedenti. Questo stesso atteggiamento prevalse anche in Gran Bretagna e negli Stati Uniti, dove la spedizione suscitò grande interesse ed ebbe molto sostegno.

43

Lo Sbarco a Marsala, 11 Maggio 1860

L'11 MAGGIO, GLI UOMINI DI GARIBALDI giunsero fuori Marsala sulla punta occidentale della Sicilia. Due navi da guerra britanniche si trovavano già nel porto essendo andate lì per proteggere gl'interessi della comunità britannica impegnata nel commercio del vino. Le navi inglesi non interferirono con lo sbarco. Garibaldi ormeggiò *il Piemonte* senza difficoltà ed iniziò lo sbarco. *Il Lombardo*, invece, si arenò a circa trecento metri dalla spiaggia. Mentre le piccole imbarcazioni venivano calate in acqua per portare gli uomini a terra, due navi da guerra napoletane apparvero all'improvviso ed aprirono il fuoco contro le camicie rosse che tentavano di sbarcare. Le navi napoletane furono costrette a cessare il fuoco mentre le due navi da guerra britanniche passavano nella linea di fuoco tra loro ed il porto. Prima che le navi napoletane potessero riaprire il fuoco, le camicie rosse raggiunsero la costa con piccole scialuppe o nuotando a riva, ed erano così al sicuro. I napoletani non avrebbero sparato a due navi vuote.

Marciando velocemente, le camicie rosse occuparono Marsala senza incontrare alcuna resistenza. Un piccolo gruppo di soldati prese possesso dell'ufficio telegrafico e scoprì un messaggio, alquanto scarabocchiato, che era appena stato inviato alle autorità napoletane a Trapani. Il messaggio diceva: *Due piroscafi sono arrivati nel porto e stanno sbarcando uomini armati.* Una delle camicie rosse afferrò il telegrafo ed inviò un secondo messaggio che diceva: "*Scusate, mi sono sbagliato*". *Le due navi sono mercantili che provengono da Girgenti con carichi di zolfo.* Le autorità di Trapani risposero: "*Imbecille!*" Le camicie rosse allora tagliarono la linea telegrafica.

Nel frattempo, Crispi assunse la responsabilità della situazione politica. Convocò una riunione del Consiglio Comunale di Marsala e convinse i soci a firmare un proclama in cui si dichiarava la fine della dominazione borbonica in Sicilia. Crispi invitò Garibaldi ad assumere il controllo della situazione come dittatore in nome di Vittorio Emanuele II, Re d'Italia. Garibaldi accettò l'incarico e fu e acclamato da tutti i suoi uomini.

Utilizzando il potere dittatoriale a lui conferito, Garibaldi requisì cibo, coperte e quel po' di denaro che trovò in città. Diede ordini severi contro il saccheggio e fece fucilare un uomo sorpreso a rubare della frutta in un frutteto. Egli emise un decreto col quale aboliva la tassa dei Borboni sul sale e sulla pasta e prometteva di dare ai contadini le terre dei grandi latifondi. All'inizio dell'occupazione, la maggior parte degli abitanti locali non riusciva a capire se Garibaldi era veramente un liberatore oppure un altro invasore andato lì con l'intento di sfruttarli. Perciò rimasero in disparte, fino a quando furono certi che Garibaldi fosse quello che egli diceva di essere.

Da Marsala le camicie rosse si dirissero a Salemi, una ventina di miglia a est sulla strada per Palermo. Lì, esse ricevettero una calorosa accoglienza da parte della gente del posto ed entrarono in contatto con gruppi di partigiani che stavano combattendo contro i Borboni e il loro aiuto fu preziosissimo nella campagna per liberare l'isola.

Garibaldi trovò anche alcuni alleati inaspettati nel clero locale. In Sicilia anche il clero era una classe oppressa perché favoriva le riforme sociali. Un frate francescano, Fra Giovanni Pantaleo, si unì nelle file della Spedizione dei Mille e rimase a fianco di Garibaldi durante tutta la campagna. Garibaldi lo chiamava "il nuovo Ugo Bassi". Alla fine, ebbe l'onore di celebrare la Santa Messa di ringraziamento nella cattedrale di Napoli. Un altro prete, Gasparo Salvo, possedeva due cannoni che segretamente aveva sotterrato con l'intento di usarli in una futura rivoluzione, andò a prenderli e li diede al Garibaldi con riconoscenza. I cannoni erano antiquati, ma avrebbero potuto ancora sparare.

A sfidare i garibaldini c'era l'esercito napoletano di 140.000 uomini, 25.000 dei quali erano già in Sicilia. Oltre ad una flotta che pattugliava le acque intorno alla Sicilia, i napoletani avevano la superiorità nell'artiglieria e nella cavalleria. Contro questo esercito formidabile, Garibaldi suscitò la speranza della vittoria del popolo siciliano, che sarebbe insorto per sostenerlo. Inviò delle piccole unità chiamate "squadre d'azione siciliane" nelle campagne per suscitare la rivolta dei contadini. Questi furono aiutati dai preti che avevano buoni rapporti con loro, e quindi contribuirono al successo dell'insurrezione. Da quel momento in poi, le file dei garibaldini aumentarono di numero per l'arrivo di gruppi volontari.

Re Francesco II di Napoli aveva 20.000 soldati di stanza a Palermo, la capitale della Sicilia. Tremila di questi furono inviati col generale Landi ad annientare le truppe di Garibaldi. Si scontrarono a Calatafimi, vicino al luogo degli antichi templi greci di Segesta. Landi aveva posizionato le sue truppe sui pendii terrazzati che davano sulla strada per Palermo. Allorchè i garibaldini si avvicinarono da ovest, Landi ordinò d'aprire il fuoco. Per Garibaldi non c'era possibilità di tornare indietro, ed era pienamente consapevole che l'esito della battaglia sarebbe stato determinante per decidere se il popolo siciliano lo avrebbe seguito o meno. Doveva dimostrare di essere invincibile e stabilì di farlo a Calatafimi.

44

La Liberazione della Sicilia

Per Garibaldi a Calatafimi la situazione era: o vincere o morire. Egli doveva affrontare un nemico che aveva un esercito quasi tre volte superiore al suo, occupava una posizione superiore ed era armato con i migliori fucili. Sapeva inoltre che la vittoria sarebbe stata fondamentale per il morale dei suoi uomini, mentre la sconfitta avrebbe segnato la fine della campagna. Calatafimi presentò a Garibaldi l'occasione di provare la sua invincibilità.

I due eserciti si scontrarono per breve tempo fuori della città, con i napoletani che si ritiravano in posizioni fisse su una collina. Garibaldi ordinò ai suoi uomini di avanzare verso le postazioni nemiche con le baionette innestate. Salendo su per il pendio essi andarono incontro ad un fuoco intenso, portando uno stendardo su cui era rappresentata l'Italia sotto forma di una bella donna fiancheggiata da trofei d'oro e d'argento. Lo stendardo fu dato a

*Il Generale Giuseppe Garibaldi sulla copertina
del settimanale di* Harper, *9 giugno 1860*

Garibaldi dai residenti italiani di Valparaiso in Sud America nel 1855.

Cavalcando sul suo cavallo bianco che lui chiamò "Marsala", Garibaldi guidò i suoi uomini sul fianco della collina a terrazze, temerariamente esponendosi al fuoco nemico. In tal modo dimostrò un coraggio che sembrò regalargli l'aureola dell'invincibilità che egli cercava. Seguendolo, le Camicie Rosse si spinsero su per la salita conquistando sei terrazze separate con l'uso di baionette. Combatterono con una determinazione raramente vista prima nella storia militare italiana.

I soldati si spinsero su per il pendio, fino a raggiungere la penultima terrazza. A quel punto Garibaldi ordinò di fare qualche minuto di sosta. L'angolo di terreno dell'ultima terrazza diede loro un po' di respiro dalle truppe napoletane arroccate in cima alla collina. Garibaldi si sedette su una roccia e con calma s'accese un sigaro. Dopo una breve fumata, chiamò Bixio al suo fianco e pronunciò queste parole memorabili: *"Quì si fa l'Italia o si muore"*. Poi, montato di nuovo a cavallo, sguainò la sciabola ed ordinò la carica finale per raggiungere la vetta. Le Camicie Rosse investirono le posizioni nemiche con baionette scintillanti sotto il sole di mezzogiorno. Ebbe luogo un feroce combattimento corpo a corpo. Le Camicie Rosse misero in fuga le truppe napoletane che batterono ritirata. Fu una vittoria frutto di grandissimo coraggio.

La battaglia di Calatafimi attirò l'attenzione di tutto il mondo, facendo di Garibaldi un eroe. Egli guadagnò il rispetto e l'ammirazione del popolo siciliano e pubblicò un appello per far insorgere tutti contro il regime borbonico ed i suoi sostenitori. Squadre d'azione si formarono in tutta la Sicilia mentre i falò venivano accesi sulle colline per diffondere la notizia dell'insurrezione. Nel frattempo, i volontari cominciarono ad arrivare nel campo di Garibaldi fino a raggiungere il numero di 3.700 uomini. Dopo la vittoria Garibaldi fu accolto entusiasticamente nei paesi che attraversava. Le popolazioni lo acclamavano come un liberatore e s'inginocchiavano per baciargli le mani e i vestiti.

Garibaldi avanzò con cautela verso Palermo marciando nelle ore notturne lungo i difficili sentieri sulle colline. Pur riuscendo a nascondere la sua posizione al nemico, un corrispondente di guerra del *Times di Londra* non ebbe difficoltà a localizzare il luogo del suo accampamento sulle montagne a sud di Palermo. Il corrispondente descrisse la vita nel campo delle Camicie Rosse:

> *Erano tutti raccolti attorno ad una grande caldaia in cui si cucinava un grosso pezzo di vitello. C'erano inoltre delle cipolle, dei cestini con cumuli di pane fresco ed un barile di marsala. Ognuno si serviva, con le mani ed un coltello, bevendo ad una sola brocca di latta... Con tutte quelle montagne siciliane che facevano da sfondo, era una scena veramente straordinaria.*

Per tre giorni i garibaldini dovettero vivere e dormire all'aperto, a volte bagnati da piogge torrenziali. Per molti, la presa di Palermo sembrò un compito impossibile. Più di 20.000 soldati del generale Lanza erano concentrati intorno alla città e la flotta napoletana era ancorata nel porto, pronta a dare supporto alle truppe di terra. Un altro grande esercito napoletano era accampato a Messina, ad est di Palermo. Nonostante queste forze schierate contro di lui, Garibaldi era certo che avrebbe potuto conquistare la città se la popolazione civile si fosse unita nell'insurrezione. Egli stava per compiere la più grande mossa strategica della sua carriera.

Garibaldi programmò una manovra tale che gli storici di strategie militari, da allora, riferirono come "la diversione di Corleone".

Il piano era di attirare una parte dell'esercito napoletano lontano da Palermo, dando l'impressione che i garibaldini stessero ritirandosi verso l'interno. La strategia funzionò perfettamente. Garibaldi s'avvicinò a Palermo da ovest e poi improvvisamente girò in direzione sud scomparendo tra le montagne come se stesse ritirandosi verso l'interno della Sicilia. Dopo aver marciato per una ventina di miglia verso sud, cambiò bruscamente direzione dirigendosi verso nord-est, mentre un gruppo di napoletani che lo inseguiva, sotto il comando del colonnello von Mechel, andò a cercarlo fino a sud del paese di Corleone. Un piccolo gruppo di garibaldini guidato da Vincenzo Orsini, continuò a condurre von Mechel alla ricerca di una vana impresa. La deviazione di marcia ben eseguita disorientò l'alto comando napoletano e permise a Garibaldi di avvicinarsi inosservatamente a Palermo da sud-est.

Il 26 maggio, si diffuse tranquillamente per le strade e le case di Palermo la notizia che Garibaldi sarebbe entrato in città la notte stessa. Appena il buio scese, anche i garibaldini scesero dalle montagne ed attaccarono le sentinelle a guardia di un ponte chiamato "Ponte dell'Ammiraglio". Dopo una mezz'ora di battaglia, i lancieri di Garibaldi, guidati dal capitano Francesco Nullo, con una carica attraversarono il ponte ed entrarono a Palermo passando per la Porta Termini. La mattina del 27 maggio, dopo diverse ore di combattimento, la maggior parte di Palermo era nelle mani dei garibaldini. La prigione fu assaltata ed i prigionieri liberati. Le campane delle chiese suonarono invitando gli abitanti ad uscire per aiutare i liberatori. Furono costruite ovunque barricate.

Mentre le Camicie Rosse avanzavano, le truppe di difesa napoletane si ritiravano in prossimità del Palazzo Reale e della cattedrale. Ci fu un contrattacco lungo la Toledo, la strada larga che oggi si chiama Corso Vittorio Emanuele. Qualunque civile che s'incontrava per strada veniva fucilato dai napoletani col pretesto che potevano essere dei rivoluzionari. Nel frattempo, per rappresaglia, una trentina di uomini accusati d'essere spie della polizia furono impiccati dai rivoluzionari. Atti di atrocità furono commessi da entrambe le parti. Durante i combattimenti del giorno Bixio venne ferito ma continuò a guidare i suoi soldati fino a quando Garibaldi gli diede l'ordine di recarsi in ospedale.

Mentre i combattimenti s'intensificavano, il generale Lanza ordinò un bombardamento su Palermo dalle navi da guerra ancorate al largo. Durò per tre giorni e tre notti uccidendo più di 300 civili e ferendone più di cinquecento. Colpi di cannone colpirono chiese e conventi che erano stati trasformati in ospedali e ricoveri, a volte seppellendo pazienti e personale tra le macerie. Eppure, nonostante il bombardamento avesse inflitto delle gravi perdite e raso al suolo intere aree della città, esso era anche servito a suscitare ulteriormente lo spirito di resistenza della gente del luogo. Gli uomini si unirono nella lotta di strada. Le donne aiutarono gettando fuori dalle finestre materassi e mobili per fornire del materiale per le barricate. Versarono anche dell'acqua bollente sulle truppe napoletane che s'avventuravano nei vicoli stretti, e, di notte, mettevano delle luci nelle loro finestre per far vedere che erano schierate con i rivoluzionari.

Nel frattempo i garibaldini giunsero sempre più vicino al palazzo reale mentre le truppe nemiche cercavano di sparare rintanandosi in qualche nascondiglio. Alcune postazioni dei napoletani erano la Caserma Sant'Antonio, la Porta Maqueda e il Convento dell'Annunziata che caddero tutte dopo i feroci combattimenti corpo a corpo. Le strade erano disseminate di cadaveri e anche nell'aria c'era l'odore della morte.

Entro il 30 maggio i napoletani che difendevano soltanto la

zona intorno al palazzo, quella della cattedrale e la fortezza portuale di Castellamare costrinsero Lanza a chiedere una tregua a Garibaldi. Egli scrisse una lettera indirizzata a "Sua Eccellenza, generale Garibaldi", chiedendo un incontro a bordo di una nave da guerra Britannica ancorata nel porto. Le milizie di Lanza stavano affrontando gravi disagi per mancanza di cibo e di medicinali; i feriti erano molto sofferenti.

Quel pomeriggio, indossando la sua divisa da Generale sardo ed accompagnato dal ministro Crispi, Garibaldi andò a bordo della HMS Annibale ad incontrare il generale Letezia dell'esercito napoletano. L'Ammiraglio inglese, Mundy, era presente, come erano anche presenti i comandanti dei francesi, americani e delle squadre navali sarde a Palermo. Un armistizio venne discusso e si convenne che l'esercito napoletano avrebbe dovuto evacuare Palermo e salpare per Napoli. Una settimana dopo (il 7 giugno), il corpo principale dell'esercito napoletano in Sicilia marciò giù per Via Toledo fino al porto e partì. A seguito dell'evacuazione, le uniche forze napoletane rimaste in Sicilia erano 18.000 soldati nell'angolo nord-est dell'isola, intorno alla città.

L'incredibile accadde! Un esercito di volontari di mille uomini sconfisse un esercito di 25.000 professionisti aiutati anche dalle forze di mare. Garibaldi ora aveva l'opportunità di governare in realtà su una provincia e di dare inizio alle necessarie riforme. Egli assunse il titolo di dittatore e decretò subito alcune riforme, ma lasciò a Crispi, suo segretario di stato, il compito dei dettagli sulla gestione del governo. Crispi aveva una conoscenza profonda del popolo siciliano e sapeva come trattare con i politici che ancora speravano di limitare lo scopo della spedizione.

Nel frattempo Mazzini, il leader spirituale del Risorgimento, rimaneva nascosto a Genova, mentre i volontari si unirono a

Garibaldi per la causa nazionale. Migliaia d'italiani, principalmente dalle città del nord, si offrirono a combattere con Garibaldi in Sicilia. Altri, ricchi e poveri, mandavano soldi per sostenere la sua spedizione. Ovunque in Italia il nome di Garibaldi era sulle labbra della gente.

Cavour, che in precedenza si era opposto alla spedizione di Garibaldi in Sicilia, cercava ora di cogliere i benefici delle vittorie per il Regno di Sardegna. Egli inviò un commissario per annettere la Sicilia con l'impegno di fornire denaro e munizioni a Garibaldi per la spedizione. Medici e Cosenz, che Garibaldi lasciò a Genova, furono autorizzati ad organizzare le loro spedizioni. Il 10 giugno Medici salpò alla volta della Sicilia con 2.500 uomini per portare rinforzi a Garibaldi; tre settimane dopo, Cosenz fece seguito con altri 1.500 uomini. Cavour fece quest'azione per potersi assumere il merito di aver fornito degli aiuti a Garibaldi.

Garibaldi, tuttavia, pur grato per questi aiuti, non era d'accordo di mettere la Sicilia sotto il governo di un commissario sardo che avrebbe potuto non consentire alla rivoluzione di procedere ulteriormente. Le sue intenzioni erano di rimanere dittatore il più a lungo possibile, magari fino a dopo la liberazione di Napoli e di Roma e la proclamazione di Vittorio Emanuele re di una Italia unita. Dopo di che, egli pensava che il governo del Regno sarebbe stato il primo a disapprovarlo se avesse fallito nella sua missione.

45

Il Dittatore

GARIBALDI DIVENTÒ UN GRANDE EROE per il popolo siciliano. In qualità di dittatore, decise di usare il suo potere per migliorare la sorte dei siciliani. Avviò un programma di riforma agraria attraverso la quale i grandi latifondi dovevano essere divisi e la terra doveva essere distribuita ai contadini che, secondo lui, nella loro estrema povertà, avevano diritto ad una parte.

In un ulteriore tentativo di porre fine all'immagine della Sicilia feudale, egli abolì il baciamano, usanza che imponeva alla servitù di baciare la mano del padrone di casa. Inoltre abolì anche l'uso del termine "Vostra Eccellenza" nel rivolgersi ad una persona di rango, includendo anche se stesso. Queste misure lo aiutarono ad ottenere l'appoggio della gente comune che, per secoli, aveva vissuto sotto il giogo dell'aristocrazia terriera.

Sperando di stimolare l'economia dell'isola Garibaldi abolì le

Ingresso alla grotta di Santa Rosalia sul Monte Pellegrino, vicino Palermo

tariffe e le restrizioni sulle esportazioni e le importazioni. Eliminò anche le tasse borboniche sulla vendita del sale e la pasta cosa che fece molto piacere ai mercanti siciliani. Cercò di aiutare anche i bambini di strada che non avevano una fissa dimora istituendo La Casa Trovatelli Garibaldi, dove essi potevano imparare l'educazione per essere buoni cittadini. La casa era amministrata e governata secondo la disciplina di Alberto Mario; Garibaldi vi andava spesso per dare lezioni di patriottismo ai giovani. I ragazzi erano felici nella Casa Trovatelli, molti poi la lasciarono per entrare nelle file delle Camicie Rosse e morire in battaglia.

Garibaldi saggiamente rispettò le tradizioni religiose siciliane. Durante la celebrazione della messa il giorno dell'Ascensione nella città di Alcamo, inginocchiato davanti l'altare principale, ricevette la Croce dei Crociati. In un'altra occasione, quando partecipò alla celebrazione della Santa Messa nella Cattedrale di Palermo, fu fatto sedere nella sedia reale, un posto in precedenza riservato ai sovrani borbonici di Sicilia. Nel giorno della festa di Santa Rosalia, patrona di Palermo, Garibaldi rispettosamente fece un pellegrinaggio alla sua grotta. Inoltre fece benevolenza nei conventi locali chiedendo se avevano bisogno di provviste. Le suore riconoscenti gli donarono degli indumenti ricamati a mano.

Con queste azioni, Garibaldi dimostrò di essere un uomo profondamente religioso e che avrebbe sostenuto i sacerdoti che si dedicavano al servizio delle necessità spirituali delle persone piuttosto che alle cose materiali. Dai suoi buoni rapporti col clero di Sicilia si può dedurre che la sua ostilità verso la gerarchia ecclesiastica non era contro la fede, ma contro coloro che usavano la religione come strumento per dominare. Quindi, almeno in Sicilia, Garibaldi si mostrava come eroe del popolo e come difensore della fede.

I sacerdoti e monaci si unirono alla popolazione nel lodare il liberatore. Anche l'Arcivescovo di Palermo acconsentì di benedire le truppe. In una lettera ad un amico di nome Ruggiero Settimo, Garibaldi scrisse: "Questo popolo coraggioso è libero. La gioia si rivela in ogni volto e nelle campagne echeggiano le grida felici dei liberati". Il Dittatore permise a chiunque di presentarsi a lui, nobile o contadino. Le formalità furono messe da parte e tutte le richieste venivano accolte e considerate con la stessa misura.

Nelle sere d'estate, la terrazza sul tetto del palazzo veniva utilizzata come punto di riunione per gli ufficiali garibaldini, le signore di Palermo, i diplomatici e rappresentanti stranieri. Si tenevano conversazioni interessanti con ansiosi interrogativi. Gli argomenti erano le battaglie e le avventure passate fino a quel momento in cui si trovavano riuniti. Tutti parlavano fiduciosamente circa le capacità, di Garibaldi, di liberare Napoli, Roma e Venezia in un prossimo futuro. L'insieme del luogo, del tempo e degli eventi, produssero un'atmosfera di gioia esaltante che non si ripetè più nella storia di Palermo.

Da quel momento Garibaldi diventò la figura paterna per il popolo siciliano. Tuttavia, nonostante la sua popolarità, alcune delle sue leggi fallirono miseramente. Il tentativo di riscuotere le imposte e l'introduzione della coscrizione militare, erano troppo impopolari. Inoltre non riuscì a debellare la corruzione nella pubblica amministrazione. Il capitano C.S. Forbes, un ex ufficiale della marina inglese che visitò la Sicilia durante l'estate del 1860, commentò che gli ufficiali minori del governo di Garibaldi "non avrebbero fatto nulla prima di ricevere le offerte di tangenti".

Nel frattempo c'era malcontento nelle aree rurali, dove i contadini si sollevavano contro i proprietari terrieri. Il grido di: "Viva Garibaldi!" fu sostituito da: "Morte all' aristocrazia!" In alcuni paesi la rabbia degli abitanti ch'erano stati sfruttati per secoli, scoppiò con furia vulcanica. I signori furono brutalmente assassinati ed i loro palazzi saccheggiati – una scena raccapricciante che ricorda in gran parte la Rivoluzione francese ed il Regime del Terrore.

Col diffondersi della violenza Garibaldi fece ogni sforzo per reprimere il crimine e mantenere l'ordine. Si proibì la confisca illegale di proprietà e s'impose la pena di morte per omicidio, sequestro di persona e furto. Nei primi d'agosto Garibaldi inviò Bixio con un distaccamento di truppe per soffocare una rivolta nella città di Bronte, nei pressi del Monte Etna. Una folla indisciplinata guidata da Niccolò Lombardo aveva assassinato notabili locali e saccheggiato le loro case. Bixio, muovendosi rapidamente, ristabilì l'ordine ed arrestò molto colpevoli. Sette degli arrestati furono processati dalla corte marziale con l'accusa di omicidio ed incendio doloso. Furono riconosciuti colpevoli e cinque, tra i quali Lombardo, furono condannati a morte. Prima dell'esecuzione, uno dei parenti di Lombardo domandò il permesso di dare al prigioniero delle uova come suo ultimo pasto. Bixio respinse la richiesta dicendo al parente che Lombardo non aveva bisogno di uova perchè l'avrebbero ucciso con una fucilata in testa la mattina seguente. Fu colpito, come stabilito, insieme agli altri, senza colazione. L'esecuzione servì d'avvertimento per i rimanenti abitanti dell'isola.

Anche se Bixio agì di sua iniziativa, Garibaldi sostenne le sue azioni quando lo interrogarono sulla questione. Egli credeva che la criminalità e la violenza dovevano essere soppresse per evitare l'anarchia rurale. La sua fermezza nel mantenimento dell'ordine pubblico vinse con lealtà i proprietari di terre in Sicilia che avevano sempre più paura per la loro vita. Tuttavia il comportamento di Bixio nel sopprimere la rivolta a Bronte fu ampiamente criticato dalla stampa estera.

Mentre accadeva questo, le truppe di Garibaldi aumentarono di numero per i rinforzi di volontari. Medici e Cosenz erano già arrivati in Sicilia con 4.000 soldati. A questi si unirono dei volontari stranieri attratti dalla causa della libertà impersonata da Garibaldi. Si formarono varie Legioni per accogliere questi stranieri desiderosi di combattere con i loro compatrioti. La legione inglese fu commandata dal colonnello John Dunne, che aveva combatutto con l'esercito britannico in India ed in Crimea. Dunne sembrava avesse la capacità d'infondere coraggio e disciplina nei volontari non addestrati. I volontari francesi, guidati dai Luogotenenti Paul de Flotte e Philippe Bordone formarono la legione francese che contava 500 uomini. De Flotte fu ucciso in Calabria, mentre Bordone continuò a combattere sotto Garibaldi nelle campagne future. Fu anche istituita una legione ungherese sotto il comando del maggiore Adolph Mogyorody. Oltre a coloro che erano arruolati nelle varie legioni straniere, molti volontari stranieri fecero parte delle unità regolari dei garibaldini.

Una formazione di volontari svizzeri e tedeschi costituì la Legione Straniera. Si trattava di un centinaio di uomini, molti dei quali avevano combattuto nell'esercito napoletano e poi cambiato bandiera. Anche se alcuni garibaldini avevano dei dubbi sulla loro lealtà, i legionari stranieri ben presto guadagnarono il rispetto dei loro compagni per il valore dimostrato in battaglia. Il loro comandante, Adolph Wolff, fu un ferreo comandante che seppe fare della legione straniera un'unità militare efficace. La Legione si distinse in tutta la campagna per liberare l'Italia meridionale. Più tardi Wolff combatté nell'esercito di Garibaldi durante la campagna del 1866 ed addirittura partecipò a diversi tentativi di rivoluzione repubblicana. Ma la verità su di lui emerse nel 1870, quando la Francia fu sconfitta dalla Prussia nella guerra franco-prussiana. Si rivelò che Wolff era stato un agente segreto a servizio dell'imperatore Napoleone III di Francia per 20 anni. Che sorpresa!

Altre persone famose che aderirono alla spedizione furono il colonnello Hugh Forbes, che combatté sotto Garibaldi durante la ritirata da Roma nel 1849 e Jessie White Mario, una donna inglese che aveva sposato uno degli ufficiali di Garibaldi. Jessie Maria era una ex studentessa di medicina interessata a cause umanitarie e che lavorò con il dottor Pietro Ripari per l'organizzazione del servizio ospedaliero, avendo anche l'aiuto delle 'Benevolenti Donne dell'Associazione Garibaldi'. Ella riuscì anche a far giungere rifornimenti medici dalla Gran Bretagna, e divenne famosa come "l'usignolo delle Camicie Rosse".

Ad unirsi a Garibaldi fu anche il celebre romanziere francese Alexandre Dumas. Egli andò in Sicilia sul suo yacht privato, accompagnato da una bella ragazza vestita da guardia marina. In seguito scrisse una biografia romantizzata di Garibaldi e la storia della Spedizione dei Mille in cui egli stesso appare come un eroe. In realtà, Dumas serbò beffarsi delle Camicie Rosse. Con la sua ragazza seguirono la campagna a bordo di un lussuoso yacht ben fornito di champagne.

Le vicende delle Camicie Rosse ebbero certamente momenti un po' teatrali. Oltre al fantasioso Dumas, Garibaldi fu presto raggiunto dalla eccentrica contessa Maria della Torre. Ella aveva incontrato Garibaldi a Londra durante la sua visita nel 1854 e si era innamorata di lui. Non successe nulla di importate, ma lei insistette di far parte della spedizione in Sicilia. Si presentò nel campo indossando una maglietta rossa, stivali con gli speroni e un grande cappello piumato. Come se tutto ciò non bastasse per attrarre l'attenzione, portava anche una grande spada che produceva un rumore metallico ad ogni suo passo. Fu determinata nell'accompagnare Garibaldi in battaglia, ma ben presto crollò per la stanchezza e fu ricoverata in ospedale. Poco dopo venne internata in un manicomio.

Oltre a questo afflusso di volontari, la spedizione di Garibaldi ebbe anche qualche aiuto finanziario quando s'impadronì della zecca di Palermo. Le Camicie Rosse s'impossessarono di una enorme somma di denaro. In aggiunta a questa fortunato evento, il governo del Regno cominciò a rilasciare un po' dei fondi promessi per il costo della spedizione. Le vittorie di Garibaldi in Sicilia stimolarono anche un aumento dei contributi finanziari di altri paesi, compresi gli Stati Uniti. La città di New York contribuì con 100.000 dollari; lo stato della California inviò 3.000 dollari e quattro cannoni su ognuno dei quali c'era scritto; "All'Italia dai suoi figli in California".

46

La Battaglia di Milazzo

La resa delle forze napoletane a Palermo consentì a Garibaldi di occupare tutta la Sicilia tranne l'angolo a nord-est intorno la città di Messina. La posizione strategica di Messina sullo stretto che separa la Sicilia dalla terra continentale d'Italia fu il nuovo obiettivo della sua campagna.

Con l'aggiunta di diverse nuove unità di volontari, l'esercito di Garibaldi, da luglio del 1860, raggiunse un numero di combattenti pari a circa 20.000 uomini. Originalmente conosciuto come i Mille, ora era formato da quattro divisioni. Considerate come aggiunte alle quattordici già esistenti nell'esercito regolare italiano, questo fu chiamato "l'Esercito del Sud". Era composto dalla Divisione 15ma comandata da Türr, la 16ma da Cosenz, la 17ma da Medici e la 18ma da Bixio.

Il 14 luglio l'Esercito del Sud di Garibaldi iniziò ad avanzare verso il perimetro di difesa napoletano che proteggeva lo stretto di Messina, in particolare la città fortezza di Milazzo. La divisione Medici partì da Palermo ed andò lungo la strada litoranea che porta a Milazzo, mentre le truppe guidate da Türr e Bixio si diressero a sud, verso l'interno della Sicilia, per liberare le città ancora tenute da guarnigioni napoletane. Dopo aver completato le loro missioni, si sarebbero incontrati a Punta del Faro sullo Stretto di Messina. Il loro prossimo strategico obiettivo era quello d'invadere la penisola italiana.

Vicino a Milazzo, sulla costa nord, Medici s'imbatté in un esercito napoletano guidato dal colonnello Bosco. Seguirono aspri combattimenti. Bosco era un soldato professionista forte che credeva di poter sconfiggere gl'insorti, ma quando arrivò Garibaldi con i rinforzi per Medici, Bosco fu costretto a ripiegare verso Milazzo. La cittadina, situata all'ombra di una fortezza con lo stesso nome e che domina un promontorio a picco sul mare, poteva essere avvicinata da terra attraverso la città. Presidiata da una forza di circa mille uomini, i suoi bastioni erano protetti da 40 cannoni. Altri quattrocento soldati erano posizionati alla punta settentrionale della penisola per sventare un attacco dalla parte del mare. Lungo il bordo meridionale del promontorio s'era situato Bosco con i suoi 2500 soldati e otto cannoni piazzati in un semicerchio di due miglia. Essi erano protetti ai due lati dal mare e rafforzati da uno squadrone di cavalleria di riserva.

Il 20 luglio, i garibaldini s'avvicinarono a queste posizioni dal sud. Essi avanzarono attraverso i campi coperti di fichi, peri e boschetti di canne alte che quasi potevano nascondere gli eserciti avversari. Folte siepi di cactus o alte mura di pietre segnavano i confini di ogni campo. Fu quì, fra questi campi, sotto un sole cocente, che Garibaldi e Bosco si scontrarono in un combattimento mortale.

La battaglia infuriò con un'intensità tale che sembrava volesse rivaleggiare con la calura estiva. Anche se i combattenti soffrirono sete e fatica, continuarono a combattere con il calore del giorno. Entrambe le parti cercarono di resistere con risoluta forza. Nessuno si arrese. Centinaia di soldati caddero abbattuti dal fuoco nemico o da baionette innestate. Altri morirono dalla stanchezza o per il caldo. Le grida dei feriti potevano essere udite da lontano.

Garibaldi stesso capeggiò varie cariche e le sue eroiche gesta sul campo di battaglia servirono a dare esempio ai giovani volontari sotto il suo comando. Durante un attacco alla cavalleria napoletana, combattè davanti ai suoi uomini per abbattere con la spada i cavalieri. Nella stessa battaglia, il suo giovane aiutante di campo, Giuseppe Missori, abbattè alcuni altri cavalieri con le pistole. Questi atti di coraggio servirono a rincuorare lo spirito dei volontari a compiere grandi imprese.

Garibaldi notò un ex scugnizzo palermitano che coraggiosamente combattè contro il nemico. Il giovane divenne volontario unendosi ai garibaldini, e per il suo valore in battaglia, Garibaldi lo promosse al grado di sergente. Il giovane aveva solo dodici anni.

Dopo otto ore di intenso combattimento corpo a corpo, i garibaldini si infiltrarono nel perimetro di difesa napoletana e occuparono Milazzo. Gli abitanti si erano già rifugiati nei fitti boschi di ulivi delle colline circostanti. Le truppe di difesa napoletane si ritirarono nella fortezza ma scoprirono che, mentre avevano abbastanza munizioni, era rimasto poco cibo e poca acqua. Quando le truppe furono ridotte a metà razioni, minacciarono l'ammutinamento. Questo spinse il colonnello Bosco a telegrafare al quartiere generale a Messina, precisando la sua precaria situazione e chiedendo rifornimenti di cibo e rinforzi dalla guarnigione. Ma i napoletani a Messina non avrebbero marciato per alleviare la situazione di Bosco nel timore che la colonna di Türr avanzasse verso nord da Catania per attaccare la città esposta. Al contrario, l'alto comando napoletano decise di cedere Milazzo a Garibaldi, a condizione che alla guarnigione venisse consentito di evacuare via mare. Entrambe le parti convennero ad un trattato di resa con il quale le truppe napoletane potevano marciare con le loro armi ed imbarcarsi per Napoli.

Il 25 luglio, nonostante le obiezioni di Fiery Bosco, la guarnigione napoletana rese la fortezza e marciò con l'onore delle armi. Alla fine della colonna camminava il colonnello Bosco, che una volta si vantava di rientrare a Palermo "a cavallo del cavallo di Medici". Invece, ora lasciava Milazzo camminando a piedi tra i fischi degli abitanti, finalmente liberati dai guardiani della tirannia borbonica. Insieme ai suoi uomini salpò a bordo della nave da guerra napoletana che era arrivata al largo della costa.

Ben presto si seppe che Bosco non aveva di fatto agito onestamente per quanto riguardava i termini del trattato di capitolazione. Quando i garibaldini presero possesso della fortezza, si scoprì che i cannoni erano stati manomessi e che i cavalli e muli che dovevano essere dati a loro, erano stati massacrati. Inoltre fu scoperto che un fusibile a ritardo era nascosto sotto un mucchio di paglia con una traccia di polvere da sparo che arrivava fino alla polveriera per far saltare in aria la fortezza ed i suoi occupanti.

Ovviamente, Bosco intendeva lasciare Milazzo con un grande scoppio!

I garibaldini subirono una perdita di 750 uomini, tra cui 200 uccisi, un prezzo alto da pagare considerata il loro valore militare. Le condizioni dei feriti negli ospedali erano orribili. Gli strumenti chirurgici erano inadeguati e non c'erano anestetici. L'inglese Jessie White Mario diede un esempio di coraggio e compassione nell'assistere instancabilmente i feriti. Durante un'intervento ad un ragazzo di dodici anni, ella tenne il paziente sulle sue ginocchia mentre gli veniva amputato un braccio. Inoltre assistì i feriti per tutto il periodo della campagna e, per la sua dedizione al dovere, ebbe alta considerazione dalle Camicie Rosse che la riconobbero come "una creatura eccellente del Signore".

Anche se le forze napoletane ebbero soltanto 200 vittime in tutto, il loro morale fu totalmente distrutto dalla sconfitta. Le città di Siracusa e Ragusa cedettero a Garibaldi senza combattere lasciandogli il comando di quasi tutta la Sicilia dal 1mo agosto del 1860.* Una domanda sorse spontanea: "potrebbero le Camicie Rosse attraversare lo Stretto di Messina ed invadere la terraferma?"

---

* *La cittadella di Messina continuò a resistere fino al 12 marzo del 1861, quando, dopo un pesante bombardamento, finalmente si arrese all'esercito italiano sotto il comando del gene-rale Cialdini.*

47

La Via per Napoli

Nell'agosto del 1860 lo Stretto di Messina, pattugliato da una decina di navi da guerra sotto il comando dell'Ammiraglio napoletano Salazar, era l'ultimo ostacolo per l'invasione della penisola italiana. A difendere la Calabria sul lato continentale dello Stretto c'erano 17.000 soldati delle truppe napoletane con più di cento cannoni. I punti di difesa erano: la fortezza di Reggio, le batterie d'artiglieria a Villa San Giovanni, Alta Fiumara, Torre Cavallo ed il castello di Scilla. Trasportare un esercito di più di 10.000 uomini attraverso lo Stretto, sotto i cannoni delle fortezze ostili ed una marina vigilante, sembrava un compito quasi impossibile.

Inoltre c'era una sincera preoccupazione per la possibilità di un intervento francese e britannico per fermare Garibaldi. Si sapeva che Napoleone III voleva preservare il regime borbonico a Napoli come "Stato di diritto sotto la direzione francese". Per raggiungere questo obiettivo egli propose che la flotta inglese e quella francese pattugliassero lo Stretto di Messina per evitare qualsiasi attraversamento da parte delle Camicie Rosse. Gli inglesi, tuttavia, respinsero la proposta francese, pensando che dovevano essere gli stessi napoletani a decidere se accettare o meno Garibaldi. Poiché la Francia non era disposta ad intervenire da sola, la probabilità di un intervento straniero a favore dei borboni fu scarsa.

A rendere più difficile l'azione, il governo del Regno si opponeva a Garibaldi nell'attraversare lo stretto verso la terraferma. Il primo ministro Cavour era sempre più preoccupato dalla popolarità di Garibaldi e dalla presenza di radicali nel suo nuovo governo in Sicilia. Nel tentativo di prendere il controllo della situazione Cavour mandò il suo amico, Giuseppe La Farina, in Sicilia per compiere l'immediata annessione dell'isola al Regno di Sardegna. La Farina, un siciliano in esilio, aveva prestato servizio come segretario della Società Nazionale ed aveva sviluppato stretti legami con Cavour. Egli però non era in buoni rapporti sia con Garibaldi che con Francesco Crispi, il segretario di stato recentemente nominato per la Sicilia. Crispi era tra coloro che Cavour considerava tra i più pericolosi.

L'arrivo di La Farina a Palermo suscitò antiche animosità. Egli litigò con Crispi sulla questione dell'annessione immediata e della Sicilia alimentò il fuoco con numerose critiche contro la dittatura. Nel suo rapporto a Cavour, egli descrisse la situazione di Palermo come "un misto di meraviglie e orrori", sostenendo che se il popolo siciliano amava Garibaldi come suo liberatore, odiava la sua amministrazione. La Farina accusò il governo di Garibaldi di "incompetenza amministrativa e finanziaria", e chiese il licenziamento di Crispi e l'annessione immediata della Sicilia al Regno di Sardegna. Quando Garibaldi si rifiutò di cedere a queste esigenze, La Farina organizzò manifestazioni contro la dittatura, nella speranza d'interrompere i preparativi per l'invasione dell'Italia meridionale.

A questo punto, venne alla luce un sinistro complotto per assassinare Garibaldi. La polizia siciliana arrestò due agenti segreti che lavoravano per il regime borbonico a Napoli. I due andarono a Palermo con l'intenzione di assassinare Garibaldi "a coltellate o col veleno". Uno di essi, Giacomo Griscelli, si rivelò essere un agente che agiva anche in favore di Cavour. Sia Griscelli che il suo compagno, Totti, confessarono entrambi i loro ruoli alla polizia.

Non c'è dubbio che Griscelli e Totti erano stati assunti dai Borboni per assassinare Garibaldi. Ma cosa c'entrava Cavour in questo? La risposta potrebbe trovarsi in una lettera scritta dal comandante della flotta sarda, l'ammiraglio Persano, a Garibaldi il 7 luglio 1860. La lettera spiegava che i due agenti erano stati pagati da Cavour per l'assassinio di Garibaldi ma voleva apparire come una manovra dei Borboni. Persano scrisse la lettera a Garibaldi perché gli era stato ordinato dal governo sardo di intervenire per conto dei due cospiratori. L'intera vicenda rimase avvolta nel mistero, e alla fine, Griscelli e Totti furono risparmiati dall'esecuzione.

Tutto questo servì a convincere Garibaldi che Cavour era l'artefice dell'attentato e che La Farina, il suo agente principale in Sicilia, era coinvolto nella cospirazione. Di conseguenza, Garibaldi ordinò l'espulsione di La Farina dall'isola. L'emissario fu arrestato nella sua casa a Palermo e con la forza fu accompagnato a bordo di una nave sarda insieme ai due sicari. I tre furono quindi rispediti al loro mentore, Camillo di Cavour! Come un ulteriore insulto a La Farina, il suo nome apparve accanto a quelli di Griscelli e Totti nel bando ufficiale della deportazione per attività sovversive.

Questi eventi contribuirono a far crescere la grande animosità esistente tra Garibaldi e Cavour e spiegarono anche il perché

Cavour si rifiutò di visitare Napoli, quando Vittorio Emanuele prese possesso della città in quello stesso anno. In precedenza, egli accompagnò sempre il Re in tali occasioni, ma questa volta si scusò dicendo che le Camicie Rosse lo tenevano in "estrema avversione". Aveva forse tanta paura delle Camicie Rosse o era incapace d'affrontare Garibaldi dopo d'aver pagato due sicari per ucciderlo?

In ogni caso, il modo avvilente in cui La Farina fu deportato non deve offuscare la buona immagine di Garibaldi. Egli non prese alcun provvedimento contro La Farina o, per quel fatto, contro Griscelli e Totti. Qualunque altro condottiero meno magnanime li avrebbe fatti impiccare tutti e tre.

La loro espulsione servì a distendere un po' la situazione politica a Palermo, permettendo a Garibaldi di andare avanti con il compito di liberare la Sicilia. Per quanto riguarda Cavour, egli concentrò la sua mente sull'obiettivo di fermare Garibaldi!

Per contrastare la campagna di Garibaldi, Cavour scoraggiò un corpo di spedizione, guidato dal dottor Agostino Bertani, dall'invadere gli Stati Pontifici. L'esercito di 6.000 uomini avrebbe dovuto attaccare da nord, occupare Roma e poi avanzare verso sud per unirsi alle forze di Garibaldi. La preoccupazione di Cavour era dovuta al fatto che l'invasione degli Stati Pontifici avrebbe portato al conflitto con la Francia; così costrinse Bertani a deviare le sue truppe in Sicilia via mare. In tal modo fu in grado di sabotare il piano di Garibaldi per l'apertura di un secondo fronte nella sua campagna per liberare l'Italia del sud.

Dietro le quinte Cavour consigliò al re Francesco II di concedere una costituzione per i napoletani prima che le Camicie Rosse potessero invadere la terraferma. Questa mossa avrebbe guadagnato il sostegno popolare per Franceschello e diminuito il fascino rivoluzionario di Garibaldi. Cavour suggerì anche di fare un'alleanza tra il sovrano borbonico e Vittorio Emanuele in modo che i due regni agissero insieme per raggiungere l'indipendenza italiana. Questo avrebbe messo Garibaldi fuori dall'azione. Quando Franceschello rifiutò quest'idea, Cavour escogitò un altro sistema per l'annessione del Regno di Napoli senza l'aiuto di Garibaldi. Egli avrebbe impiegato la flotta sarda per impedire che Garibaldi attraversasse lo stretto giungendo sulla terraferma, mentre i suoi agenti avrebbero istigato un'insurrezione a Napoli per prendere il potere della città prima che arrivasse Garibaldi.

Questi intrighi furono poi rivelati in una lettera nella corrispondenza di Cavour con Costantino Nigra, ambasciatore sardo in Francia. Nel luglio del 1860, Cavour fece il seguente avviso:

> *Dobbiamo fermare Garibaldi nella conquista di Napoli e cercare di concludere l'annessione della Sicilia al più presto ... È di grande interesse per noi e per l'Europa che se i Borboni devono cadere, ciò non avvenga per opera di Garibaldi. L'annessione della Sicilia sarebbe il modo per annullare ogni suo intervento.*

Come si seppe poi, la rivoluzione a Napoli non si scoppiò e la flotta sarda non bloccò Garibaldi. Cavour cambiò la sua posizione quando si rese conto che sarebbe stato vantaggioso sostenere le Camicie Rosse nella marcia su Napoli. Anch'egli voleva ricevere una parte di merito del successo della spedizione di Garibaldi.

Nelle sedi estere cominciarono a circolare notizie sul doppio gioco della politica. Il governo francese si preoccupò perché correva voce che Garibaldi avrebbe segretamente negoziato un accordo con gl'inglesi per fare della Sicilia un protettorato della Gran Bretagna. Essi si domandarono: non sbarcò Garibaldi a Marsala sotto la protezione di navi da guerra britanniche? Un giornale francese si spinse fino al punto di accusare Garibaldi d'essere un agente britannico.

Da parte loro, gli inglesi erano preoccupati che Cavour stesse negoziando un accordo segreto con Napoleone III. Questa volta, si vociferava, la Francia avrebbe permesso a Vittorio Emanuele di annettere la Sicilia e Napoli in cambio della cessione di Genova e l'isola di Sardegna alla Francia. Cavour negò il fatto, ma, non aveva anche negato la cessione segreta di Nizza e Savoia alla Francia?

I mazziniani tentarono di sfruttare la paura degli inglesi facendo circolare un documento sul quale era scritto un trattato segreto tra Cavour e Napoleone III per cui Genova doveva essere ceduta alla Francia in cambio del permesso dato a Vittorio Emanuele II di annettere la Sicilia. Questo documento suscitò l'indignazione di Garibaldi e sollevò un coro di smentite sia dalla parte del governo di Sardegna che dal governo francese. Non potendo stabilirne l'autenticità, lo si riconobbe come un falso ideato dai mazziniani.

Non volendo essere lasciato fuori dagli intrighi diplomatici, Vittorio Emanuele, ora vide l'opportunità di facilitare l'avanzata di Garibaldi a Napoli, nonostante le pressioni straniere contrarie. Egli gli scrisse due lettere contradditorie: con la prima gli ordinava di fermare la sua avanzata; con la seconda gli diceva d'ignorare la prima lettera e di marciare su Napoli. Il contenuto della prima lettera era per diminuire i timori della Francia e dell'Austria; l'esistenza della seconda lettera rimase un segreto fino alla sua scoperta nel 1909, una cinquantina d'anni più tardi (si trovò fra le carte del conte Litta-Modignani, l'organizzatore del Re).

Questo inganno, a quanto pare, funzionò bene. I capi europei ritennero che il governo del Regno non sosteneva i rivoluzionari con le Camicie Rosse, consentendo in tal modo al Papa ed al Re di

Napoli di sentirsi più sicuri nei loro regni. Nel frattempo Garibaldi proseguì col suo piano di attraversare lo Stretto di Messina e di sbarcare in Calabria. Egli radunò i suoi uomini sulla costa orientale della Sicilia al di sotto di Messina e cominciò a requisire delle barche che li avrebbero traghettati sulla sponda continentale. Nella notte dell'8 agosto, inviò 200 garibaldini attraverso lo stretto su dodici piccole imbarcazioni. Guidati da Giuseppe Missori e Alberto Mario, il loro scopo era quello di sbarcare sulle coste della Calabria e stabilire una testa di ponte dove poter sbarcare con il grosso dell'esercito. Dopo lo sbarco, il piccolo gruppo delle Camicie Rosse fu costretto a ritirarsi verso l'interno, sulle montagne dell'Aspromonte, perché bersagliati da due navi da guerra napoletane. Essi dovettero nascondersi in quelle montagne fino a quando non arrivarono i rinforzi.

Nel tentativo d'ingannare il nemico Garibaldi ordinò ad alcune imbarcazioni che aveva requisito di salpare verso ovest in senso antiorario intorno la Sicilia. Questo movimento di barche che si allontanavano dalla flotta continuò a confondere le speranze nemiche d'individuare il punto di raccolta delle truppe d'invasione di Garibaldi. Fu un altro inseguimento vano. La marina napoletana seguì le imbarcazioni vuote che non avevano nessuna direzione. Nel frattempo, Garibaldi e Bixio, con 3.600 uomini, tranquillamente imbarcati su due piroscafi si dirigevano verso la terraferma. La traversata fu effettuata durante la notte del 18 agosto 1860, e non fu intercettata dai napoletani. All'alba i garibaldini sbarcarono in Calabria nei pressi della cittadina di Mileto.

Quando la notizia di questo fatto raggiunse il quartiere generale militare napoletano a Reggio, il comandante, colonnello Dusmet, condusse le sue truppe fuori dalla città per intercettare Garibaldi. I due eserciti si scontrarono lungo la strada costiera; Dusmet fu ucci-

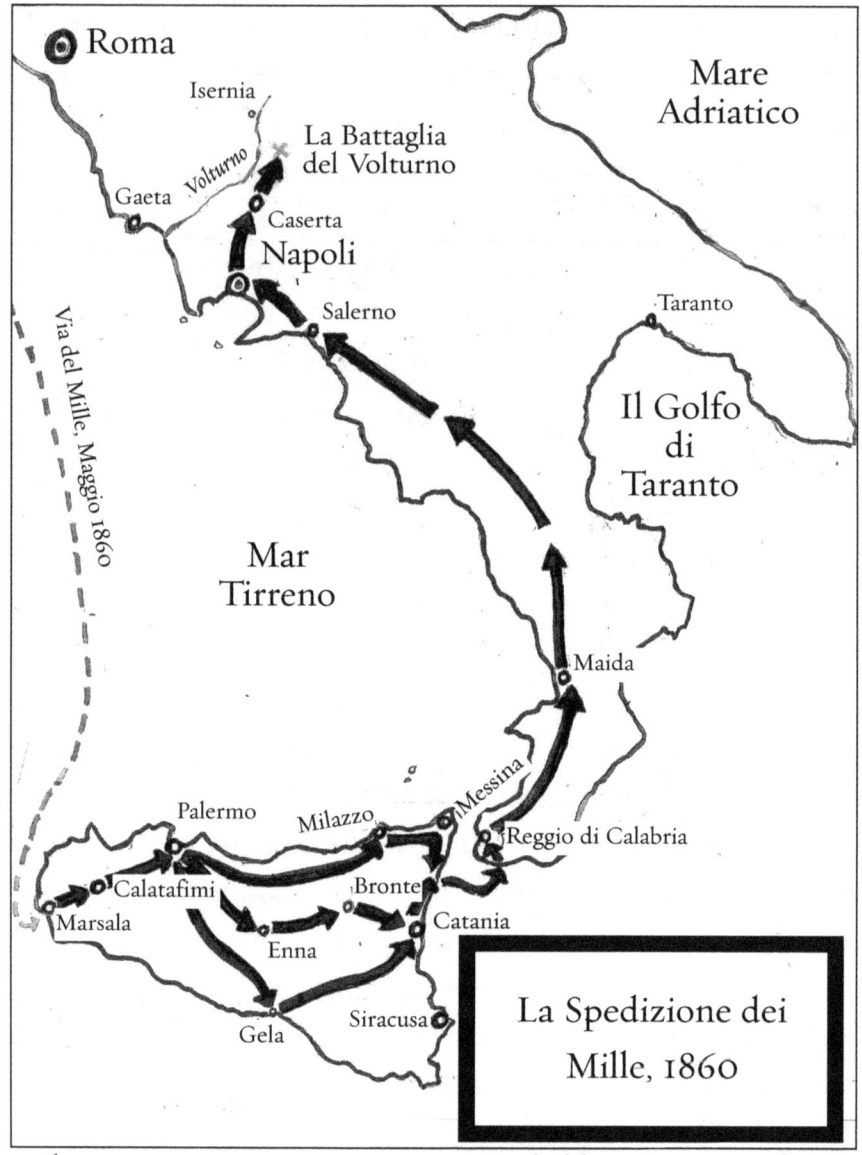

so e le sue truppe ricacciate a Reggio. Garibaldi, avanzò verso la città e cominciò a bombardare con i pezzi d'artiglieria che aveva catturato, costringendo la guarnigione napoletana terrorizzata ad arrendersi dando ai garibaldini una grande vittoria. Dal momento dello sbarco sulla terraferma, essi subirono una perdita di 147 uomini, ma conquistarono la città di Reggio e sequestrarono 38 cannoni e

2.000 fucili.*

Marciando rapidamente Garibaldi avanzò verso nord in direzione di Villa San Giovanni, il porto di fronte allo Stretto di Messina. 1.500 Camicie Rosse, sotto il comando di Cosenz, sbarcarono sulla costa a nord della città e cominciarono a marciare verso sud per raggiungere la città. Intrappolato tra le due colonne avanzanti delle Camicie Rosse c'erano 6.000 soldati napoletani sotto il comando del generale Brigante. Nella battaglia che ne seguì, Brigante subì gravi perdite e fu costretto a ritirarsi nell'entroterra, lontano dal porto di Villa San Giovanni. Ciò consentì al corpo principale dei garibaldini di camminare su terraferma dando inizio alla marcia trionfale verso nord. La Marcia su Napoli fu un incontro senza ostacoli per più di duecento miglia sotto la calura estiva.

Durante questo periodo il problema dell'approvvigionamento alimentare venne facilmente risolto grazie agli amici contadini calabresi. Nonostante la loro povertà, essi si offrirono per condividere le loro misere provvigioni con i garibaldini. Alcuni si mettevano in piedi sul ciglio delle strade per offrire i prodotti dei loro orti. Altri uscivano di casa con cibi cotti e pane fresco per le truppe. Gli agricoltori tornavano dai campi per dare cestini di frutta e olive, lungo la linea di marcia. Tutti sembravano uniti da un forte senso del dovere per aiutare i loro liberatori. A Monteleone organizzarono una festa per Garibaldi ed i suoi uomini, tanta era la gioia degli abitanti! A Catanzaro la cittadinanza proclamò Garibaldi "Dittatore" anche se la città era ancora occupata dalle truppe napoletane! Più a nord le rivolte contro il dominio borbonico scoppiarono in Lucania e Puglia, dove si formarono bande di guerriglia per combattere in

---

*Queste cifre sono riportate nella pag. 117 del libro Garibaldi, il rivoluzionario ed i suoi uomini di Andrea Viotti.

favore di Garibaldi.

I nobili residenti si dileguarono ancor prima che Garibaldi avanzasse. Entro la fine d'agosto, più di 10.000 soldati napoletani, tra cui il generale Ghio, si arresero. Perchè i suoi uomini non erano in grado di sorvegliare le migliaia di soldati nemici, Garibaldi diede loro la possibilità di scelta: o unirsi al suo esercito oppure abbandonare le armi e tornarsene a casa. Quasi tutti scelsero di tornarsene a casa. Per loro la guerra era finita.

Garibaldi era ancora in Calabria quando seppe del piano di Cavour di promuovere una rivolta a Napoli. Anche se questo tentativo fallì miseramente, Garibaldi, temendo che Cavour potesse fare qualche altro tentativo per impedire la sua marcia verso il nord, decise di accelerare la sua avanzata. Marciò lungo la costa tirrenica su una carrozza aperta, accompagnato da un gruppo di garibaldini a cavallo. Era anche attorniato da giornalisti stranieri ed amici, tra cui Jessie White Mario e Evelyn Ashley del Foreign Office britannico. Il colonnello John Peard cavalcava davanti con un distaccamento di legionari ed annunciava l'arrivo di Garibaldi in ogni distretto. Ciò ebbe un effetto demoralizzante sulle truppe napoletane; molti di loro disertarono e tornarono a casa.

Nel frattempo a Napoli il re Francesco II ed i suoi ministri guardavano con sgomento la situazione che continuava a deteriorarsi. Dopo la vittoria di Garibaldi a Palermo, il Re borbonico concesse una costituzione, ma giunse troppo tardi per ottenere l'appoggio della popolazione. In realtà, il potere a Napoli era ormai in gran parte nelle mani di Liborio Romano, il capo della polizia. Romano controllava anche la società segreta conosciuta come la Camorra, la controparte napoletana della mafia siciliana, che ebbe una notevole influenza sugli eventi in città. Nel giugno del 1860 Romano fu nominato ministro degl'interni dal re Francesco, conferendogli in tal modo il potere che, in pratica, aveva già esercitato.

Il 23 agosto, Romano ricevette la visita da Alexander Dumas, che era appena arrivato sul suo yacht da Palermo e che gli consigliò di assecondare Garibaldi, facilitando così la liberazione di Napoli. Romano accettò il suggerimento e Dumas gli suggerì di non svelare la sua intenzione fino a quando Garibaldi stesse per entrare in città. Francesco II sospettò il tradimento di Romano, ma non aveva più la forza d'agire contro di lui. Il potere del Re era concentrato nel suo esercito e nella vita dei contadini più ricchi nella parte settentrionale del suo regno. Francesco non voleva trasformare Napoli in un campo di battaglia come avvenne a Palermo, così abbandonò la città e si ritirò nella fortezza di Gaeta con la sua corte. Lì avrebbe ricostruito il suo esercito e preparato una controffensiva contro Garibaldi. Con questo piano in mente, egli lasciò Napoli la sera del 5 settembre e non vi tornò mai più.

48

La Disfatta dei Borboni

L'IMPROVVISA PARTENZA DA NAPOLI di Francesco II facilitò l'avanzamento di Garibaldi verso il nord. Il 5 settembre del 1860, lo stesso giorno in cui Franceschello lasciò Napoli, Garibaldi raggiunse Salerno, dove 20.000 persone uscirono dalle loro casa per acclamare Garibaldi. Tale era la gioia degli abitanti che si misero a ballare per le strade per l'intera notte. Durante i festeggiamenti Garibaldi ricevette un telegramma da Liborio Romano, il ministro dell'interno napoletano. Il telegramma diceva:

> *All'Invincibile generale Garibaldi, dittatore delle Due Sicilie.*
>
> *Napoli attende il Vostro arrivo con grande impazienza per salutarVi come il redentore d'Italia per consegnare nelle Vostre mani il potere dello Stato e del suo destino....*

Attendo i Vostri ordini e, dittatore invincibile con illimitato rispetto, sono Liborio Romano, ministro dell'interno e della Polizia.

Il giorno seguente, una delegazione guidata dal sindaco di Napoli andò a Salerno per incontrare Garibaldi. Temevano che la situazione a Napoli diventasse caotica a causa dell'assoluta mancanza d'autorità. Esortarono quindi Garibaldi ad andare a Napoli immediatamente per assumersi il controllo della città. A questa richiesta lo stato maggiore di Garibaldi si oppose. Essi pensavano che sarebbe stato pericoloso per lui andare a Napoli prima che le truppe avessero occupata la città. Garibaldi però, era impaziente d'aspettare e subito partì per Napoli accompagnato soltanto da pochi dei suoi uomini.

Il 7 settembre entrò a Napoli fra gli applausi calorosi di un popolo liberato. Ci furono magnifiche celebrazioni dappertutto, nonostante il fatto che le truppe reali presidiassero ancora le fortezze della città. La presenza dei militari reali non lo turbarono. Passò attraverso la città su una carrozza aperta proprio davanti alla guarnigione reale Forte Carmine. I militari, anziché spargargli, lo salutarono. Evidentemente, le sue numerose vittorie gli avevano dato un'aureola d'invincibilità.

Dopo d'essere passato davanti ai cannoni di Forte Carmine, la carrozza di Garibaldi arrivò davanti al porto, dove una moltitudine di napoletani era in attesa per applaudirlo. La sua carrozza lungo la banchina diede uno spettacolo da far ricordare i cortei trionfali della Roma antica. I marciapiedi erano affollati di gente che quasi non si riusciva a trovare un posto in piedi. Nelle strade altre persone applaudivano o agitavano fazzoletti dalle finestre e dai balconi di ogni palazzo. Nella baia, dove erano ancorate molte navi, ogni ponte brulicava il di marinai desiderosi di osservare il passaggio del pirata diventato eroe nazionale. Alcuni marinai salirono sugli alberi delle loro imbarcazioni per avere una visuale migliore.

Dopo il passaggio attraverso un mare di braccia che si agitavano, fazzoletti sventolanti e soldati monarchici che salutavano, Garibaldi giunse alla sua destinazione, la Foresteria. Era un palazzo annesso a quello reale utilizzato per l'intrattenimento degli ospiti di corte. Una folla acclamante salì intorno a lui e molte persone cercavano di toccarlo. Anche il comitato di ricevimento ufficiale fu travolto dall'entusiasmo e dall'affetto per il Generale. Ripetutamente si sentiva echeggiare tra la folla il grido di: *"Viva Garibaldi!"*

Rivolgendosi alla folla da un balcone, Garibaldi ringraziò il popolo di Napoli per l'accoglienza e disse loro di celebrare l'inizio di una nuova era in cui il popolo d'Italia "passava dal giogo della schiavitù al rango di una nazione libera". Durante questo discorso, per la prima volta Garibaldi fece un gesto che poi venne conosciuto come "il segno di Garibaldi". Alzò la mano destra e tese l'indice verso l'alto per indicare L'Italia unita. Le navi del porto spararono in segno di saluto ed alzarono il tricolore rosso, bianco e verde con l'emblema della Casa Savoia. Fu un momento meraviglioso per Garibaldi.

Mentre i napoletani gli davano il più grande 'benvenuto' della sua vita, i soldati della guarnigione iniziarono la loro marcia da Napoli per unirsi al re Francesco II a Gaeta, una quarantina di miglia a nord. Essi furono raggiunti da altre unità reali ch'erano in ritirata verso il nord e provenienti dalla Calabria. Queste truppe combatteranno poi coraggiosamente nella difesa di Gaeta per dimostrare come una causa persa possa essere difesa con dignità ed onore.

Il giorno seguente Garibaldi andò alla cattedrale per partecipare ad una cerimonia di ringraziamento per la liberazione della città. La Messa fu celebrata dal prete cappellano militare, Fra Pantaleo. Garibaldi ebbe cura di andare a pagare una somma per rispetto al santuario di San Gennaro, patrono della città. Nel santuario c'erano due piccoli vasi contenenti il sangue cristallizzato dei primi martiri cristiani. La tradizione vuole che il sangue di San Gennaro si liquefi miracolosamente nell'anniversario del suo martirio nel mese di settembre e significa che la città sarà risparmiata da qualsiasi sconvolgimento per tutto l'anno. Quando il sangue del Santo non riesce a liquefarsi, i napoletani lo considerano come un cattivo presagio, come segno che qualche catastrofe colpirà la loro città. Fortunatamente Garibaldi ebbe la soddisfazione di apprendere che il sangue di San Gennaro s'era liquefatto, accreditando ulteriormente la convinzione che egli aveva salvato la città da qualche disastro imminente.

Grazie alla benedizione del Santo ed all'accoglienza dei capi civili napoletani, Garibaldi assunse la dittatura su Napoli e formò un nuovo governo. Nominò il generale Enrico Cosenz ministro della guerra e Giuseppe Sistori pro-dittatore in caso di sua assenza. Allarmò Cavour con la nomina del dottor Agostino Bertani, un mazziniano, all'importante carica di segretario di Stato e mantenendo Liborio Romano, un ex-borbonico, come ministro dell'interno e capo della polizia. Il generale Stefan Türr divenne il comandante militare di Napoli ed il francese Alexandre Dumas fu nominato direttore degli scavi a Pompei. La nomina di Dumas suscitò vani pettegolezzi ridicolo a causa della sua fama di persona mondana e assai prodiga.

Il primo atto di Garibaldi in qualità di Dittatore fu quello di affidare il controllo della flotta napoletana ancorata nel porto di Napoli all'ammiraglio Persano della Marina Reale sarda *"un dono estremamente generoso da parte di qualcuno che Cavour descrisse come quel ragazzo di cabina, da Nizza"*. La flotta, che consisteva di novanta navi e più di 7.000 marinai, era più grande della marina sarda. La generosità di Garibaldi servì soltanto ad indebolire la sua posizione dittatoriale. Inoltre la marina si sarebbe rivelata preziosa in ogni campagna contro gli Stati Pontifici. Non vi è dubbio che, se Garibaldi avesse mantenuto il controllo della marina, sarebbe stato trattato in modo diverso dal re Vittorio Emanuele e dal governo sardo.

Fu diversa la situazione con le sue truppe di terra. Le file dell'esercito meridionale erano aumentate con l'arruolamento di 20.000 nuove reclute, portando così la sua forza ad un totale di più di 43.000 uomini. Tuttavia molti dei nuovi reclutati erano guardie nazionali che rimasero in servizio nelle loro città d'origine. La forza di combattimento era costituita da 25.000 uomini muniti di polvere da sparo, cannoni ed altre attrezzature abbandonate dalle forze reali in ritirata.

Nel frattempo, nella regione intorno a Napoli, molti dei seguaci di Francesco II rimasero fedeli alla causa borbonica. Insieme alle truppe disperse dalla sconfitta dell'esercito napoletano, cominciarono ad organizzare un movimento di resistenza contro Garibaldi, in particolare intorno alla città di Isernia, sul fiume Volturno. Francesco II, che si era rifugiato a Gaeta, rifiutò di abdicare al trono ed espresse l'intenzione di riconquistare Napoli. Nel frattempo il maresciallo di campo, Giosuè Vitucci, ammassò un esercito di 50.000 uomini a nord di Napoli per un'ultima battaglia decisiva contro Garibaldi. Questa divenne famosa come la battaglia del Volturno.

49

La Battaglia del Volturno: Autunno 1860

MENTRE CONSOLIDAVA LA SUA POSIZIONE a Napoli, Garibaldi si preparava anche per un'ultima battaglia decisiva contro il re borbone, Francesco II, che si era ritirato a breve distanza a nord della città. Era anche sua intenzione continuare la guerra fino a che avesse liberato Roma e lo Stato Pontificio. Ci fu un severo avvertimento da parte degl'inglesi che s'erano prefissi di mantenere la pace nella regione mediterranea. Garibaldi rispose: *"Roma è una città italiana e nessuna potenza straniera ha il diritto di tenermi lontano"*. Garibaldi rispose negativamente alla richiesta di Cavour circa l'annessione immediata dei territori conquistati al Regno di Sardegna.

Cavour temendo che Garibaldi potesse sferrare un attacco

contro gli Stati Pontifici, s'incontrò con l'imperatore francese Napoleone III nella sua residenza estiva di Chambery, nella Savoia. Egli riuscì a convincere l'imperatore che l'unico modo per impedire a Garibaldi di attaccare Roma era quello di far marciare l'Esercito sardo attraverso gli Stati Pontifici ed invadere il Regno di Napoli dal nord in modo da fermare l'avanzata di Garibaldi.

Cavour ottenne ciò che desiderava e, all'inizio di settembre, un esercito sardo di 33.000 uomini sotto il comando dei generali Fanti e Cialdini invasero gli Stati Pontifici dal nord. Le truppe pontificie opposero una strenua resistenza, ma furono sconfitte a Castelfidardo. Poco dopo anche la fortezza di Ancona si arrese, consentendo l'avanzata verso sud attraverso le Marche e l'Umbria. Roma, tuttavia, non fu invasa.

Si seppe allora che Napoleone III aveva dato la sua approvazione al progetto di Cavour soltanto dopo d'essere stato informato che l'esercito sardo stava marciando verso sud "per contrastare l'influenza di Garibaldi" e "per evitare che la rivoluzione si diffondesse nel nord Italia".

Garibaldi decise di avanzare verso Gaeta per sconfiggere Francesco II. Stabilì il suo quartiere generale presso il palazzo reale di Caserta e si preparò a condurre una campagna contro l'esercito reale che si stava ammassando nei pressi del fiume Volturno. I suoi piani furono interrotti da una contesa che si sviluppò tra Depretis e Crispi in Sicilia. Depretis, il pro-dittatore della Sicilia, era favorevole all'immediata annessione al Regno di Sardegna, Crispi, il segretario di Stato, si opponeva. Nel tentativo di porre rimedio alla situazione, Garibaldi fece una breve visita a Palermo e nominò Antonio Mordini, come pro-dittatore, in sostituzione di Depretis. Mordini si opponeva all'annessione immediata dei territori conquistati.

Durante i cinque giorni d'assenza, erano stati completati i preparativi per la battaglia decisiva contro l'esercito reale ed una forza di 7.000 uomini, agli ordini del generale Stefan Türr. Attraversarono il Volturno, e conquistarono la città di Caiazzo; proseguirono verso la città fortezza di Capua, lasciando trecento uomini a difesa di Caiazzo.

A Capua, i garibaldini s'incontrarono in una dura resistenza da parte dei soldati del Re e furono respinti con gravi perdite. Il generale Türr, ordinò la ritirata generale e tornò verso il Volturno mentre i garibaldini lasciati in difesa della città di Caiazzo, mantenevano la loro posizione. Le forze reali vinsero la loro prima battaglia e le Camicie Rosse ebbero una battuta d'arresto.

Il maresciallo di campo Ritucci non sfruttò la vittoria a suo vantaggio. L'esercito reale rimase inoperoso per una settimana, mentre Garibaldi, appena tornato da Palermo, avanzò verso il Volturno con il resto dell'esercito di 25.000 uomini. Sebbene in grande inferiorità numerica rispetto alle forze reali, rimase fiducioso in un prossimo successo.

Le truppe reali furono incitate dall'apparire al fronte del re Francesco II e dei suoi due fratelli: il conte di Trapani e il conte di Caserta. Il maresciallo Ritucci schierò le sue truppe di circa 50.000 uomini su una linea a forma di semicerchio intorno alla città di Caserta. Garibaldi posizionò i suoi in una formazione più compatta che copriva una distanza di dodici miglia. Questo avrebbe reso più facile spostare le riserve da un settore del fronte ad un altro. L'ala sinistra della formazione comprendeva una forza di 7.000 garibaldini al comando di Medici. Sulla fascia destra Bixio con 5.000 soldati presidiava la città di Maddaloni ed un piccolo distaccamento con a capo Bronzetti teneva Castel Morrone all'estrema destra.

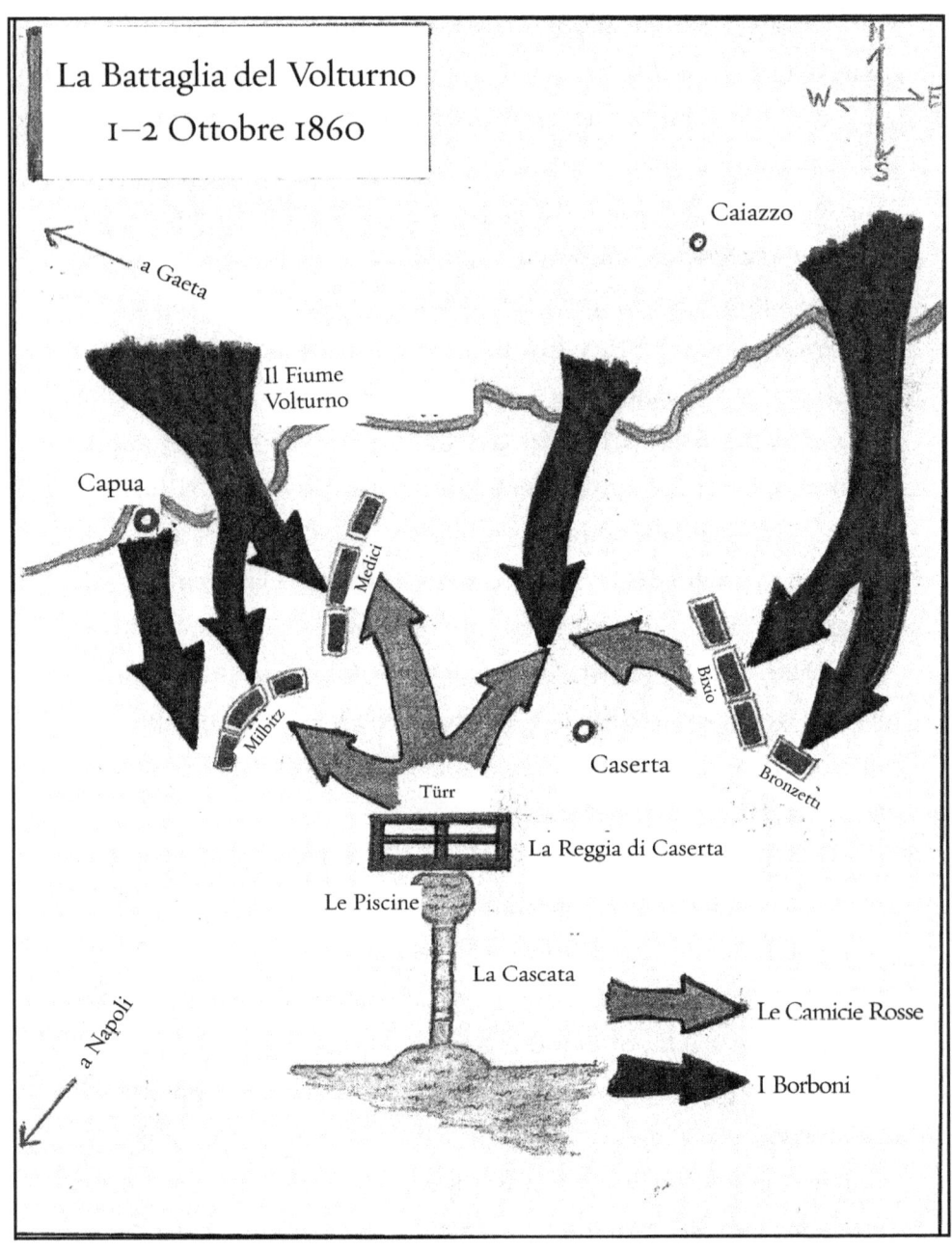

Garibaldi e Türr erano sistemati al centro della linea a Caserta, con i rimanenti 13.000 garibaldini.*

Entro la fine di settembre entrambe le parti erano pronte per la battaglia: l'esercito di professionisti bene addestrati del Re dei borboni e le Camicie Rosse di volontari di Garibaldi. La posta in gioco era il controllo di un regno e la possibilità di unificare l'Italia. Per i Borboni, la sconfitta avrebbe segnato la fine del loro dominio sull'Italia del sud. Per le Camicie Rosse la fine del movimento nazionale capeggiato da Garibaldi. Il destino d'Italia si sarebbe deciso presto ed una strana sensazione aleggiava nell'atmosfera.

Nella notte del 30 settembre Garibaldi mentre ispezionava un avamposto nei pressi del villaggio di Sant'Angelo vide un razzo sparato verso il cielo dietro le linee nemiche. Credendo fosse il segnale di un attacco nemico, mise in allerta tutti i suoi comandanti. Continuando il suo giro s'imbatté in uno dei suoi soldati, male equipaggiato e con l'uniforme a brandelli. Garibaldi notò lo sguardo di disperazione sul volto del soldato e si mise a parlare con lui. Posò la mano sulla spalla dell'uomo e gli disse: "Coraggio, coraggio! Stiamo andando a combattere per la nostra patria". Queste semplici parole diedero coraggio al soldato per affrontare la battaglia imminente.

Il mattino seguente (1° ottobre) i monarchici sferrarono un massiccio attacco. Avanzando attraverso una fitta nebbia, colpirono i fianchi dello schieramento di Garibaldi con l'obiettivo di sfondare a Caserta. Il maresciallo Ritucci inviò 8.000 uomini contro Bixio e Bronzetti. Bixio fu in grado di mantenere la sua posizione in Maddaloni, anche se alcune nuove reclute disertarono. A Castel Morrone Bronzetti con il suo piccolo esercito resistette per quattro

---

Queste dati sono riportati nella pag. 497 del libro Garibaldi, di Jasper Ridley.

ore ma poi fu sopraffatto dal nemico. Con i suoi uomini combatté con coraggio fino all'ultimo, dimostrando una tenacia che ricorda quella dei texani che morirono ad Alamo nel 1836. In tal modo, impedì ai circa 5.000 soldati reali di unirsi nella battaglia contro Bixio.

Sulla fascia sinistra Medici fronteggiò una forza d'attacco di 16.000 soldati reali sotto la guida del generale Alfan de Rivera. Sostenute dal fuoco di cannoni pesanti, le truppe reali attaccarono sia l'avamposto a Sant'Angelo che la città di Santa Maria, dove Medici aveva il suo quartiere generale. Poiché la situazione peggiorava, Garibaldi vi si recò per assumere personalmente il comando. Lungo la strada, gli fu teso un agguato da parte del nemico nei pressi di Sant'Angelo. Circondato dalle truppe reali Garibaldi balzò fuori dalla sua carrozza con la sciabola sguainata e guidò i suoi compagni ad una carica disperata. Quando il nemico scoprì a chi aveva teso l'imboscata, si dileguò.

La presenza di Garibaldi al fronte contribuì a rendere stazionaria la situazione e non appena le truppe reali cominciarono ad allontanarsi, Garibaldi ordinò a Medici il contrattacco. Per tutto il giorno rimase sul campo di battaglia nel settore del generale Medici, facendo soltanto una pausa di pochi minuti per mangiare un grappolo d'uva offerto da Jessie White Mario, che aveva l'incarico della gestione dell'ospedale del fronte. Quel giorno, la linea di Garibaldi fu invasa da due squadroni della cavalleria reale. Egli ordinò ai suoi uomini di sdraiarsi su un terrapieno ed aprire il fuoco verso i cavalieri che galoppavano contro di loro. I cavalli si spaventarono e i cavalieri fuggirono.

Nel tardo pomeriggio, le Camicie Rosse avevano scacciato i monarchici dai loro avamposti compreso il Convento dei

Cappuccini. Man mano le Camicie Rosse avanzavano, la resistenza nemica diminuiva. Le truppe reali si ritirarono nella fortezza di Capua, dove si arrestarono le Camicie Rosse.

Nel frattempo, sul fronte destro, Nino Bixio resisteva. I monarchici avevano già occupato l'avamposto di Castel Morrone uccidendo Bronzetti e i 280 difensori. Tutto questo costrinse Bixio a ripiegare su posizioni difensive, per evitare altre perdite. In suo aiuto arrivarono unità di riserva sotto il comando del colonnello Giuseppe Dezza ed il maggiore Menotti Garibaldi, figlio del Generale. Dezza, Bixio e Menotti si unirono per un attacco frontale e, dopo una serie di sanguinose cariche, scacciarono il nemico dalle loro posizioni e costrinsero il maresciallo Ritucci a ordinare la ritirata generale.

Mentre era in corso questa azione era in corso, una colonna di truppe reali di 3.000 uomini sotto il comando del colonnello Perrone, aveva sfondato le linee di difesa dei garibaldini ed avanzava rapidamente verso il quartiere generale di Garibaldi a Caserta. L'avanzata di Perrone minacciò seriamente le linee garibaldine. La forza di riserva di Türr si preparò a difendere Caserta mentre Medici e Bixio ricevettero l'ordine da Garibaldi di convergere sulla colonna nemica da entrambi i lati. La colonna di Perrone fu presto circondata, ma resistette. La mattina del 2 ottobre, Garibaldi stesso condusse un attacco che portò alla vittoria costringendo il nemico alla resa.

Questa chiamata la Battaglia del Volturno. Fu il successo più significativo di Garibaldi perché liberò quasi tutta l'Italia meridionale dal dominio borbonico. I garibaldini ebbero 1.634 perdite, insieme a 389 uomini fatti prigionieri o dispersi. I monarchici persero 1.128 uomini tra morti e feriti e altri 2.163 catturati.* Re

---

* *Questi dati sono riportati nella pag. 129 del libro* Garibaldi, il rivoluzionario ed i suoi uomini *di Andrea Viotti.*

Francesco II fuggì con i suoi cortigiani al sicuro nella fortezza di Gaeta, che rimase nelle mani dei Borboni insieme a Capua e la fortezza di Messina in Sicilia. Garibaldi emanò un proclamo per ringraziare gli uomini dell'esercito del sud che combatterono con grande valore. Inoltre espresse rincrescimento per la guerra "in cui gli italiani combatterono contro altri italiani".

La battaglia del Volturno segnò la fine del Regno delle Due Sicilie. La famosa vittoria fu una grande impresa di guerra paragonabile uguale a quella di San Antonio, Montevideo, Calatafimi, Palermo e Milazzo. Garibaldi dimostrò d'avere imparato l'arte della guerra e di avere la capacità di comandare un esercito con successo. Le sue strategie militari e la sua presenza sul campo di battaglia, erano le caratteristiche che lo aiutavano a vincere i nemici numericamente superiori. Senza dubbio possedeva una straordinaria abilità di comandante militare.

L'esercito Reale sardo continuava la sua Marcia verso sud attraverso gli Stati Pontifici ed il 9 ottobre Vittorio Emanuele annunciò ufficialmente che stava prendendo possesso delle provincie napoletane. Garibaldi era a conoscenza della volontà del governo sardo di annettere l'Italia meridionale, ma non sapeva che il primo ministro Cavour aveva ordinato ai generali Cialdini e Fanti di "scagliare i garibaldini in mare", se avessero posto resistenza.

La prospettiva di una guerra civile apparve reale mentre l'esercito di Vittorio Emanuele avanzava verso Napoli. Garibaldi si rese conto che doveva prendere un'ultima grande decisione: doveva consentire un plebiscito per l'annessione dei territori conquistati dal Regno di Sardegna oppure indire le elezioni per un'assemblea costituente in preparazione di una repubblica nel sud Italia. Ognuno aspettava con ansia la decisione del Dittatore.

50

La Fine della dittatura

La dittatura di Garibaldi fu una novità per Napoli, una città con una lunga storia segnata da tiranni stranieri. La sua breve durata, anche se un po' turbolenta, rappresentò un capitolo roseo del Risorgimento. Con una popolazione di circa mezzo milione, Napoli era la città più grande d'Italia. Garibaldi venne accolto come un liberatore; il popolo lo abbracciò e la guarnigione borbonica lo salutò mentre cavalcava in città il 7 settembre del 1860. Anche il sangue di San Gennaro si fece liquido come segno di approvazione della vittoria.

Fu un momento storico quello in cui Garibaldi da un balcone fece il suo discorso alla folla che applaudiva e dichiarò che l'Italia era una nazione. Per la prima volta, il popolo di Napoli avvertì come un soffio di libertà. Garibaldi avviò le tante necessarie riforme introducendo nuove leggi per l'istruzione gratuita, la riforma agraria, l'indennità di disoccupazione, la costruzione della ferrovia e il controllo blocco dei prezzi sui prodotti venduti nei negozio. Queste innovazioni furono criticate da Cavour perché ritenute un inizio verso il socialismo.

Cavour voleva le dimissioni di Garibaldi come dittatore delle Due Sicilie perché pensava che fosse sotto l'influenza di Mazzini e che avrebbe dato alla fazione repubblicana un vantaggio rispetto ai monarchici. Garibaldi che cercò di mantenere un'amministrazione bipartitica con la nomina di membri di entrambe le fazioni; sperava che questi potessero lavorare insieme al fine di raggiungere un accordo sul tipo di governo per l'Italia unificata. Ma questo non fu un compito facile.

Cavour continuò ad insistere per ottenere l'annessione dei territori conquistati. Garibaldi favorì l'annessione, ma non prima d'aver liberato Roma e lo Stato Pontificio. Scrisse poi una lettera a Vittorio Emanuele esortandolo ad allontanare Cavour come primo ministro ma ciò fece adirare il Re che seccamente rispose di non poter licenziare Cavour "in questo momento."

La lettera di Garibaldi costrinse infatti Vittorio Emanuele a svelare le sue vere intenzioni. Il Re agiva segretamente incoraggiando le imprese di Garibaldi: se vittoriose Vittorio Emanuele avrebbe guadagnato potere e prestigio, se invece fallivano, il Re avrebbe negato ogni sua responsabilità. Cavour, consapevole della complicità del Re nella spedizione di Garibaldi in Sicilia e desideroso di restare come primo ministro, minacciò di rivelare la verità.

Vittorio Emanuele sostenne il suo primo ministro, che aveva il favore del Parlamento e ordinò a Garibaldi, con il quale aveva avuto fino allora amichevoli rapporti, di "proclamare l'annessione dei territori oppure dare le dimissioni."

A Napoli, i repubblicani volevano eleggere un'assemblea costituente per decidere sulla questione dell'annessione. Essi erano guidati da Francesco Crispi, il segretario di Giorgio Pallavicino, il neo vice-dittatore di Napoli richiedeva un plebiscito per l'annessione immediatada al Regno di Sardegna. Queste differenze ben presto svilupparono una lotta tra l'Italia rivoluzionaria e l'Italia della Costituzione. L'esercito reale sardo continuava la sua marcia a sud verso la città. Garibaldi decise di indire le elezioni per l'assemblea costituente e fissava l'11 novembre come data per la convocazione dell'assemblea.

La reazione a questo evento arrivò rapidamente. Pallavicino, il vice-dittatore, si dimise in segno di protesta. I monarchici scesero in piazza, chiedendo un plebiscito invitando il popolo a votare "sì" per l'annessione al Regno di Sardegna. A Garibaldi giunse una petizione firmata da migliaia di napoletani che favorevoli al plebiscito e contrari all'assemblea costituente.

Garibaldi, che non aveva voluto mai governare contro la volontà del popolo, convocò una riunione dei suoi consiglieri per rivedere la situazione ed escogitare una soluzione praticabile. Pallavicino era fra i presenti. Garibaldi aveva rifiutato di accettare le sue dimissioni perchè sentiva che la sua cooperazione era essenziale. Durante l'incontro Garibaldi si sedette in silenzio a capo del tavolo, esaminava le firme sulle petizioni. Quando la questione fu sottoposta al voto, il risultato fu ancora in favore di una assemblea costituente. Pallavicino rifiutò di accettare la decisione. La fazione repubblicana, voleva che il voto per l'assemblea venisse riconosciuto valido mentre i monarchici, invece, pretesero che venisse revocato. Tra Crispi e Pallavicino ci fu un acceso dibattito. Questo terminò bruscamente allorchè il generale Türr entrò nella stanza e presentò a Garibaldi un'altra petizione per un referendum, che conteneva migliaia di firme da parte delle sue Camicie Rosse.

Quando la confusione si placò, Garibaldi, si alzò dalla sedia, sollevò le petizioni e disse: "Se questo è il desiderio del popolo napoletano, deve essere soddisfatto". Per quanto riguarda Pallavicino, aggiunse: "Caro Giorgio, abbiamo bisogno ancora di voi qui." Nella stanza non ci fu alcun commento. Garibaldi annullò le elezioni per l'assemblea ed ordinò, invece, il plebiscito che doveva aver luogo il 21 ottobre. I repubblicani se ne andarono arrabbiati e si rifiutarono di stringere la mano a Pallavicino.

Garibaldi, circa la Sicilia lasciò ogni decisione ad Antonio Mordini, il suo vice-dittatore di Palermo. Questi, che voleva uno stesso governo sia per il continente che per la Sicilia, le ordinò di indire un plebiscito.

La decisione fu annunciata dalle autorità locali di Napoli e Palermo. La classe media dei cittadini di tutto il sud considerò l'evento come un passo positivo verso la libertà e l'unità. Credettero che l'annessione al Regno di Sardegna sarebbe stata la migliore garanzia contro il ritorno dei Borboni e la loro tirannia. Il plebiscito che si tenne il 21 ottobre del 1860 chiedeva agli elettori di votare "sì" o "no" alla seguente proposta: "Il popolo vuole l'Italia unita ed indivisibile, con Vittorio Emanuele come Re Costituzionale ed i suoi legittimi discendenti dopo di lui."

Sulla terraferma, il conteggio fu di 1.302.064 voti a favore e 10.312 contrari, con una grande astensione dell'elettorato. In Sicilia la gente votò 432.053 in favore dell'annessione e 667 contrari.* L'Ammiraglio Mundy, il comandante della flotta inglese che osservò la votazione commentò che ci sono stati uomini con coraggio per votare "no". Il voto, tuttavia, rifletteva la tendenza nazionalistica del tempo. Anche nello Stato Pontificio, sia Umbria che Marche, la

---

Queste cifre possono essere trovate nella pag. 266 del libro Garibaldi e fare l'Italia *di Trevelyan.*

Garibaldi incontra Vittorio Emanuele II e lo accoglie come primo re d'Italia

grande maggioranza votò in favore dell'annessione.

Garibaldi, con il suo esercito, si diresse verso il nord per incontrare Sua Maestà il Re. I due eserciti s'incontrarono vicino al villaggio di Marganello, una trentina di chilometri a nord di Napoli. Garibaldi ed i suoi si fermarono davanti a una taverna lungo la strada denominata "Taverna della Catena" in attesa dell'arrivo del loro nuovo sovrano.

I garibaldini si allinearono ai lati della strada. Quando arrivò l'Esercito Reale Sardo, vestito con le brillanti uniformi di colore blu i generali Cialdini e Della Rocca, che cavalcavano alla testa della colonna, si avvicinarono a Garibaldi e gli strinsero la mano. Tuttavia, dopo il caloroso saluto iniziale, le truppe reali marciarono davanti a lui senza salutare, una chiara dimostrazione del loro disprezzo per i garibaldini dalle camicie rosse.

Qualcuno gridò: "Il Re! Il Re sta arrivando!" Vittorio Emanuele arrivò cavalcando, perfettamente vestito con una divisa ornata di

Il palazzo reale di Caserta

medaglie. Mentre si avvicinava, Garibaldi si tolse il cappello e gridò: "Saluto il Primo Re d'Italia!" I due uomini si strinsero la mano per più di un minuto. Il Re domandò: "Come stai, caro Garibaldi?" Gli rispose: "Bene, Vostra Maestà? E Voi?"

"Eccellente", rispose il Re.

Il Re e Garibaldi cavalcarono insieme per diversi chilometri, seguiti dai loro cortei, formati dalle truppe dell'Esercito Reale e le Camicie Rosse a cavallo in fila per due, fianco a fianco. L'atmosfera era quella della "buona cortesia" mentre i due eserciti marciavano lungo la strada che conduce a Teano. Mentre cavalcavano insieme il Re informò Garibaldi che egli stesso avrebbe assunto il comando delle operazioni militari contro i Borboni e che le Camicie Rosse potevano rimanere di riserva. Garibaldi capì che questa decisione avrebbe avuto un effetto negativo sui suoi soldati, ma accettò la decisione e mise i suoi uomini a disposizione del Re.

La colonna giunse ad un bivio e Garibaldi ed i suoi uomini andarono a sinistra e presero la strada di Calvi. Il Re ed il suo esercito continuarono verso Teano, dove i cuochi reali stavano preparando un pasto sontuoso per Sua Maestà. Garibaldi ed i suoi uomini si fermarono in una trattoria nei pressi di Calvi per un modesto pasto di pane e formaggio con l'acqua che aveva un sapore cattivo tanto che Garibaldi sputò dicendo: "Ci deve essere un animale morto in quel pozzo!" Dovette passare la notte in un fienile e dormire su un mucchio di paglia, sistemazione che difficilmente si addiceva ad un uomo che aveva appena unificato una nazione!

Il giorno dopo, fisicamente sfinito, tornò al suo quartiere generale presso la Reggia di Caserta, dove fu raggiunto dal generale Della Rocca dell'Esercito Reale Sardo. Questi lo trovò a letto in una piccola stanza poco sopra la torre di guardia. Egli espresse la sua personale gratitudine a Garibaldi per tutto quello che aveva compiuto.

Vittorio Emanuele andò alla città di Sant'Angelo, dove fu accolto dal generale Medici ed i suoi uomini. Il Re sperava di trovare Garibaldi, ma rimase deluso di sapere che era in convalescenza a Caserta. Il Re non si preoccupò di visitare coloro che giacevano feriti negli ospedali vicini ed i suoi ufficiali continuarono ad ignorare i garibaldini.

Il peggior affronto si verificò il giorno in cui il Re avrebbe dovuto passare in rivista le Camicie Rosse nella sfilata d'addio a Caserta. L'esercito di Garibaldi si riunì nella piazza d'armi del palazzo per attendere l'arrivo del loro sovrano. Aspettarono per più di sei ore sotto una pioggia costante per poi apprendere da un messaggero che il Re non sarebbe più passato. Voci narravano che il Re fosse in compagnia di una donna a Capua al momento della parata.

La fortezza di Capua si arrese all'Esercito Regio sardo ai primi di novembre e poi Gaeta capitolò nel febbraio dell'anno successivo. Nella stampa mondiale l'esercito reale fu elogiato per queste vittorie mentre Garibaldi e le sue Camicie Rosse furono offesi da ufficiali e da funzionari della cerchia del Re. Luigi Farini, il governatore appena nominato, non parlò con Garibaldi, ne' gli strinse la mano allorchè s'incontrarono e non fece suonare l'Inno di Garibaldi a Napoli. La tensione rimase elevata mentre Garibaldi incolpava Cavour per tutte le ostilità contro le Camicie Rosse.

Queste accuse si dimostrarono infondate. Cavour era effettivamente disposto a dare a Garibaldi ed ai suoi uomini il riconoscimento che meritavano. L'8 ottobre scrisse un memorandum col quale affermava che "Mazzini ed i suoi seguaci dovevano essere spazzati via, ma che il governo doveva mostrare magnanimità all'esercito di Garibaldi."

Vittorio Emanuele pensò di entrare a Napoli con Garibaldi accanto a lui. Così il 7 novembre del 1860 il popolo di Napoli ebbe l'opportunità di vedere Garibaldi ed il Re percorrere le vie della città, l'uno a fianco all'altro su una carrozza aperta. Garibaldi accompagnò anche il Re ad una funzione religiosa nella cattedrale e poi a un ricevimento al palazzo reale di Napoli. Si rifiutò però di partecipare ad una serata di gala all'Opera.

Il giorno successivo in una cerimonia svoltasi nel palazzo reale, Garibaldi rassegnò le dimissioni della sua dittatura trasferendo il suo potere a Vittorio Emanuele ed al suo governo. Nella riunione privata che seguì il Re cercò di ricoprire Garibaldi con doni ed onorificenze per il suo servizio alla corona. Nominò Garibaldi generale maggiore dell'Esercito Reale e gli offrì il titolo di Principe di Calatafimi. Gli offrì anche un castello, uno yacht, una generosa pensione, una tenuta al figlio Menotti, la nomina di aiutante in campo reale a Ricciotti e di una dote a Teresita per il suo matrimonio.

Conferito ancora a Garibaldi la decorazione del Collare dell'Annunziata, che dava diritto ad essere considerato come cugino del Re.

Con lo stupore del Re, Garibaldi rifiutò tutti i doni e le onorificenze perché voleva restare una persona libera da qualsiasi influenza governativa. Il Re si sentì offeso.

Garibaldi salutò Mazzini che in quei giorni dopo la liberazione si trovava a Napoli e l'ammiraglio Mundy, la cui squadra navale era ancorata nel porto. Diede pure l'addio ai garibaldini, esortandoli ad unirsi all'esercito di Vittorio Emanuele. Così terminò "La Spedizione dei Mille".

Nel corso degli anni, Garibaldi e le sue Camicie Rosse sono stati immortalati nei libri di storia. Gli artisti li hanno dipinti nei quadri e i registi ne hanno tratto dei film. Garibaldi lasciò Napoli su di una nave a vapore prima dell'alba del 9 novembre. Volutamente scelse di partire la mattina presto insieme a suo figlio Menotti, ed alcuni amici. Portò con se un sacco di semi per il suo giardino, caffè e zucchero e la provvista per un anno di maccheroni. Mentre la nave si accingeva a salpare la squadra navale inglese sparò delle cannonate a salve in segno di saluto. Garibaldi tornava a Caprera per vivere la vita di un semplice contadino.

La gerarchia militare non poteva accettare l'idea di riempire i ranghi dell'esercito regolare con ex rivoluzionari. Il risultato fu che molti garibaldini furono respinti e coloro che furono assunti dovettero accontentarsi di un rango militare inferiore a quello che aveva in precedenza con le Camicie Rosse.

Soltanto 1.584 dei garibaldini furono presi nell'esercito regolare, la maggior parte di questi erano quelli della spedizione dei Mille. Tra loro c'erano alcuni dei principali funzionari di Garibaldi. Bixio, Medici, Cosenz, Türr ed altri otto che diventarono generali nell'Esercito Italiano. Türr fu scelto come aiutante di campo di Vittorio Emanuele II.

A Napoli, la maggior parte delle leggi promulgate da Garibaldi e alcune riforme furono annullate da un'amministrazione appena nominata e guidata da Luigi Farini. Le riforme sociali ed educative alle quali aveva dato inizio furono trascurate. Presto ci furono manifestazioni e rivolte in aperta sfida al nuovo governo.

51

Garibaldi a Caprera, 1860–1861

L'EROISMO DI GARIBALDI DURANTE la Spedizione dei Mille fu molto apprezzato dalla popolazione italiana. L'impresa audace pose fine ad un governo regressivo e contribuì a creare una nazione unita i cui confini si estendono dalle Alpi alla punta occidentale della Sicilia. Ancora più importante, il popolo italiano riconquistò la propria identità nazionale, che era rimasta oscura per 1500 anni, dalla caduta della Roma antica nel 476 DC. L'uomo che portò un grande contributo a questa realizzazione s'era ora ritirato nella solitudine della sua fattoria a Caprera. Certamente un finale non adatto ad una vita così avventurosa!

Andando a stabilirsi a Caprera, la fama di Garibaldi aumentò fin quasi a diventare una figura romantica. I giornalisti lo descrissero come un eroe leggendario su un'isola solitaria. Lo paragonarono all'eroe romano Cincinnato, che convocato in un momento di crisi, dopo aver risolto i problemi, abbandonò il potere e tornò nella sua casa di campagna.

La solitudine a Caprera, non durò a lungo perché la presenza di Garibaldi trasformò l'isola in un'attrazione turistica. Dopo il novembre del 1860, ricevette molte visite, di giornalisti, di poeti e scrittori e turisti. Alcuni andarono all'isola con i loro yacht privati, altri usarono il battello postale che fermava nella vicina isola della Maddalena ogni venerdì. Qualche visitatore riferì che Garibaldi sembrava felice come uno studente tornato a casa da scuola per le vacanze. Un altro, dopo aver visto lo stile di vita semplice di Garibaldi, lo definì come "il perfetto esempio dell'uomo comune." I visitatori italiani lo riconobbero come un grande patriota e lo chiamarono "il Padre d'Italia." L'ambasciatore degli Stati Uniti in Italia, George Perkins Marsh, disse: "anche se Garibaldi in questo momento è un individuo solitario e privato, egli è una delle grandi potenze del mondo." Marsh fu il primo a fare l'analogia tra Garibaldi e Cincinnato.

Garibaldi era felice della sua notorietà. La gente non lo vedeva più come un pirata; era ricercato da rappresentanti diplomatici, da tifosi ed appassionati di ogni genere. Molti di questi andarono sull'isola perchè desiderosi d'avere un suo autografo o un qualsiasi ricordo della loro visita a Caprera. Una signora inglese riuscì persino ad acquistare una sua divisa da generale che Garibaldi aveva dato ad uno dei suoi garzoni. Il garzone la indossava mentre scavava le patate e la donna prontamente l'acquistò come ricordo.

Al fine di accogliere i numerosi visitatori, fu presto costruito un hotel nella vicina isola La Maddalena. Da lì era facile noleggiare una barca per la breve traversata a Caprera, oppure bastava guardare al di là dello stretto canale per vedere il grande uomo che lavorava nella sua fattoria. Fra i personaggi famosi giunsero lì, si possono nominare Alexandre Dumas, Jesse White Mario, la baronessa Maria von Schwartz, Sir Charles McGrigor, John McAdam e Felix Morrand. Ognuno di essi più tardi scrisse qualche sua impressione sulla vita di Garibaldi sull'isola.

Situata nell'arcipelago della Maddalena, Caprera si trova tra la Sardegna e la Corsica. Si tratta di circa quattro chilometri di lunghezza e tre di larghezza, con una costa rocciosa, frastagliata e nessun porto naturale. In origine l'isola era abitata da alcuni pastori ed alcune capre selvatiche ed è da questa che deriva il suo nome. Caprera significa "luogo delle capre." Gran parte dell'isola è rocciosa, con macchie di arbusti e rovi che crescono sulle sporgenze e nelle fessure delle rocce. L'unica fonte d'acqua potabile proviene da una sorgente situata verso il centro dell'isola. Fu su questa isola sterile e spazzata dal vento che Garibaldi scelse di stabilirsi e dedicarsi all'agricoltura.

Nel 1855, Garibaldi fu in grado di acquistare metà dell'isola con il denaro che gli lasciò suo fratello Felice. Il resto apparteneva ad un signore inglese di nome Collins, che litigava con Garibaldi ogni volta che il bestiame sconfinava sulla sua metà della terra. Una volta la discussione si accese a tal punto che Garibaldi lo sfidò a duello. Ma calmati gli animi il duello non ebbe mai luogo. I due si riconciliarono e furono in grado di vivere in pace come vicini di casa. Anni più tardi, dopo la morte di Collins, alcuni ammiratori di Garibaldi raccolsero abbastanza denaro per comprare la proprietà di Collins e donarla a Garibaldi. Un regalo che egli accettò volentieri.

L'intera isola diventò così di sua proprietà. Egli costruì la sua casa con l'aiuto di suo figlio Menotti e molti dei suoi vecchi compagni d'armi, che abitarono sotto le tende durante la costruzione. Utilizzarono del granito locale e del legname fatto arrivare da Nizza. Un muratore esperto in pietra fu impiegato al lavoro.

Garibaldi non era abile in questo tipo di mestiere ma si rendeva utile portando le pietre vicino al muratore. Una volta completata la lavorazione in pietra, la casa venne stuccata e poi imbiancata con la calce.

La casa di Garibaldi fu chiamata la "Casa Bianca" ed era una struttura a un piano con quattro camere e un tetto piatto per raccogliere l'acqua piovana. Una piccola casetta separata fu costruita a pochi metri dalla casa principale.

A Garibaldi fu offerta una grande proprietà, una lauta pensione ed un titolo principesco dal re Vittorio Emanuele. Egli e la sua famiglia avrebbero potuto vivere una vita ben agiata e di lusso, come tutti coloro che appartenevano alla nobiltà. Invece lui scelse la vita più dura e difficile, quella dell'agricoltore. Coltivò un grande orto e, ove riuscì a trovare terreno adatto, piantò viti e alberi da frutta. Scavò dei pozzi e portò un motore per pompare l'acqua. Più tardi costruì un mulino a vento ed una piccola torre d'osservazione.

Inizialmente, il cibo non era così abbondante. I pasti consistevano in pesce fritto o selvaggina arrosto, c'erano anche latte e formaggi, verdure secche e fichi secchi. La farina, il vino e l'olio d'oliva dovevano essere portati dalla terraferma. Col tempo, le condizioni migliorarono. Il cibo diventò più abbondante e le sue mandrie aumentarono. Nel 1862, due anni dopo il suo ritiro, Garibaldi si trovava in possesso di 30 capi di bestiame, un centinaio di capre ed un centinaio di pecore.

Con la crescita dei prodotti nella fattoria, pranzare a Caprera divenne l'evento principale. L'intera famiglia, compresi i lavoratori assunti, sedevano allo stesso lungo tavolo. Garibaldi pensava che chi capace a lavorare per lui, era anche capace a mangiare con lui. Amici e personaggi importanti che andarono a trovarlo a Caprera mangiarono anche insieme a lui, senza ricevere trattamenti speciali. I visitatori si stupivano nel vedere i garzoni seduti a mangiare allo stesso tavolo. Il cibo veniva portato su grandi vassoi; come patriarca, Garibaldi sedeva sempre a capotavola, si serviva per primo, poi passava il vassoio a chi era seduto al suo fianco e così via finché tutti avevano il cibo nel piatto.

I pasti erano eccellenti: pasta, pesce, arrosto di carne e varie insalate condite con buon olio d'oliva. Il vino era abbondante in ogni pasto, Garibaldi beveva solo acqua oppure latte fresco. La scelta di un tè o caffè completava il pasto. Dopo cena di solito Garibaldi si accendeva un sigaro e s'impegnava in animate conversazioni con i suoi ospiti. A volte gli amici si mettevano a cantare accompagnati al pianoforte dalla figlia Teresita. Tutti i presenti, tra cui lo stesso Garibaldi, cantavano canzoni patriottiche. Teresita, che sempre animava la compagnia, a volte ballava con suo padre tra gli applausi degli ospiti. Era diventata una bella ragazza ed all'età di sedici anni si fidanzò con il maggiore Stefano Canzio, uno dei giovani ufficiali delle Camicie Rosse. Il Re Vittorio Emanuele le mandò dei diamanti come regalo di nozze.

Garibaldi di solito si scusava con i commensali e si ritirava nella sua stanza alle ore 22:00. Nella stanza c'era un letto a baldacchino di metallo, qualche sedia ed un tavolo coperto di libri e carte. Alle pareti erano appesi cimeli di varie campagne, pistole, spade e bandiere. C'erano anche le immagini di sua madre, sua figlia Rosita ch'era morta in tenera età e di alcuni dei suoi ufficiali ch'erano stati uccisi in battaglia. Dall'altra parte della stanza, c'era una corda per appendere i panni con un paio di camicie rosse stese ad asciugare. Garibaldi dormiva 5 ore e si alzava verso le 3:00 del mattino per impiegare la maggior parte della mattinata curando la corrispondenza e dettando lettere. Ebbe una serie di segretari personali, tra cui Agostino Vecchi, Giuseppe Guerzoni e Giovanni Basso. Erano veterani della battaglia di Roma nel 1849 e della Spedizione dei Mille.

Garibaldi riceveva una grande quantità di corrispondenza. Giungevano inviti dalle varie città d'Italia, per averlo come cittadino onorario, anche da quei comuni che gli chiusero le porte durante la ritirata da Roma. Ci furono richieste di sostegno da parte di fondazioni e da parte di diverse organizzazioni nazionalistiche. Artigiani e commercianti chiedevano il permesso di usare il suo nome per propagandare i loro prodotti. Diplomatici richiedevano suggerimenti per quanto riguardava gli affari internazionali.

La metà della sua corrispondenza proveniva da inglesi che guardavano a lui come un eroe romantico in un luogo lontano. Ci furono tante ammiratrici che gli manifestarono la loro devozione e che gli chiesero una ciocca dei suoi capelli non potendo accontentarle tutte, ne favorì alcune: Emma Roberts con la quale fu fidanzato, la baronessa von Schwartz, la duchessa di Sutherland, Florence Nightingale e la moglie del parlamentare britannico Charles Seeley.

Terminato l'impegno con la corrispondenza, Garibaldi andava a lavorare nei campi. Egli amava il lavoro fisico. Spaccava pietre, costruiva muri, prendeva cura delle pecore del suo giardino. Intorno alla sua casa coltivava garofani rossi. Amava molto gli animali. Una volta, quando un giovane agnello si allontanò dal gregge, egli andò a cercarlo sotto la pioggia fino a sera, e poi, dopo d'averlo trovato, tornò all'ovile con l'agnello in spalla. Il suo animale preferito, tuttavia, era Marsala, la cavalla Bianca che cavalcò in tutta l'Italia meridionale durante la Spedizione dei Mille.

A Caprera Garibaldi continuò a mantenere un vivo interesse per gli avvenimenti del mondo, in particolare per quelli della guerra civile Americana. Sosteneva con forza la causa contro la schiavitù negli Stati Uniti. Nel 1861, poco dopo lo scoppio delle ostilità, la stampa americana cominciò a riconoscere i meriti di Garibaldi offrendogli la possibilità di tornare in America. Per decenni, gli americani seguirono le audaci imprese di Garibaldi, prima in Sud America e poi in Italia. Molti erano affascinati dal pensiero di vedere Garibaldi con la divisa americana, soprattutto in un momento in cui l'esercito dell'Unione aveva avuto la sconfitta da parte delle forze confederate alla prima battaglia di Bull Run. Il presidente Lincoln era alla ricerca di un generale capace, che potesse guidare le forze dell'Unione alla vittoria. Parecchie persone della sua amministrazione ritenevano che Garibaldi fosse l'uomo adatto. Non fu forse l'uomo che con un migliaio di volontari riuscì a conquistare il Regno delle Due Sicilie?

Il compito di contattare Garibaldi fu dato a James W. Quiggle, il console degli Stati Uniti ad Anversa. L'8 giugno 1861, Quiggle scrisse a Garibaldi invitandolo a prendere il comando nell'esercito dell'Unione. "Se accetta," scrisse, "il nome di LaFayette non sorpasserà quello Suo." Nella lettera Quiggle chiamò Garibaldi come "il Washington d'Italia." Fu una lusinghiera offerta, ma Garibaldi rifiutò dicendo che il suo servizio era ancora necessario per l'unificazione d'Italia. Nonostante ciò, il governo degli Stati Uniti arruolare Garibaldi per la causa dell'Unione. Il Segretario di Stato William Seward contattò Henry Sanford, l'ambasciatore degli Stati Uniti al Belgio e gli chiese di recarsi personalmente a Caprera da Garibaldi per ottenere il suo servizio.

Nel frattempo il *New York Tribune*, l'11 agosto del 1861, riportò la notizia che Garibaldi aveva accettato di servire nell'esercito dell'Unione col grado di Maggiore Generale. Il governo degli Stati Uniti si astenne dal confermare o negare la notizia pubblicata dal giornale.

Nel settembre del 1861, Sanford si recò a Caprera per incontrare Garibaldi. Portò con se una lettera del re Vittorio Emanuele con la quale concedeva a Garibaldi l'autorizzazione ad accettare l'offerta del governo degli Stati Uniti. Garibaldi disse che avrebbe accettato solo a due condizioni: che gli venisse conferito il comando in capo dell'esercito dell'Unione; che gli venisse dato il potere di abolire la schiavitù.

Sanford gli spiegò che questo sarebbe stato impossibile sotto la Costituzione degli Stati Uniti e gli offrì il grado di generale di divisione ed "un comando indipendente d'importanza tale da poter essere degno delle sue capacità e della sua fama". Garibaldi, rifiutò sottolineando il fatto che Lincoln non aveva ancora abolito la schiavitù e che la guerra era effettivamente combattuta sul diritto degli Stati e la protezione del commercio. Egli riteneva che tali questioni fossero d'interesse solo degli americani e non del resto del mondo.

Un anno dopo, Lincoln emise il Proclama di Emancipazione, abolendo la schiavitù negli stati confederati. Gli storici videro la proclamazione come un mezzo per ottenere il sostegno di quattro milioni di neri liberati in questi stati. Con la liberazione degli schiavi, Lincoln sperava anche di ottenere l'appoggio delle potenze europee e quindi diminuire il pericolo di un intervento straniero in favore della Confederazione. Nella primavera del 1865, dopo che il Nord emerse vittorioso e gli schiavi furono liberati negli stati ribelli, un emendamento costituzionale approvò l'abolizione della schiavitù negli Stati Uniti. Non appena si verificò questo evento, Garibaldi rinunciò ad impegnarsi in un'altra guerra di liberazione.

52

Il Ritorno di Garibaldi, Primavera 1861

NEL FEBBRAIO DEL 1861, Vittorio Emanuele assunse il titolo di Re d'Italia di un regno cinque volte più esteso del precedente Regno di Sardegna. Egli governava ora su più di 22 milioni di abitanti di cui 9 milioni provenivano dal Regno di Napoli.

Al sud, agenti segreti inviati dal precedente re Francesco II per organizzare rivolte tra i contadini, riuscirono a suscitare un movimento di guerriglia contro le autorità. Il governatore Farini cercò di sopprimere i tumulti con esecuzioni sommarie ma destò nel popolo un forte rancore verso il nuovo governo italiano.

Dalla lontana Caprera Garibaldi continuava a seguire le vicende italiane. Era a conoscenza del malcontento diffuso nel sud e ne incolpava l'incompetenza dell'amministrazione Farini. Fu critico anche sul governo italiano per l'ingiusto trattamento che diede alle sue Camicie Rosse. Dei 43.000 uomini che combatterono per liberazione del sud Italia, meno del quattro per cento fu assorbito nell'esercito regolare italiano, il resto fu licenziato senza un riconoscimento o un giusto compenso per il loro servizio. Garibaldi capiva che lui ed i suoi uomini erano stati traditi da Cavour e dal governo ed era determinato ad agire al riguardo.

Dopo l'annessione dei territori liberati si tennero le elezioni parlamentari e Garibaldi fu eletto deputato a Napoli. Egli, comunque, non partecipava alle riunioni a Torino all'inizio del 1861, facendo capire che preferiva rimanere una voce nel deserto. Nel mese d'aprile, però, improvvisamente si recò a Torino. Il suo scopo era avvolto nel mistero. A quel tempo il governo stava discutendo su come riorganizzare l'esercito. La questione era se il governo doveva mantenere o meno un esercito di volontari separato da quello regolare. Garibaldi era a favore di un tale esercito. Cavour era contrario perchè sospettava che una tale forza potesse essere utilizzata per fare guerre contro le potenze straniere senza il consenso del governo italiano. Cavour e Garibaldi erano di nuovo in conflitto.

L'arrivo di Garibaldi a Torino causò emozione e apprensione. Si capì che era venuto per rivolgersi al Parlamento. La tensione aumentò quando centinaia di garibaldini riempirono le gallerie pubbliche della sala del parlamento, pieni di entusiasmo. Essi giungevano da ogni parte d'Italia soltanto per sentire parlare il loro invincibile capo. Nella platea erano seduti tutti i deputati in preda a un grande nervosismo.

Poi, Garibaldi entrò improvvisamente nella camera, si fece strada per andare a sedere in un posto all'estrema sinistra della panca, con la camicia di rosso fiammante in netto contrasto con le tuniche nere degli altri parlamentari. La folla nella galleria lo accolse con una grande ovazione, alzandosi in piedi ed applaudendolo per più di cinque minuti, ignorando ogni tentativo di richiamo all'ordine. A questi applausi si unì un gruppo di parlamentari guidato da Francesco Crispi. Gli altri rimasero seduti in silenzio. Quando gli applausi terminarono, Garibaldi prese la parola.

Egli si espresse in favore del mantenimento di un esercito di volontari separato da quello regolare. Accusò Cavour di aver provocato la guerra civile quando inviò il Regio Esercito al sud per bloccare l'ulteriore avanzata delle Camicie Rosse verso nord. Il governo francese aveva recentemente reso pubblico un carteggio diplomatico che rivelava come Cavour aveva segretamente ottenuto il permesso da Napoleone III per far marciare il Regio Esercito di Sardegna verso sud attraverso gli Stati Pontifici. Emerse anche il fatto che Cavour aveva incaricato il generale Manfredo Fanti, il comandante dell'esercito sardo, di usare la forza se era necessario, e che le Camicie Rosse dovevano essere "sterminate fino all'ultimo uomo." Garibaldi denunciò al Parlamento questi fatti.

Pur suscitando rabbiose proteste dai banchi del governo, Garibaldi continuò tranquillamente il suo discorso accusando Cavour di aver intenzione di condurre una guerra fratello contro fratello. Questa osservazione causò un forte clamore nella camera. Cavour balzò in piedi gridando: "Non è vero!" E chiese che Garibaldi ritirasse l'accusa. Garibaldi rimase in piedi in attesa che il rumore si placasse, poi, puntando il dito contro Cavour ripetè l'accusa: Lei stava progettando di scatenare una Guerra fratricida!" "L'effetto fu tremendo", scrisse un osservatore, "tutti i deputati si alzarono dai loro posti gridando e gesticolando." L'inferno si scatenò mentre un gruppo di deputati dell'opposizione cercò di proteggere Cavour, e quando tentarono di bloccare il corridoio, ci fu una mischia selvaggia. Quello che fece seguito sembrò una scena di un film del Wild West e non di aula del parlamento. Volarono ugni, spintoni, ci furono tavoli rovesciati ed alcuni parlamentari sbattuti a terra. Ci vollero venti minuti perché la polizia ristabilisse l'ordine. Garibaldi rimase calmo per tutta l'azione, ricevendo congratulazioni da Crispi ed il suo gruppo. Nel frattempo, gli amici di Cavour si affollavano intorno a lui per esprimergli la loro simpatia. Il colonnello John Dunne, un inglese che aveva combattuto sotto Garibaldi in Sicilia e si trovava lì presente, disse che il governo di Cavour trattò in "modo bestiale" i volontari.

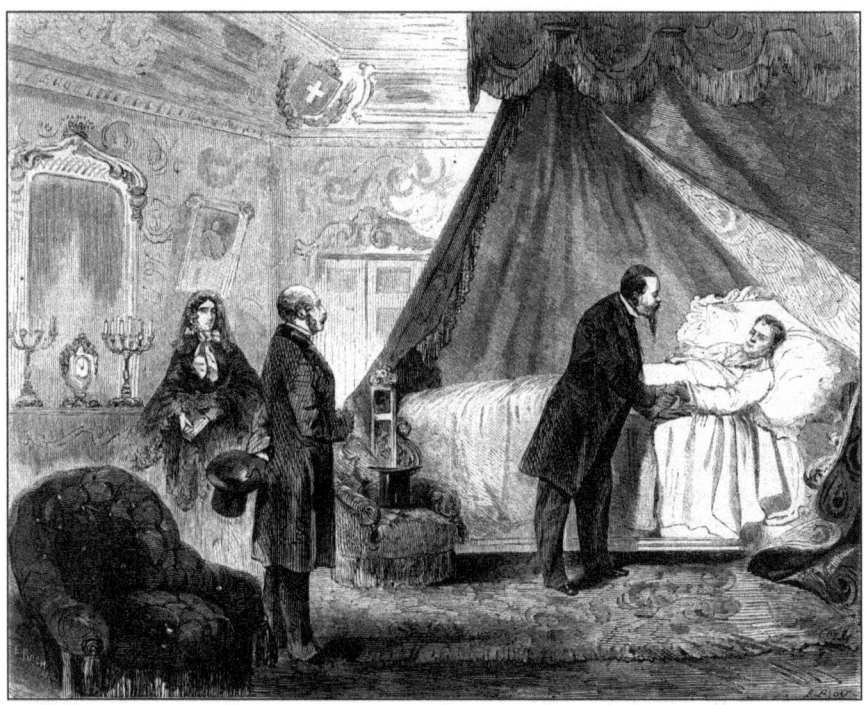

Re Vittorio Emanuele visita Cavour moribondo

Quando la seduta riprese, Cavour, visibilmente scosso, si alzò a parlare. Con voce tremante disse che si sentiva rammaricato per lo scontro con Garibaldi, spiegò perché la proposta per il mantenimento di un esercito di volontari separato era impraticabile. Fu applaudito da molti parlamentari, ma da pochi spettatori nella galleria. Cavour fu seguito dal generale Nino Bixio, che lanciò un appello per l'unità e chiese a tutti di considerare l'incidente come se non fosse mai avvenuto. Il suo discorso calmò gli animi.

Garibaldi affrontò nuovamente il Parlamento, riprese l'attacco a Cavour chiese ancora una volta la creazione di un esercito di volontari separato. Lasciò la camera seguito dalle Camicie Rosse che lo accompagnarono al suo albergo. Garibaldi offese molti parlamentari, rifiutando ogni riconciliazione. La sua proposta di un esercito di volontari separato da quello regolare fu bocciata in Parlamento con una votazione di 194 voti contro 79 e con 5 astenuti.

Alcuni giorni dopo, Garibaldi fu duramente attaccato con una lettera data alla stampa dal generale Enrico Cialdini. Egli accusava Garibaldi di avere ordinato ai suoi uomini di ricevere l'esercito reale con i proiettili. Garibaldi rispose ripudiando le accuse e sfidando Cialdini a duello, ma prima che il duello avesse luogo, intervenne il Re. Il Re invitò Garibaldi, Cialdini e Cavour al palazzo e chiese loro di stringersi la mano e di essere amici. Essi convennero di farlo e, almeno sul momento, tutto sembrò tutto pacifico. Le accuse di Cialdini, più tardi, risultarono infondate.

Dopo il suo ritorno a Caprera il primo maggio, Garibaldi ricevette una lettera amichevole e cordiale da Cavour che lo informava degli imminenti colloqui con il leader rivoluzionario ungherese Lajos Kossuth. Nella risposta data 18 maggio, Garibaldi si complimentò con Cavour per la sua "superiore capacità e ferma volontà di operare per il bene del paese."

Diciannove giorni dopo, il 6 giugno, Cavour morì a causa di una forte febbre. La sua famiglia comunicò che prima di morire ricevette il sacramento dell'Estrema Unzione da un prete vicino e che morì con i "conforti della religione". Aveva solo cinquant'anni. I suoi sostenitori, che non erano a conoscenza dell'ultima lettera di Garibaldi a Cavour, pensarono che la sua morte fosse stata provocata dal feroce attacco di Garibaldi in Parlamento.

A Torino ci fu una giornata di lutto ufficiale; i negozi furono chiusi e le strade praticamente deserte. Le sedute in Parlamento furono sospese per tre giorni. Tra i funzionari del governo si avvertì la gravità di questa perdita insostituibile. L'ex primo ministro Rattazzi chiamò la morte di Cavour "un disastro nazionale." Il generale La Marmora lodò Cavour per il suo "straordinario coraggio e doti intellettuali." Il giornale L'Opinione elogiò il leader defunto come una persona la cui "autorità e prestigio" contribuì al Risorgimento.

I funzionari del Vaticano non approvarono il fatto che Cavour, un cattolico non praticante, avesse ricevuto l'Estrema Unzione ed avesse avuto una sepoltura cattolica. I prelati della Chiesa negarono la validità del sacramento dato ad una persona che non aveva ritratto "il male che aveva fatto alla Chiesa". Padre Giacomo da Poirino, il prete che amministrò l'estrema unzione, fu convocato a Roma, rimproverato dal Papa e sospeso dalle sue funzioni sacerdotali. Successivamente morì dimenticato da tutti.

A Berlino, ci fu un calo in borsa nel timore che la morte di Cavour potesse scatenare un'altra crisi in Italia. A Parigi, Napoleone III dubitò circa il programma proposto per il ritiro graduale delle truppe francesi da Roma. In Gran Bretagna, il primo ministro Palmerston definì Cavour "uno dei più illustri patrioti che hanno fatto la storia di ogni paese." Sir James Hudson, ambasciatore britannico in Italia, descrisse Cavour come "il più caldo, più costante e più geniale degli amici." La maggior parte delle pubblicazioni inglesi lo definirono come "l'uomo più notevole della nostra generazione" e "tra statisti più importanti in Europa."

Non tutti gl'inglesi condivisero questi punti di vista su Cavour. Lo storico cattolico Lord Acton raccontò la vita di Cavour come "un trionfo di statista senza scrupoli." Deputati cattolici del Parlamento britannico lo denunciarono come "un uomo che aveva violato ogni legge, umana e divina" e Benjamin Disraeli, un primo futuro ministro, lo considerò "un uomo assolutamente senza scrupoli."

Non si può negare che la tattica diplomatica di Cavour abbia contribuito enormemente al successo dell'unità d'Italia. Tuttavia, c'erano in Italia i garibaldini e mazziniani, che lo disprezzavano. Molti non riconobbero la sua abilità di stratega politico e lo considerarono un falso manipolatore. Gli storici del ventesimo secolo hanno riconosciuto l'importanza del suo ruolo, ed oggi, Cavour è ampiamente considerato "il cervello dell'unificazione italiana".

Al momento della morte di Cavour nel 1861, la regione Lazio e le province austriache del Veneto e del Tirolo non erano ancora liberate ed unite al Regno d'Italia. Il governo italiano si resero conto che la nazione non era abbastanza forte per sconfiggere l'Austria in una guerra. Sapeva inoltre che qualsiasi tentativo di liberare Roma avrebbe potuto causare un intervento militare francese. Ora il piano per l'unificazione italiana era sospeso.

A Caprera Garibaldi non nascondeva la sua intenzione di liberare Roma e Venezia. Nel mese di dicembre del 1861 venne a Torino per un'udienza privata col Re e dopo si recò a Genova, dove presiedette una riunione di tutti i gruppi democratici. Per la prima volta un congresso di partito politico ebbe luogo sul suolo italiano.

Garibaldi percorse l'Italia settentrionale, visitando Milano ed altre città della Pianura Padana. Ovunque fu accolto con grande entusiasmo ed in ogni città fece un discorso dal balcone del municipio. Egli poneva al popolo delle domande retoriche di cui conosceva già risposte. Anche Benito Mussolini in seguito seguì questo esempio. (Mussolini assunse il titolo di Duce, lo stesso che usavano le Camicie Rosse quando si riferivano a Garibaldi).

Ovunque Garibaldi incitava il popolo a trovare luoghi in cui poter incontrarsi la domenica ed imparare a sparare. Ciò avrebbe consentito all'Italia ad avere una milizia popolare di fucilieri addestrati per aiutare l'esercito in caso di guerra. Migliaia di uomini aderirono all'appello di Garibaldi nel formare questi club. I fucili furono forniti dal Fondo Fucili Garibaldi con il consenso del governo italiano. Questa attività però suscitò un allarme tra i capi politici europei che pensarono si stesse trascinando il governo italiano verso un conflitto armato con i suoi vicini, mettendo così in pericolo la pace del continente.

Garibaldi andò sul Lago Maggiore per far visita alla signora Cairoli, vedova che aveva avuto cinque figli e tutti avevano combattuto con le Camicie Rosse. Quattro di loro furono uccisi in battaglia. L'8 giugno andò a Locarno, in Svizzera, rispondendo ad un invito da parte degli operai di quella città. Parlando davanti ai membri dei vari sindacati locali, descrisse la Svizzera come una "terra della libertà" e ringraziò per avergli concesso rifugio durante la guerra del 1848. Prima di tornare a Caprera soggiornò ancora sul Lago Maggiore, dove, s'incontrò con un agente del governo di nome Plezza. Quello che i due discussero resta sconosciuto, ma si ritiene che Plezza abbia dato a Garibaldi una vaga promessa di sostegno da parte del governo per qualche nuova impresa. Garibaldi tornò a Caprera, ma ecco la domanda: quanto tempo vi sarebbe rimasto lì prima d'imbarcarsi in un'altra impresa?

53

La Marcia su Roma: Estate 1862

NELLA PRIMAVERA DEL 1862 c'era molta incertezza sul prossimo intervento di Garibaldi: nel Tirolo, nel Montenegro, nella Dalmazia, nella Grecia?

Il 27 giugno, egli partì sul piroscafo per la Sicilia, dicendo di "andare verso l'ignoto". Lo scopo della sua missione era sconosciuto ma probabilmente aveva ricevuto una segreta approvazione dal re Vittorio Emanuele e dal nuovo primo ministro, Urbano Rattazzi.

In Sicilia c'era un notevole malcontento fin dalla sua liberazione e si stava sviluppando un movimento per l'indipendenza dell'isola. Il nuovo governo non era riuscito a realizzare le riforme avviate durante la dittatura. Ora l'ex dittatore stava tornando per la prima volta dopo le sue dimissioni. I leader europei appresero con un senso di timore questa notizia.

A Palermo l'accoglienza per Garibaldi fu ancora più calorosa di quella che aveva ricevuto a Milano l'estate precedente. Lo attendeva anche il suo vecchio amico Giorgio Pallavicino, appena nominato governatore. Questi che aveva combattuto sotto Garibaldi nel 1860, lo accompagnò al palazzo, dove rimase come ospite d'onore. Garibaldi era tornato nel paese che aveva liberato dal dominio dei Borboni.

Da Palermo Garibaldi si recò a rivedere i campi di battaglia, nei ricordi dei giorni gloriosi della Spedizione dei Mille. Ovunque fu accolto con entusiasmo. Viaggiò in tutta l'isola, la folla applaudiva e chiedeva la liberazione di Roma. In un discorso a Marsala definì Napoleone III di Francia "un ladro, predatore ed usurpatore". La folla urlò di rimando: "Roma è nostra!"

Alla fine del viaggio, Garibaldi partecipò ad una Messa nella Cattedrale di Palermo. La chiesa era gremita. L'omelia era stata tenuta da Fra Pantaleo, che era stato cappellano militare delle Camicie Rosse. Al termine Garibaldi alzò la mano e puntandola verso l'altare giurò: "O Roma o morte!" La folla fece eco al giuramento rispondendo: "O Roma o morte!"

Ora Garibaldi sapeva che l'intera isola era pronta a unirsi a lui nella Marcia su Roma. In pochissimo tempo ebbe 3.000 volontari, tutti coinvolti dall'eccitazione del momento. Le flanelle rosse nei mercati furono subito comprate mentre le nuove reclute si riunivano in un campo alle porte di Palermo, dove furono date armi e munizioni. I funzionari locali non opposero alcuna resistenza e alle Camicie Rosse fu garantito il libero passaggio attraverso l'isola. A chi tentava di bloccare il loro passaggio fu mostrato un misterioso documento timbrato con un grande sigillo rosso che, permise loro il passaggio ovunque. Giunti a Catania, Garibaldi acquistò altri rifornimenti, pagando in contanti e proclamando la sua fedeltà al re Vittorio Emanuele.

Il Re emise un proclama dichiarando che il suo governo non avrebbe permesso che venissero condotte operazioni belliche contro una potenza straniera e che si formasse un esercito privato senza l'approvazione dell'autorità reale. Questo avviso fu ignorato da Garibaldi. Che continuò i preparativi militari per marciare su Roma.

Con due navi nel porto di Catania s'imbarcò con i suoi uomini. Attraversò lo Stretto, sbarcò a Melito e incontrò un presidio reale a Reggio Calabria. Si ritirò sulle montagne dell'Aspromonte per evitare lo scontro con il Regio Esercito. Questa decisione evidenziò la differenza tra questa campagna e la spedizione dei Mille nel 1860. Allora l'esercito napoletano non volle combattere contro connazionali, questa volta furono le Camicie Rosse a rifiutare lo scontro con l'esercito italiano. I contadini del luogo non fornirono viveri ai soldati e questi, non abituati a nutrirsi con i frutti della terra, soffrirono la fame e presto si ridussero a mangiare verdure crude rubate nei campi.

Il governo Regio inviò un esercito guidato dal generale Enrico Cialdini per fermare Garibaldi. Sbarcato a Reggio, Cialdini ordinò alle sue unità di "inseguire Garibaldi e attaccarlo e distruggerlo".

Il 29 agosto Garibaldi si scontrò con l'esercito italiano sulle montagne dell'Aspromonte. Dalla sua posizione in cima ad una montagna, osservava con il telescopio le truppe regie mentre iniziarono a salire. Diede ordine, di non sparare. Sperava di avere un amichevole contatto con loro. Le truppe regie invece aprirono il fuoco mentre avanzavano. Garibaldi continuò ad esortarli a non sparare ma fu colpito due volte: alla caviglia destra e alla coscia sinistra. I soldati comandati da suo figlio, Menotti, risposero al fuoco e morirono sette soldati dell'esercito reale e cinque volontari.

Garibaldi dolorante si appoggiò contro un tronco d'albero, si accese un sigaro e ordinò ai suoi uomini di rilasciare un ufficiale dell'esercito regio fatto prigioniero offrendo una tregua. Il comandante andò da Garibaldi e rivolgendosi a lui con massimo rispetto gli chiese la resa. Garibaldi accettò consegnandogli la sua spada. Dalla montagna fu trasportato in barella ancorata nel porto di Scilla. Fu un viaggio doloroso con una breve sosta presso la capanna di un pastore. Giunto sulla nave, salutò il generale Cialdini che lo osservava dal ponte ma questi non ricambiò il saluto.

Nella sua relazione, Cialdini descrisse la battaglia dell'Aspromonte come "un combattimento feroce," quando in realtà, era durato pochi minuti. Garibaldi ferito fu portato a La Spezia ed imprigionato nella fortezza di Varignano, i suoi volontari furono internati nei campi dei prigionieri di guerra. I soldati vittoriosi dell'esercito reale, furono ricompensati con medaglie al valor militare; il colonnello in carica fu promosso generale.

Il primo ministro Rattazzi fu costretto a dimettersi sotto accusa per i provvedimenti presi dopo la battaglia dell'Aspromonte. I soldati che disertarono l'Esercito regio per passare nelle file dei garibaldini furono condannati a morte.

Garibaldi fu rilasciato dalla prigione di Varignano il 22 ottobre del 1862. Fu trasportato su un letto speciale regolabile che gli era stato inviato da amici dall' Inghilterra. Fu portato a casa di un amico a La Spezia, dove i medici poterono facilmente prendersi cura di lui. Il proiettile gli aveva procurato una frattura composta della caviglia destra, ma i chirurghi che lo visitarono non riuscirono a localizzarlo a causa dell'eccesivo gonfiore della gamba. Il proiettile venne poi estratto dal famoso specialista italiano Dottor Zanetti che lo conservò per 87 giorni. Jessie White Mario che fu presente all'intervento, riferì che Garibaldi strinse le mani e morse il sigaro mentre avveniva l'estrazione senza anestesia. Il proiettile fu consegnato a figlio,

Menotti, che si rifiutò di venderlo ai collezionisti, pur con l'offerta di una grossa somma di denaro. Le lenzuola macchiate di sangue, furono raccolte, strappate a strisce e distribuite come preziosi cimeli.

Garibaldi sopportò il forte dolore con "pazienza angelica." La notizia della sua sofferenza si diffuse e molti simpatizzanti andarono a fargli visita.

C'erano anche delle ammiratrici che venivano da altri paesi. Jessie White Mario si offrì come infermiera. Speranza von Schwartz come cuoca. Anche la moglie, Giuseppina Raimondi, desiderò essergli utile ma fu respinta. Al ferito giunsero biglietti augurali da ogni parte del mondo. Era ormai diventato più che un eroe un martire!

Dopo un periodo di convalescenza a La Spezia e poi a Pisa, Garibaldi tornò a Caprera. Passò molto tempo prima che la ferita guarisse e per più di un anno, camminò con le stampelle. Dal governo italiano gli fu restituita la sua spada e fu concessa l'amnistia ai suoi volontari. L'eroe commentò: "Voi avete dato l'amnistia a persone considerate colpevoli; ma fu vera colpa quella di aver fallito?"

Alcuni studiosi del XX secolo hanno biasimato il re Vittorio Emanuele ed il governo per il fallimento della spedizione per liberare Roma nel 1862. Hanno detto della mancanza di volontà del governo per non aver fatto nessun tentativo di fermare Garibaldi prima di Aspromonte come prova della sua complicità. Garibaldi, a quanto pare, aveva una sorta di autorità da parte del governo per reclutare volontari in Sicilia per una marcia su Roma. A differenza della sua precedente spedizione in Sicilia, questa non gli ha dato nessuna difficoltà nell'ottenimento di armi e rifornimenti. L'intera impresa sembrava essere stata ben finanziata. Garibaldi aveva pagato tutto in contanti. Potrebbe essere che, in effetti, fosse stato il governo italiano a finanziarlo? Certamente egli non era più un rapinatore di banche.

Alcuni hanno addirittura dato credito alla teoria mazziniana credendo che il re Vittorio Emanuele ed il primo ministro Rattazzi abbiano indotto Garibaldi incoraggiandolo ad invadere lo Stato Pontificio nel 1862, e poi, temendo la guerra con la Francia, lo tradirono all'ultimo momento! Questa teoria potrebbe spiegare anche il perché le truppe reali provarono a spargli ad Aspromonte allorchè egli diede ordine ai suoi uomini di non rispondere al fuoco. Potrebbe essere che nel governo ci fosse qualcuno che lo voleva morto perché sapeva troppo? Se così fosse, chi poteva essere quel qualcuno? Queste domande sono ancora senza risposte per mancanza di prove sufficienti, e fino ad oggi, l'intera vicenda di Aspromonte rimane velata nel mistero.

54

Garibaldi visita l'Inghilterra, 1864

Nella primavera del 1864 l'Inghilterra era in fermento e perché si apprese che l' *"eroe dei due mondi"* stava per visitare lo Stato. Due anni prima, sia la tragedia di Aspromonte e che la sofferenza di Garibaldi avevano suscitato tanta simpatia tra i suoi amici inglesi che lo invitarono a visitare l'Inghilterra. La visita sarebbe stata sponsorizzata da vari gruppi e organizzazioni solidali con la causa della libertà italiana. Garibaldi, ormai quasi guarito, decise di accettare.

Il 19 marzo, insieme ai figli Menotti e Ricciotti, salì a bordo di un piroscafo britannico che era stato deviato verso Caprera per andare a prelevarli. Ad accompagnare Garibaldi c'erano anche il suo medico personale, il dottor Basile, ed i suoi due segretari, Basso e Guerzoni. Questa doveva essere la quarta ed ultima volta che andava in Inghilterra.

Garibaldi sbarca a Southampton

Garibaldi salutato da Alfred, Signore Tennyson del Farringford Hall
(dall'Illustrated London News, *23 aprile 1864*)

Anche se la stampa inglese descrisse la visita come un *"una visita puramente privata"* ci fu un po' di apprensione tra i capi di governo e quelli religiosi nel timore di qualche possibile segreto politico. Il leader conservatore Benjamin Disraeli si oppose alla visita ed alcuni parlamentari considerarono Garibaldi come un demagogo che andava in giro per sollevare rivolte. Il Vescovo 1° Henry Manning, il leader dei cattolici della Gran Bretagna, avvertì il suo gregge che Garibaldi era un socialista che "stimolava e assisteva le rivoluzioni sediziose" e che al momento costituiva una "minaccia a ogni governo, assoluto o costituzionale, in tutta l'Europa." La stessa Regina Vittoria disapprovò la visita di Garibaldi, anche se non cercò di impedirla.

Garibaldi giunse a Southampton il 3 aprile ad un ricevimento che non poteva essere annullato dalle controversie o dal tempo inclemente. Una folla enorme aspettava in piedi sulla banchina e molti sventolavano il tricolore italiano. Non appena la nave ormeggiò, la folla salì a bordo costringendo Garibaldi a rinchiudersi nella sua cabina. Nemmeno in Italia era stato ricevuto con tanto entusiasmo. Poi, quando raggiunse la riva, si rivolse al popolo britannico esprimendo il suo apprezzamento per l'accoglienza ed il sostegno che gli davano. L'entusiasmo continuò a manifestarsi sul molo anche dopo che egli lasciò il luogo per recarsi ad un ricevimento civico dato in suo onore nella casa del sindaco.

Da Southampton fu portato al Brook Manor House sull'isola di Wight, dove doveva essere ospite del deputato liberale Charles Seely. Seely fu sempre un fervente ammiratore di Garibaldi e fu uno dei primi promotori della visita. Accolse ed ospitato gentilmente il suo eroe a Brook House. Garibaldi vi rimase per otto giorni e, durante quel periodo fu visitato da esponenti liberali come Lord Shaftesbury e George Holyoake. Questi contribuirono a raccogliere fondi per aiutare a finanziare la spedizione di Garibaldi contro il re di Napoli nel 1860.

Durante il suo soggiorno Garibaldi si recò nella vicina città di Acquadolce per visitare Alfred Tennyson, il poeta laureato. Tennyson, che aveva lodato Garibaldi nelle sue poesie, ora incontrava e salutava "il guerriero di Caprera." Fu un caso eccezionale per l'autore incontrare il suo soggetto in persona. Dopo uno scambio di saluti, i due si sedettero a fumare una sigaretta ed a recitare delle poesie italiane. Prima di andarsene Garibaldi piantò un albero nel giardino di Tennyson. Questi fu così colpito dalla "divina semplicità" di Garibaldi che in seguito commentò: "Che nobile essere umano! Mi aspettavo di vedere un eroe, e non sono rimasto deluso!"

Su richiesta dell'ammiraglio Seymour, Garibaldi visitò la base navale britannica a Portsmouth. Mentre faceva il giro del porto su uno yacht Ammiraglio della Marina, l'intero squadrone navale sparò a salve in segno di saluto. Questo genere di accoglienza per uno che fece il pirata era molto insolito, soprattutto in Inghilterra. In effetti, l'ultima volta che un ex-pirata ebbe una simile accoglienza fu nel 1588, quando Sir Francis Drake tornò a casa dopo aver sconfitto l'Armada spagnola.

L'11 aprile Garibaldi, con il suo seguito, lasciò Southampton per Londra su un treno speciale. La folla era assiepata lungo la strada al suo passare. Alla stazione della metropolitana di Londra, una banda militare suonò "l'Inno di Garibaldi" mentre scendeva dal treno tra folla che acclamava. Seguirono numerosi discorsi, ognuno dei quali inneggiava all'eroe. Garibaldi salì poi su di una lussuosa carrozza preparata per lui. Il suo arrivo a Southampton fu salutato da una grande folla di ammiratori.

Circa mezzo milione di londinesi si assieparono lungo le strade per dare un semplice sguardo "all'eroe dei due mondi." Nessun altro visitatore aveva mai ricevuto una così trionfale accoglienza. La carrozza impiegò sei ore per fare un percorso di cinque miglia dalla stazione ferroviaria alla Stafford House, dove Garibaldi era stato invitato. La polizia non riuscì a contenere la grande folla che cercava di attorniare la carrozza costretta a fermarsi ripetutamente. Sembrava che ogni inglese, uomo o donna che fosse, desiderasse vedere il Robin Hood italiano. La pressione della folla fu tale che la carrozza subì danni strutturali: le porte si staccarono dai loro cardini. Dopo aver lottato per raggiungere la parte occidentale di Londra, la malconcia carrozza finalmente arrivò alla Stafford House. Garibaldi con calma emerse dal relitto ed entrò in un "cerchio di belle donne e grandi uomini di Stato". Il veicolo che lo aveva trasportato cadde letteralmente a pezzi per terra.

A Stafford House, Garibaldi fu accolto dal Duca e dalla Duchessa di Sutherland, due dei suoi grandi ammiratori. Quella sera, i Sutherlands dettero una cena di gala in suo onore. Alla conferenza erano presenti il primo ministro, Lord Palmerston e una miriade di altri aristocratici titolati. Per allietare la serata una banda militare suonò durante tutto il tempo del ricevimento.

Dopo cena si aprirono per gli ospiti le magnifiche sale della Stafford House, tra cui la galleria d'arte. La duchessa stessa accompagnò gli ospiti in un tour della casa. Tra lo stupore generale, Garibaldi audacemente si accese un sigaro, senza incorrere in alcuna obiezione da parte della duchessa. Questo fatto, raccontato dalla stampa, fece sollevare le sopracciglia in tutta Londra, anche a Buckingham Palace! A parte la gaffe, Garibaldi mantenne con cura il ruolo di ospite d'onore modesto e cortese.

Come si seppe, la cena a Stafford House fu uno degli eventi memorabili della visita di Garibaldi in Inghilterra. Nei precedenti viaggi egli si era annoiato nelle lunghe cene a casa di Emma Roberts con la quale in seguito ruppe il fidanzamento. Questa volta, invece apprezzò molto il rivestire il ruolo dell'eroe protagonista, attentamente osservato dalla classe superiore. L'apparenza, sembrò che il rivoluzionario zelante avesse ottenuto il rispetto e l'ammirazione dell'aristocrazia.

L' ammirazione ed il consenso per Garibaldi causarono apprensione tra gli altri rivoluzionari, in particolare a Giuseppe Mazzini e Alexander Herzen. Essi si preoccuparono che Garibaldi potesse cedere agli ideali della classe dirigente e quindi mettere in pericolo tutti i futuri tentativi di fomentare rivolte in altri paesi. Ne seguì una lotta tra l'aristocrazia ed i rivoluzionari; entrambi tentavano di utilizzare la visita di Garibaldi per soddisfare i propri scopi. Gli Aristocratici, come il Duca di Sutherland e Lord Shaftesbury volevano presentarlo alla società londinese onorandolo con sontuosi banchetti e ricevimenti a Londra; i rivoluzionari lo esaltavano con discorsi radicali e manifestazioni di massa nel nord della Gran Bretagna. Garibaldi si dispose a trattare con i due gruppi, ma rifiutò di essere controllato sia dall'uno che dall'altro.

Per due settimane, Londra andò in delirio per Garibaldi ed il suo nome appariva ovunque. Si potevano comprare biscotti chiamati "Biscotti Garibaldi" e camicette chiamate "Garibaldies". In vari negozi si pubblicizzava anche un profumo col nome di Garibaldi che rendeva "irresistibile" il compratore. Tutti cercavano di trarre profitto dalla popolarità di Garibaldi.

Proseguendo nel suo intenso programma di appuntamenti, Garibaldi visitò la Camera dei Lord, dove fu accolto col massimo rispetto. Fece una breve visita alla scuola del ragazzo a Eton, dove fu accolto con entusiasmo dalla facoltà e dall'intero corpo studentesco. Fu accompagnato a vedere un'opera e fu acclamato dal pubblico. Ebbe un colloquio privato con Lord Palmerston, che durò più di un'ora. Cenò con il Cancelliere dello Scacchiere, William Gladstone, e pranzò con il ministro degli Esteri, Lord James Russell. Entrambi gli consigliarono di non intraprendere la guerra per liberare Roma o Venezia. Incontrò anche il principe di Galles (il futuro re Edoardo VII), nonostante la forte disapprovazione della Vittoria la regina. Più tardi, in una lettera alla regina, il principe riferì di essere rimasto molto ben impressionato da Garibaldi descrivendolo come uomo "dall'aspetto dignitoso e nobile".

Le donne che incontrarono Garibaldi rimasero affascinate da lui. Quando gli fu presentata Florence Nightingale, ella "lo supplicò di farle visita in incognito." Più tardi fu lei a scrivergli a Caprera. La duchessa di Sutherland s'infatuò a tal punto di lui che cercò di accompagnarlo in giro per Londra e gli suggerì di visitare il Castello di Windsor. Più tardi, anche lei ebbe una corrispondenza intima con lui. La moglie del MP Charles Seely s'innamorò di Garibaldi e gli scrisse appassionate lettere d'amore, lettere che scriveva di nascosto del marito, naturalmente.

Nonostante tutte queste adulazioni, alcune persone importanti disapprovarono la visita di Garibaldi. Il leader conservatore Benjamin Disraeli rifiutò tutti gli inviti per non incontrare "un tale personaggio." Queen Victoria espresse il suo disappunto sull'intera questione, dichiarando di sentirsi "vergognosa di essere a capo di una nazione capace di commettere tali follie." La regina criticò anche l'accoglienza che i suoi amici aristocratici riservarono a Garibaldi, soprattutto criticò la duchessa di Sutherland. Nel suo diario, la Regina descrive la duchessa come "folle," e la folla che applaudiva, come "la più bassa marmaglia!" Dall'altra parte della Manica, l'imperatore francese Napoleone III protestò con rabbia contro il governo britannico per l'accoglienza data ad un "ribelle perdonato."

Il governo italiano restò così sorpreso dal modo in cui era stato accolto Garibaldi in Inghilterra che cancellò il programma della prossima visita del Principe Umberto in quel paese, nel timore di un'accoglienza deludente.

Ci furono anche delle critiche feroci da parte di altri politici. Karl Marx, l'autore del Manifesto del Partito Comunista, descrisse la visita di Garibaldi come "uno spettacolo miserabile d'imbecillità." Friedrich Engels, uno stretto collaboratore di Marx, commentò che "il Pesce d'Aprile di quell'anno s'era esteso per tutto il mese." Sir Henry Elliot, l'ambasciatore britannico in Italia, osservò, "L'effetto di un panno rosso davanti ad un toro è noto da tempo, ma che tutta una nazione andasse in follia alla vista di una camicia rossa ha stupito anche gli italiani."

Garibaldi svolse il ruolo del leggendario eroe alla perfezione. Il suo aspetto rimase sempre dignitoso e il suo comportamento cortese e modesto. Coloro che si trovarono con lui si sentivano sempre a proprio agio. Garibaldi conversò con un tono di voce calmo e gentile e raramente parlò di se stesso. Tutto questo contribuì a presentare nel miglior modo la sua immagine tra gli inglesi i quali gli dettero il loro sostegno per la causa dell'unità italiana. Ogni volta che ne ebbe l'occasione, Garibaldi ringraziò coloro che lo ospitarono. Strinse le mani, baciò le signore e firmò autografi. Posò per ritratti, sculture e fotografie. Bevve anche della birra con gli operai in una fabbrica. Così, la sua personalità attrasse sia le signore aristocratiche che lo idolatravano sia i servi della Stafford House che raccolsero bottiglie di sapone dal suo lavabo per tenerle come souvenir.

Ma il disgusto di Garibaldi per l'ostentazione del lusso e delle cerimonie, infine, emerse. Egli stupì gli aristocratici che lo ospitarono incontrandosi con i leader sindacalisti britannici. Ebbe anche l'audacia di partecipare ad una manifestazione sindacalista al

Crystal Palace a Sydenham, circa quattro miglia a sud di Londra. La grande sala conteneva 30.000 cittadini che chiedevano un'Italia unita ed una Polonia indipendente. Garibaldi promise di continuare ad impegnarsi nella lotta per l'unificazione italiana e l'indipendenza polacca ed esortò il popolo britannico ad aiutarlo in questa lotta.

Il 17 aprile partecipò ad una cena privata dove incontrò dei rivoluzionari, tra cui Mazzini e Alexander Herzen. In un discorso, egli considerò Mazzini come suo "primo maestro" ed elogiò Herzen per la sua eroica lotta contro la tirannia dello zar russo. In seguito visitò le case dei due esuli rivoluzionari-francesi Alexandre Ledru-Rollin e Louis Blanc.

Questi eventi preoccuparono alcuni leader europei che già nutrivano sospetti circa la sua visita in Inghilterra. Una serie di proteste diplomatiche furono avanzate al governo britannico e il primo ministro Palmerston cominciò ad indagare su questi incontri. Quando Palmerston chiese a Garibaldi quale fosse il motivo dell'incontro con Mazzini, Garibaldi rispose che, se Mazzini si trovava in prosperità non gli avrebbe fatto visita ma, sapendo che si trovava nelle avversità, non poteva lasciarlo in disparte. La risposta sembrò soddisfacente.

I giorni successivi furono molto impegnativi per Garibaldi dovendo partecipare ai numerosi ricevimenti. Ovunque fu accolto e festeggiato come se fosse un nobile. Alla Guildhall il sindaco gli conferì l'onorificenza della Libertà della città di Londra. Al Reform Club, Lord Ebury in un discorso descrisse Garibaldi come "lo strumento di Dio." Nella Sala dei Pescivendoli di lusso, ebbe luogo un banchetto in onore di Garibaldi dato da un brillante gruppo della mondano di Londra. Dopo cena, egli strinse la mano a centinaia di ospiti fino a quando non riuscì più a reggersi in piedi: continuò a salutare seduto su una sedia. Fra gli ospiti si trovò anche Maria Ouseley; fu legata sentimentalmente a lui a Montevideo in un "flirt" che al tempo suscitò l'ira e la gelosia di Anita. Lady Ouseley andò al banchetto per vedere il suo eroe, ed arrivò lì senza essere scortata. I due ex amanti non esitarono a farsi dolce compagnia fino alla fine della festa.

Nel frattempo, i radicali britannici, come Joseph Cowen e John McAdam, cercarono di organizzare dei raduni nei centri industriali dove Garibaldi potesse tenere dei discorsi. Essi non gradivano il modo in cui Garibaldi era stato monopolizzato dall'aristocrazia di Londra. Per neutralizzare questa influenza, progettarono che Garibaldi visitasse le città industriali di tutto il paese, sperando di mutare la sua visita in una manifestazione popolare contro l'establishment conservatore. Garibaldi ricevette l'invito a visitare una cinquantina di città inglesi, ma nonostante la sua adesione, nessuno di questi luoghi scelto per riceverlo.

La regina Vittoria fu infastidita dall'esuberante ed incontrollata accoglienza per Garibaldi e il primo ministro Palmerston si preoccupò del rapporto di Garibaldi con i rivoluzionari radicali esiliati. La visita, che inizialmente fu annunciata come privata, diventò pubblica e sia la regina che il suo primo ministro rimasero sconvolti dallo svolgimento degli eventi. La risposta ufficiale fu quella di giudicare questi eventi come "una delusione e una fonte di ansia permanente politica." Palmerston stabilì di porre fine alla visita di Garibaldi. Il governo annunciò prontamente che Garibaldi avrebbe dovuto cancellare tutti i programmi per visitare le province e che avrebbe dovuto lasciare l'Inghilterra per Caprera, perché il viaggio si stava rivelando troppo faticoso per la sua salute. Questa giustificazione non riuscì a convincere nessuno, nemmeno il medico personale di Garibaldi, dottor Basile.

A William Gladstone fu dato il compito d'informare gentilmente Garibaldi che la sua presenza non era più desiderata. Non fu un compito piacevole, ma Gladstone lo fece poichè era tra coloro del governo che ritenevano che Garibaldi stesse abusando con la sua visita. Con la massima discrezione Gladstone illustrò la posizione del suo governo. Garibaldi ricevette il messaggio e rispose che non sarebbe rimasto in Inghilterra come non gradito ospite e si preparò per salpare per Caprera.

La notizia della partenza anticipata di Garibaldi stupì il pubblico britannico. Mazzini ei suoi amici cercarono di organizzare una campagna di protesta ed accusarono il governo di costringere Garibaldi a lasciare l'Inghilterra per far piacere a Napoleone III di Francia. A Londra ci fu una manifestazione di protesta contro l'espulsione, ma fu domata dalla polizia. Nel frattempo, gli ammiratori aristocratici di Garibaldi organizzarono per lui un fondo monetario, presumibilmente in omaggio ai suoi successi. Il duca di Sutherland e Charles Seely contribuirono entrambi con £200 ciascuno; Palmerston ne aggiunse altri cento. Non appena il denaro arrivava, i radicali cominciarono a parlare di corruzione, altri, invece, dicevano che si trattava di denaro di coscienza. Garibaldi, in ogni caso, non accettò nulla e tutto il denaro tornò ai donatori, salvo le spese degli organizzatori.

Prima di lasciare l'Inghilterra Garibaldi fece visita al suo vecchio compagno d'armi colonnello John Peard che aveva combattuto sotto di lui nel 1860, durante la spedizione dei Mille. Accompagnato dal duca e la duchessa di Sutherland, trovò Peard nella sua casa a Penquite in Cornwell. I due trascorsero diverse ore parlando di ricordi. Dopo un triste addio, il 28 aprile Garibaldi partì per Caprera sullo Yacht del duca di Sutherland, terminando così la sua visita straordinaria nell'Inghilterra vittoriana.

55

Venezia si unisce all'Italia, 1866

Il governo britannico non sapeva che Garibaldi era, in realtà, piuttosto impaziente di tornare in Italia. Verso la fine della sua visita, aveva ricevuto un messaggio segreto da Vittorio Emanuele in cui menzionava una imminente guerra di liberazione contro l'Austria. Il re sapeva che Garibaldi desiderava comandare una spedizione contro l'Austria, e qual'era il modo migliore per allontanarlo dagli amici in Inghilterra?

Vittorio Emanuele era un monarca costituzionale e, in quanto tale, aveva un potere limitato; inoltre desiderava prendere decisioni politiche senza dover consultare i suoi ministri o parlamentari. In passato, dopo la morte di Cavour aveva licenziato diversi primi ministri senza interpellare il Parlamento. Sua Maestà il Re aveva escogitato un sistema per estendere il suo potere oltre i confini d'Italia e tutto senza il parlamento e i suoi ministri ne fossero a conoscenza. Ora, aveva bisogno di qualcuno in grado di realizzare il suo piano.

Sapeva che Garibaldi era un suddito fedele che avrebbe prontamente assunto la responsabilità di una missione senza pretendere nulla in cambio. Il Re prese contatto con Garibaldi a Caprera attraverso il colonnello Porcelli, che portò un messaggio segreto. Poco dopo, Garibaldi e alcuni dei suoi luogotenenti furono convocati per un incontro sull'isola di Ischia, al largo della costa di Napoli, lo scopo era segreto. La stampa riferì che si era recato colà per fare i bagni caldi e curare l'artrite.

Pare che Garibaldi ed il suo seguito fossero invitati a prendere in considerazione un piano per invadere i Balcani e acquistare un altro trono per il secondo figlio di Vittorio Emanuele, il Duca d'Aosta. L'azione serviva unicamente per gli interessi di Casa Savoia, piuttosto che quelli d'Italia, e ne seguì un acceso dibattito sulla fattibilità dell'impresa. Non venne presa alcuna decisione.

Per un anno e mezzo, Garibaldi rimase a Caprera e lavorò nella sua fattoria. Fu una fatica per coltivare in quell'isola rocciosa spazzata dal vento. Tuttavia, riuscì a ricavare un modesto guadagno dalla vendita del bestiame, e la sua fattoria produceva abbastanza cibo per la sua famiglia. Ricevette anche uno yacht come regalo dai suoi ammiratori in Inghilterra. Fu dono molto utile per navigare verso La Maddalena.

Il 1865 fu un anno sereno per Garibaldi. Lo trascorse tra i suoi ricordi e i cimeli che gli ricordavano gli ultimi giorni di gloria. Gran parte del territorio italiano era stato unificato sotto i Savoia, ma due grandi città non era ancora state liberate. Roma era ancora sotto il controllo papale, e Venezia, che col suo entroterra si estendeva fino alle Alpi, rimase parte dell'Impero austriaco. Nel 1864 il governo italiano firmò un trattato con Napoleone III in base al quale la

Francia accettava di ritirare le sue truppe da Roma con la garanzia di rispettare i confini dei territorio pontificio. Il governo italiano aveva anche accettato di spostare la capitale da Torino a Firenze, al fine di dimostrare che non aveva alcun motivo per fare di Roma la sua capitale.

Prima che potesse avanzare più in profondità nel Tirolo, Garibaldi ricevette la notizia che la guerra era finita, e che un trattato era in fase di elaborazione. La guerra durò soltanto sette settimane, da cui il nome—La Guerra delle Sette Settimane. La Prussia aveva raggiunto il suo obiettivo—il comando di una Grande Germania unificata. Nelle sue condizioni di pace, Bismarck fu indulgente con l'Austria nella speranza di preservarla come sua futura alleata in Europa centrale. Venezia doveva essere ceduta al Regno d'Italia, ma l'Austria doveva ritenere il Tirolo. La notizia delle condizioni di pace suscitò indignazione in tutta Italia. Gl'italiani avevano sperato di liberare entrambe Veneto ed Alto Adige, ma hanno dovuto accontentarsi soltanto del primo. Il governo italiano, rendendosi conto che l'Italia non poteva continuare da sola la guerra contro l'Austria, a malincuore decise di accettare le condizioni di pace.

La possibilità di liberare il Veneto era finalmente arrivata. Re Vittorio Emanuele decise di utilizzare di nuovo Garibaldi, per una guerra contro l'Austria. Inviò il generale Fabrizi a Caprera per offrire a Garibaldi il comando di un esercito di volontari di 35.000 uomini. Egli accettò e insieme al generale Fabrizi navigò per il continente nello stesso giorno, 10 giugno.

Secondo l'intenzione di Vittorio Emanuele Garibaldi doveva attaccare gli austriaci nei Balcani, attraversare l'Adriatico ed occupare la costa dalmata, costringendo gli austriaci a spostare una parte del loro esercito dal Nord Italia. Ciò avrebbe facilitato la liberazione del Veneto da parte del Regio Esercito Italiano. All'inizio delle ostilità, il piano subì un improvviso cambiamento e Garibaldi fu mandato nel Tirolo, a ridosso delle Alpi. Vicino a Lago di Como gli fu assegnato il comando di circa 10.000 volontari, con l'ordine di avanzare verso il nord nel territorio occupato dagli austriaci. Molti dei suoi ex compagni d'armi si arruolarono con lui. Garibaldi spronò i suoi soldati dicendo loro: "Siate come aquile". Infatti conquistarono: Monte Suello, Caffaro, Forte Ampolla, Bezzecca mettendo in fuga un esercito austriaco di 8.000 uomini.

Come si sa questi furono gli unici successi italiani di questa campagna militare. L'esercito italiano regolare fu invece sconfitto dagli austriaci a Custoza, e la flotta italiana al comando dell'ammiraglio Persano fu disfatta dalla marina austriaca al largo della costa dalmata. Garibaldi ricevette la notizia che la guerra era finita, e si stava elaborando un trattato di pace.

Il 25 agosto, Garibaldi ricevette l'ordine di ritirarsi dal Tirolo e lui rispose al generale La Marmora: "Obbedisco". Evidentemente questa volta, non aveva nessuna intenzione di continuare la guerra per conto proprio come fece nel 1848, quando Carlo Alberto si arrese agli austriaci. L'ordine di ritirarsi fece infuriare i garibaldini a tal punto che alcuni di loro ridussero le loro spade e baionette in frantumi come protesta. Essi credettero di aver combattuto invano.

Il Veneto fu ceduto all'Italia il 19 ottobre 1866 e si tenne un plebiscito per legittimare la cessione. L'esito fu che 647.246 residenti votarono per l'unione con l'Italia, mentre solo 69 votarono contro.*
L'Alto Adige (Trentino-Alto Adige) rimase territorio austriaco fino alla fine della prima guerra mondiale, quando fu finalmente unito

---

* *Questi risultati sul voto sono riportati nella pag. 570 del libro Garibaldi di Jasper Ridley.*

all'Italia dopo tre anni di aspri combattimenti e 600.000 vittime.

Quando Garibaldi visitò Venezia il 26 febbraio 1867, l'intera città si entusiasmò per salutarlo. Era la sua prima volta a Venezia. Le persone affollarono le strade e le gondole sui canali per vedere il leggendario eroe. Nemmeno a Napoli egli ricevette tanta accoglienza. In Piazza San Marco la folla si accalcava intorno a lui tanto che alcuni funzionari temettero per la sua incolumità. In un discorso infuocato dal balcone di Palazzo Ducale, Garibaldi disse ai Veneziani che Roma doveva essere liberata, perché "Senza Roma, l'Italia non sarebbe Italia!" La grande folla rispose ripetendo le sue stesse parole: "Senza Roma, l'Italia non sarebbe Italia!"

56

La Disfatta a Mentana, 1867

Nell'estate del 1867 aumentò la tensione fra Garibaldi e la Chiesa cattolica perchè egli accusò il papato di essere un ostacolo per l'unificazione d'Italia. In un discorso al Congresso Internazionale della Pace tenutosi a Ginevra nel settembre del 1867, Garibaldi chiese di porre fine alle guerre per la risoluzione delle controversie internazionali attraverso un congresso delle nazioni democratiche, creare un'organizzazione simile a quella odierna delle Nazioni Unite. La mozione fu respinta perché molti al Congresso considerarono le sue idee sulla religione ancora più radicali di quelle di Martin Lutero e Giovanni Calvino, e la sua proposta di un organismo internazionale per risolvere le controversie del mondo era del tutto prematura per quel tempo.

A Roma, la Chiesa irrigidì maggiormente la sua posizione contro Garibaldi e qualsiasi forma di cambiamento radicale. Papa Pio

Papa Pío IX

IX emanò un'enciclica, Quanta Cura, in cui condannava tutte le credenze e gli insegnamenti contrari al magistero della Chiesa cattolica. Il Papa citava il naturalismo, il comunismo ed il socialismo come ideologie che tentavano di sovvertire il ruolo della religione nella guida della società umana. Queste ideologie, a suo avviso, usavano la scienza o il diritto civile come base da cui la società nazionale derivava il principio stesso della sua esistenza. Esse trattavano la religione come una nullità. Il Papa respinse tali principi liberali come la tolleranza religiosa e la libertà di coscienza e di stampa. Egli affermò che tali libertà avrebbero facilitato gli attacchi alla religione compromettendo, il ruolo della Chiesa nel salvare le anime. In breve l'enciclica condannava in genere le tendenze liberali del tempo. Tutto questo suscitò una grande indignazione tra i liberali italiani, spingendo Francesco Crispi a dichiarare, "il cristianesimo deve eliminare i vizi della Chiesa di Roma, oppure è destinato a perire." La situazione divenne tesa allorché il Vaticano organizzò la formazione della Legione Antibes, un gruppo di volontari creato per proteggere il territorio pontificio dopo il ritiro delle truppe francesi. Molti dei suoi funzionari, tra cui il comandante, erano veterani dell'esercito francese. Ancora più inquietante fu la notizia apparsa sulla stampa per cui un altro corpo di spedizione francese si stava preparando per andare a Roma a proteggere il papa, in caso di necessità. Ancora una volta, il timore di una guerra si diffuse tra la popolazione del centro Italia.

Nell'autunno del 1867 si sapeva che Garibaldi stava progettando l'invasione del territorio pontificio con un esercito di volontari. Il grado di complicità del governo in questa operazione clandestina è difficile stabilire, ma non vi è alcun dubbio circa la partecipazione del primo ministro Rattazzi. Sembra che egli segretamente incoraggiasse Garibaldi a marciare su Roma ma poi ebbe un ripensamento e fece e arrestare Garibaldi a Sinalunga, vicino alla frontiera del territorio papale. Garibaldi fu spedito a Caprera sotto stretta sorveglianza e gli fu ordinato di non lasciare l'isola. Le acque intorno all'isola furono pattugliate dalle cannoniere della Regia Marina Italiana, e la vicina isola di La Maddalena fu presidiata da un distaccamento di truppe reali, tutti con le istruzioni di evitare che un vecchio storpio lasciasse la sua dimora. Garibaldi diventò un prigioniero nella sua isola privata.

Tutto questo non impedì ai garibaldini di mobilitarsi vicino ai confini del territorio pontificio. Guidati da Menotti Garibaldi, Giovanni Acerbi e Giovanni Nicotera, attraversarono la frontiera il 28 settembre e impegnarono le forze papali in tre settori. Tutti e tre i comandanti mancavano di un'adeguata strategia militare. Tuttavia, la loro frammentaria offensiva causò una serie di battute d'arresto. Se avessero unito le loro forze attaccando insieme, avrebbero raggiunto una grande vittoria demoralizzato il nemico. Le truppe papali erano numericamente inferiori, ma combatterono valorosamente e furono presto rafforzate con l'arrivo a Civitavecchia di un altro corpo di spedizione francese.

Mentre l'attenzione del mondo si concentrava su questi sviluppi sul territorio pontificio, Garibaldi fece un'avventurosa fuga da Caprera. Il 12 ottobre con una piccola barca da pesca, Stèfano Canzio riuscì a passare il blocco navale ed approdò nella vicina isola de La Maddalena, dove Garibaldi contattò Mrs. Collins. La vedova era stata ivi residente e dopo la morte del marito. Canzio le disse che avrebbe fatta incontrare con Garibaldi cinque giorni più tardi a Prandinga, sulla costa nord-occidentale della Sardegna. La signora Collins trasmise il messaggio a Garibaldi attraverso sua figlia Teresita. Tutto ciò che Garibaldi doveva fare era di farsi trovare a Prandinga.

Canzio successivamente descrisse come Garibaldi, fingendosi un amico e camminando in giro con le stampelle, riuscì a passare attraverso il blocco su una piccola barca usata per andare a caccia di anitre. Sotto una fitta nebbia e remando l'imbarcazione di Garibaldi attraversò lo stretto che separa La Maddalena. Egli avvolse degli stracci intorno ai remi per attutirne il rumore. Durante la traversata passò così vicino a una delle cannoniere che sentì parlare i marinai a bordo.

Approdò sulla proprietà della signora Collins, nascose la sua barca e rimase a casa sua durante la notte. Partì la sera successiva accompagnato da due vecchi amici, Susini e Basso. Nel buio, cavalcarono per tre miglia a cavallo tra La Maddalena ed il piccolo porto di Cala Francese. Lì giunto, salpò per la Sardegna su un peschereccio appartenente al capitano Cuneo (da non confondere con Giovanni Cuneo). Poco dopo la partenza, il peschereccio venne fermato da una motovedetta della marina. Il capitano Cuneo disse agli ufficiali navali italiani che lui e il suo equipaggio erano in mare per la pesca, e gli fu concesso il permesso di procedere. Per evitare sospetti, Cuneo lentamente spinse lentamente la sua barca al largo delle isole dell'arcipelago, come se volesse andare a pescare in quelle acque. Poi, tutto d'un tratto, cambiò rotta e si diresse verso la costa orientale della Sardegna.

Sei ore dopo, sbarcarono su una spiaggia desolata e trascorsero la notte rannicchiati in una grotta. La mattina seguente, ottennero dei cavalli da un allevatore locale e cavalcarono verso l'interno della Sardegna. Percorsero la strada attraverso gli altopiani della Gallura infestati da banditi e le aride terre di Terra Nuova, una regione praticamente disabitata. Raramente si fermarono per riposare, Garibaldi e i suoi due compagni impiegarono diciassette ore per raggiungere la costa occidentale dell'isola, dove incontrarono Canzio nei pressi del piccolo porto di Prandinga. Fu un incontro gioioso, con lo stupore e la meraviglia che tutti i presenti esprimevano per la forza di volontà e la resistenza che Garibaldi dimostrava d'avere. Nel frattempo il governo era all'oscuro del fatto che Garibaldi avesse lasciato Caprera. Il suo sosia fu così convincente che i suoi agenti cedettero che Garibaldi si trovasse ancora nella sua fattoria.

Dopo una gustosa cena a base di pesce fritto, Garibaldi e i suoi compagni navigarono insieme a Canzio per un tratto di mare molto pericoloso perché quelle acque erano costantemente pattugliate dalla Marina Militare Italiana. Procedendo con cautela, Canzio evitò di essere intercettato da parte della pattuglia navale. Sapeva bene che, se fossero stati catturati, sarebbero stati internati e la barca sarebbe stata confiscata. Costeggiando le isole di Montecristo ed Elba, finalmente raggiunsero il piccolo porto di pescatori di Vado, sulla costa toscana, dove requisirono due carretti per percorrere le 60 miglia di viaggio fino a Firenze. Garibaldi sapeva che una volta arrivato colà, i suoi amici in parlamento avrebbero sostenuto apertamente i suoi sforzi per liberare il territorio pontificio. Lungo la strada furono fermati dalla polizia che effettuava un controllo di routine sulla strada. Garibaldi, che aveva i capelli tinti di nero, non fu riconosciuto quando disse che il suo nome era Giuseppe Pane e così non furono arrestati dalla polizia. Prima che la notizia della fuga di Garibaldi comparisse sui giornali, egli era già a Firenze nella casa di un amico - Francesco Crispi, che ora era un parlamentare italiano.

Napoleone III già sospettava che il governo italiano fosse coinvolto in un programma di annessione del territorio pontificio a quello italiano ed inviò un'armata francese comandata dal generale de Failly, alla difesa di Roma. Re Vittorio Emanuele, nella speranza di evitare un conflitto con i francesi cercò di nascondere la sua complicità in materia rinnegando i garibaldini come San Pietro aveva rinnegato Gesù! Con un discorso addusse la colpa ad una "fazione politica rivoluzionaria", che non aveva ricevuto nessuna autorizzazione per una tale missione. Evidentemente il primo ministro Rattazzi aveva lasciato che gli eventi precipitassero ed ora era impossibile fermare i garibaldini senza esporsi in prima persona. Rattazzi si dimise affermando che avrebbe preferito una guerra contro la Francia piuttosto che contro Garibaldi.

Sir Henry Elliot, l'ambasciatore britannico, concluse che il governo italiano aveva mostrato una mancanza di coraggio nel trattare questi argomenti.

Manifestazioni di protesta contro l'intervento militare francese si svolsero a Firenze ed in altre città italiane. Crispi pubblicò un invito ai volontari per unirsi a Garibaldi nel tentativo di liberare Roma. Il 22 ottobre, Garibaldi fece un lungo discorso alla folla davanti alla casa di Crispi prima di raggiungere i suoi uomini alla frontiera pontificia. Sulla strada, apprese che i volontari sotto il comando di Acerbi e Menotti erano radunati nei pressi di Monte Rotondo, a soli dodici miglia da Roma. Egli si unì a loro due giorni dopo. Non era più stato in quella zona dopo la ritirata da Roma nel luglio 1849.

Ancora una volta al comando delle camicie rosse Garibaldi condusse un attacco contro la guarnigione pontificia di Monte Rotondo conquistando il posto e catturando 300 prigionieri. Ordinò che questi venissero alimentati con una razione di ciò che ancora avevano mentre i suoi uomini morivano di fame. Dopo che i prigionieri finirono di mangiare, gridarono: "Viva Garibaldi!" Nonostante l'approvazione, Garibaldi rimase deluso perché la popolazione locale non si unì a lui. La gente semplicemente non era preparata ad accettare le secolari regole della Casa Savoia. Un'insurrezione a Roma fu soppressa dalla Legione Antibes, nonostante un disperato combattimento nel quartiere di Trastevere. Due vittime notevoli furono Enrico e Giovanni Cairoli, che Garibaldi aveva inviato per sostenere i ribelli romani. Essi furono colti di sorpresa dalle truppe pontificie nei pressi del fiume Tevere. Enrico morì nel combattimento; Giovanni morì in seguito alle ferite riportate. La loro morte portò a quattro il numero dei fratelli Cairoli caduti per la causa della libertà italiana.

Le truppe di Garibaldi nel territorio pontificio erano formate da circa 8.000 uomini, di cui 6.529 concentrate intorno a Monte Rotondo.* Il morale dei soldati era basso e ci fu un crescente numero di diserzioni proprio mentre Garibaldi si aspettava un attacco del nemico. Il 28 ottobre gli giunse la notizia che il Regio Esercito Italiano aveva invaso il territorio pontificio, con il pretesto di mantenere l'ordine. Re Vittorio Emanuele informò l'ambasciatore francese a Firenze che le sue intenzioni erano quelle di attaccare i garibaldini e "massacrarli in modo tale da non lasciar neppure un supersite". Napoleone III inviò al Re un ultimatum chiedendogli di ritirare le sue truppe. Il re accettò. Garibaldi offeso dal tentativo d'intromissione da parte dell'esercito reale emise un proclama che diceva: "Io solo sono il generale romano con pieni poteri da parte del governo della Repubblica Romana legalmente eletto ed ho il diritto di mantenere un esercito in questo territorio". Garibaldi poi marciò su Roma.

Quando i garibaldini si avvicinarono a Tivoli furono confrontati da 9.000 soldati della milizia pontificia al comando del generale Hermann Kanzler. Questi attaccò le truppe di Garibaldi sul fianco destro forzando i suoi uomini ad assumere posizioni difensive intorno alla città di Mentana. Poiché le truppe pontificie avanzavano, Garibaldi tentò di radunare i suoi uomini sparando al nemico con i sui due unici cannoni. Caricò e sparò con un cannone se parve raggiunse lo scopo. Con grande determinazione i garibaldini respinsero l'attacco e furono vicino alla vittoria. Solo l'arrivo tempestivo delle truppe francesi cambiò le sorti della battaglia a favore dei soldati del Papa. Armati con i loro nuovi fucili "Chassepot", i francesi aprirono un fuoco mortale che falciò le Camicie Rosse durante la carica I fucili "Chassepot" avevano la capacità di sparare dieci volte al minuto. Rendendosi conto di non avere possibilità

---

*Per queste figure, vedi pag. 587 del libro Garibaldi di Jasper Ridley.

contro questa nuova arma, i Garibaldini si dispersero e si ritirarono in disordine. Gli ufficiali cercarono di radunare le Camicie Rosse in fuga, ma il loro eroismo non fu sufficiente. In un ultimo disperato sforzo Garibaldi si precipitò allo scoperto agitando la sua spada. Era pronto a caricare pur sapendo che la morte sarebbe arrivata presto. Egli fu fermato da Canzio, che prese le redini del suo cavallo e gridò: "Vuoi morire, Generale? Per chi?" Canzio poi lo portò via per sicurezza. Il colonnello Fabrizi, lì presente, scrisse in seguito, "Garibaldi sembrava trasformato. . . . Non ho mai visto nessuno invecchiare così in fretta come accadde a lui in quel momento – era scuro in volto, rauco, pallido, solo lo sguardo era ancora fermo e limpido". Il calar della notte salvò i garibaldini dalla disfatta totale. Ne morirono 150 e 900 furono presi prigionieri. Le truppe pontificie subirono 230 perdite, i francesi 26, con 200 feriti*. Garibaldi e il resto dei suoi uomini si ritirarono alla frontiera, dove l'esercito regio era in attesa per disarmarli e arrestarli. Come un parlamentare eletto, Garibaldi pensò che nessun procedimento ci sarebbe stato contro di lui, ma il nuovo governo, guidato dal generale Menabrea, la pensava diversamente. Garibaldi fu arrestato e nuovamente imprigionato nella fortezza di Varignano. A quanto pare, il nuovo governo sperava di poter convincere il Generale ad incriminare l'ex primo ministro Rattazzi, ma Garibaldi non proferì parola. Accusò invece di tradimento il governo e sostenne di essere stato venduto ai francesi. Tre volte iniziò la marcia su Roma, ed ogni volta furono i politici ad incoraggiarlo segretamente prima per poi rivoltarsi contro pubblicamente. Questa volta, non avrebbe facilmente perdonato. La sua prigionia non servì a nulla. In tutta Italia, si diffuse la critica

---

* *Questi dati sulle vittime sono scritti nella pag. 589 del libro Garibaldi di Jasper Ridley*

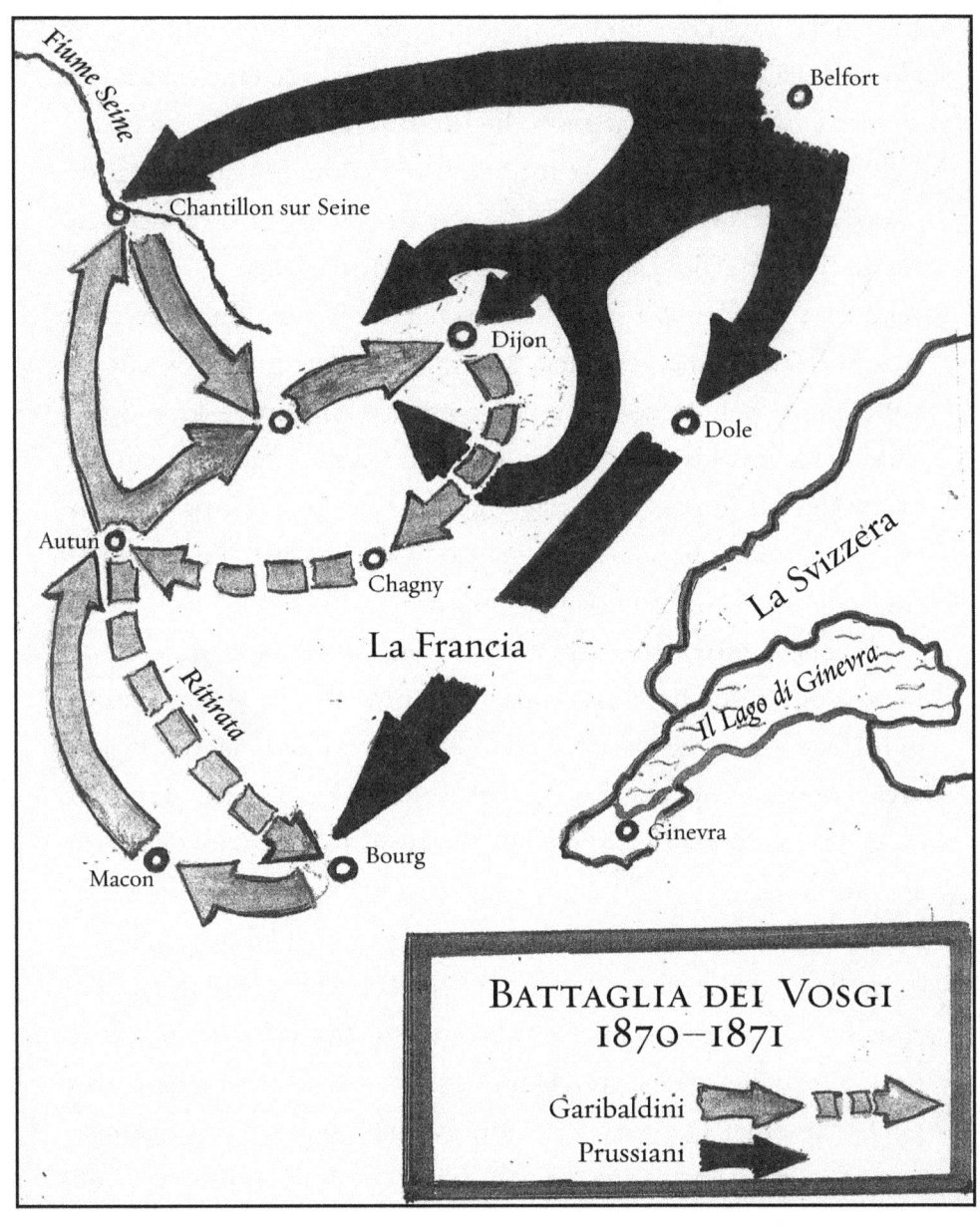

sul modo con cui il governo aveva trattato Garibaldi ed i suoi uomini. L'ambasciatore degli Stati Uniti intervenne per assicurare il rilascio di Garibaldi da Varignano promettendo alle autorità che sarebbe rimasto a Caprera per almeno sei mesi. Gli altri garibaldini imprigionati furono rilasciati e rimandati a casa. Così si infranse il mito dell'invincibilità garibaldina.

57

L'esercito dei Vosgi, 1870

Dopo la sconfitta di Mentana, Garibaldi non lasciò Caprera per quasi tre anni, ad eccezione di qualche visita occasionale a La Maddalena o alla Sardegna. Egli assunse una governante, Francesca Armosino, con la quale formò una seconda famiglia. Pur zoppicando per l'artrite e vecchie ferite, continuò a lavorare nella fattoria trascorrendo i suoi giorni migliori.

Provò finanche a scrivere dei romanzi, qualcosa che aveva voluto sempre fare. Nel 1868 completò Clelia, una tragica storia d'amore che si svolgeva in un contesto di attività rivoluzionaria e la corruzione della chiesa. Anche se il libro ricevette recensioni negative, la sua pubblicazione nel 1870 gli dette popolarità e denaro. Nello stesso anno pubblicò un secondo romanzo, "Cantone il volontario", che contiene pochi fatti inventati e si basa su quelli fatti realmente accaduti durante il periodo 1848-1849.

Nel frattempo gli eventi in altre parti d'Europa stavano per modificare la situazione politica in Italia. La Francia e la Prussia, le due potenze dominanti del continente, caddero in un grave conflitto per la successione al trono di Spagna. Il principe prussiano, Leopold von Hohenzollern, si fece dichiarare candidato al trono, ma la Francia si oppose al fatto che una potenza straniera mettesse uno dei suoi principi sul trono di Spagna. Quando Napoleone III chiese alla famiglia reale prussiana di rinunciare a qualsiasi pretesa presente o futura al trono di Spagna, ricevette una risposta tanto dura quanto lo sventolamento di una bandiera rossa davanti gli occhi di un toro. Il 19 luglio 1870, la Francia dichiarò guerra alla Prussia.

Come accadde la guerra con la Francia era proprio ciò che il cancelliere Bismarck di Prussia voleva. Egli avrebbe finalmente potuto impiegare i militari della sua nazione per garantirle la posizione di grande potenza nel continente europeo. La maggior parte degli osservatori politici del tempo considerarono la Francia come l'aggressore del conflitto franco-prussiano, anche se alla fine emerse che Bismarck aveva segretamente programmata la risposta ufficiale prussiana alla richiesta francese in modo da provocare deliberatamente la guerra.

Il Regno d'Italia si offrì d'entrare in guerra a fianco della Francia, se Napoleone III avesse accettato il ritiro delle truppe francesi da Roma. Napoleone si rifiutò, ribadendo la sua intenzione di mantenere la presenza militare francese a Roma. L'Italia restò quindi neutrale durante la guerra. Garibaldi rimase in silenzio sulla questione, anche se la maggior parte dei garibaldini erano in sintonia con la parte prussiana. Fin dall'inizio, la guerra andò male per i francesi. I prussiani ebbero diverse facili vittorie. Poi, il 1° settembre, i prussiani sconfissero i francesi nella battaglia di Sedan, catturando Napoleone III insieme a 82.000 soldati francesi. Napoleone fu costretto ad abdicare dando così fine al suo diciannovesimo anno di regno.

Poco dopo, scoppiò la rivoluzione a Parigi, e la Terza Repubblica fu proclamata sotto León Gambetta. Il nuovo governo ritirò immediatamente il presidio francese da Roma, una mossa che spinse Vittorio Emanuele ad inviare truppe italiane a Roma, con il pretesto di prevenire una rivolta. Oltre alle obiezioni di Papa Pio IX, l'esercito italiano marciò sulla città dopo solo una piccola resistenza da parte delle Guardie Svizzere. Il Generale Bixio comandò una divisione di quell'esercito. Fu un grande evento per lui, un veterano delle Camicie Rosse di Garibaldi durante nella battaglia per Roma nel 1849. A Garibaldi, invece, fu impedito dal governo italiano di ricevere qualche riconoscimento per la liberazione finale della Città Eterna. Mazzini, nel frattempo, viaggiò da Londra in l'Italia vedendo che il suo sogno di una Italia unita si stava realizzando. Fu immediatamente arrestato dalla polizia italiana ed imprigionato a Gaeta. In seguito fu messo in libertà e trascorse gli ultimi mesi della sua vita in Italia. Un'Italia unita. Dopo aver appreso della morte di Mazzini, nel marzo 1872, Garibaldi dichiarò: "Lasciate che la bandiera dei mille sventoli il suo rispetto sulla bara d'un grande italiano".

Nel frattempo, la Repubblica francese aveva respinto le dure condizioni di pace proposte da Bismarck ed era pronto a continuare la guerra contro la Prussia. Ciò servì ad unire i repubblicani e radicali di tutto il mondo al fianco della Repubblica francese. Anche Garibaldi uscì dal suo bozzolo a Caprera e scrisse una lettera aperta alla stampa italiana sollecitando il sostegno alla Repubblica francese. Inviò un telegramma al governo francese offrendo loro i suoi servizi.

Nonostante che il governo esitasse ad accettare l'offerta, un certo numero di patrioti francesi erano determinati a portare Garibaldi in Francia. Essi inviarono Philippe Bordone, un medico francese che aveva combattuto con le camicie rosse in Sicilia, a scortarlo in Francia. Bordone riuscì nel suo intento, e il 7 ottobre i due raggiunsero Marsiglia a bordo di uno yacht francese. Con sua grande sorpresa, Garibaldi fu accolto con un caloroso benvenuto. I cannoni della fortezza spararono a salve in segno di saluto. Questa accoglienza festosa dimostrò l'apprezzamento del pubblico per "l'eroe dei due mondi". Un treno speciale condusse Garibaldi nella città di Tours, dove la Repubblica aveva stabilito la capitale temporanea. Qui, Garibaldi fu raggiunto da León Gambetta, uno dei leader della Repubblica francese, che era giunto da Parigi in un pallone aerostatico.

Nonostante il parere contrario di alcuni avversari di Garibaldi, il governo francese lo nominò comandante dell'esercito dei Vosgi, una forza composta da 10.000 soldati irregolari francesi chiamati franchi tiratori-membri dei club fucile francesi addestrati a combattere come cecchini-guerriglieri dietro le linee nemiche. Non indossavano uniformi dell'esercito regolare, e quelli che venivano catturati dai prussiani venivano giustiziati. Garibaldi ed i suoi franchi-tiratori dovettero lavorare a stretto contatto con le forze regolari francesi del Generale Cambriels, ma nessuno dei comandanti era superiore all'altro.

Spostandosi velocemente Garibaldi stabilì il suo quartiere generale a Autun, circa settanta miglia a ovest di Digione. Raccolse attorno a sé un corpo di volontari internazionali simili a quelli che aveva radunato precedentemente in Uruguay ed in Sicilia. Si unirono a lui volontari provenienti da diversi paesi e da tutti i ceti sociali. La critica francese sottolineò il fatto che questi non avrebbero combattuto per amore patriottico della Francia, ma per la poetica idea di "repubblica democratica internazionale". Ad Autun un magistrato locale disse che l'esercito dei Vosgi era come "una banda di vandali, banditi e ruffiani". Un giornale francese descrisse Garibaldi come "un vecchio con la barba bianca ed il viso pallido" che viaggiava su una carrozza "su cui doveva essere aiutato per salire". Questo tentativo di essere messo in ridicolo non era nuovo per Garibaldi. Nel corso della sua carriera ci furono tante battaglie che portarono vittorie per gli alleati ma questi non seppero dimostrare la minima gratitudine per i suoi sforzi. Anche questa campagna non faceva eccezione.

Egli nominò il colonnello Philippe Bordone come suo capo di stato maggiore. I figli Menotti e Ricciotti, e suo genero Canzio, si unirono a lui per aiutarlo nell'addestramento delle nuove reclute. Un'altra volontaria accolta con benevolenza fu Jessie White Mario, che si prese cura dei feriti e lavorò anche come reporter di guerra per il "New York Tribune". L'arrivo di questa volontaria nel campo fu, come sempre, un forte richiamo morale.

All'inizio di novembre i prussiani iniziarono l'avanzata verso Digione facendo retrocedere l'esercito francese. La perdita di Digione avrebbe messo in pericolo la difesa di tutto il settore dei Vosgi ed avrebbe permesso ai prussiani di avanzare su Lione. Il comando francese ordinò all'esercito di Garibaldi di fermare l'avanzata e i due eserciti si scontrarono presto. Non appena il combattimento s'intensificò, una brigata comandata da Ricciotti Garibaldi riuscì a deviare le truppe prussiane a Chatillon-sur-Seine. Anche i franchi-tiratori riuscirono a respingere un attacco nemico ad Autun ed a fermare in tal modo l'avanzata prussiana nel suo percorso. Il settore rimase piuttosto tranquillo fino al gennaio dell'anno successivo (1871), quando l'esercito dei Vosgi fu nuovamente comandato di difendere Dijon, questa volta contro l'avanzare di una forza prussiana di 150.000 uomini. Seguì una grande battaglia in cui Menotti, Ricciotti, Canzio e tutti i loro soldati si distinsero valorosamente. Durante i tre giorni di lotta (gennaio 21-23), le forze di Garibaldi sconfissero un altro attacco da parte dei prussiani, infliggendo loro pesanti perdite e catturando anche lo stendardo del 61° Pomerania Regiment.

Poco dopo giunse la notizia che l'armistizio era stato firmato il 29 gennaio dagli alti comandi francesi e prussiani. I francesi avevano ceduto Parigi ed avevano acconsentito a tutte le richieste prussiane. L'accordo dell'armistizio escludeva il settore dei Vosgi e Digione.

A Digione, nessuno poteva credere che il governo francese avesse firmato un armistizio escludendo una parte del suo territorio. Garibaldi inviò un telegramma di protesta al governo. La risposta fu che il suo esercito era stato escluso nell'armistizio "per errore". Fu dolorosamente chiaro che il governo francese aveva abbandonato Garibaldi ed i suoi uomini al loro destino.

A confermare il tradimento, i Prussiani circondarono Digione in vista di una battaglia finale. Garibaldi, però, volendo evitare un inutile spargimento di sangue, scelse di ritirarsi. Condusse il suo esercito fuori dalla città il 31 gennaio e miracolosamente riuscì a passare tra le linee prussiane senza perdere neppure uno dei suoi uomini. Questa fu la sua ultima impresa militare. Con la fine della guerra, si fecero le elezioni per la nuova Assemblea Nazionale di Francia. Con sorpresa l'elettorato restituì alla maggior parte dei conservatori e dei bonapartisti i loro vecchi posti. Garibaldi, il cui nome era stato posto sulla scheda elettorale dai suoi amici, fu eletto deputato in sei dipartimenti della Francia. Egli scelse di rappresentare Dijon. Subito i suoi avversari contrastarono la elezione perché straniero. I radicali tuttavia, ne sostennero la legittimità perché era nato nella "città francese di Nizza". Dopo aver appreso della sua elezione, Garibaldi lasciò le truppe in carica a Menotti e viaggiò in treno per Bordeaux, dove il nuovo governo francese si riuniva. Fu accolto da una folla che gridava: "Viva Garibaldi!" Ed egli rispondeva: "Vive la France!" Il 13 febbraio, Garibaldi partecipò alla sessione di apertura dell'Assemblea. Il suo ingresso nella camera provocò un'accoglienza ostile da parte dei deputati conservatori allorché si rifiutò di togliersi il suo famoso cappello rosso. Egli consegnò una lettera al presidente con la quale annunciava di aver reso i suoi servigi alla Francia, ma che ora annunciava le sue dimissioni. Quando il presidente lesse la sua lettera ad alta voce alcuni deputati protestarono, sostenendo che Garibaldi non poteva dare le dimissioni perché, essendo forestiero, non era stato validamente eletto. Garibaldi si alzò per rispondere, ma il presidente gli impose il silenzio perché si era appena dimesso e gli ordinò di sedersi dichiarando conclusa la seduta. La stessa notte Garibaldi in silenzio lasciò la camera e se ne tornò a Caprera.

Tre settimane dopo un altro tumulto scoppiò in Assemblea allorchè Victor Hugo criticò l'aver negata la parola a Garibaldi, un uomo che aveva combattuto per la Francia. Aggiunse ancora che Garibaldi era l'unico generale dell'esercito francese che non aveva mai ricevuto una sconfitta. Come Garibaldi, anche Hugo fu messo a tacere, ma prima di lasciare la camera, gridò al presidente dell'Assemblea: "Tre settimane fa hai rifiutato di ascoltare Garibaldi. Oggi rifiuti di ascoltare me. Andrò a parlare lontano da qui". Poi, se ne andò.

58

Ritiro a Caprera, 1871

Garibaldi tornò a Caprera il 16 febbraio del 1871, dopo un'assenza di 132 giorni. Ora voleva godersi la pensione nella tranquillità della sua casa nell'isola. Aveva capito che stava diventando troppo anziano per continuare a fare il soldato rivoluzionario.

Nella vicina Francia si era sull'orlo di una guerra civile a causa dell'umiliante trattato di pace imposto dai prussiani. Fazioni repubblicani temevano che il nuovo governo conservatore restaurasse la monarchia ed i rivoluzionari radicali cercarono di affidarsi ai lavoratori per rovesciare il governo esistente. Tutto ciò contribuì a preparare il terreno per una violenta rivolta.

Il 18 marzo, elementi radicali presero il controllo dei gran parte della città. Si chiamarono i "Com-mu-nards", e adottarono provvedimenti contro la religione e imposero una moratoria sul pagamento dei debiti e degli affitti.

Con l'aggravarsi della crisi, il premier Adolphe Thiers ordinò all'esercito francese di cacciare i comunardi dalle strade di Parigi. Fu chiesto l'intervento di Garibaldi ma questi si rifiutò a causa delle sue condizioni di salute. La rivolta fu sedata dall'esercito francese dopo diverse settimane di lotte feroci nelle strade, durante le quali i comunardi colpirono l'arcivescovo di Parigi e dettero fuoco a parte della città. La rivolta causò 33.000 morti. Garibaldi simpatizzò con i Communards, ma non approvò la loro strategia e condannò il tentativo di abolire la proprietà privata dei beni. A questo proposito si trovò anche in disaccordo con i teorici politici come Karl Marx e Friedrich Engels. Oggi, il Comune di Parigi viene considerato come un primo esempio di governo proletario.

Garibaldi tornò anche a scrivere. Bastava la sua firma che il libro sarebbe stato accettato e pubblicato dagli editori. Cinque anni dopo aver scritto "Clelia e Cantori il Voluntario". Il suo terzo libro "I Mille" nel 1873. Sperava di raggiungere un vasto pubblico attraverso opere che inneggiavano alla rivoluzione e all'eroismo. Trattò inoltre diversi altri argomenti: la monarchia, la dittatura, la condizione della donna, la pena di morte e l'irrigazione nelle Valli del Tevere. Insieme alle memorie personali questi scritti furono tradotti in diverse lingue e lo aiutarono a pagare alcuni debiti.

Garibaldi aveva bisogno di denaro perché si era unito con una donna di nome Francesca Armosino da cui ebbe tre figli: Clelia, Rosa e Manlio. La seconda figlia morì quando aveva solo diciassette mesi ed era la seconda a morire con quel nome. Questo grave lutto lo addolorò profondamente. Garibaldi spese gran parte del suo denaro in un progetto che doveva prendere l'acqua del fiume Tevere e irrigare campagna ma questo si rivelò impraticabile. Garibaldi contrasse anche un mutuo ipotecando la sua proprietà per aiutare il figlio Menotti a finanziare una costruzione in Roma ma il progetto fu respinto. Decise allora di vendere la sua barca "Principessa Olga". Sperava di incassare 80.000 lire dalla vendita, ma il suo agente, Antonio Bo, fuggì in America con il denaro e non fece più ritorno.

La stampa, che tante volte aveva taciuto sulle avventurose imprese di Garibaldi, ora coglieva l'occasione per diffondere notizie sulle sue vicende personali. Le difficoltà finanziarie suscitarono la pubblica indignazione tanto da indurre il governo ad assegnargli una pensione annua di 50.000 lire. Garibaldi, rifiutò di accettare dicendo che non intendeva diventare un "prigioniero del governo". Questo suo atteggiamento fu però dannoso per il benessere della sua famiglia. Francesca, la sua compagna, lo invitò a ripensare all'offerta dello stato per il bene dei loro figli. Dopo aver riflettuto Garibaldi accettò dicendo: "Non avrei mai pensato che un giorno sarei diventato un pensionato dello Stato". I membri della sua famiglia, invece ne furono molto contenti. Infatti il figlio Menotti, che fallì nel settore delle costruzioni, ebbe bisogno di 20.000 lire; Ricciotti, che sperperò del denaro vivendo nel lusso e nell'ozio, oltre ad aver venduto le decorazioni di suo padre ebbe bisogno di 10.000 lire per pagare i suoi debiti. Il marito di Teresita, Canzio, ch'era stato arrestato con l'accusa attività rivoluzionaria, ebbe bisogno di denaro per le spese legali. Infine, Francesca, lo indusse a sottoscrivere una polizza di assicurazione sulla vita che costò altri 10 mila lire per i propri figli Clelia e Manlio*. Si può pensare che Garibaldi si sia umiliato ad accettare i soldi del governo per pagare i debiti dei figli e mantenere la pace in famiglia.

Quasi tutti i capi di governo di questo periodo erano uomini che combatterono con Garibaldi: Francesco Crispi, Benedetto Cairoli, Agostino Depretis, e Antonio Mordini. Questi vecchi gari-

---

* *Queste cifre appaiono nella pag. 186 del libro* Garibaldi, il rivoluzionario ed i suoi uomini *di Andrea Viotti.*

Re Vittorio Emanuele II

baldini avevano abbandonato i loro principi rivoluzionari e le credenze per cui avevano combattuto, e una volta arrivati al potere, attivamente soppressero ogni movimento rivoluzionario.

Quando si svolsero le elezioni nel mese di novembre 1874, Garibaldi venne eletto. Si recò a Roma e al suo arrivo alla stazione ferroviaria, fu accolto dal generale Medici e altri ex garibaldini che ora militavano nell'esercito italiano. Fu accompagnato in Parlamento in carrozza e fu accolto con prolungati applausi da tutti i deputati. Dopo una breve riunione, Medici lo condusse al Palazzo del Quirinale, dove fu accolto dal re Vittorio Emanuele che lo abbracciò e così si riconciliarono. Vittorio Emanuele offrì vari doni, ma l'eroe rifiutò ogni cosa. I due rimasero amici fino alla morte di Vittorio Emanuele nel 1878.

Il 14 gennaio del 1880 Garibaldi vinse la sua causa in tribunale. Il matrimonio con Giuseppina Raimondi fu annullato perché non consumato. Dodici giorni dopo, il 26 gennaio 1880 egli e Francesca Armosino furono uniti in matrimonio dal sindaco della La Maddalena con una cerimonia civile. Al ricevimento parteciparono i membri della famiglia e pochi amici intimi. Tra i presenti c'erano Menotti e sua moglie Italia, Teresita e suo marito Canzio, Clelia, Manlio, e un gran numero di nipoti. Mancavano Ricciotti e sua moglie Costanza Hopcraft. Erano presenti molti familiari di Francesca, che dalla terraferma andarono Caprera per essere presenti al matrimonio. La sposa indossava un abito bianco con un copricapo di fiori d'arancio; Garibaldi un poncho bianco con un fazzoletto scarlatto annodato intorno al collo. Il re inviò gli auguri. La cerimonia fu seguita da una festa in cui Garibaldi cantò alcune sue canzoni preferite. La notizia del matrimonio fu pubblicata sui giornali e dal momento che la sua ex moglie Giuseppina si era già risposata, il loro rapporto divenne amichevole.

59

La Morte di Garibaldi

Dopo il 1880, la salute di Garibaldi peggiorò: le mani ed i piedi si deformavano a causa delle artriti ed aveva difficoltà nel camminare. Spesso doveva rimanere a letto per settimane intere e la moglie Francesca ebbe molta cura di lui. Per affrontare le spese, dovette vendere del bestiame e una parte del suo vino. Guadagnò denaro vendendo anche delle ciocche di capelli del marito agli ammiratori.

Garibaldi andò a Milano nel mese di novembre del 1881 in occasione dell'inaugurazione di un monumento ai garibaldini caduti a Mentana nel 1867. Le sue condizioni di salute erano precarie e il suo discorso fu letto da suo genero, Stefano Canzio. Nel mese di aprile 1882, si recò in Sicilia per il 600° anniversario della rivolta dei Vespri Siciliani. Passò a Napoli e fu accolto con grande entusiasmo. Proseguì per Palermo dove i cittadini lo salutarono come loro liberatore.

A Palermo Garibaldi ricevette più di 1.500 telegrammi augurali.

Se ne andò dalla Sicilia il 17 aprile 1882. Al suo ritorno a Caprera, Garibaldi si ammalò di bronchite e morì alle 18:22 del 2 giugno 1882. La notizia apparve a titoli cubitali sulle prime pagine dei giornali di tutto il mondo. Tra i capi di stato di tutto il mondo, soltanto la regina Vittoria non fece menzione della morte di Garibaldi, sia in pubblico che in privato.

Prima di morire Garibaldi aveva voluto indossare una camicia rossa e aveva detto di bruciare il suo corpo su una pira di legno come nella tradizione degli antichi romani. Le sue ceneri dovevano essere deposte nel sepolcro insieme ai resti delle sue figlie, Anita e Rosita. Egli desiderava inoltre un funerale privato ma la notizia della sua scomparsa raggiunse ben presto le autorità che vollero per Garibaldi un funerale di stato.

La cerimonia ebbe luogo a Caprera l'8 giugno del 1882. Furono presenti il principe Tommaso in rappresentanza del Re Umberto, i leader delle camere del Parlamento, alti ufficiali dell'esercito e della marina italiana e molti veterani garibaldini. La bara fu portata a spalla dai superstiti dei Mille. Durante il rito funebre si scatenò un forte temporale. A Montevideo durante la commemorazione scoppiò un incendio che causò la morte di 27 persone.

Oggi, il suo corpo riposa a Caprera sotto un solido blocco di marmo con una sola scritta "GARIBALDI" e c'è sempre un soldato italiano che fa da sentinella. A sinistra sono sepolte le sue figlie: Rosa, Anita e Teresita. Alla destra: sua moglie, Francesca, Manlio e Clelia. Il corpo della prima moglie, Anita, fu trasportato a Roma nel 1932 ed è sepolto sotto il suo monumento sul Gianicolo.

Garibaldi lasciò casa e proprietà alla moglie, Francesca, lasciandola in possesso dell'isola. Nel 1895 il figlio Menotti e il Primo Ministro Francesco Crispi prepararono un piano per la conquista dell'Etiopia da parte delle forze italiane di stanza in Eritrea sotto il comando del generale Baratieri. Ci fu una disastrosa sconfitta ad Aduwa nel 1896, che causò la caduta del governo Crispi e la condanna di Menotti alla corte marziale. Quarant'anni dopo, nel 1936, Mussolini fu vittorioso proprio ad Aduwa contro gli Etiopi. L'Etiopia fu conquistata da una potenza straniera.

Teresita Garibaldi si trasferì a Genova dove il marito, il generale Stefano Canzio, ebbe l'incarico di governatore generale. In seguito Teresita fece un'appello al Re Umberto per ottenere il rilascio dei prigionieri della rivolta del 1898. Teresita morì nel gennaio del 1903, all'età di cinquantotto anni, suo fratello Menotti morì sette mesi dopo, all'età di sessantadue anni e suo marito, Stefano Canzio, morì nel 1904.

Il figlio Ricciotti visse per qualche tempo in America e poi a Melbourne in Australia. In seguito tornò a Roma e, come capo dei garibaldini, continuò la tradizione del padre nel liberare i popoli oppressi. Nel 1897, e nel 1912, guidò un corpo di volontari di Camicie Rosse a combattere per la Grecia contro i turchi ottomani. Lo seguirono la moglie Costanza e le loro due figlie, Anita e Rosa, che offrirono il loro servizio come infermiere volontarie. L'esercito di Ricciotti formato da 2.000 Camicie Rosse sconfisse i turchi a Drisko.

Nel 1914, ancora una volta i garibaldini presero le armi per combattere in favore della Francia, questa volta contro i tedeschi nella prima guerra mondiale. Ciò avvenne prima che l'Italia si unisse agli Alleati nel maggio 1915. I garibaldini furono guidati dal figlio di Ricciotti, Giuseppe Garibaldi II, noto anche come "Peppino." In precedenza Peppino aveva combattuto a fianco del padre nei Balcani contro i Turchi nel 1897, in Sud Africa con i boeri contro gli inglesi nel 1900, in Messico, con Pancho Villa contro Diaz nel 1910, nei Balcani contro i Turchi nel 1912. Nella battaglia per la

Francia nel 1914, accompagnato: Ricciotti Jr., Sante, Bruno, Costante, ed Ezio con 3.000 uomini si distinsero contro l'esercito tedesco nella Foresta delle Argonne, vicino Verdun. Qui, dopo un feroce combattimento corpo a corpo con le baionette innestate sbaragliarono i tedeschi. Bruno e Costante furono uccisi. Furono premiati: undici legionari con le croci d'onore e quattro con medaglie militari per il coraggio dimostrato. Ricciotti morì nel luglio del 1924, all'età di 77 anni.

Il figlio più giovane di Garibaldi, Manlio, si arruolò nella marina italiana, ma morì nel gennaio 1900, a soli ventisei anni. Sua madre Francesca morì a Caprera nel 1923. La figlia Clelia, continuò a vivere a Caprera e di tanto in tanto concedeva delle interviste a giornalisti e biografi. Quando morì nel febbraio del 1959, all'età di 91 anni lasciò Caprera al figlio di Ricciotti, il generale Ezio Garibaldi. La vedova di Ezio continuò a vivere a Caprera anche dopo la sua morte del marito. Oggi l'isola è un monumento nazionale italiano.

Garibaldi continua a vivere nella leggenda e folklore. Viene considerato un grande soldato e uno strenuo difensore della libertà. La sua spada unificò l'Italia e il nome risplende tra gli eroi della patria.

Epilogo

La visione di Garibaldi dell'Italia unita diventò realtà con l'occupazione di Roma nel 1870. Il popolo italiano riprese la propria identità nazionale e il nome Italia, ancora una volta, apparve sulla mappa dell'Europa. Garibaldi si era ritirato nella sua casa a Caprera ed aveva ripreso la vita semplice del contadino.

Le esperienze fatte in Uruguay e nella Repubblica romana gli avevano insegnato che la democrazia da sola non è sufficiente per governare ma specialmente in un momento di crisi, è necessario un abile amministratore delegato o dittatore. Secondo Garibaldi, la leadership non era incompatibile con la democrazia, ma piuttosto era essenziale per la sua conservazione. L'Italia non era un'eccezione. Come in ogni nazione appena formata, anche l'Italia aveva bisogno di un leader forte. Secondo lui, Vittorio Emanuele di Savoia era l'uomo adatto a ricoprire questa carica. La fedeltà di Garibaldi al Re lo fece dividere con Mazzini. Quest'ultimo, anche se riuscì a suscitare un forte sentimento nazionalistico tra gli italiani, trascorse gran parte della sua vita adulta in esilio o in clandestinità. Ad eccezione del suo ruolo nella breve Repubblica Romana, ebbe poco a che fare con ciò che fu necessario per fare l'unità d'Italia. Alla fine, furono gli sforzi di Garibaldi, Cavour e Vittorio Emanuele ad unificare il paese. Anche se Garibaldi era personalmente molto favorevole al Re ed alla Casa Reale di Savoia, era convinto che il popolo italiano stesso avrebbe finito col decidere sul destino della monarchia.

Vittorio Emanuele II di Savoia, primo Re dell'Italia unita, governò fino alla sua morte nel 1878. Gli succedette il figlio, Umberto I, che regnò al tempo dell'invasione fallita in Abissinia nel 1895. Umberto fu assassinato da un anarchico nel 1900, dopo di che il figlio, Vittorio Emanuele III, salì al trono. Il regno di quest'ultimo durò quasi cinque decadi e due guerre mondiali. Nel 1946, dopo la sconfitta dell'Italia nella seconda guerra mondiale, abdicò in favore del figlio, Umberto II, che regnò appena un mese. Il popolo italiano votò un referendum per abolire la monarchia e instaurare la repubblica. Così ebbe fine il dominio della Casa di Savoia, una delle più antiche dinastie regnanti in Europa. Umberto II e la sua famiglia furono mandati in esilio e le loro vaste proprietà terriere furono tutte confiscate dallo Stato. Inoltre, il governo italiano approvò una legge costituzionale che vietava ai discendenti maschi di Casa Savoia di tornare in Italia.

Bandita dall'Italia, la famiglia reale andò a vivere in Portogallo e poi in Svizzera. Umberto morì nel 1982 senza mai tornare in Italia. Suo figlio, il principe Vittorio Emanuele, lanciò una campagna legale per tornare in Italia, un paese che non aveva più visto dal 1946 quando egli era un bambino ed aveva nove anni. Presentò la sua situazione alla Corte Europea con lo scopo do ottenere che lui e i suoi discendenti maschi avessero il diritto di tornare a vivere in Italia. Il principe e suo figlio Emanuele Filiberto sostennero che il loro esilio era una violazione dei diritti umani e del trattato sancito dall'Unione Europea. Essi sostennero, inoltre, che il divieto era discriminatorio, nel senso che si applicava solo ai discendenti maschi della Casa Reale di Savoia e non ai membri femminili della famiglia. Nel settembre 2001 la Corte dichiarò ammissibile il ricorso di Vittorio Emanuele di Savoia, e fu fissata un'udienza. Non si poté procedere perché Vittorio Emanuele improvvisamente decise di archiviare il caso.

L'energico primo ministro d'Italia, Silvio Berlusconi, entrò in scena esortando il passaggio di un disegno di legge che revocava il divieto costituzionale sul rientro in Italia dei discendenti maschi dell'ex-famiglia reale. Nonostante l'opposizione da parte dei comunisti ed altri irriducibili di sinistra, la legge fu approvata dai due rami del parlamento e successivamente firmata dal Presidente della Repubblica Italiana Carlo Azeglio Ciampi il 22 ottobre 2002. Dopo 56 anni di esilio, la strada per il principe Vittorio Emanuele e la sua famiglia per tornare alla terra dei loro antenati fu aperta. Il principe disse ai giornalisti che la notizia appariva "troppo bella per essere vera."

Vittorio Emanuele e suo figlio, Emanuele Filiberto, assicurarono la loro fedeltà alla Repubblica italiana con una lettera firmata che diceva: "Io e mio figlio garantiamo la nostra fedeltà alla costituzione della repubblica d'Italia ed al nostro Presidente della repubblica." Con questo atto, padre e figlio rinunciarono a qualsiasi diritto al trono, provocando monarchici italiani a rivoltarsi contro di loro. L'Unione italiana dei monarchici, invece, riconobbe il cugino di Vittorio Emanuele, il principe Amedeo d'Aosta, come il legittimo pretendente al trono. Oltre alla rinuncia a qualsiasi pretesa al trono, la famiglia Savoia rinunciò alle proprietà reali, tra cui i gioielli della corona. "Non abbiamo nulla in Italia e non chiediamo nulla," disse

Il momumento a Vittorio Emanuele (il Vittoriano), consuito nel 1911

Vittorio Emanuele, sottolineando il desiderio della sua famiglia di tornare lì come semplici cittadini.

Fecero ritorno il 17 marzo 2003, arrivando a Roma all'aeroporto militare di Ciampino. Essi non furono accolti da alti funzionari di stato. Arrivarono come cittadini comuni. I funzionari dello Stato Vaticano, invece, prepararono ben presto un'udienza col Papa Giovanni Paolo II. Il Papa li accolse dignitosamente e, dopo un breve colloquio privato e lo scambio di doni, li incoraggiò a "tornare al più presto possibile".

Prima di ripartire da Roma i membri della famiglia reale visitarono i monumenti storici della città, alcuni dei quali ebbero difficoltà a riconoscere dopo la lunga assenza. Di particolare interesse per loro fu il Monumento a Vittorio Emanuele, una magnifica struttura in marmo che portava il nome del loro bisnonno. Conosciuto anche col nome di "Vittoriale" ed a volte come la "torta nuziale", il monumento fu completato nel 1911 per commemorare il cinquantesimo anniversario del Regno d'Italia. Oggi, si erge come un simbolo eterno di quel periodo glorioso della storia italiana riferita come il "Risorgimento". Il principe Vittorio Emanuele in seguito disse di aver provato una "emozione indescrivibile" durante la visita che definì come "una pagina di storia."

Non tutti in Italia furono entusiasti dalla visita dell'ex-famiglia reale. I leaders del governo furono piuttosto indifferenti ed ebbero difficoltà nel dimostrare ai membri della famiglia reale il loro piacere per la visita. Anti-monarchici organizzarono una protesta in piazza contro il loro ritorno e un deputato comunista descrisse l'evento come un "salto sconcertante nel passato". Ciononostante un sondaggio dell'opinione pubblica italiana dimostrò che quasi il 75 per cento degli intervistati era del parere di lasciare tornare i Savoia in Italia, a condizione che essi non avessero interferito nella politica e fatto dei tentativi per recuperare le ex proprietà confiscate dallo Stato.

Un membro della famiglia Savoia, 30 anni d'età, Emanuele Filiberto, si è fatto notare per la sua passione per lo sport e per aver partecipato a programmi televisivi.

Di recente gli è stato affidato una pubblicità televisiva da parte di una d'azienda produttrice di olio d'oliva italiano che invita ad usare questo prodotto perché fa "sentire come un re."

Il giovane principe il 25 settembre 2003, si sposò con l'attrice francese Clotilde Courau. Il loro matrimonio celebrato con suntuosità è avvenuto nella basilica romana di Santa Maria degli Angeli ed ha avuto un notevole rilievo sulla stampa. Hanno partecipato al matrimonio circa 1300 invitati. Il Principe Alberto di Monaco è stato il testimone per lo sposo.

Soltanto il tempo ci dirà se questo avvenimento resterà un semplice fatto di cronaca o se avrà delle ripercussioni sul governo dello Stato Italiano.

Bibliografia

Blanchard, Paula. *Margaret Fuller, From Transcendentalism to Revolution.* New York: Delacorte Press / Seymour Lawrence, 1978.

Crow, John A. "Juan Manual de Rosas: Tyrant of the Argentine" (In *The Epic of Latin America*). Garden City, New York: Doubleday & Co., Inc., 1946.

Dumas, Alexander. *The Memoirs of Garibaldi* (trans. R. S. Garnett). London: Ernest Benn, Ltd., 1931.

Dwight, Theodore. (See Giuseppe Garibaldi, *The Life of General Garibaldi.*)

Garibaldi, Giuseppe. *The Life of General Garibaldi*, trans. Theodore Dwight. New York: Barnes and Burr, 1859.

—————————— . *My Life*, trans. Stephen Parkin, London: Hesperus Press, 2004.

Garnett, R. S. (See Dumas, *The Memoirs of Garibaldi.*)

Lewis, Daniel K. *The History of Argentina.* Westport, CT: Greenwood Press, 2001.

Library of Congress, Federal Research Division. *Uruguay, A Country Study* (2nd ed.). Washington, DC: n. p., 1992.

Mack Smith, Denis. *Garibaldi: A Great Life in Brief.* New York: Alfred A. Knopf, Inc., 1956.

—————————— . *Garibaldi: Great Lives Observed.* EnglewoodCliffs,

NJ: Prentice Hall, Inc., 1969.

_____. *Cavour*. New York: Alfred A. Knopf, Inc., 1985.

_____. *Modern Italy: A Political History*. Ann Arbor, MI: University of Michigan Press, 1997.

Mario, Jessie White. *Garibaldi e I suoi tempi* (3rd ed.). Milano: Fratelli Treves, 1887.

Maurois, Andre. *Alexandre Dumas: A Great Life in Brief*. New York: Alfred A. Knopf, Inc., 1966.

Melina, Elpis. *Garibaldi's Memoirs* (Anthony Campanella, Ed). Sarasota, FL: International Institute of Garibaldian Studies, 1981.

_____. *Garibaldi: Recollections of his Public and Private Life*. London: Trüber and Co., 1887.

Parris, John. *The Lion of Caprera*. New York: David McKay Company, Inc., 1962.

Ridley, Jasper. *G. Garibaldi*. New York: The Viking Press, Inc., 1976.

Schopp, Claude. *Alexandre Dumas: Genius of Life* (trans. A. J. Koch). New York: Franklin Watts, 1988.

Scobie, James R. *Argentina, a City and a Nation* (2nd ed.). New York: Oxford University Press, 1971.

Trevelyan, George M. *Garibaldi's Defense of the Roman Republic*. London:

Longmans, Green, 1907.

——————————. *Garibaldi and the Thousand*. London: Longmans, Green, and Co., 1909.

——————————. *Garibaldi and the Making of Italy*. London: Longmans, Green, and Co., 1909.

Trevelyan, Janet P. *A Short History of the Italian People* (rev. ed., with an epilogue by Denis Mack Smith). New York: Pitman Publishing Corp., 1959.

Valerio, Anthony. *Anita Garibaldi: A Biography*. Westport, CT: Praeger Publishers, 2001.

Viotti, Andrea. *Garibaldi, the Revolutionary and His Men*. London: Blandford Press, Ltd., 1979.

Watson, James. "A Woman Beyond Her Time." *Italy, Italy*, XX (December 2002-January 2003), 48-51.

Werner, A. (Trans.). *Autobiography of Giuseppe Garibaldi* (with a supplement by Jessie White Mario). London: Smith and Innes, 1889.

Indice

Abreu, Jacinto, 30
Acerbi, il generale Giovanni, 388
Aguyar, Andrés, 142, 158, 167, 181
Anzani, Francesco, 72-73, 107-108, 112-113, 115, 124, 129, 141-142, 146
Armosino, Francesca—vedi Garibaldi, Francesca
Artigas, José Gervasio, 78
Aspromonte, la battaglia del 1862, 365-366
Avezzana, il Generale, 153, 157-159, 162, 166, 184

Baez, il Colonnello, 124-127
Baldini, Teresa, 202
Bandiera, Attilio, Emilio, 283
Barrault, Emile, 8
Basile, il Dottor, 368, 377
Bassi, Frate Ugo, 157, 164, 181, 194, 199
Basso, Giovanni, 351, 368, 389
Bertani, il dottor Agostino, 256; Spedizione dei Mille, 286, 316; Segretario di Stato di Napoli, 327
Bezzecca, la battaglia del 1866, 383
Bixio, Nino, 157, 256; la battaglia di Roma, 163, 167, 170, 181; Spedizione dei Mille, 284, 286, 295, 298, 308-309, 331, 333-335, 346; azione a Bronte, 304-305;

Membro del Parlamento, 359; liberazione di Roma 1871, 398
Blanc, Louis, 377
Boiteux, J.A., 58
Bonnet, Giacomo, 195-197, 266
Bordone, Philippe, 305, 399-400
Bosco, il Colonnello, 309-311
Brie, il Colonnello, 108
Briganti, il Generale, 321
Bronzetti, Pilade, 331, 333-335
Brown, l'ammiraglio William, primi anni, 80; in seguimento di Garibaldi alto Paraná, 88-97; vittoria a Costa Brava, 98-99; blocchi di Montevideo, 106-109; si dimette dal comando, 119; visita amichevole a Garibaldi, 137-138
Brunetti, Angelo, 194, 199
Buchanan, James, 231
Bueno, il Capitano, 188

Cairoli, Benedetto, 256, 284, 405
Cairoli (fratelli), 256-257, 391-392
Cairoli, la Signora, 256, 362
Caixas, il Generale, 67
Calatafimi, la battaglia del 1860, 293-295
Cambriels, il Generale, 399
Canabarro, il generale Davi, 47-49, 63, 69-70
Canzio, Stefano, 351, 388-390, 393,

400, 405, 407-408, 410
Canzio, Teresita—vedi Garibaldi, Teresita
Carlo Alberto, Re di Sardegna, 144-146, 150; incontra Garibaldi, 147-148; guerra in l'Austria, 144; disfatta a Custoza, 148; dinuncia di Garibaldi nel Manifesto a Castelletto, 149; abdicazione, 156
Carniglia, Luigi, 23, 28, 30, 34, 41
Caroli, Luigi, 269, 271-273
Carpanetto, Francesco, 214, 222-223
Carpeneto, Giovanni Battista, 210
Casa di Savoia, 253, 279, 412-416
Castellini, Napoleone, 74
Cavour, Camillo Benso, conte di, 206, 229, 261; il Primo Ministro del Regno di Sardegna, 249-252; incontra Garibaldi, 249-250; incontra Napoleon III a Plombieres, 253-254, 261-262; tentativi d'impedire la Spedizione dei Mille, 268, 284-288; complotti contro la dittatura di Garibaldi, 314-318; devia la spedizione di Bertani, 316; tentativi di fermare l'invasione di Garibaldi del continente, 316-317; convince Vittorio Emanuele d'invadere gli Stati Pontifici, 317-318; attacco in Parlamento da Garibaldi, 356-358; morte, 358-359
Cialdini, il generale Enrico, invasione degli Stati Pontifici, 336, 341; confronto con Garibaldi, 359; azione a Aspromonte, 365-366
Clothilde, la Principessa, 253
Coe, il colonnello John, 80
Collins, il Signor (proprietario della metà di Caprera), 233, 349
Collins, la Signora, 388
Coltelletti, Giuseppe, Luigi, 242
Congresso di Vienna, 12
Cosenz, il generale Enrico, 256, 286
Costa Brava, la battaglia del 1842, 95-99
Cowan, Joseph, MP, 232, 377
Crispi, Francesco, 275; Spedizione dei Mille, 278, 284, 290; come Segretario di Stato per la dittatura, 299, 314, 330, 339; Membro di Parlamento, 357-358, 390-391; il Primo Ministro d'Italia, 405, 409
Cucelli, Luigi, 143, 207, 209, 211
Culiolo, Giovanni (Leggero), 142, 189, 194-197, 200-203, 207, 209, 211
Cuneo, il Capitano, 389
Cuneo, Giovanni Battista, 9, 114,

131
Cunningham-Graham, Robert, 123

Daimán, la battaglia del 1846, 133-134
Dandolo, Emilio, 170
Danuzio, il Maggiore, 107, 112
Daverio, il colonnello Francesco, 171, 181
d'Azeglio, Massimo, 208, 210, 277
de Abreu, Francisco ('Moringue'), 38-39, 42-43, 46, 60, 65-66, 70
de Abreu, Gioacchino, 44-45
de Feijo, Antonio, 19
Deideri, Giuseppe, 207
Deideri, la Signora, 207, 232
de Iriarte, il generale Tomas, 131
del Arco, il dottor Ramon, 30
de Lesseps, Ferdinand, 166, 168
Della Torre, la contessa Maria, 238, 307
Denegri, Pietro, 224, 228
Depretis, Agostino, 330, 405
de Rosas, Juan Manual, 28, 82, 84-87; come dittatore dell'Argentina, 30, 86; sfondo gaucesco, 85; supporta Oribe in Uruguai, 79-80, 87; protesta l'interfernza britannica, 109, 118; il blocco anglo-franchese, 119; attenta di corrompere Garibaldi, 138; sconfitta e decadenza, 87
de Rosas, Manuelita, 87
Dijon, la battaglia del 1870-71, 400-402
Disraeli, Benjamin, 361, 371, 375
Dodero, il Capitano, 244
Duarte di Aguiar, Manoel, 58-59, 62, 76
Dumas, Alexandre, edizione delle memorie di Garibaldi, 53-54, 122; si unisce alla Spedizione dei Mille, 306-307; in Napoli, 323
Dunne, il colonnello John, 305, 358
Dwight, Theodore, 212, 262

Ebury, Lord, 376
Echaque, il governatore Pascual, 29-31, 34
Edoardo VII (il Principe di Galles), 375
Elliot, il signore Henry, 376, 390-391
Emanuele Filiberto di Savoia, 413-416
Engels, Friedrich, 375, 404
Esteche, Lucia, 101, 236

Fanti, il generale Manfredo, 265-266, 277, 336, 357
Farini, Luigi, 346, 355

Ferdinando II di Napoli (Re Bomba), 156, 165, 282-283
Ferré, il generale Pedro, 80, 101-102
Ferréira, Doña Manuela, 43
Figari, il capitano Antonio, 230
Forbes, il capitano, C.S., 304
Forbes, il colonnello Hugh, 166, 184, 285, 306
Foresti, Felice, 211
Fortunata, Maria, 57-58
Francesco II di Napoli (Francescello), 283, 291, 316-317, 322-323, 326, 329, 330
Franco-Prussiano, il conflitto, 397-402
Franz Joseph, (Francesco Giuseppe) l'Imperatore dell'Austria, 187, 259-260
Freemasonry, (massoneria) 21
Fuller, Margaret, 152, 163-165

Gambetta, Léon, 398-399
Garibaldi, Angelo (fratello), 2
Garibaldi, Anita (moglie), 51-62, 207, 236; incontra Garibaldi, 52; prima storia, 54-57; matrimonio con Duarte, 58; fuga con Garibaldi, 58; storie contrastanti, 58; nelle azioni militari, 59, 63-64; catturata a Curitibanos, 64; si riunisce con Garibaldi, 64; nascita del figlio, Menotti, 60, 66; elude Moringue, 66; con l'armata in ritirata, 67-71; a Montevideo, 74, 115-116; sposalizio in chiesa, 74, 76; scene di gelosia, 60, 116; va in Italia, 141, 146; si unisce a Garibaldi a Roma, 164; morte e funerale, 197
Garibaldi, Anita (figlia), 239, 244, 247-248, 409
Garibaldi, Clelia (figlia), 403-405, 407, 409, 411
Garibaldi, Domenico (padre), 1-2, 5, 142
Garibaldi, il generale Ezio (nipote), 411
Garibaldi, Felice (fratello), 2, 233, 349
Garibaldi, Francesca Armosino (moglie), 241, 396, 408-409, 411; da bambinaia e amante, 404; nascita dei bambini, 396, 404; matrimonio con Garibaldi, 407; ereditiera, 409
Garibaldi, Giuseppe Maria, nascita e genealogia di famiglia, 1-2; fanciullezza e istruzione scolastica, 2-5; prima visita a Roma, 5; diventa marinaio mercantile, 5; assalito dai pirati, 6-7; resta a Istanbul, 7; incontra Saint

Simonians, 8; incontra Cuneo, 9; si unisce alla Giovane Italia, 13-14; si arruola nella Marina Reale di Sardegna, 14; diserta la Marina, 15; a Rio de Janeiro, 18-19; si coinvolge nel commercio, 20; si unisce alla massoneria, 21; diventa corsaro, 22-23; ferito in una battaglia marittima, 28; cerca asilo in Argentina, 29; si sottopone ad un'operazione chirurgica, 29-30; rompe la parola, 31-33; torturato a Gualeguay, 33; rilasciato dalla prigione, 34; incontra il generale Bento Gonçalves di Rio Grande do Sul, 35-36; Comandante della Marina di Rio Grande, 40-41; trasporta le navi attraverso terra, 44-45; naufrago, 46; incontra Anita, 52-53; storie contraddittorie, 58-59; saccheggia Imarui, 51-52; ritirata da Santa Catarina, 68-71; incontra Anzani, 72-73; immigra a Montevideo, 73-74; sposalizio in chiesa, 74, 76-77; nella guerra tra l'Uruguai e l'Argentina, 79; la spedizione sul Paraná, 81-82, 88-94; ritirata dalla Costa Brava, 95-99; relazione amorosa con Lucia Esteche, 101, 236-237; in difesa di Montevideo, 106; forma la Legione italiana, 107; la rivalità con la Legione francese, 108-110; adozione delle Camicie Rosse, 113; Comandante Capo della Marina dell'Uruguai, 108-110; la spedizione del Fiume Uruguai, 117-125; la battaglia di San Antonio, 126-131; rivalità con il generale Medina, 133-134; la battaglia di Rio Daimán, 134; la battaglia di Salto, 124-125; ritorno trionfale a Montevideo, 135; delusione col presidente Rivera, 133-134; Comandante Capo delle Forze Armate dell'Uruguai, 137; si dimette dalla sua posizione, 138; rifiuta d'essere corrotto da Rosas, 138; manda moglie e figli in Italia, 141; offre il suo servizio a Pio IX, 140; parte da Montevideo per l'Italia, 142; offre il suo servizio a Carlo Alberto, 145; rifiuta seccamente, 148; in servizio della Lombardia, 148-149; la campagna nella regione dei laghi, 149; emette il Manifesto a Castelletto, 149; si ritira nella Svizzera, 149-150; va in Toscana, 151; si unisce ai rivoluzionari romani, 152-153; eletto deputato dell'Assemblea Romana, 154; favorisce la Repubblica Romana, 154-155; instrada le forze francesi, 165; instrada le forze napoletane, 165; difende Roma contro la Francia, 166-180; si ritira a San Marino, 181-189; rifiuta i termini di resa, 191; fugge con Anita, 192; morte di Anita, 197; elude gli austriaci, 198-205; viene arrestato a Chiavari, 206; rilasciato per essere esiliato, 206; l'ultima visita con la madre, 207; accetta la pensione, 207; va a La Maddalena, 209-210; a Tangieri, 210; arriva a New York, 211; sta con Felice Foresti, 211; sta con Meucci, 212-214; fa domanda per un lavoro all'Ufficio Postale, 213; prova come scaricatore di porto, 213; assunto come capitano marittimo, 214; viaggio nel Panamá, 222; naviga al Perú, 223; lotta con Ledo, 224-225; naviga per il Far East, 225; sogna la madre morta, 225-226; in mezzo alla Guerra dell'Oppio, 226; naviga intorno a Cape Horn, 227; battibecco con Denegri, 228; naviga in Inghilterra, 230; fidanzamento con Emma Roberts, 232; ritorna in Italia, 232; compra metà dell'isola di Caprera, 233; vacanze con Emma Roberts in Sardegna, 237; rompe il fidanzamento con Emma Roberts, 237; visita la baronessa von Schwartz, 238-239, 349; scambio di lettere amorose, 244-245; assume Battistina Ravello come cameriera, 244, 246-247; incontra Cavour, 250-251; incontra Vittorio Emanuele, 253-254; gli viene dato il comando di un esercito di volontari, 254, 256; addestra le forze volontarie per la guerra contro l'Austria, 256-257; incontra Giuseppina Raimondi, 258; vien dato il comando dell'Armata dell'Italia centrale, 265-269; si dimette, 268; visite Giuseppina Raimondi, 269; sposalizio e rottura del matrimonio, 269-270; forma il club degli sparatori di fucili, 362; risentimento per la cessione di Nizza alla Francia, 276-277; organizza la spedizione alla Sicilia, 284-287; l'opposizione di Cavour, 284; lo sbarco a Marsala, 289-290; vittoria a Calatafimi, 293, 295; la diversione a Corleone, 297-298; la cattura di Palermo, 298-300; le riforme proposte, 301-302; rispetto per le tradizioni religiose, 302-303; cattura di Milazzo, 308-311; preparazione per l'invasione nella terra continentale, 319; attraversa lo stretto, 319; avanza attraverso la Calabria, 321-323; riceve il telegramma da Liborio Romano, 324-325; entra a Napoli, 325; brevemente ritorna in Sicilia, 330; la battaglia sul Volturno, 333-335; dittatore di Napoli, 337-341; dimostra troppe indecisioni, 338-340; il benvenuto a Vittorio Emanuele, 341-342; rende il potere, 344; rifiuta tutti i doni, 344-345; ritorna a Caprera, 347; offerta del presidente Lincoln come comandante dell'Esercito Federale degli Stati Uniti, 352-354; attacco Cavour nel Parlamento, 356-359; viaggia in Sicilia, 363; la campagna per liberare Roma, 364; organizza un esercito di volontari, 365; invade la terra continentale, 366; ferito ad Aspromonte, 367; imprigionato, 368; subisce un'operazione chirurgica, 369; ritorna a Caprera, 370; delusione col governo, 370; rivisita l'Inghilterra, 368-378; forzato ad abbreviare la visita, 377-378; offerta di un comando nell'Esercito Italiano, 381; la campagna nel Tirolo nella guerra del 1866, 381-383; visita Venezia, 382-384; a Ginevra nel Congresso di Pace, 385; minaccia d'invadere il territorio papale, 385; detenuto a Caprera, 385; fuggito in terra continentale, 386-388; disfatto a Mentana, 392-393; ritorna a Caprera, 395; lavoro letterario, 396, 404; s'incontra con Léon Gambetta, 399; offerta di un comando nell'Esercito Francese, 399; Comandante dell'Esercito dei Vosgi, 399-401; rimproverato dal governo francese, 401-402; prende un seggio nel parlamento italiano, 405; si riconcilia con Vittorio Emanuele, 407; difficoltà finanziarie, 404-405; sposa Francesca Armosino, 407; morte e funerale, 409

Garibaldi Giuseppe, II (nipote), 410

Garibaldi, Manlio, (figlio), 404-405, 407, 409, 411

Garibaldi, Maria Elizabetta, (sorella), 2

Garibaldi, Maurizio (equipaggio),

23, 27
Garibaldi, Menotti (figlio), 115, 207, 232, 243, 267, 345, 349, 368, 388, 400, 402, 405; nascita, 60, 66; privazioni, 65; sotto il comando del padre, 365, 398-399; difficoltà finanziarie, 404-405, 415; la carriera più tarde, 407-408
Garibaldi, Michele (fratello), 2
Garibaldi, Ricciotti (figlio), 115, 207, 232, 244, 368, 411; nascita, 61; l'instruzione in Inghilterra, 237, 243-244; sotto il comando del padre, 398-399; la vita stravagante, 405; conflitto Franco-Prussiano, 400; la carriera più tardi, 408
Garibaldi, Rosa (madre), 1, 225-226, 232
Garibaldi, Rosa (figlia), 404, 407
Garibaldi, Rosita (figlia), 61, 115, 130, 351, 403, 407
Garibaldi, Teresa (sorella), 2
Garibaldi, Teresita (figlia), 115, 207, 232, 243, 267, 405, 410; nascita, 61; a Caprera, 351; matrimonio, 351; rompe con il padre a causa di Francesca, 404; la carriera più tarde, 410
Ghio, il generale, 322
Gladstone, W.E., 282, 374, 379

Gomez, il colonnello Servando, 127
Gonçalves, Doña Anna, 43
Gonçalves, Doña Antonia, 43
Gonçalves, il generale Bento, 35-39; capo della ribellione a Rio Grande do Sul, 19, 22, 34, 38, 40, 42; fugge dalla prigione, 22-23; incontra Garibaldi, 35; capeggia l'armata Riograndese, 67-71; da a Garibaldi il permesso d'andarsene, 61, 73; nominato Governatore di Rio Grande do Sul, 77
Grigg, John, 40-41, 44, 46-47, 51, 64
Guerzoni, Giuseppe, 352, 368, 380
Gustavini, Angelo (cugino) 232-233, 243

Hahn, il Generale, 191
Herzen, Alexander, 230-231, 373, 377
Holyoake, George, 230-231, 370
Hudson, il signore James, 360
Hugo, Victor, 402
Hunter, W.C., 226-227

Inglefield, l'ammiraglio Edward, 135

Jesus, Anna Maria Ribeiro—vedi

Garibaldi, Anita
Jesus, Maria Antonia, 54, 56

La Camorra, 322
Laine, l'Ammiraglio, 131, 135
La Farina, Giuseppe, 314-316, 355
La Giovane Italia, 9, 13-14
La Guerra delle Sette Settimane (1866), 382-384
La Mafia, 282
La Marmora, il generale Alfonso, 206-207, 360, 383
Lanza, il generale Ferdinando, 296, 298-299
Ledo, Charles, 224-225
Ledru-Rollin, Alexandre, 173, 230, 377
Leggero—vedi Culiolo, Giovanni
Legione italiana, formazione, 107; deserzione, 112; in difesa di Montevideo, 109-111; risentimento contro, 108; le Camicie Rosse, 112-113; la spedizione nel Fiume Uruguai, 119-121; a Sant'Antonio 126-131; gli onori ricevuti, 130-131, 135; a Salto, 133-135; ritorno in Italia, 140-142; in difesa di Roma, 157-158, 165-171, 175-181; negli Balcani, 410; nella Prima Guerra Mondiale, 410
Lincoln, il presidente Abraham, 353-354

Litta-Mondignani, il Conte, 318
Lombardo, Niccolò, 304-305
Manara, il maggiore Luciano, 159, 170, 181
Mancini, il Colonnello, 107, 112
Mancini, Ludovico, 273
Manin, Daniele, 151, 182, 256, 285
Manning, John Cardinale, 370
Mario, Alberto, 231, 302, 319
Mario, Jessie White, 230-231, 305-306, 311-312, 322, 349, 366-367, 400
Masina, il maggiore Angelo, 167, 171, 181
Marsh, George Perkins, 348
Marx, Carlo, 155, 375, 404
Mazorca, 86
Mazzini, Giuseppe, 9, 13, 141, 143, 230, 338, 344-345, 376, 378; incontra Garibaldi, 14; pubblica le prodezze di Garibaldi in Sud America, 114, 131; si unisce alla Legione di Garibaldi, 148-149; alla Svizzera, 149; come uno dei trionfatori della Repubblica Romana, 155; fuga a London, 180-181; battibecco con Garibaldi, 177, 233, 412; incontra Garibaldi in l'Inghilterra, 377; ritorna in Italia, 398
McAdam, John, 349, 378
Medici, il generale Giacomo, 141,

148, 166, 176-177, 181, 256, 284, 300, 305, 308-309, 331-335, 343, 345, 407

Medina, il generale Anacleto, 123-124, 126, 133-134

Mentana, la battaglia del 1867, 390-392

Meucci, Antonio, 212-221

Millan, il maggiore Leonardo, 31, 33, 122-123

Milbitz, Alexander, 166, 285

Milazzo, la battaglia del 1860, 308-312

Missori, Giuseppe, 257, 319

Mordini, Antonio, 330, 340, 405

Mundell, Joseph, 123

Mundy, l'Ammiraglio, 299, 340, 345

Murat, il principe Lucien, 253, 284

Mussolini, Benito, 361-362, 410

Mutru, Edoardo, 14, 16, 23, 41-42

Nannini, il Dottor, 197, 199

Napoleone I, 1, 11-12, 183

Napoleone III, (Louis Bonaparte), 306, 313-314, 360, 374, 390, 392; il presidente della Francia, 155; manda le truppe a Roma, 156-157; incontra Cavour a Plombieres, 252-253; in guerra contro l'Austria, 257-259; il Concordat di Villafranca, 260-261; guadagna Nizza e Savoia, 278-279; approva l'invasione degli Stati Papale, 330, 357; il trattato con il governo italiano, 380-381; nella guerra Franco-Prussiano, 397; si dimette come Imperatore, 397-398

Neira, il Colonnello, 114-115

Nicotera, Giovanni, 388

Nightingale, Florence, 241, 352

Oliphant, Laurence, 278-279

Oliver, Demosthènes, 14

Oribe, il generale Manuel, 78-80; 136, 138; eletto il presidente, 79; deposto da Rivera, 79; sopportato da Rosas nella guerra civile, 79; assedia Montevideo, 104-112; respinge la proposta di pace Anglo-Francese, 118

Oudinot, il generale Nicholas, 159-162, 166, 168, 173, 177-178

Ouseley, William, 115-116

Ouseley, Maria, 116, 377

Pacheco y Obes, Melchior, 104; il Ministro di guerra uruguaiano, 104, 110; si separa da Rivera, 111; amicizia con Garibaldi, 117; dimissioni ed esilio, 132

Pallavicino, Giorgio, 339-340, 364

Palmerston, Lord, 360, 373-374,

376-378
Pane, Giuseppe, 17, 390
Pantaleo, Frate Giovanni, 291, 327, 364
Paz, il Generale, 108
Peard, il colonnello John, 322, 378
Pedro I del Brasile, 19
Pedro II del Brasile, 19, 44, 67
Persano, l'Ammiraglio, 327-328, 381
Pisacane, Carlo, 283
Pius IX, 138-141, 144, 154, 385-387, 398
Porcelli, il Colonnello, 381
Procopio, 42, 46

Quiggle, J.W., 353

Raimondi, Marchesina Giuseppina, 240, 367; incontra Garibaldi, 258; l'infatuazione di Garibaldi, 258; sposalizio e rottura del matrimonio, 269-270; divorzio, 241, 272
Rattazzi, Urbano, 274, 277, 360, 363, 366, 390, 393
Ravaglia, (fratelli), 197, 199
Ravello, Battistina, 239, 244
Ricasoli, Bettino, 277
Ripari, il Dottor, 181, 306
Ritucci, il Maresciallo di Campo, 328, 331, 333

Rivera, Fructuoso, 78-79; il Presidente di Uruguai, 79; la guerra civile, 79, 81; disfatta a Arroyo Grande, 101-102; si divide con Pacheco, 111; disfatta a India Muerta, 111; esilio in Brasile, 111; ritorno, 132-133; decadenza finale, 136
Roberts, Emma, 232, 237-238, 243-244, 352, 372-373
Romano, Liborio, 322-325, 327
Roselli, il Generale, 166-169, 177
Rossetti, Luigi, 24, 34, 49; avventura d'affari con Garibaldi, 20; si unisce alla causa Riograndese, 23; cura l'edizione di O Povo, 42; morte, 70
Rossi, il conte Pellegrino, 152
Roux, Francesca, 7, 236
Rovelli, il Maggiore, 270-272
Russell, il signor John, 374

Sacchi, Gaetano, 142, 148, 256
Saenz, Manuela, 223
Saint-Simon, il Conte, 8
San Antonio, la battaglia del 1846, 127-131
Sanford, Henry Shelton, 353-354
San Gennaro, 327, 337
Santa Rosalia, 302
Seeley, Charles, MP, 371, 374, 379
Seeley, la Signora, 241, 374

Semidei, Pietro, 74, 76
Shaftesbury, Lord, 370, 373
Silva, Bento Ribeiro, 54, 56
Sirtori, il generale Giuseppe, 327
Solferino, la battaglia del 1859, 259-260
Susini, il Maggiore, 389
Sutherland, la duchessa Anne, 241, 352, 372-373, 378
Sutherland, il duca George, 372-373, 378

Taquari, la battaglia del 1840, 65
Tennyson, Signore Alfred, 369
Thiebaut, il Colonnello, 108
Thiers, Adolphe, 404
Türr, il generale Stefan, 257, 284-285, 327, 331, 333, 335, 345-346

Umberto I, Re d'Italia, 407, 410, 413
Umberto II, Re d'Italia, 413
Urquiza, il generale Justo, 102, 110-111, 124-125, 136

Valerio, Lorenzo, 270-271
Varzea, Virgilio, 57
Vecchi, Agostino, 178-179, 284, 351
Villafranca, l'Armistizio di, 260-261, 263
Villagra, il Colonnello, 121-122
Villagran, Doña Feliciana, 76

Villegas, il Capitano, 94, 97
Vittorio Emanuele II, 156, 229, 238, 262, 338, 350-351, 363-365, 379-382, 398, 413; personalità e stile di vita, 253-254; invade Stati Vaticani, 329-330, 336; incontra Garibaldi, 253; ottiene la fedeltà di Garibaldi, 254; in guerra contro l'Austria, 257-259; disputa con Cavour, 261; manda ordini contradittori, 318; incontra Garibaldi a Teano, 341-342; rimprovera le Camicie Rosse, 343-344; prende il comando di Napoli, 344; offre i regali a Garibaldi, 344-345, 405; assume il nome di Re d'Italia, 355; si oppone alla marcia di Garibaldi su Roma, 388, 390; la delusione con Garibaldi, 336; occupa Roma, 397-398; si riconcilia con Garibaldi, 417
Vittorio Emanuele III, Re d'Italia, 413
Vittorio Emanuele (Principe), 413-416
Vittoria, la Regina, 254, 371, 375, 378, 409
Volturno, la battaglia del 1860, 329-336
von Bismarck, il principe Otto, 397, 411

von Hoffstetter, Gustav, 166, 192
von Schwartz, la baronessa Maria, 244-248, 267, 352, 367

Zambeccari, Tito, 22-23
Zanetti, il Dottor, 366
Zanni (guida), 191-192, 266
Zucchini, Marchesa Polina, 240

www.ingramcontent.com/pod-product-compliance
Lightning Source LLC
Chambersburg PA
CBHW031129160426
43193CB00008B/79